SV

Bernard Shaw

Wegweiser für die intelligente Frau zum Sozialismus und Kapitalismus

Neu herausgegeben
und aus dem Englischen übertragen
von Ursula Michels-Wenz

Suhrkamp

Titel der Originalausgabe: *The Intelligent Woman's Guide to Socialism, Capitalism, Sovjetism and Faschism.*
Erstausgabe im Verlag Constable & Comp. Ltd., London, 1928.

Erste Auflage 1978

Druck: May & Co., Darmstadt
Printed in Germany

Gewidmet
meiner Schwägerin
Mary Stewart Cholmondeley,
der intelligenten Frau,
auf deren Frage dieses Buch
die beste Antwort ist,
die ich geben kann.

Inhalt

Editorische Vorbemerkung

Die Aufgabe, ein so oft zitiertes Buch wie den »Wegweiser für die intelligente Frau« neu zu übersetzen und in gekürzter Fassung herauszugeben, ist ein heikles wie schwieriges Unternehmen und mag den einen oder anderen Shaw-Liebhaber zumindest irritieren, weil ihm zahlreiche isolierte Passagen der frühen Übersetzung von Siegfried Trebitsch und Ernst W. Freissler vielleicht seit Jahren geläufig sind. Bei genauerer Überlegung aber gibt es mehr als nur einen guten Grund, diese, unsere Neu-Edition in der vorliegenden Form zu präsentieren. An erster Stelle sei erwähnt, daß Shaw seine Abhandlung seinerzeit (aus naheliegenden Motiven) in die englische Tagespolitik eingebettet hat oder wenigstens sehr oft auf englische Beispiele verwies, um seine – ansonsten übernationalen – Thesen durch konkrete Vergleichsmöglichkeiten zu stützen. Schon bei Erscheinen der ersten deutschen Ausgabe waren solche Bezüge nicht nur irrelevant für den hiesigen Leser, sondern haben beim breiten Publikum teilweise mehr Barrieren gestellt als Gedanken gefördert. Um wieviel komplizierter wäre es folglich erst heute, die Spitzen und Anspielungen zu verstehen, die ganz auf englische Verhältnisse hinzielen. Zum zweiten dürfen wir davon ausgehen, daß Shaw selbst, würde er das Buch heute veröffentlichen, sich an den heutigen Konstellationen orientiert hätte; er würde z. B. nicht mehr von den Erpressungsmöglichkeiten mit der Kohle, sondern von denen der Öl-Konzerne reden, nicht mehr von Dienern, sondern von Putzhilfen oder Zugehfrauen usw. Doch sei die Auffindung weiterer Übertragungen dem Leser überlassen. Uns war das eigentliche Anliegen des Autors jedenfalls Ansporn und Rechtfertigung zu der ansonsten nicht vertretbaren Anmaßung, die vierundachtzig Kapitel der Erstausgabe auf vierundsechzig zu konzentrieren.

Neben den ausschließlich England betreffenden Anspielungen wurden aber auch solche Abschnitte bzw. Sätze

ausgelassen, in denen Shaw oft fünf und mehr Beispiele zur Untermauerung seiner Aussage aufzählt: wir haben sie auf zwei bis drei beschränkt, wo immer sie die charakteristische Freude des Verfassers am Heranholen manchmal endlosen Beweismaterials nicht störten.
Den erwähnten Reduktionen stehen dafür zwei zusätzliche, bisher im Deutschen noch nicht erschienene Kapitel ausgleichend gegenüber, »Sowjetismus« und »Faschismus«, die für heutige Leser(innen) von weitaus größerem Interesse sein dürften.

Hier und da ist behauptet worden, daß Shaw als der »große Literat«, als »Meister der politischen Satire« und »Spötter« über das Allzumenschliche unbestreitbar von nach wie vor gleichbleibender Bedeutung sei, als politischer Ratgeber aber nur noch ein Kuriosum darstelle, zumal sein Konzept einer wirtschaftlichen Gleichheit (als Bedingung zur Entfaltung unabhängiger Individuen) doch ganz und gar utopisch und an der menschlichen Natur vorbeigedacht sei. Die Geschichte hat solche Behauptungen zum Teil widerlegt: viele der einstmals »utopischen« Forderungen sind für uns schon alltägliche Selbstverständlichkeiten geworden, für unseren geographischen Bereich also überholt. Denn in unserer unmittelbaren Nähe gibt es nicht mehr viele hungernde, zerlumpte Kinder, keine so offensichtlichen Slums, nicht mehr das Grauen vor der äußeren Armut, wie Shaw es (nicht weniger anklagend als vor ihm Karl Marx) schildert. Bliebe also vor allem der dokumentarische Charakter seiner Anklagen übrig?
Wir wären tatsächlich keine guten Shaw-Leser, wenn uns nicht der Sprung von dem, was er als »Familie« des Volkes bezeichnet, über die eigene Landesgrenze hinaus gelänge – abgesehen davon, daß auch bei uns noch wirtschaftliche Not und falsche Verteilung der finanziellen Mittel existieren. Wo es vor wenigen Jahrzehnten vorwiegend um nationale Modelle ging, drängen sich heute die internationalen, die Weltprobleme von selbst auf. Wir wissen sehr wohl, daß es nur einige Stunden von unserem »Wohlstand« entfernt,

noch erschreckend viel Hunger und Armut gibt und daß der eine »Bruder« unserer Familie überfüttert lebt, während der andere im Elend umkommt. Dem Appendix über Sowjetismus und Faschismus hätte Shaw unter den heutigen Umständen mit Sicherheit noch einen weiteren angehängt, und zwar einen über unsere Verantwortung gegenüber der sogenannten Dritten Welt. Auch wenn also Shaws Grundforderung nach der Angleichung der Einkommen und nach breitgefächerten Sozialleistungen hierzulande in relativ erfreulichem Ausmaß verwirklicht wurde, scheint doch unser *Bewußtsein* über die Notwendigkeit dieser Entwicklung im ganzen erst rudimentär. (Die bisher unerfüllte Forderung der Frauen nach einer finanziellen Entlohnung für Hausarbeit und Kindererziehung sei an dieser Stelle nur angedeutet.) Vor allem jene populären Wahlslogans, die, offen oder versteckt, Freiheit gegen Sozialismus auszuspielen versuchen, zeigen, wie einseitig wir Freiheit noch immer verstehen und ein wie *unterentwickeltes* Land wir sind, sobald es nicht allein um die eigene, sondern auch um die Freiheit des anderen geht.
Diese und zahlreiche damit verbundene Fragestellungen werden bei Shaw hartnäckig und immer in neuen Themenkreisen herausgearbeitet. Jede bereits beantwortete Frage sollten wir uns unbefangen und unbeeinflußt (soweit das geht) noch einmal stellen. Für Shaw, den praxisnahen Autor gehört dazu zumindest eine gewisse Kenntnis des Apparates, wie ihn unser gesellschaftliches System aufbaut und uns oft undurchdringlich gegenüberstellt. Es ist natürlich kein Zufall, daß die vorliegende Auseinandersetzung mit diesem Apparat sich speziell an die Frauen wendet und ihnen ein »Wegweiser« sein will. Denn wo die blinden Stellen unserer Vorstufe zur Demokratie liegen, das bekommen neben den alten Menschen in Notfällen immer zuerst die Frauen zu spüren. Ein feministisches Buch also, von einem Mann geschrieben? Nein, kein feministisches, wenn man darunter den (mehr emotionalen und sprachlosen) Aufschrei einer sich isolierenden Gruppe versteht, aber ein demokratisches und also auch feministisches Buch, wenn man keine Trennung der Frau von der anderen

Hälfte der Menschheit zuläßt und an die Frauen selbst appelliert, diese Haltung zur gesellschaftlichen Realität werden zu lassen.

Frankfurt, Februar 1978 Ursula Michels-Wenz

Zurück zu einer schon beantworteten Frage

Es wäre ein leichtes, meine Gnädigste, Sie auf die zahlreichen Bücher über den neuen Sozialismus zu verweisen, die nach und nach erschienen sind, seit er in den 1880er Jahren zu einer allgemein anerkannten Frage unseres Grundgesetzes wurde. Aber ich rate Ihnen dringend, auch nicht eine einzige Zeile davon zu lesen, sondern erst einmal mit Ihren Freunden und Freundinnen darüber zu sprechen, wie Ihrer Meinung nach der Reichtum eines respektablen und zivilisierten Landes verteilt sein sollte, und die für Sie bestmögliche Antwort darauf zu finden.

Der Sozialismus nämlich ist nichts als die Meinung gewisser Leute darüber. Diese Meinung jedoch ist nicht unbedingt richtiger als Ihre eigene oder die irgendwelcher anderer Leute. Wieviel sollten Sie besitzen und wieviel Ihre Nachbarn? Was würden Sie darauf antworten?

Da es sich hier nicht um eine bereits entschiedene Frage handelt, müssen Sie erst einmal Ihren Kopf freimachen von den Einbildungen, mit denen wir alle von Kind auf großwerden, daß nämlich die Institutionen, unter welchen wir leben, samt unseren gesetzlichen Wegen der Einkommensverteilung und dem Zugeständnis, daß wir etwas besitzen dürfen, natürliche seien, so wie das Wetter.

Das sind sie nämlich durchaus nicht. Nur weil Gesetze allerorts in unserer kleinen Welt existieren, nehmen wir es als selbstverständlich, daß sie immer da waren und immer da sein werden und daß sie sich automatisch ergeben haben. Aber das ist ein gefährlicher Irrtum. Tatsächlich sind sie nur vorübergehende Notbehelfe; und viele würden gar nicht befolgt, auch nicht von wohlmeinenden Leuten, wenn es keine Polizisten in Ruf- und kein Gefängnis in Reichweite gäbe. Sie werden beständig verändert von unserem Parlament, weil wir niemals mit ihnen zufrieden sind. Manchmal werden sie zugunsten neuer Einrichtungen beiseite geschoben; manchmal werden sie moderiert; manchmal einfach als schädlich verworfen. Die neuen werden

dann vom Gesetzgeber zurechtgebogen und gedehnt, damit sie passen, oder auch, damit sie nicht zu gut passen, falls der Richter vielleicht gerade etwas gegen sie hätte. Das Abschieben und Abändern und Erneuern nimmt kein Ende. Neue Gesetze werden gemacht, um von den Leuten Dinge zu erzwingen, die zu tun ihnen vorher nicht einmal im Traum eingefallen wäre (Versicherungsmarken zu kaufen etwa). Alte Gesetze werden ungültig, um den Leuten Dinge zu erlauben, für die sie bis dahin immer bestraft worden waren (etwa die Heirat mit der Schwester ihrer verstorbenen Frau oder dem Bruder ihres früheren Ehemannes). Gesetze, die nicht ganz außer Kraft treten, werden geflickt und wieder geflickt und noch einmal geflickt, wie Kinderhöschen, bis schließlich kaum noch ein Fetzen des ursprünglichen Stoffes übrigbleibt. Bei den Wahlen erhalten manche Kandidaten Stimmen, weil sie versprechen, neue Gesetze zu machen oder auch alte abzuschaffen, und andere, weil sie ihrerseits versprechen, alles beim alten zu lassen. Das allerdings ist unmöglich. Nichts bleibt so, wie es ist.
Innerhalb weniger Generationen finden Veränderungen statt, die niemand jemals für möglich gehalten hätte. Die Kinder heutzutage meinen, neun Jahre Schulzeit, Alten- und Witwenrente, Frauenstimmrecht, kurzberockte Damen im Parlament oder Plädoyers in Richterperücken seien ein Teil der natürlichen Ordnung, seien also immer dagewesen und würden in alle Ewigkeit so bleiben; aber ihre Urgroßmütter hätten jeden, der ihnen damals erzählt hätte, daß diese Dinge kommen werden, für verrückt erklärt und jeden, dem sie wünschenswert erschienen, für gottlos.
Wenn wir nun überlegen, wie der Reichtum, den wir jährlich produzieren, unter uns aufgeteilt werden sollte, dürfen wir weder wie die Kinder noch wie die Urgroßmütter denken. Wir müssen uns immer vergegenwärtigen, daß unsere Anteile fast täglich – und zwar während der Regierungssitzungen – an diesem oder jenem Punkt verändert werden und daß sie an unserem Lebensende anders, besser oder auch schlechter, aussehen als heute, ebenso wie unse-

re jetzigen Anteile ganz anders sind, als es im neunzehnten Jahrhundert Königin Victoria noch für möglich gehalten hätte. Sobald Sie unsre derzeitige Verteilung für endgültig und unveränderlich ansehen, werden Sie selbst zum Fossil. Jede Änderung unserer Gesetze nimmt, direkt oder indirekt, Geld aus der Tasche des einen (vielleicht der Ihren) und schiebt es in die Tasche eines anderen. Aus diesem Grund fordert auch jeweils eine politische Partei ständig Veränderungen, während die andere dazu in Opposition tritt.
Was Sie also überlegen müssen, ist nicht, ob es große Veränderungen geben wird oder nicht (denn Veränderungen, das ist gewiß, wird es geben), sondern welchen Veränderungen Sie und Ihre Freunde, nach genauem Abwägen und Gesprächen miteinander, zutrauen, daß sie die Welt lebensfreundlicher gestalten, und welchen Veränderungen Sie sich entgegenstellen müssen, weil sie verhängnisvoll für Sie und alle anderen sind. Jede Ansicht, zu der Sie auf diesem Weg gelangen, wird als Teil der öffentlichen Meinung zu einer treibenden Kraft, wie sie langfristig hinter allen wirksamen Veränderungen stehen muß und hinter allen Polizisten und Gefängniswärtern, die diesen Veränderungen, sobald sie in einem Land zum Gesetz werden, zu recht oder unrecht Nachdruck zu verleihen haben.
Wichtig ist, daß Sie über dieses Thema eine *eigene* Meinung haben. Vergessen Sie niemals die alte Gesetzmäßigkeit der Naturphilosophen, nämlich: daß die Natur kein Vakuum zuläßt. Das gilt auch für den Kopf des Menschen. Einen wirklich leeren Kopf gibt es nicht, wenngleich manche Köpfe neuen Ideen derart undurchlässig gegenüberstehen können, daß sie alles Geistige blockieren, Köpfe solid wie Billardbälle. Ich weiß, daß Ihr Kopf nicht so ist, denn wenn dem so wäre, würden Sie nicht dieses Buch lesen. Deshalb warne ich Sie aber davor, den kleinsten Winkel Ihres Kopfes auch nur einen Augenblick leerstehen zu lassen, damit nicht aus allen Ecken und Lagern die Meinungen anderer Leute hineinströmen, aus Werbung, Zeitungen, Büchern und Flugschriften, Klatschspalten, politischen Reden, Theaterstücken und Filmen – und, so werden Sie hinzufügen, aus diesem Buch!

Nun ja, ich leugne das natürlich nicht. Wenn ich Sie dränge, selbständig zu denken (wie das alle unsere Kindermädchen und Mütter und Lehrerinnen tun, obwohl sie uns den Kopf zurechtstutzen, sobald wir anders denken als sie), so will ich damit nicht sagen, daß Sie Ihre Augen vor jeder anderen Meinung verschließen sollen. Ich selbst, obwohl ich immerhin ein professioneller Denker bin, muß mich bei einem Großteil höchst wichtiger Sachgebiete mit Meinungen aus zweiter Hand zufrieden geben, weil ich mir darüber weder eine eigene Meinung zu bilden in der Lage bin, noch die Meinungen, die ich von anderen übernehme, anfechten kann. So etwa übernehme ich von unseren Königlichen Astronomen, wann es zwölf Uhr zu sein hat; und in einer fremden Stadt lasse ich mir vom erstbesten Passanten auf der Straße sagen, wie ich zum Bahnhof komme. Was die Gesetze angeht, so muß ich mich dem absurden aber notwendigen Dogma beugen, daß der König unfehlbar sei. Andernfalls könnte ich weder die Annehmlichkeit der Eisenbahn beanspruchen, noch würden Rechtsstreitigkeiten jemals endgültig geschlichtet werden. Wir würden nie irgendwohin gelangen oder irgend etwas tun, wenn wir nicht den Leuten, die es besser wissen sollten als wir, Glauben schenkten und gewisse Dogmen über die Unfehlbarkeit unserer Regierung anerkennen, auch wenn wir genau wissen, daß sie sehr wohl fehlbar ist. Wir sind also aufgrund unserer Unwissenheit gezwungen, die meisten Gebiete mit vorgefaßten Meinungen anzugehen, trotz aller Ermunterungen, kühn und selbständig zu denken und außerdem vor allem auch noch originell zu sein.

Der Heilige Paulus, ein vorschneller und nicht sonderlich tiefgründiger Mensch – wie seine Verachtung der Frau beweist – hat einmal ausgerufen: »Prüfet alles und das Beste behaltet!« Er vergaß dabei, daß es einer einzelnen Frau unmöglich ist, alles zu prüfen: sie hätte gar nicht die Zeit dazu, selbst wenn sie klug genug wäre. Für eine voll ausgelastete Frau gibt es keine offenen Fragen: alles ist genau festgelegt, mit Ausnahme des Wetters; und selbst das ist so weit überschaubar, daß sie weiß, wann sie Sommer- oder Winterkleidung kaufen muß. Warum also hat

Paulus einen solchen Ratschlag gegeben, von dem er doch, hätte er nur fünf Minuten darüber nachgedacht, wissen mußte, daß er praktisch undurchführbar ist?
Die Erklärung heißt, daß einmal beantwortete Fragen niemals endgültig beantwortet sind, weil die Antworten darauf niemals vollkommene und endgültige Wahrheiten darstellen. Wir schaffen Gesetze und Institutionen, weil wir innerhalb einer Gesellschaft gar nicht ohne sie leben könnten. Und wir können keine vollkommenen Institutionen schaffen, weil wir selbst nicht vollkommen sind. Aber sogar wenn wir sie vollkommen machen könnten, wären sie nicht ewig und universal gültig, da die Voraussetzungen sich ändern und Gesetze und Institutionen, die sich in einem Kloster mit fünfzig einklausierten Nonnen bewähren, unmöglich standhielten in einem Land mit vierzig Millionen freien Staatsbürgern. Wir müssen also jetzt und hier unser Bestmögliches tun und es der Nachwelt überlassen, etwas noch Besseres daraus zu machen, wenn sie dazu in der Lage ist.
Da wir unsere Gesetze unter dieser Voraussetzung als Notbehelfe aufgestellt haben, ruhen die sie betreffenden Fragen auch nur für den Augenblick. In der Politik kann dieser Augenblick zwölf Monate oder zwölfhundert Jahre dauern, einen kurzen Atemzug oder eine ganze Epoche. Folglich entstehen historische Krisen immer dann, wenn sich Fragen, die seit Jahrhunderten geklärt waren, plötzlich wieder abgrundtief vor uns auftun. Der Heilige Paulus steckte sicher in einem solch schrecklich tiefen Abgrund und schrie wohl nur deshalb so laut, daß es gar keine restlos geklärten Fragen gäbe und daß wir selbst, ganz auf uns gestellt, alles noch einmal von vorn durchdenken sollten. Ihm als einem Juden war nichts heiliger als das Gesetz Mosis und nichts unerschütterlicher als das Zeremoniell der Beschneidung. Alles Gesetz und alle Religion schienen darauf zu beruhen; und doch mußte Paulus die Juden auffordern, das Gesetz Mosis zugunsten des gerade entgegengesetzten von Jesus Christus umzustürzen, weil es – so erklärte er ihnen – ja gar nicht auf die Beschneidung ankäme, sondern allein auf die Taufe; nur diese könne zum

Seelenheil führen. Blieb ihm also etwas anderes übrig als zu predigen, daß die Leute ihrem eigenen Licht trauen und es nicht durch alle möglichen Gesetze und Übereinkommen unter den Scheffel stellen sollten?
Sie befinden sich jetzt in der Situation der Gemeinde des Paulus. Wir alle sind heute in dieser Situation. Eine Frage, die praktisch für eine ganze Epoche entschieden worden war, nämlich die Frage nach der Verteilung des Reichtums und der Beschaffenheit allen Eigentums, hat sich plötzlich wieder klaffend vor uns aufgetan. Wir alle müssen deshalb unseren verriegelten Verstand auch wieder öffnen.
Wenn ich behaupte, die Frage würde sich plötzlich auftun, so vergesse ich dabei nicht, daß sie niemals restlos geklärt war für jene nachdenklichen Leute, deren Sache es ist, die Institutionen zu kritisieren. Jahrhunderte bevor der Heilige Paulus geboren wurde, hatten schon prophetische Rufer in der Wüste gegen die Mißbräuche protestiert, die sich unter dem mosaischen Gesetz zügellos ausbreiten konnten, und einen Heiland verkündet, der uns aus dieser Unmenschlichkeit erlösen würde. Ich vergesse auch nicht, daß seit Hunderten von Jahren unsere eigenen Propheten – wir nennen sie Dichter oder Philosophen oder Geistliche – gegen die Trennung unseres Landes in Reiche und Arme, Faule und Überarbeitete protestiert haben. Aber einmal kommt schließlich ein Augenblick, wo eine Frage, die bis dahin nur wenige verfolgte Propheten an einige ihrer Schüler weitergegeben haben, sich *allen* stellt; und die verfolgten Propheten mit ihren verschwindend kleinen Gemeinden aus lauter Käuzen und Spinnern werden auf einmal immer größer und wachsen zu gewaltigen Oppositionsparteien an, die endlich selbst ganz unversehens an die Regierungsmacht gelangen.
Langland und Latimer und Sir Thomas More, John Bunyan und George Fox, Goldsmith und Crabbe und Shelley, Carlyle und Ruskin und Morris, außerdem viele unbekannte tapfere und glaubensfeste Prediger innerhalb und außerhalb der Kirchen: das waren unsere englischen Propheten. Sie haben die Frage immer wieder aufgeworfen für diejenigen, die noch einen Funken Verständnis dafür hatten; aber

die prosaischen Durchschnittsfrauen und -männer schenkten ihnen keine Beachtung, bis jetzt, in unserer Zeit, ganz plötzlich irgendwelche gar nicht außergewöhnlichen Politiker, wie sie bei uns im Unterhaus an erster Stelle sitzen und desgleichen in allen europäischen Legislativen, große und rapide wachsende Wählerschaften hinter sich sammeln konnten, die aus gar nicht außergewöhnlichen, respektablen Leuten bestanden, und diese Politiker dann weithin hörbar zu verstehen gaben, daß die zur Zeit bestehende Verteilung des Reichtums so abnorm, ungeheuerlich, lächerlich und bis zum Unerträglichen verderbenbringend ist, daß sie von Grund auf geändert werden muß, wenn wir die zivilisierte Welt vor dem Zusammenbruch retten wollen. Soweit wir wissen, sind ja alle früheren Kulturstaaten durch eben diese unheilvolle Konstellation in den Zusammenbruch getrieben worden.

Deshalb also müssen Sie die Frage als eine noch unentschiedene angehen, und zwar so offen wie möglich. Nur weil ich selbst Erfahrung mit diesen Problemen habe, rate ich Ihnen also dringend, weder von mir noch von irgend einem anderen eine fix und fertige Antwort zu erwarten, sondern erst einmal zu versuchen, die Aufgabe alleine und in Ihrem Sinn zu lösen. Denn selbst, wenn Sie zu einer völlig falschen Lösung gelangten, würde Ihr Interesse durch eine solche Auseinandersetzung nicht nur stärker, sondern Sie selbst würden die richtige Lösung auch besser zu verstehen und anzuerkennen in der Lage sein, wenn sie eines Tages realisiert wird.

Die Aufteilung

Heute weiß jeder, daß der Sozialismus ein Vorschlag ist, das Einkommen eines Landes neu aufzuteilen. Vielleicht haben Sie noch nicht bemerkt, daß dieses Einkommen gegenwärtig jeden Tag und sogar in jeder Minute aufgeteilt wird und auch in Zukunft jeden Tag aufgeteilt werden muß, solange es noch zwei Menschen auf der Welt gibt, die etwas teilen können. Ob also geteilt werden soll oder nicht, darüber braucht man gar nicht zu streiten, sondern lediglich darüber, wieviel jeder Einzelne bekommen soll, und unter welchen Voraussetzungen er es bekommen darf. Der Heilige Paulus meinte: »Wer nicht arbeitet, der soll auch nicht essen!«; aber da er nur ein Mann war, überdies mit einer geringen Meinung von den Frauen, vergaß er die kleinen Kinder. Kinder können nicht arbeiten und sind doch entsetzlich gefräßig; wenn sie aber nichts zu essen bekämen, dann wäre die Welt bald völlig menschenleer. So also geht es nicht.

Nun gibt es Leute, die sich einbilden, wenn sie Geld sparen, würde der Reichtum in der Welt vergrößert. Das ist dummes Zeug. Der größte Teil des Reichtums, von dem wir leben müssen, wird keine Woche alt. Die Welt lebt von der Hand in den Mund. Ein Schürhaken für den Kaminraum hält ein ganzes Leben; aber wir können nicht von Schürhakenmahlzeiten leben; und wenn wir auch alles Mögliche tun, um unsere Nahrung haltbar zu machen: Soleier einlegen, Lachs konservieren, Kotelleten tiefkühlen und Milch in Pulver verwandeln, so bleibt doch die harte Tatsache bestehen, daß fast alle unsere Lebensmittel, wenn wir sie nicht innerhalb weniger Tage, nachdem sie gebacken oder geschlachtet sind, aufessen, entweder ungenießbar werden oder verderben, uns also zuwider sind oder gar vergiften. Selbst unsere Kleider halten nicht besonders lang, wenn wir in ihnen schwer arbeiten; außerdem müssen sie auch einmal gewaschen werden. Sie können sich zwar Gummiflecken auf die Schuhsohlen kleben, damit die Sohlen sich nicht abnützen, aber dann nützen sich halt die Gummiflecken ab. Jedes Jahr muß eine neue Ernte einbringen und eine neue Generation von Schafen und Rindern: wir können nicht von dem leben, was von der Vorjahresernte übriggeblieben ist; und weil die vom nächsten Jahr noch nicht da ist, müssen wir hauptsächlich von der diesjährigen leben, müssen Dinge herstellen und sie verbrauchen, säen und ernten, backen und brauen, züchten und schlachten (es sei denn, wir sind Vegetarier – wie ich). Was man gemeinhin Sparen nennt, ist nur ein Handel mit der Zukunft. Wenn ich zum Beispiel hundertundeinen Laib Brot backe, so kann ich im Augenblick doch nicht mehr als einen einzigen essen; und die anderen kann ich nicht aufheben, weil sie in einer Woche nicht mehr genießbar wären. Aber was ich tun kann, ist, mit jemandem handelseinig werden, der gerne zusammen mit seiner Familie und Leuten, die bei ihm arbeiten, die hundert Laib Brot auf der Stelle verzehren würde. Ich gäbe ihm also meine restlichen Brote ab unter der Bedingung, daß er mir, sagen wir mal, in Zukunft jedes Jahr fünf frische Brote zu essen gäbe. Aber das bedeutet nicht, Brot sparen. Es ist lediglich ein Handel zwischen zwei Partnern: einem, der für die Zukunft vorsorgen, und einem anderen, der jetzt gleich aus dem Vollen leben will. Folglich kann ich nicht sparen, wenn ich nicht jemanden finde, der gerne ausgibt. Die Vorstellung, daß wir alle zusammen sparen könnten, ist unsinnig: in Wahrheit können sich nur einige wenige wohlhabende Leute, die mehr haben als sie brauchen, es leisten, für ihre Zukunft in dieser Weise vorzusorgen; und sie könnten das nicht tun, wenn es nicht andere gäbe, die mehr ausgeben als sie besitzen. Peter muß ausgeben, was Paul spart, ansonsten gehen Pauls Ersparnisse zum Teufel. Eigentlich wird hier also gar nichts gespart. Im ganzen Land muß man beständig Brote backen und sie gleich essen. Ein Volk, das aufhören würde zu arbeiten, wäre in vierzehn Tagen ausgestorben, auch wenn alle seine Männer, Frauen und Kinder Häuser besäßen und Land und eine Million auf der Sparkasse. Sollten Sie die Frau eines Reichen (oder irgend eines anderen) den Kopf schütteln sehen über die Leichtsinnigkeit der Armen, weil diese nicht alle sparen, so haben Sie Mitleid mit der Dummheit jener Dame. Aber bringen Sie nicht die Armen durcheinander, indem Sie ihnen denselben Unsinn erzählen.

Wieviel für jeden?

Sie sehen jetzt, daß jeden Tag allerhand gebacken und geschafft und bedient und gezählt werden muß, und daß die Brote wie auch anderen Dingen sofort, nachdem sie fertig sind, verteilt werden müssen, damit wir alle den uns gesetzlich zustehenden Anteil erhalten. Worin soll dieser Anteil bestehen? Wieviel darf jeder von uns haben, und warum sollte jeder gerade soundsoviel haben, aber nicht mehr und nicht weniger? Wenn eine hart arbeitende Witwe mit sechs Kindern zwei Brote pro Woche bekommt, irgendein fauler und nichtsnutziger Playboy gleichzeitig aber jeden Tag so viel Geld zum Fenster hinausschmeißt, daß er damit sechs Arbeiterfamilien einen ganzen Monat ernähren könnte, ist das vielleicht eine feinfühlige Art der Aufteilung? Wäre es nicht richtiger, wenn man der Witwe mehr und dem Playboy weniger gäbe? Diese Fragen lösen sich nicht von alleine, sie müssen durch Gesetze entschieden werden. Wenn nämlich die Witwe dem Playboy eines seiner Brote wegnähme, würde die Polizei sie ins Gefängnis stecken und ihre Kinder in eine Erziehungsanstalt abschieben. Und die Polizei tut das, weil es ein Gesetz gibt, daß der Frau nur zwei Brote zugesteht. Dieses Gesetz kann durch parlamentarischen Beschluß abgelöst oder verändert werden, wenn die Leute es wollen und entsprechend wählen. Die meisten Leute nun sind, sobald sie etwas Derartiges hören, auch einverstanden, daß dieses Gesetz unbedingt geändert werden muß. Wenn sie in der Zeitung lesen, daß eine amerikanische Witwe mit einem einzigen Söhnchen und einer Erziehungsbeihilfe von hundertfünfzig Pfund pro Woche prozessiert, weil ihr das nicht genügt, und sie daraufhin eine Rentenerhöhung auf zweihundert bewilligt bekommt – während andere Witwen, die ihr Leben lang von morgens bis abends geschuftet und große Familien durchgebracht haben, ihre Tage im Armenhaus beschließen – dann spüren sie wohl, daß etwas furchtbar Ungerechtes und Gemeines und Dummes an dieser Aufteilung ist, und daß das anders werden muß. Ein klein wenig anders kann es werden, wenn sie der reichen Witwe etwas von ihrem Anteil wegsteuern und es den Armen geben als Alters- und Witwenrenten, Arbeitslosenunterstützung, Ausbildungsbeihilfen etc. Weil aber die amerikanische Witwe dann immer noch jede Woche über hundert Pfund zur Versorgung ihres Söhnchens und daneben ein stattliches eigenes Einkommen hätte, während die bedürftige Witwe am anderen Ende der Stadt mit nur zehn Schilling Rente pro Woche knapp am Armenhaus vorbeikäme, bleibt der Unterschied weiterhin so ungerecht, daß die Veränderung kaum ins Gewicht fällt. Alle wollen eine gerechtere Verteilung, nur nicht die Leute, die jetzt profitieren. Da sie aber nur ein Zehntel der Bevölkerung ausmachen, und viele von ihnen die Ungerechtigkeit ihrer eigenen Position erkennen, dürfen wir annehmen, daß eine generelle Unzufriedenheit über die momentane Verteilung des Reichtums herrscht, und unter denen, die einsehen, daß das geändert werden kann, eine generelle Absicht, es sobald wie möglich auch zu tun.

Aber man kann nicht etwas verändern, wenn man nicht weiß, *wie* man es verändern möchte. Es nützt nichts, einfach festzustellen, wie skandalös es ist, daß Frau A. tausend Pfund pro Tag bekommt und die arme Frau B. nur den zehntausendsten Teil davon. Wenn Sie eine Gesetzesänderung wünschen, so müssen Sie darauf gefaßt sein, auch sagen zu können, wieviel Ihrer Meinung nach Frau A. und Frau B. erhalten sollten. Und genau hier beginnt die wirkliche Schwierigkeit. Wir alle geben bereitwillig zu, daß Frau B. mehr und Frau A. weniger bekommen soll, aber wenn man uns auffordert, exakte Angaben darüber zu machen, *wieviel* mehr und *wieviel* weniger, sagen die einen dies und die anderen das, und die meisten von uns haben gar nichts zu sagen, außer etwa, daß Frau A. sich schämen sollte, oder auch, daß es Frau B. ganz recht geschähe.

Die Leute, die sich niemals Gedanken über dieses Problem gemacht haben, meinen, es sei am anständigsten, jedem das zuzugestehen, was er selbst verdienen kann, ganz so, wie es jetzt ist. Aber das hilft uns nicht aus der Schwierigkeit heraus. Es wirft nur die nächste Frage auf, nämlich mit welcher Lotterie man zu Geld kommt. Geld ist ja nur ein Stückchen Papier oder ein Stückchen Metall, das seinem Besitzer von Rechts wegen erlaubt, dafür soundsoviel Brot oder Bier oder Diamanten oder Autos oder sonst was zu verlangen. Wir können Geld nicht essen, noch können wir es trinken, noch uns damit anziehen. Vielmehr sind es die *Dinge,* welche man mit Geld kaufen kann, die eigentlich aufgeteilt werden, sobald man Geld aufteilt. Alles wird in Geld umgerechnet. Und wenn das Gesetz der siebzigjährigen Frau B. zehn Schilling zugesteht, dem Junior A. jedoch dreitausend, bevor er nur sieben Minuten alt ist, so verteilt dieses Gesetz Brot und Fisch, Kleider und Häuser, Autos und Kinderwagen unter ihnen, als würde es diese Dinge direkt aushändigen und nicht nur das Geld, womit man sie kaufen kann.

Kein Reichtum ohne Arbeit

Ehe man Reichtum jedoch überhaupt aufteilen kann, muß gearbeitet werden. Ohne Bauern und Bäcker können wir kein Brot bekommen. Zwar gibt es ein paar kleine Inseln, tausende von Meilen weg, wo Männer und Frauen sich in der Sonne braten lassen können und von den Kokosnüssen leben, die ihnen die Affen herunterwerfen. Für uns aber gibt es diese Möglichkeit nicht. Ohne unaufhörliche tägliche Arbeit müßten wir verhungern. Wenn einer nichts tut, muß ein anderer für zwei arbeiten, sonst haben sie beide nichts zu essen. (Das ist auch der Grund, weshalb der Heilige Paulus meinte: »Wer nicht arbeitet, der soll nicht essen.«) Die Bürde der Arbeit ist uns von der Natur auferlegt und muß ebenso verteilt werden wie der Reichtum, den sie produziert.

Aber die beiden Aufteilungen stehen nicht unbedingt in einem unmittelbaren Zusammenhang. Eine einzelne Frau kann viel mehr leisten als sie selbst braucht, um satt zu werden. Sonst hätten ja die kleinen Kinder nichts zu essen; und die alten Leute, die nicht mehr arbeiten können, würden auch verhungern. Manch eine Frau hat allein mit ihrer Hände Arbeit schon so viel verdient, daß sie nicht nur eine ganze Familie versorgen konnte, sondern daneben noch ihre alten Eltern unterstützte und außerdem die Pacht für einen Großgrundbesitzer herauswirtschaftete. Und mit Hilfe von Wasser-, Dampf- oder elektrischer Energie und modernen Maschinen kann die Arbeit inzwischen so organisiert werden, daß eine einzige Frau heute mehr zu leisten in der Lage ist als tausend Frauen vor 150 Jahren.

Diese Arbeitsersparnis durch maschinelle Ausnutzung der natürlichen Energien wie Wind, Wasser und in der Kohle gespeicherte Wärme schafft Freizeit, die man ebenfalls aufteilen muß. Wenn durch zehn Arbeitsstunden zehn Personen einen Tag lang leben können, so gibt es für diese zehn Personen verschiedene Möglichkeiten, sich zu einigen. Sie können die zehn Stunden Arbeit einem Einzigen

aufhalsen und die anderen neun nichts tun lassen, diesen auch noch freie Kost und Logis dazu geben. Oder sie können jeder pro Tag eine Stunde arbeiten und dafür alle neun Stunden Freizeit haben. Oder sie können zwischen diesen beiden Extremen irgendeine andere Möglichkeit finden, etwa die, daß drei von ihnen täglich zehn Stunden arbeiten, also genug für dreißig Personen produzieren müssen, und die anderen sieben dann nicht nur nichts zu tun hätten, sondern auch für vierzehn essen und sich dreizehn Diener halten können, was den drei Arbeitern darüberhinaus sogar noch die Arbeitsplätze sichern würde.
Schließlich gibt es aber noch die Möglichkeit, daß sie alle jeden Tag viel länger arbeiten, als zu ihrem Lebensunterhalt notwendig ist, unter der Bedingung, daß sie nicht zu arbeiten brauchen, ehe sie nicht erwachsen sind und eine gute Schulausbildung hinter sich haben, und daß sie mit fünfzig Jahren aufhören dürfen zu arbeiten, um den Rest ihres Lebens einfach zu genießen. Eine ganze Skala der verschiedensten Arrangements wäre denkbar, beginnend mit der völligen Versklavung bis hin zur gerechten Verteilung von Arbeit, Freizeit und Geld. Sklaverei, Leibeigenschaft, Feudalismus, Kapitalismus, Sozialismus und Kommunismus sind im Grunde nichts als verschiedene Systeme dieser Aufteilung. Und die Geschichte der Revolution ist die Geschichte der Reaktionen auf den ständigen Kampf einzelner oder ganzer Klassen, die das System zu ihren Gunsten verändern möchten.
Im Moment aber wollen wir lieber bei der Frage bleiben, wie das durch Arbeit produzierte Einkommen aufgeteilt werden sollte; denn so verschieden man auch zwei Menschen hinsichtlich ihrer Arbeit und Freizeit behandeln kann, das alles ist nichts im Vergleich zu dem riesigen Unterschied, den man mit Hilfe moderner Methoden und Maschinen bei ihrem Einkommen macht. Der Tag eines Reichen hat zwar auch nicht mehr als 24 Stunden. Doch kann dieser Reiche 24 Millionen Pfund in der Tasche haben, ohne daß er dafür nur den kleinen Finger rühren muß.

Wenn Ihnen das einleuchtet, würden Sie nun versuchen zu entscheiden, wie Sie selbst gerne das Einkommen in unserem Land Tag für Tag aufgeteilt sähen? Laufen Sie nicht zu den Sozialisten oder Kapitalisten oder zu Ihrer Tageszeitung, um sich dort Ihre Entscheidung zu holen: die werden Sie nur verunsichern und durcheinanderbringen, wenn nicht gar bewußt irreführen. Denken Sie das Ganze selbst durch. Stellen Sie sich vor, Sie seien der Vermögensverwalter unseres Landes, hielten unser gesamtes Einkommen in Händen und sollten es nun so verteilen, daß es allen Staatsbürgern so gut wie möglich gehe.

Übrigens lassen Sie dabei besser Ihren eigenen Anteil und den Ihrer Kinder, Verwandten und Freunde ganz außer acht, sonst würden Ihre persönlichen Emotionen Ihr Urteil ins Wanken bringen. Es gibt vielleicht Frauen, die jetzt sagen: »Ich denke nie an andere Leute, ich kenne sie gar nicht.« Aber das hilft uns nicht bei der Lösung sozialer Fragen. Kapitalismus und Sozialismus sind keine begrenzten Richtlinien, nach denen eine Dame innerhalb ihres Kaffeekränzchens Geld verteilen könnte, sondern sie gelten für die Verteilung des Reichtums an alle; und da die jährlich zu verteilende Geldsumme limitiert ist, wird immer, wenn das Kind der Frau Dickson oder das ihrer Schwester oder ihre beste und längste Freundin mehr bekommt, das Kind von Frau Johnson oder das ihrer Schwester oder deren beste Freundin notgedrungen weniger bekommen. Frau Dickson müßte nun, nicht alleine sich selbst und ihre Familie und Freunde, sondern ihre ganze Klasse vergessen. Sie müßte sich einen Moment lang vorstellen, sie sei eine Art Engel im Auftrag Gottes, frei von allen irdischen Interessen und Neigungen, die ihr ja nur die Unvoreingenommenheit nehmen, und hätte nun nichts anderes zu tun, als sich den Kopf darüber zu zerbrechen, wieviel jedem einzelnen aus dem Gesamteinkommen zugeteilt werden müsse, damit es allen so gut wie möglich

gehe, und das Gewissen aller trotzdem so rein wie möglich bleiben könne.
Natürlich weiß ich, daß keiner von uns das wirklich schafft, aber wir sollten versuchen, möglichst nahe zu kommen. Ich weiß auch, daß es nur wenige Dinge gibt, die uns mehr ärgern als die Schlagworte gewisser Leute, mit denen sie uns raten, selbständig zu denken, obwohl sie doch ganz genau wissen, daß unser Verstand zum größten Teil ein Herdenverstand ist, und nur obendrauf ein Hütchen Individualismus sitzt. Ich bin sogar darauf gefaßt, daß Sie mir jetzt vorhalten, Sie hätten mich, weil Sie ja dieses Buch gekauft haben, dafür bezahlt, daß ich für Sie denke. Aber wäre es denn klug, wenn ich Ihnen meine Gedanken aufschwätzen würde und Ihnen die Illusion gäbe, es seien Ihre eigenen? Gott behüte, so schnell und einfach machen wir das nicht! Ich will Ihnen lieber erzählen, welche Gedanken ich und andere sich bereits zu diesem Thema gemacht haben, dann können Sie sich Zeit und Mühe und Enttäuschung sparen und müssen nicht Pfadfinder spielen auf Wegen, die schon längst entdeckt und als Sackgassen bekannt sind.
Hier nun ein paar solcher Wege, die andere schon versucht oder vorgeschlagen haben:
Beginnen wir mit dem einfachsten: dem Familienplan der Apostel und ihrer Jünger. Diese haben innerhalb ihrer Gruppe alles, was sie besaßen, in einen gemeinsamen Topf geworfen, und jeder nahm sich daraus, was er brauchte. So heilig war ihnen diese Verpflichtung, daß, als Ananias und Saphira etwas für sich selbst zurückbehielten, der Heilige Petrus sie totprügelte wegen »Betruges wider den Heiligen Geist«.
Dieser Plan – der Kommunismus auf seiner primitivsten und reinsten Stufe – wird noch heute in kleinen religiösen Gemeinschaften befolgt, wo die Leute zusammen wohnen und jeder jeden kennt. Aber er ist nicht so einfach für große Bevölkerungsschichten, wo die Leute nicht zusammenwohnen und nicht jeder jeden kennt. Sogar in unseren Familien leben wir nur teilweise danach; denn wenn auch der Vater etwas von seinem Verdienst an die Mutter ab-

gibt, und die Kinder, sobald sie Geld verdienen, dasselbe tun, und die Mutter dann Lebensmittel einkauft, um sie allen gemeinsam vorzusetzen, so behalten sie doch alle ein bißchen was von ihrem Verdienst zurück für ihren persönlichen Gebrauch. Das Familienleben ist also kein reiner Kommunismus, sondern halb Kommunismus, halb Gütertrennung. Alle Familienmitglieder machen es genauso wie Ananias und Saphira; nur brauchen sie deswegen nicht zu lügen (obwohl sie es trotzdem manchmal tun), weil jeder als selbstverständlich und wortlos voraussetzt, daß die Kinder sich ein bißchen Taschengeld zurückbehalten müssen, der Vater etwas für Bier und Tabak und die Mutter für Kleider, falls am Schluß noch etwas übrig bleibt.
Außerdem erstreckt sich der Familienkommunismus nicht auf die Leute von nebenan. Jedes Haus nimmt seine Mahlzeiten alleine ein; die Leute in den anderen Häusern tun nichts dazu und haben also kein Recht, daran teilzunehmen. In modernen Städten allerdings gibt es auch Ausnahmen. Zwar kauft jede Familie ihr Bier alleine, aber ihr Wasser erhalten sie alle auf »kommunistischem« Weg. Sie zahlen ein sogenanntes Wassergeld in eine Gemeindekasse, um dafür regelmäßig in jedem Haus mit Wasser versorgt zu werden. Und dafür kann jeder so viel oder so wenig Wasser benutzen wie er braucht.
Auf eben dieselbe Weise zahlen sie auch für Straßenbeleuchtung, für die Instandsetzung der Straßen, für Polizeischutz, für Brücken über die Flüsse, für Müllabfuhr und -verbrennung. Keiner käme auf den Gedanken zu sagen: »Ich gehe nie spätabends aus, habe mein Lebtag noch keinen Polizisten gebraucht, habe nichts auf der anderen Seite des Flusses zu tun und gehe deshalb nie über die Brücke, folglich werde ich auch nicht die Kosten dieser Einrichtungen mittragen.« Denn jeder weiß, daß eine Stadt nicht existieren könnte ohne Beleuchtung und Straßenbau und Brücken und Polizei und sanitäre Einrichtungen und daß ein bettlägeriger Invalide, der nie aus dem Haus kommt, oder ein Blinder, dem keine Straßenlaterne aus seiner Nacht helfen kann, auf diese öffentlichen Dienstleistungen im Bereich der Lebensmittelversorgung, Sicherheit

und Hygiene ebenso sehr angewiesen ist wie jeder gesunde Mensch. Und das gilt gleichermaßen für die Wehrmacht wie für die Marine und Polizei, für einen Leuchtturm wie für die Straßenlaternen, für ein Rathaus wie für ein Parlamentsgebäude; sie alle werden bezahlt aus der gemeinsamen Kasse unserer Abgaben und Steuern. Und sie kommen ohne Unterschied allen zugute. Kurz, sie sind *kommunistisch.*

Wenn wir nun unsere Abgaben zur Aufrechterhaltung dieses Kommunismus leisten, so machen wir es nicht wie die Apostel, die alles, was sie hatten, in einen Topf warfen: wir geben vielmehr einen unseren Mitteln entsprechenden Zuschuß. Und unsere Mittel werden nach dem Haus, das wir bewohnen, eingestuft. Dennoch kommt der Nutzen der öffentlichen Dienste denjenigen, die wenig beisteuern, im gleichen Maß zugute wie denen, die viel bezahlen; selbst Fremde und Vagabunden, die ja überhaupt nichts zahlen, können sie genießen. Jung und Alt, Fürst und Fürsorgeempfänger, Fromme und Sünder, Schwarz und Weiß und Gelb, Sparsame und Verschwender, Betrunkene und Nüchterne – alle haben sie den gleichen Vorteil und Nutzen an diesen kommunistischen Sozial- und Dienstleistungen, die so viel Geld kosten. Und es funktioniert tadellos. Niemand würde auch nur im Traum verlangen, daß es verboten sein solle, auf der Straße zu gehen, wenn man nicht dafür bezahlen und die Bürgschaft zweier anständiger Hausbesitzer vorweisen könne. Und doch kostet eine Straße mehr als jede Eintrittskarte etwa ins Theater oder einen Club.

Die Grenzen des Kommunismus

Hätten Sie jemals aus Ihrer Zeitung erfahren können, daß der Kommunismus nicht eine böse Erfindung russischer Revolutionäre und englischer und amerikanischer Desperados ist, sondern vielmehr ein höchst achtbarer, sogar von den Aposteln gutgeheißener und praktizierter Weg, unseren Reichtum zu teilen, und darüberhinaus ein unentbehrlicher Bestandteil unseres täglichen Lebens wie auch der Zivilisation? Je mehr Kommunismus, desto kultivierter und zivilisierter der Staat. Wir könnten ohne ihn nicht auskommen und erweitern ihn ununterbrochen. Wenn wir wollten, könnten wir das eine oder andere rückgängig machen. Wir könnten Zollschranken auf die Straßen stellen und von jedem Passanten Geld verlangen: in der Tat kann man noch immer die Zollhäuschen sehen, wo früher Schlagbäume standen. Wir könnten die Straßenbeleuchtung wieder abschaffen und uns Fackelträger mieten, die uns dann nachts heimleuchten: die Pfännchen, mit denen solche Fackelträger früher die Lichter ausgelöscht haben, sieht man doch noch an alten Hausumgitterungen, oder? Wir könnten uns auch einzelne Polizisten und Soldaten zu unserem persönlichen Schutz mieten und Polizei und Armee entlassen. Aber vor solchen und ähnlichen Schritten hüten wir uns wohlweislich.

Zwar schimpfen die Leute auf Abgaben und Steuern, aber sie erhalten für diese einen ungleich höheren Gegenwert als für alles andere Geld, das sie sonst ausgeben. Eine Brücke vorzufinden, auf der wir die andere Seite eines Flusses erreichen können, ohne uns darüber Gedanken machen und jemanden dafür bezahlen zu müssen, erscheint uns so selbstverständlich, daß manche von uns wie Kinder denken, die Brücken seien von Natur aus da und kosteten nichts; aber wenn wir sie einstürzen ließen und selbst herausfinden müßten, wie wir über den Fluß kämen, etwa watend oder schwimmend oder mit einem gemieteten Boot, dann würden wir bald einsehen, was für eine segensreiche Sache der Kommunismus ist, und nicht mehr über die paar Mark Steuern schimpfen, die wir zur Erhaltung der Brücke bezahlen müssen. Ja, wir könnten sogar soweit kommen, den Kommunismus für eine derart großartige Sache zu halten, daß alles »kommunisiert« d. h. verstaatlicht werden sollte. Aber das ginge nicht. Der Grund, warum eine Brücke verstaatlicht werden kann, liegt darin, daß *jeder* die Brücke benutzt oder Vorteile durch sie hat. Man darf als Regel nehmen, daß alles, was jeder benutzt oder was jedem Vorteil bringt, verstaatlicht werden kann. (Straßen, Brücken, Beleuchtung und Wasserversorgung sind, als sei das eine selbstverständliche Sache, verstaatlicht; in Dörfern aber und auf dem Land müssen die Leute sich noch immer Laternen kaufen und sie im Dunkeln mitnehmen und ihr Wasser aus dem Brunnen holen.) Es gibt keinen Grund, warum Brot nicht verstaatlicht werden sollte: für alle wäre es ein unschätzbarer Gewinn, wenn das Land etwa keine hungernden Kinder mehr hätte, und kein Haushaltsvorstand sich mehr Gedanken machen müßte über das Geld, das die Familie zum täglichen Brot braucht. Eisenbahnen könnten ebenfalls verstaatlicht werden. Vielleicht machen Sie sich mal einen Zeitvertreib und überlegen sich noch die vielen anderen Dienstleistungen, die für *alle* von Vorteil sind und daher verstaatlicht werden könnten und sollten.

Nur werden Sie nicht mehr weiter können, wenn Sie zu den Dienstleistungen kommen, die *nicht* für alle von Vorteil sind. Wasser zu verstaatlichen, ist für uns, wie wir wissen, eine selbstverständliche Sache. Aber wie steht's mit dem Bier? Was würde ein Abstinenzler wohl sagen, wenn man von ihm verlangte, er solle die Vergnügungssteuer mitfinanzieren, damit seine Nachbarn so viel Bier trinken können, wie sie gerade Lust haben? Das wäre für ihn eine doppelte Zumutung: erstens, weil er Geld für etwas geben müßte, was er selbst nicht braucht, und zweitens, weil seiner Ansicht nach Bier alles andere als eine gute Sache ist und die Gesundheit gefährdet, Verbrechen, Trunkenheit usw. zur Folge hat. Er ginge wohl eher ins Gefängnis, als dafür Steuern zu zahlen.

Das augenfälligste Beispiel für diese Schwierigkeit ist die Kirche. Die englische Staatskirche »Church of England« ist eine große kommunistische Institution: ihren Besitz verwaltet sie als Treuhänder Gottes, ihre Kirchen und Gottesdienste stehen jedermann offen, und ihre Bischöfe sitzen als Mitglieder des Oberhauses im Parlament. Da wir aber nicht alle die Doktrin dieser Kirche übereinstimmend anerkennen, und manche von uns der Meinung sind, der mit Kerzen bestellte Abendmahlstisch sei auch nichts anderes als ein römisch-katholischer Altar, waren wir gezwungen, die Kirchensteuer in eine freiwillige umzuwandeln: d. h. man kann sie zahlen oder auch nicht, ganz wie man möchte; und als der Ausbildungserlaß von 1902 den konfessionellen Schulen öffentliche Gelder gewährte, weigerten sich viele Leute, Steuern zu zahlen, und ließen lieber Jahr für Jahr ihre Möbel verpfänden, als einen einzigen Penny der Kirche zu gönnen. Sie sehen also, daß der Vorschlag, etwas zu verstaatlichen, was nicht jeder braucht oder wenigstens für richtig hält, zu Unannehmlichkeiten führt. Straßen und Brücken benützen wir alle und sind uns darüber einig, daß sie nützlich und notwendig sind; aber über Glaubensdinge und Abstinenz und Freizeitbeschäftigung sind wir verschiedener Ansicht und streiten über diese Verschiedenheiten heftig.
Nun gibt es aber auch viele Dinge, die nur von wenigen Leuten verstanden oder gebraucht werden, die aber dennoch alle mitbezahlen, weil wir ansonsten keine Wissenschaft, keine Bücher, keine Gemälde, keine Kultur hätten. Wir haben Staatsgalerien mit den besten Gemälden und Plastiken, öffentliche Bibliotheken mit den besten Büchern, staatliche Sternwarten, wo Astronomen die Gestirne beobachten und Mathematiker obstruse Berechnungen anstellen, und staatliche Labore, wo Wissenschaftler offenbar neue Informationen über den Weltzusammenhang für uns herausfinden sollen. Diese Einrichtungen kosten viel Geld, und wir alle müssen etwas dazu beisteuern. Zwar gehen viele von uns nie in eine Galerie oder ein Museum oder eine Bibliothek, auch wenn wir ganz in der Nähe wohnen, und nicht einmal jeder Zehnte interessiert sich für Astro-

nomie oder Mathematik oder Physik, aber wir haben im allgemeinen einen Begriff von der Notwendigkeit dieser Dinge, so daß wir uns nicht weigern, dafür zu zahlen. Abgesehen davon wissen viele von uns überhaupt nicht, daß wir sie mitbezahlen: wir halten sie für Gaben irgendeines freundlichen Spenders. Auf diese Weise ist allerhand Kommunismus etabliert worden, ohne daß wir irgendetwas gemerkt haben. Das zeigt sich deutlich an der Art, wie wir verstaatlichte Institutionen als »frei« bezeichnen. Nur weil wir in die Nationalgalerie oder ein Museum oder in die Kirche gehen können, ohne Eintritt zahlen zu müssen, scheinen manche von uns zu glauben, sie wären am Straßenrand gewachsen wie wilde Blumen. Dabei kosten diese Dinge Woche für Woche viel Geld. Mehr als jedes Privathaus muß ein Museum gekehrt und abgestaubt und geputzt werden, weil viel mehr Leute mit schmutzigen Schuhen hindurchlaufen. Was die paar gebildeten Herren, die für das Ganze verantwortlich sind, an Bezahlung erhalten, ist eine Lappalie im Vergleich zu den Instandhaltungskosten. Auch braucht eine öffentliche Parkanlage mehr Gärtner als ein Privatgarten und muß saubergehalten und geschnitten und gegossen und neu bepflanzt werden usw. gegen hohe Kosten für Löhne, Samen und Gartengeräte. Für nichts bekommen wir nichts; und wenn wir auch an diesen Plätzen nicht immer Eintritt zahlen, so zahlen wir doch in Form von Abgaben und Steuern. Noch der ärmste Landstreicher mag zwar den Mieten und Steuern entgehen, weil er keinen festen Wohnsitz annimmt, zahlen aber muß er trotzdem, etwa dann, wenn er sich Tabak kauft: er muß dafür ungefähr achtmal soviel ausgeben, wie Anbau und Verarbeitung des Tabaks kosten. Und die Differenz erhält die Regierung für Ausgaben im öffentlichen Dienst: das heißt für die Aufrechterhaltung des Kommunismus.

Ebenso zahlt auch die ärmste Frau jedesmal, wenn sie besteuerte Lebensmittel einkauft, ihren Anteil, ohne es zu wissen. Wenn sie ahnte, daß sie sich nur deshalb so wenig leisten kann, weil der Direktor der staatlichen Sternwarte von ihr mitbezahlt werden muß, oder weil die Nationalgalerie ein neues Gemälde kaufen will, würde sie vielleicht bei der nächsten Wahl aus eben diesem Grund gegen die Regierung stimmen. Aber weil sie das alles nicht weiß, schimpft sie nur über die hohen Lebensmittelpreise und glaubt, schuld daran seien schlechte Ernten oder harte Zeiten oder Streiks oder sonst etwas, was man halt durchstehen muß. Sie würde vielleicht nicht schimpfen über das, was sie für den König und die Königin zahlt. Wenn sie aber wüßte, daß sie die Löhne von Tausenden jener Putzfrauen mitfinanziert, die die Steintreppen zum Parlament und anderen großen Gebäuden des öffentlichen Dienstes scheuern, so würde es ihr wohl nicht sonderlich behagen, daß durch ihre Hilfe diese Frauen besser leben können, als sie selbst zu leben sich leisten kann.

Wir sehen also, daß ein Teil des bereits praktizierten Kommunismus uns auferlegt wird, auch wenn wir nicht damit einverstanden sind: wir zahlen dafür, ohne zu wissen, daß wir es tun. Aber im großen und ganzen hält sich der Kommunismus doch an Dinge, die wir entweder alle benützen oder alle notwendig brauchen, egal ob wir gebildet genug sind, die Notwendigkeit einzusehen, oder nicht.

Lassen Sie uns nun zurückkehren zu den Dingen, über die man je nach Geschmack streiten kann. Aus dieser Schwierigkeit gibt es nur einen Ausweg: anstatt den Leuten Sachen zu geben, muß man ihnen Geld geben und sie dafür kaufen lassen, was sie wollen. Wenn eine junge Dame heiratet und von ihren Freundinnen Hochzeitsgeschenke statt Geld bekommt, wird sie am Schluß vielleicht sechs Fischbratpfannen und sieben oder acht Reisewecker haben, aber nicht ein einziges Paar guter Strümpfe. Wären aber ihre Freundinnen vernünftig genug, ihr Geld zu schenken (ich tue das immer), und sie vernünftig genug, es anzunehmen (was sie immer tut), so hätte sie eine Fischbratpfanne, einen Reisewecker (wenn sie so ein Ding haben wollte) und viele Paar guter Strümpfe. Geld ist die angenehmste Sache der Welt: wir könnten nicht ohne es auskommen. Wohl erzählt man uns, daß die Liebe zum Geld die Wurzel alles Bösen sei, aber das Geld an sich ist eine der nützlichsten Einrichtungen, die je erfunden wurden. Es ist nicht die Schuld des Geldes, wenn manche

Leute so dumm oder habgierig sind, daß sie es mehr lieben als ihre eigene Seele.
Sie sehen nun, daß die große Aufteilung aller Dinge, wie sie Jahr um Jahr, Quartal um Quartal, Monat um Monat, Woche um Woche, Tag um Tag, Stunde um Stunde und sogar Minute um Minute vor sich geht, hauptsächlich in Form von Geldverteilung stattfinden muß – auch wenn hier und da der alte einfache Familienkommunismus der Apostel oder der neuzeitliche Steuerzahler-Kommunismus für Straßen, Brücken, Beleuchtung und so weiter ganz gut funktioniert. Und da Sie nun wieder auf die alten Fragen zurückgeworfen werden (Wieviel jeder von uns haben soll? Was mein und Ihr gerechter Anteil wäre? Und warum das so ist?), hat der Kommunismus das Problem für Sie nur halb gelöst. Wir müssen es daher noch einmal anders versuchen, und zwar mit der sozialistischen Lösung des Verteilungsproblems, die darin besteht, jedem gleichviel zu geben.
Nun werden Sie mir vielleicht sagen, daß Sie lieber die ganzen Schwierigkeiten zu schlucken bereit sind als gerade den Sozialismus. Die meisten von uns reagieren anfangs so. Was uns später umdenken läßt, ist die Entdeckung der schrecklichen Skala von Übelständen in unserer Umwelt und der auf uns zukommenden Gefahren, die wir nicht zu ignorieren wagen. Möglicherweise können Sie absolut nichts Schönes in der Einkommensgleichheit sehen. Aber noch die am wenigsten idealistische Frau kann immerhin die katastrophalen Auswirkungen der Ungleichheit erkennen, wenn sie der Misere, mit der sie selber täglich in Konflikt gerät, auf der Spur bleibt. Und jetzt will ich Ihnen die Zusammenhänge erklären.

Was wir zuerst kaufen sollten

Um die Auswirkungen unserer ungleichen Einkommensverteilung auf unsere staatlichen Institutionen und auf das Leben sowie den Wohlstand des ganzen Volkes zu überprüfen, müssen wir einen Blick auf die Industrie unseres Landes werfen und herausfinden, inwieweit sie durch die Ungleichheit der Einkommen betroffen ist. Danach, Schritt für Schritt, werden wir uns einen Überblick verschaffen über die Einrichtung der Ehe, die Arbeit der Gerichtshöfe, die Vertrauenswürdigkeit unserer Regierung, die geistige Unabhängigkeit der Kirche, die Zweckmäßigkeit unserer Schulen, das Niveau unserer Zeitungen und uns überlegen, inwieweit alle diese Einrichtungen abhängig sind von der Art der Geldverteilung.

Beginnend mit der Industrie tauchen wir gleich Hals über Kopf in die sogenannte Volkswirtschaft, die deshalb so heißt, damit wir sie von der Haus- und Familienwirtschaft unterscheiden können, in der wir uns ja alle nur zu gut auskennen. Für die Männer ist Volkswirtschaft eine trockene und knifflige Angelegenheit: sie drücken sich davor wie vor dem Haushalt. Doch ist das Ganze gar nicht so undurchsichtig und schwer verständlich; es ist nichts anderes als die Kunst, ein Land wirtschaftlich so zu führen, wie die Hausfrau einen Haushalt führt; wenn die Männer sich davor drücken, müssen die Frauen eben die Sache anpakken. Das Land verfügt über ein gewisses Einkommen, mit dem es wirtschaften muß, genauso wie jede Hausfrau. Und die Schwierigkeit ist nur, für *was* man das Einkommen ausgeben soll, damit alle so gut wie möglich dabei abschneiden.

Eine Hausfrau muß sich zuerst einmal darüber klar werden, was sie am liebsten kaufen möchte, und danach, was sie tatsächlich kaufen kann, ohne ein Loch in den Geldbeutel zu reißen. Das bedeutet, sie muß die Reihenfolge festlegen, in welcher die Dinge wünschenswert sind. Beispielsweise würde man sie eingebildet und dumm und eine

Rabenmutter nennen, wenn sie nicht genug zum Essen im Haus hätte, aber in die Stadt ginge und das ganze Geld für eine Flasche Parfum und eine falsche Perlenkette ausgäbe; eine Politikerin würde sie einfach als schlechte Wirtschafterin bezeichnen, weil sie nicht weiß, was Vorrang hat beim Geldausgeben. Die Frau, die nicht genügend Vernunft und Selbstbeherrschung besitzt, um einzusehen, daß Essen, Kleidung, Wohnung und Heizen vorgehen, und daß Parfum und Perlenketten, seien sie nun echt oder unecht, erst lange danach kommen, taugt niemals zur Führung eines Haushalts; ja noch im Juweliergeschäft kommt die Armbanduhr vor der Halskette, weil jene nützlicher ist. Ich will damit nicht sagen, daß hübsche Dinge nicht nützlich seien: sie sind sogar sehr nützlich und ganz in Ordnung, wenn sie den richtigen Stellenwert einnehmen. Nur kommen sie halt nicht an *erster* Stelle. Eine Bibel mag ein durchaus angemessenes Geschenk für ein Kind sein. Aber einem hungrigen Kind statt eines Stücks Brot und einer Tasse Milch eine Bibel zu schenken, wäre der reine Wahnsinn. Die geistigen Fähigkeiten einer Frau sind gewiß wunderbarer als ihr Körper, doch wird, wenn ihr Körper nichts zu essen bekommt, auch ihr Kopf darunter leiden; wogegen ihr Kopf sich selbst und den Körper mitversorgen kann, wenn sie richtig zu essen hat. Das Essen kommt also zuerst. Stellen Sie sich das ganze Land als einen großen Haushalt vor und alle Bewohner des Landes als eine große Familie, was sie ja tatsächlich auch sind. Was fällt uns dabei auf? Überall unterernährte, zerlumpte Kinder in erschreckend verwahrlosten Wohnverhältnissen und das Geld, das diesen Kindern zustehen müßte für anständiges Essen, Kleider und Wohnung, zu Millionen in Umlauf für Parfum, Perlenketten, Schoßhündchen, Rennwagen, Treibhauserdbeeren, die wie Korken schmecken, und alle Arten von Extravaganzen. Die eine Schwester aus dieser »Familie« hat nur ein einziges Paar Schuhe mit Löchern, so daß ihr den ganzen Winter die Nase läuft, weil sie nicht einmal ein Taschentuch besitzt, um sich zu schneuzen. Eine andere hat vierzig Paar Stöckelschuhe und Dutzende von Taschentüchern. Ein kleiner Bruder muß sehen, wie er mit einem

Penny pro Tag für Essen auch noch wachsen soll und zerreißt Herz und Geduld seiner Mutter, weil er dauernd mehr haben will. Der große Bruder unterdessen gibt fünf oder sechs Pfund für seine Mahlzeit in einem feinen Hotel aus, leistet sich dann noch ein Souper in einem Nachtklub und kommt schließlich in ärztliche Behandlung, weil er zuviel ißt und trinkt.

Das nun ist eine erschreckend schlechte Volkswirtschaft. Fragt man gedankenlose Leute nach einer Erklärung dafür, so sagen sie: »Na ja, die Frau mit den vierzig Schuhen und der Mann mit den Nachtklub-Drinks bekommen ihr Geld eben von ihrem Vater, der mit Spekulationen in der Gummibranche so reich geworden ist; und das Mädchen mit den kaputten Schuhen ebenso wie der Bub, der die Ohrfeigen von seiner Mutter bekommen hat, sind sowieso nur gemeinster Pöbel aus den Slums.« Das ist ganz recht, aber es ändert nichts an der Tatsache, daß ein Land, wo man Geld ausgibt für Champagner, ehe man genug Milch für die Säuglinge besorgt, oder wo man saftiges Fressen vor stammbaumgeprüfte Terriers, Schäferhunde und Pekinesen hinstellt, während die Ziffer der Säuglingssterblichkeit beweist, daß tausende unserer Kinder an Unterernährung zugrundegehen – daß ein solches Land schlecht regiert, dumm, aufgeblasen, stumpfsinnig und ohne Verstand ist und mit der Zeit ins Unglück steuern muß, egal wie sehr es sich anstrengt, seinen wahren Zustand vor sich selbst zu verschleiern, indem es Perlenketten und Pekinesen für Wohlstand hält und sich dreimal so reich vorkommt, wenn die Schoßhundpärchen dann möglichst noch sechs Junge kriegen. Der einzige Weg, auf dem ein Land Wohlstand und Erfolg erreichen kann, ist, gut hauszuhalten: das heißt, seine Bedürfnisse in der Reihenfolge ihrer Wichtigkeit zu erfüllen und nicht zuzulassen, daß Geld verschwendet wird für Marotten und Luxusartikel, ehe nicht für das Notwendige restlos gesorgt ist.

Aber es nützt nichts, wenn wir die Hundebesitzer anklagen. Alle diese absurden Auswüchse existieren, nicht weil irgendein gesunder Mensch sie sich je gewünscht hätte, sondern weil sie notgedrungen entstehen, sobald es einige

Familien gibt, die sehr viel reicher sind als andere. Der Reiche wird wie jeder andere, wenn er Ehemann und Vater ist und eine Frau mitzuversorgen hat, als erstes für seine Familie Essen, Kleider und ein Dach über den Kopf kaufen. Der Arme macht es genauso. Nur hat der Arme, auch wenn er sein ganzes Geld für diese notwendigen Bedürfnisse ausgibt, noch immer nicht genug: das Essen reicht nicht, seine Kleider sind alt und schmutzig, seine Wohnung besteht aus einem einzigen Raum oder nur einem Teil davon, und der noch ohne sanitäre Einrichtungen. Wogegen dem Reichen, wenn er gegessen hat und angezogen ist und sich seine Wohnung so kostspielig wie möglich eingerichtet hat, immer noch eine Menge Geld übrigbleibt, mit dem er seinem Gaumen und seinen Hobbies frönen und vor anderen Leuten glänzen kann. Während der Arme sagt: »Ich möchte mehr Brot, mehr Kleider und eine bessere Wohnung für meine Familie, kann es aber nicht bezahlen«, sagt der Reiche: »Ich möchte alle möglichen Autos, eine Jacht, für meine Gattin und Töchter Diamanten und Perlen, und eine Jagdhütte in Schottland. Geld spielt keine Rolle: ich kann es bezahlen, auch wenn es das Zehnfache kostet«. Und natürlich machen sich tüchtige Geschäftsleute gleich an die Arbeit, lassen die Autos und Jachten herstellen, die Diamanten in Afrika ausgraben, die Perlen fischen und die Jagdhütte bauen und kümmern sich nicht um die Hilferufe des Armen, der mit leeren Taschen dasteht.

Anders ausgedrückt, für den Armen ist es notwendig, daß die Arbeitskraft in jene Branchen gesteckt wird, die mit seinem Mangel zusammenhängen: also in Bäckereien, Webereien, Schneidereien und einfache Hausbauten; aber er kann den Bäckermeistern und Webermeistern nicht so viel zahlen, daß sie wiederum ihren Arbeitern Löhne zahlen könnten. Der Reiche hingegen bietet ausreichend Geld, so daß alle für sein Vergnügen erforderliche Arbeit gut bezahlt werden kann. Zwar mögen diejenigen, die sein Geld annehmen, durchweg schwer dafür arbeiten; aber ihr Einsatz macht Leute, die sowieso zuviel haben, nur noch verwöhnter, anstatt denen, die zu wenig haben, Essen zu beschaffen, er erfolgt also an der falschen Stelle und ist

deshalb Verschwendung, weil er das Land weiterhin arm läßt, ja sogar noch ärmer macht, nur damit ein paar wenige Leute reich bleiben können.
Dieser Zustand läßt sich nicht damit entschuldigen, daß die Reichen Arbeitsplätze schaffen. Arbeitsplätze zu schaffen, ist kein Verdienst: der Mörder schafft dem Scharfrichter auch einen Arbeitsplatz; und ein Autofahrer, der ein Kind überfährt, schafft Arbeitsplätze für den Sanitäter, den Doktor, das Bestattungsinstitut, den Pfarrer, die Trauerkleidungsbranche, den Fahrer des Leichenwagens und den Totengräber: kurz, für so viele ehrenwerte Leute, daß man ihm, würde er sich noch selbst umbringen, als einem Wohltäter des Volkes ein Denkmal errichten müßte, um nicht undankbar zu scheinen. Das Geld, mit dem die Reichen *falsche* Arbeitsplätze finanzieren, könnte für die *richtigen* Arbeitsplätze verwandt werden, wenn man es gleichmäßig verteilte; denn dann gäbe keiner etwas für Autos und Diamanten, ehe nicht alle zu essen hätten, gekleidet und gut untergebracht wären, noch könnte man Männern und Frauen irgendwelche Lohnangebote machen, damit sie ihre nützlichen Arbeitsplätze aufgeben und als Hausangestellte lieber einen faulen Reichen bedienen. Es gäbe weniger Protzerei, weniger Nichtstuerei, weniger Geld würde zum Fenster rausgeworfen, und die Leute kämen sich weniger nutzlos vor; dafür hätte man mehr zu essen, mehr anzuziehen, bessere Wohnungen, mehr Sicherheit, mehr Gesundheit, mehr Rechtschaffenheit, mit einem Wort, mehr wirklichen Wohlstand.

Die Gerichtshöfe

Der hoffnungslose Widerspruch zwischen der Ungleichheit der Einkommen und der Gerechtigkeit wird vor Gericht derart augenfällig, daß er Sie sicher tief betroffen macht, wenn Sie solche Dinge überhaupt wahrnehmen. Die oberste Voraussetzung für eine legale Rechtsprechung ist, daß sie ohne Ansehen der Person geschehen muß, also unparteiisch zwischen der Arbeiterfrau und der Millionärin, und daß niemand seiner Existenz und Freiheit beraubt werden darf, es sei denn durch den Urteilsspruch einer Jury von Schöffen und Geschworenen, die auf einer Stufe mit ihm stehen sollten. Nun wird aber ein Hilfsarbeiter nie von einer Jury beurteilt, die auf einer Stufe mit ihm stünde, sondern vielmehr von Steuerzahlern, die ein sehr starkes Klassenurteil ihm gegenüber hegen, weil sie mehr Geld verdienen und sich aus diesem Grund für bessere Menschen halten. Sogar ein Reicher, der vor eine Durchschnittsjury kommt, muß sich darauf gefaßt machen, daß diese Leute sowohl neidisch auf ihn sind als auch unterwürfig seines vielen Geldes wegen. Deshalb spricht man bei uns im Volksmund von zweierlei Gesetzen, einem für die Reichen und einem für die Armen. Das stimmt nicht ganz: das Gesetz ist schon für alle gleich, nur die Einkommen müßten geändert werden.
Unser Zivilgesetz, das die Verträge rechtsgültig macht und alle Beleidigungsklagen oder Schadensersatzfragen regelt, mit denen die Polizei nichts zu tun hat, erfordert so viel juristische Kenntnisse und eine so geschickte Beredsamkeit, um überhaupt in Gang zu kommen, daß eine normale Frau ohne diese Kenntnis oder Beredsamkeit nur dann zu ihrem Recht gelangen kann, wenn sie sich einen Anwalt nimmt, der sehr teuer ist, und das heißt natürlich, daß die reiche Frau es sich leisten kann, vor Gericht zu gehen, und die arme nicht. Die reiche Frau kann die arme terrorisieren und ihr mit einem Prozeß drohen, wenn sie nicht tut, was man von ihr verlangt. Sie kann sich über die Rechte der

armen Frau einfach hinwegsetzen, ihr auch sagen, daß sie sich ruhig, wenn es ihr nicht paßt, vor Gericht beschweren soll – denn sie weiß ganz genau, daß Armut und Unwissenheit ihres Opfers eine Barriere bilden, und die arme Frau deshalb nie eine juristische Beratung oder den ihr zustehenden gesetzlichen Schutz erhalten wird. – Auch kann eine reiche Frau, wenn sie dem Mann einer armen einen Floh in den Kopf setzt und ihn überredet, daheim auszureißen, den Mann praktisch kaufen, indem sie die verlassene Ehefrau so lange aushungert, bis diese gegen eine ausreichende Abfindung schließlich in die Scheidung einwilligen muß. In Amerika, wo die Frau auf Schadensersatz klagen kann, ist der Preis für eine Scheidung zwar höher, aber das ist auch alles. Nur kann die so verlassene Ehefrau immerhin nicht vor den Scheidungsrichter »gehungert« werden und mag hartnäckig auf einem phantastischen Preis bestehen, ehe sie ihren Mann freigibt für eine neue Heirat; desgleichen kann ein verlassener Ehemann den Preis hochtreiben. Heutzutage locken sich Männer und Frauen gegenseitig so oft in die Ehefalle mit diesen Hintergedanken, daß in manchen Ländern das Wort »Alimente« inzwischen soviel bedeutet wie schlichtweg Erpressung. Wohlgemerkt: ich sage weder etwas gegen Scheidung noch gegen Alimente. Falsch daran ist lediglich, daß eine x-beliebige Frau, wenn sie nur ein höheres Einkommen hat, in der Lage wäre, dem Mann einer anderen ein viel angenehmeres Leben zu bieten als seine eigene Frau das könnte – oder daß jeder Mann unter derselben Voraussetzung in der Lage wäre, die Frau eines anderen in einem Ausmaß zu verwöhnen, wie der Ehemann es sich nicht leisten kann, kurz: falsch ist es, daß Geld, sei es nun bei der Eheschließung oder Scheidung, überhaupt eine Rolle spielen kann.
Das Strafrecht ist – obwohl wir Mordprozesse und ähnliches so gierig lesen – weniger wichtig als das Zivilrecht, und zwar deshalb, weil nur wenige außergewöhnliche Leute Verbrechen begehen, wogegen alle heiraten und Verträge machen. Außerdem kümmert sich die Polizei um das Strafrecht, ohne von den Betroffenen Geld zu verlangen. Trotzdem aber geht es auch hier den reichen Gefängnisinsassen

besser, weil sie hohe Summen ausgeben und sich zu ihrer Verteidigung berühmte Anwälte nehmen können, die dann im ganzen Land, ja in der ganzen Welt nach Beweismaterial jagen, Zeugen bestechen oder verängstigen und alle nur möglichen Tricks zur Bewährung oder Vertagung restlos ausnützen. Besonders gern verweisen wir auf Fälle in Amerika, wo reiche Männer frei herumlaufen, die man, wenn sie arm wären, schon längst gehängt oder auf den elektrischen Stuhl gebracht hätte. Aber wer weiß schon, wie viele arme Leute in England im Gefängnis sitzen, die vielleicht freigesprochen worden wären, wenn sie ein paar hundert Pfund für ihren Verteidiger hätten zahlen können? Die Gesetze selbst sind schon von Anfang an verseucht, weil sie von reichen Männern gemacht werden. Auf dem Papier können zwar alle erwachsenen Männer und Frauen in das Parlament gewählt werden und Gesetze machen, wenn sie es schaffen, genug Leute zu überreden, die ihnen ihre Stimme geben. Manches ist in den letzten Jahren dafür getan worden, daß auch Arme von dieser rechtlichen Möglichkeit Gebrauch machen können; so erhalten die Minister jetzt Gehälter, und auch bestimmte Wahlkosten, die früher der Kandidat selbst tragen mußte, werden vom Staat finanziert. Aber noch immer muß der Kandidat, um überhaupt aufgestellt zu werden, 150 Pfund auf den Tisch legen, und dann kostet es ihn nochmal 500 bis 1000 Pfund, die Wahlkampagne richtig zu organisieren. Sogar für den Fall, daß er gewinnt, wird sein Gehalt von 400 Pfund pro Jahr – das keinen Pensionsanspruch mit einschließt und keine Entschädigung bei Verlust des Sitzes, was ihm schon bei der nächsten Wahl blühen kann – nicht ausreichen für die Art von Leben, die ein Minister in London zu führen gezwungen ist. Das alles verschafft den Reichen einen so großen Vorteil, daß die Armen, obwohl sie die 9:1 Mehrheit unseres Landes bilden, im Parlament nur als Minderheit vertreten sind; und die meiste Zeit bei Sitzungen geht folglich nicht für Diskussionen zum Wohl des Landes und entsprechende Gesetzesbeschlüsse drauf, sondern für den Klassenkampf der reichen Übermacht, die ihre Privilegien behalten und noch ausdehnen will, gegen die arme Minder-

heit, die deren Einschränkung oder Abschaffung anstrebt. Das heißt: für pure Zeitverschwendung.
Das bei weitem ungerechteste und schlimmste Privileg, das die Reichen für sich in Anspruch nehmen, ist ihr Vorrecht, auf ganz legale Weise nichts zu arbeiten. Und leider haben sie dieses Privileg so unverrückbar etabliert, daß wir es nicht mehr in Frage stellen, es sogar ehrfürchtig anerkennen als Markenzeichen der wirklichen Dame oder des wirklichen Gentleman und dabei gar nicht bedenken, daß jemand, der Sachen konsumiert und Dienstleistungen annimmt, ohne das Äquivalent wieder zu produzieren oder als Dienstleistung zurückzugeben, dem Land ebenso sehr schadet wie ein Dieb. In der Tat bedeutet Diebstahl auch genau das. Nicht im Traum würden wir daran denken, jemandem zu erlauben, Leute umzubringen, Kinder zu entführen, in Häuser einzubrechen, Feuer zu legen, Sachen zu beschädigen und zu zerstören, oder eine Befreiung vom Wehrdienst zu verlangen, nur weil er von einem fleißigen Vorfahren einen Gutshof oder 1000 Pfund Jahreseinkommen geerbt hat. Aber wir tolerieren das Nichtstun, obwohl es uns in nur einem Jahr mehr schadet als alle gesetzlich strafbaren Verbrechen der Welt in zehn Jahren. Aufgrund ihrer Majorität im Parlament verurteilen die Reichen mit rücksichtsloser Härte nur gewisse Arten von Diebstahl, wie etwa Einbruch, Fälschung, Unterschlagung, Taschendiebstahl, Veruntreuung und Raubüberfall auf offener Straße, während sie den Müßiggang ihrer eigenen Klasse davon ausnehmen und ihn sogar als einen höchst ehrenwerten Lebensstil hinstellen – wodurch sie unseren Kindern vormachen, wie gewöhnlich, entwürdigend und beschämend es ist, den eigenen Lebensunterhalt durch Arbeit selbst zu verdienen. Lebt man also wie eine Drohne von der Arbeit und den Dienstleistungen anderer, so ist man bei uns gleich eine Dame oder ein Gentleman: bereichert man aber das Land durch eigene Arbeit und Dienstleistungen, so muß man schon »tief gesunken« und »vulgär« sein und wird dementsprechend auch verächtlich behandelt, bekommt schlechtes Essen und Kleidung und Wohnung, weil jeder der Meinung ist, für einen Waldarbeiter oder einen Was-

serträger sei selbst noch das Schlechteste gut genug. Das aber ist nichts anderes als ein Versuch, die natürliche Ordnung auf den Kopf zu stellen, uns ein X für ein U vorzumachen und es landesweit als Motto zu verkünden. Wenn wir darauf bestehen, werden wir am Ende zwangsläufig wieder von einer jener Erschütterungen heimgesucht, an denen noch alle großen Kulturen und Imperien der Geschichte zerbrochen sind.

Durch nichts kann dieses Ereignis verhindert werden, wo immer Einkommen ungleich verteilt ist, weil die Gesetze dann notgedrungen von den Reichen gemacht werden. Ein Gesetz aber, das jedem zu arbeiten vorschreiben würde und vor allen anderen Gesetzen stehen sollte, ein solches Gesetz wird niemals von den Reichen gemacht werden.

Kirche, Schule und Presse

Ebenso wie die Regierung und Justiz ist auch die Kirche von den Reichen in Beschlag genommen. Der Durchschnittspfarrer predigt nicht Ehrlichkeit und Gleichheit in seiner Dorfschule: er predigt Respekt vor jenen Leuten, die nichts als Geld haben, und nennt das Loyalität und Religion. Er steckt unter einer Decke mit dem Richter im Magistrat, der seinerseits die Gesetze – die ja von den Reichen gemacht werden – im Interesse der Reichen auslegt und das Gerechtigkeit nennt. Weil nun die Gemeinde keine andere Art von Religion oder Gesetz kennt, verliert sie bald vor allen beiden die Achtung und reagiert nur noch zynisch. Zwar heben die Leute vielleicht die Hand an den Hut und verbeugen sich höflich, aber untereinander wispern sie doch, daß der Richter – egal wie gütig seine Frau das an Weihnachten auch wiedergutzumachen sucht – die Armen ausbeutet und unterdrückt, und daß der Pfarrer ein Heuchler ist. Bei Revolutionen sind es dann gerade die so unterwürfigen Bauern, die Herrensitze und Pfarrhäuser in Brand stecken, Kirchen stürmen und Skulpturen zerstören, Fenster einschlagen und die Orgel zertrümmern.

Übrigens ist es durchaus möglich, daß Sie Pfarrer kennen, die nicht so sind. Ich jedenfalls kenne welche. Es gibt immer Männer und Frauen, die sich gegen die Ungerechtigkeit auflehnen, egal wie erfolgreich und angesehen diese auch sei. Aber die Folge ist, daß sie dann selbst in den einflußreichen Kreisen nicht mehr gut angesehen sind.

Unsere Gesellschaft kann halt nicht nach ihren wenigen Rebellen beurteilt werden, sondern nach ihren Millionen gehorsamer Untertanen.

Derselben Korruption sind auch unsere Kinder in unseren Schulen ausgesetzt. Lehrer, die ihren Schülern vitale Grundwahrheiten über ihre Verantwortung als Staatsbürger beibringen (wie etwa die, daß man alle gesunden Erwachsenen, die nicht kräftig mitrudern im sozialen Boot, verachten und wie Kriminelle behandeln sollte) – diese

Lehrer verlieren ihre Stelle und werden manchmal sogar wegen radikaler Gesinnung verfolgt. Von dieser elementaren Moral bis hin zu den unverständlichsten philosophischen Lehren an den Universitäten erstreckt sich die gleiche Korruption. Unsere Wissenschaft wird zur Propaganda für Quacksalberei, hinter der wiederum Fabriken stehen, wo die Reichen ihre Aktien haben – um die Krankheiten der Armen, die eigentlich nur besseres Essen und hygienische Wohnungen brauchten, und die Krankheiten der Reichen, denen schon mit einer sinnvollen Beschäftigung geholfen wäre, auszukurieren. Unsere Volkswirtschaft wird benützt für die skrupellose Beweisführung, daß die Löhne der Armen nicht erhöht werden könnten, daß wir ohne die faulen Reichen nicht genug Kapital und Arbeitsplätze hätten und also verloren wären, und daß die Armen eben besser achtgeben müßten, damit sie weniger Kinder bekommen – dann wäre es bestens bestellt in dieser schlechtesten aller Welten.
Deshalb werden die Armen, die das alles nicht durchschauen, weiterhin arm bleiben. Und diejenigen, deren Eltern es zu gut geht, als daß sie es nicht zu durchschauen lernten, und die eine sogenannte »gute Ausbildung« erhalten, bekommen so viele glatte Lügen in der Schule erzählt, daß ihr falsches Wissen noch gefährlicher ist als der unverbildete Witz der Naturkinder. Wir alle kritisieren den Exkaiser, weil er in Deutschland sämtliche Lehrer entließ, die ihren Schülern nicht beibringen wollten, daß die ganze Geschichte, Wissenschaft und Religion beweise, wie sehr die Herrschaft des Hauses Hohenzollern, d. h. seiner eigenen reichen Familie, der Menschheit zum Wohle gereiche. Aber wir tun genau dasselbe! Nur ersetzen wir die besondere Verehrung der Hohenzollernfamilie durch eine allgemeine Verehrung der reichen Müßiggänger. Die Hohenzollernfamilie besitzt wenigstens noch eine Familientradition (wozu auch gehört, daß alle ihre männlichen Mitglieder ein einfaches Handwerk erlernen müssen), so daß sie viel mehr Verantwortungsbewußtsein entwickeln kann als irgendein Tom oder Dick, der vielleicht zufällig als Geschäftsmann ein riesiges Vermögen gemacht hat.

Da die Leute ihre Meinungen zu einem sehr großen Teil aus den Zeitungen beziehen, die sie jeweils lesen, würde die Korruption an unseren Schulen keine so große Rolle spielen, wenn wenigstens die Presse frei wäre. Aber die Presse ist nicht frei. Weil es mindestens eine halbe Million kostet, in London eine Tageszeitung zu gründen, sind die Zeitungen im Besitz reicher Leute. Und sie sind abhängig von der Anzeigenwerbung anderer reicher Leute. Herausgeber und Journalisten, die Meinungen drucken lassen, welche den Interessen der Reichen entgegengesetzt sind, werden entlassen und durch Unterwürfige ersetzt. Die Zeitungen müssen also die von Schulen und Universitäten begonnene Arbeit fortsetzen, so daß nur die stärksten und unabhängigsten und originellsten Köpfe dieser Masse von falschen Indoktrinationen entkommen können, die man ihnen einhämmert durch permanente Suggestion und Überredung der unter einer Decke steckenden Regierung, Gerichtshöfe, Kirchen, Schulen und Presse. Wir alle werden zu Falschdenkern erzogen, damit wir willige Sklaven bleiben und nicht rebellisch werden.

Dies ist so schwer zu durchschauen und zu glauben, weil die falschen Lehren mit einem Gutteil Wahrheit vermischt sind. Denn bis zu einem gewissen Punkt decken sich die Interessen der Reichen mit den Interessen aller anderen. Erst da, wo die Interessen der Reichen sich von denen ihrer Mitmenschen unterscheiden, fängt der Betrug an. Zum Beispiel haben die Reichen vor Eisenbahnunglücken genauso viel Angst wie die Armen. Infolgedessen werden die Gesetze gegen Eisenbahnunglücke, die Predigten über Eisenbahnunglücke, die Schulbuchweisheiten und Zeitungsartikel darüber alle von dem durchaus ehrlichen Bestreben begleitet, Eisenbahnunglücke zu verhindern. Aber sobald jemand die Vermutung ausspräche, daß weniger Eisenbahnunglücke passierten, wenn die Eisenbahner kürzere Arbeitszeiten und höhere Stundenlöhne hätten oder wenn die Fahrpreisgewinne zwischen den Aktionären und den Arbeitern so geteilt würden, daß die Aktionäre weniger und die Arbeiter mehr bekämen; oder sobald jemand sagte, Bahnreisen würden sicherer, wenn die Eisenbahn in staatlichen Händen wäre wie die Post und das Fernmeldewesen – dann würden Presse und Parlament ein großes Geschrei dagegen anstimmen und diese Leute denunzieren als Bolschewiken oder sonstwas, je nachdem, was im Moment gerade das infamste Modeschimpfwort ist.

Warum wir uns damit abfinden

Vielleicht fragen Sie nun, warum nicht nur die Reichen, sondern auch die Armen sich mit alledem abfinden und es sogar leidenschaftlich verteidigen als eine durchaus gute und für alle nützliche Moral. Dazu kann ich nur sagen, daß die Verteidigung nicht einmütig ist: sie wird immer an der einen oder anderen Stelle angegriffen von Reformern mit politischem Bewußtsein und von denen, deren Benachteiligung unerträglich wird. Aber alles in allem würde ich doch sagen, daß das Übel der Korruption und der Verfälschung von Gesetz, Religion, Erziehung und öffentlicher Meinung so ungeheuer groß ist, daß der durchschnittliche Verstand es gar nicht begreifen kann, während er leicht und gierig nach den kleinen Vorteilen greift, die damit verbunden sind. Die Reichen sind sehr karitativ: sie wissen genau, daß sie für ihren Reichtum ein Lösegeld zahlen müssen. Die einfache und anständige Frau vom Land, deren Mann Waldarbeiter, Gärtner oder Wildhüter ist und deren Töchter als Dienstmädchen auf einem Gutshof »gute Manieren« lernen, sieht in dem Gutsherrn nichts als einen gütigen Gentleman, der ihnen Arbeit gibt, und dessen Frau den Kranken Kleider und Decken und kleine Aufmerksamkeiten schenkt, das Dorfkrankenhaus und all die kleinen Veranstaltungen, Sportfestchen und gutgemeinten Aktivitäten betreut, die das Monotone der mühseligen Arbeit erleichtern und der Krankheit etwas von ihrem Schrecken nehmen. Auch in den Städten, wo die Reichen und die Armen einander nicht kennen, ist das Mit-Geld-um-sich-Werfen der Reichen immer populär. Es sorgt für allerhand Augenfreuden und Klatschgeschichten. Der Kaufmann ist stolz, wenn er reiche Kunden hat, und der Diener, wenn er in einem reichen Haus dient. Bei den öffentlichen Vergnügungen der Reichen gibt es billige Plätze für die Armen. Die meisten gedankenlosen Leute lieben all diese hübsch aufgeputzten Dinge. Sie lesen sie auch besonders gern und betrachten interessiert alle Bilder darüber in den Illustrier-

ten, während sie gleichgültig bleiben, wenn sie irgendwo lesen, daß der Prozentsatz der Kindersterblichkeit bei den unter Fünfjährigen gestiegen oder gefallen ist. So etwas bedeutet für sie nur trockene Statistik, die das Zeitunglesen langweilig macht. Erst wenn die Leute etwas zu hinterfragen lernen, sind sie auf dem Weg zu begreifen, daß eine modisch elegante »Dame« zehn kleinen Kindern das Leben kosten kann.
Aber selbst dann noch meinen sie, die Alternative zu den modisch gekleideten reichen Damen sei, daß alle Frauen schäbig angezogen sein müßten. Sie brauchen keine Angst zu haben! Neun von zehn Frauen sind heute schäbig angezogen. Bei vernünftiger Aufteilung des Einkommens könnten sich alle zehn leisten, so vorteilhaft wie möglich auszusehen. Daß keine Frau Diamanten besitzen sollte, solange nicht alle Frauen anständige Kleider haben, ist eine ganz gute Richtlinie, auch wenn sie der einen oder anderen nicht behagen sollte, weil sie vielleicht selbst gerne Diamanten hätte und sich keinen Rappen darum schert, ob andere Frauen gut angezogen sind oder nicht. Vielleicht gibt es ihr sogar eine gewisse Genugtuung, wenn sie andere Frauen in schlechteren Kleidern sieht.
Aber ein so niedriges und kleinliches Denken, jene heimliche Befriedigung am Unglück anderer, welche die Deutschen *Schadenfreude* nennen (im Englischen haben wir kein Wort dafür), wird schließlich früher oder später unvermeidlich zum Ausbruch einer Revolution führen, wie das in Rußland der Fall war. Die Diamanten wandern dann zum Pfandleiher, und der wird sich weigern, Geld dafür zu geben, weil niemand sich noch Diamanten leisten kann; und die feinen Damen müssen alte Kleider tragen und billigere und schlechtere Konfektionsware, bis es überhaupt nichts mehr zum Anziehen gibt. – Nur weil dies nicht alles auf einmal und plötzlich geschieht, glauben die Gedankenlosen, die Polizei würde so etwas schon nicht zulassen; und den Engherzigen ist es egal, ob es kommt oder nicht, vorausgesetzt, daß es nicht kommt, solange sie noch leben.
Auch etwas anderes läßt uns an diesem Lotteriespiel mit

seinen riesigen Geldpreisen festhalten: der Traum, daß wir vielleicht einmal durch einen glücklichen Zufall selbst reich werden könnten. Wir lesen von sterbenden Onkeln in Australien, die 100 000 Pfund hinterlassen für einen Arbeiter oder eine Putzfrau, ohne daß diese je etwas von ihm gehört hätten. Wir hören, daß jemand, dem es nicht besser geht als uns, das große Los gewinnt. Solche Träume würden zerstört durch gleichmäßige Einkommensverteilung. Und die Leute klammern sich um so mehr an ihre Träume, je ärmer sie sind, und je weniger sie nicht einmal auf ein Pferd wetten können! Sie vergessen die Millionen Nieten in ihrer Sehnsucht nach dem einen Gewinn, den ja Millionen Pechvögel bezahlen müssen.
Arme Frauen, die von Natur aus viel zuviel gesunden Menschenverstand haben, um solche Glücksspielträumereien zu hegen, opfern sich häufig auf in der Hoffnung, daß es ihren Söhnen durch eine gute Ausbildung einmal gelingen wird, aus dem Sumpf der Armut herauszukommen; und es gibt Männer auf einer außergewöhnlichen Stufe jener ganz besonderen Art von Klugheit, mit der man ein Stipendium gewinnen kann, die ihren Aufstieg ihren Müttern verdanken. Aber diese außergewöhnlichen Fälle, so glänzend auch manche von ihnen dastehen, können keine Hoffnung für den Durchschnittsmenschen sein. Die Welt besteht nun einmal aus durchschnittlichen Menschen. Das Kind einer reichen Durchschnittsfrau und das Kind einer armen Durchschnittsfrau können zwar bei der Geburt dieselbe Intelligenz haben; aber bis sie beide erwachsen sind, hat sich der Sohn der reichen Frau Sprache, Manieren, Lebensgewohnheiten, Bildung und Ausbildung angeeignet, ohne die ihm alle höheren Berufszweige verschlossen bleiben, während der Sohn der armen Frau nicht einmal präsentabel genug aussieht, um irgend eine Stelle zu bekommen, die ihn mit besseren Leuten in Kontakt bringen könnte. Auf diese Weise wird ein Großteil der Intelligenz eines Landes vergeudet und verdorben. Die Natur nämlich kümmert sich nicht im geringsten um Reich und Arm. Zum Beispiel gibt sie nicht jedem die Fähigkeit, Manager zu werden, sondern vielleicht nur einem unter zwanzig – das

ist das äußerste. Aber sie pickt sich nicht die Kinder der Reichen aus für ihre launischen Gaben. Wenn auf je zweihundert Menschen nur zwanzig Reiche kommen, wird ihre Mitgift für den Manager statistisch auf neun arme Kinder und ein reiches fallen. Weil die Reichen jedoch diese Mitgift kultivieren können und die Armen nicht, gehen dem Volk neun Zehntel der Naturtalente zum Manager verloren. Und um den Mangel wieder wettzumachen, werden viele Dummköpfe an führende Posten gesetzt, nur weil sie zufällig die Angewohnheit haben, arme Leute herumkommandieren zu können.

Gute Gründe für die Gleichheit. Leistung und Geld

Bis jetzt haben wir nicht eine einzige größere staatliche Institution angetroffen, die frei wäre von den negativen Wirkungen der Volksaufteilung in Reich und Arm, das heißt: der Ungleichheit der Einkommen. Ich könnte Ihnen noch mehr Beispiele nennen, aber dabei würden wir nur noch schlechter abschneiden; und wenn es mir bis jetzt nicht gelungen ist, Sie zu überzeugen, welch eine überwältigende Staatsraison *gegen* die Ungleichheit der Einkommen spricht, werde ich allmählich glauben müssen, daß Sie mich einfach nicht leiden können.

Aber abgesehen davon sollten wir nun zu den positiven Gründen des sozialistischen Planes für gleiche Aufteilung kommen. Ich bin daran besonders interessiert, weil es mein Lieblingsplan ist. Sie täten deshalb gut daran, mir ganz genau zu folgen und zu beobachten, ob ich auch fair spiele, wenn ich Ihnen jetzt zu überprüfen helfe, was vor allem *für* die Einkommensgleichheit zu sagen wäre, und danach erst was *dagegen* spricht.

Erstens ist die gleiche Aufteilung nicht nur möglich, sondern sie hat sich bereits in langer Erfahrung bewährt. Der weitaus größte Teil der täglichen Arbeit im zivilisierten Teil der Welt wird – jetzt, früher und in Zukunft – von Personengruppen geleistet, die alle gleich hohe Gehälter empfangen, egal ob sie groß oder klein, blond oder dunkel, schnell oder langsam, jung oder bejahrt sind, ob Antialkoholiker oder Biertrinker, Protestanten oder Katholiken, Verheiratete oder Ledige, Ungeduldige oder Gemütliche, Fromme oder Weltliche, kurz: völlig ungeachtet der Verschiedenheiten, die jeden Menschen vom andern unterscheiden. In allen Gewerbebranchen gibt es einen Lohntarif, in allen öffentlichen Diensten einen Gehaltstarif und in allen anderen Berufen eine Bezahlung, die soweit festgelegt wird, daß, wer den Beruf ausübt, in der Lage ist, einen gewissen angesehenen Lebensstandard aufrechtzuerhalten

– und der gilt immer für die ganze Berufssparte. Die Bezahlung der Polizisten und Soldaten und Postangestellten, die Löhne der Arbeiter und Schreiner und Maurer, die Gehälter der Richter und Minister mögen voneinander abweichen, weil die einen weniger als hundert, die anderen fünftausend im Jahr bekommen. Aber alle Soldaten bekommen das Gleiche, alle Richter bekommen das Gleiche, alle Minister bekommen das Gleiche.

Nichts verwischt so sehr den Leistungsunterschied zwischen zwei Personen wie ihre unterschiedlichen Einkommen. Wo dagegen in Geldfragen Gleichheit herrscht, können auch besondere Leistungen hervortreten. Titel, Würden und Ämter schaden mehr als sie nützen, sobald sie käuflich sind.

Königin Victoria hat bewiesen, wie praktisch sie denken konnte, als sie entschied, niemandem einen Titel zu verleihen, der nicht genug Geld hatte, ihn auch zu halten; aber das Ergebnis war eben, daß die Titel nur den Reichen zufielen, nicht den Besten. Unter Leuten mit unterschiedlichem Einkommen treten alle anderen Unterschiede sofort in den Hintergrund. Eine einzelne Frau mit einem Tausender wird immer mehr Vorrechte haben als viele Frauen mit nur einem Hunderter, egal wie überlegen die armen Frauen der reichen auch wären; und die reiche kann ihren Kindern Vorteile bieten, die für höhere Stellen qualifizieren, als sie den armen Kindern je offen stehen, auch wenn diese ebenso begabt oder noch begabter sind.

Unter Leuten mit gleichem Einkommen jedoch gibt es keine sozialen Unterschiede außer dem der unterschiedlichen Leistung. Geld ist dann nichts: Charakter, Haltung und Fähigkeit ist alles; deshalb sind auch die Dummen immer so angetan von der Einkommensungleichheit (ihrer einzigen Chance, herauszuragen), und die wirklich Großen immer von der Gleichheit.

Leistungsantrieb

Wenn wir zu den Einwänden *gegen* die gleiche Verteilung des Einkommens übergehen, so finden wir, daß die meisten von ihnen etwa auf Folgendes hinauslaufen: daß wir eben nicht daran gewöhnt sind und die ungleiche Aufteilung zwischen Klassen als so selbstverständlich hinnehmen, daß uns gar nicht der Gedanke kommt, es könnte auch anders möglich sein, ganz abgesehen davon, daß uns die von der reichen, regierenden Klasse eingesetzten Lehrer und Prediger von Kindheit an sorgfältig eingehämmert haben, wie schlecht und dumm es sei, das Recht einiger weniger Leute, reicher sein zu dürfen als andere, in Frage zu stellen.

Doch gibt es auch andere Einwände. Der erste ist der, daß eine Frau, wenn sie nicht mehr Geld bekommen könnte als eine andere, auch keinen Antrieb verspürte, mehr zu arbeiten als die anderen.

Die Antwort darauf lautet: niemand verlangt von ihr, daß sie für das Gesamtwohl des Landes mehr arbeiten soll als jede andere. Im Gegenteil, es ist wünschenswert, daß die Last der Arbeit, ohne welche es überhaupt kein Einkommen zum Aufteilen gäbe, gleichmäßig von allen Arbeitenden geteilt würde; wenn diejenigen jedoch, die ohne Arbeit nicht glücklich sein können, darauf bestehen, mehr zu schaffen, einfach weil es ihnen Spaß macht, dann sollen sie es nicht unter dem Vorwand tun, sie brächten ein schmerzliches Opfer und müßten dafür besonders bezahlt werden; außerdem können sie ihre überschüssige Energie auch an ihren Hobbies auslassen.

Andererseits gibt es aber Leute, die über jeden Augenblick, den sie arbeiten, schimpfen. Das ist kein Grund, sie von ihrem Soll zu befreien. Wer weniger arbeitet als er sollte, und doch seinen vollen Anteil an dem durch Arbeit produzierten Reichtum annimmt, ist ein Dieb und sollte wie jeder andere Dieb behandelt werden.

Jedoch entstehen in der Gesamtproduktion eines Landes auch mechanische Schwierigkeiten bezüglich der Freiheit, mehr oder weniger als andere zu arbeiten. Denn die generelle Produktion ist heute keine separate Arbeit von Einzelnen mehr: sie ist vielmehr organisierte Gruppenarbeit in großen Fabriken und Büros, wo sie zu genau festgelegten Stunden beginnt und endet. Unsere Kleider zum Beispiel werden größtenteils in Dampfwäschereien gereinigt, und alle Arbeitsgänge, die früher eine Frau allein an Bottich, Mangel und Bügeleisen zu tun hatte, werden nun an Gruppen von Frauen verteilt. Dafür stehen Maschinen und Räume zur Verfügung, die eine einzelne Frau gar nicht bedienen könnte, auch wenn sie finanziell in der Lage wäre, sie zu kaufen; und außerdem werden die Frauen von Männern assistiert, die die Dampfkesselanlage bedienen. Wenn man nun einigen dieser Frauen oder Männer anbieten wollte, eine Stunde früher zu kommen oder zwei Stunden länger zu bleiben, und sie dafür besser zu bezahlen, so bekäme man zur Antwort, daß eine solche Einteilung unmöglich ist. Denn ohne die Mitarbeit aller anderen könnten auch die Wenigen nichts tun. Die Maschinen arbeiten nicht, wenn nicht der Dampfkessel in Betrieb ist. Das ist nur einer jener Fälle, wo es heißt: alle oder keiner.

Kurz, Gruppenarbeit und Fabrikarbeit – das heißt jene Art von Arbeit, die unseren großen zivilisierten Bevölkerungen die Existenz ermöglicht, könnte nicht geleistet werden, wenn jede Arbeiterin anfinge und aufhörte, wann sie gerade Lust hätte. In vielen Fabriken bestimmt die Maschine das Tempo gleichmäßig für Faule wie für Arbeitsfreudige. Unsere Eisenbahn würde uns nicht viel nützen, wenn der Lokomotiv- oder Zugführer einfach anhalten lassen könnte, um sich unterwegs je nach Lust und Laune ein Fußballspiel mit anzusehen. Unzuverlässige Leute sind in der modernen Industrie nicht zu gebrauchen. Und die andere Sorte: jene, die länger und härter arbeiten wollen als alle anderen, werden herausfinden, daß sie auch das nicht können – außer in vergleichsweise einsamen Berufen. Selbst noch bei Hausangestellten, wo der Unterschied zwischen einer unpünktlichen faulen Schlampe und der idealen Hilfe sich sehr bemerkbar macht, bestimmt doch die

Routine der Hausarbeit den Tagesablauf bis zu einem gewissen Mindestmaß; und eine Hilfe, die dieses Mindestmaß nicht erreicht, muß als unfähig entlassen werden. Die Schlampe bekommt also weder einen niedrigeren Lohn, noch wird sie sich durch einen höheren bessern.

Damit erstklassige Arbeiter ihr Bestes leisten, braucht man ihnen keinen äußeren Anreiz zu geben: ihr Problem ist nur, daß sie selten davon leben können. Erstklassige Arbeit wird heute unter höchst entmutigenden Umständen geleistet. Denn es ist unmöglich, sie ebensogut zu bezahlen wie die Arbeit zweiter Klasse. Wo sie überhaupt nicht bezahlt werden kann, gerät man in die schwierige Lage, Zeit dafür finden zu müssen und nebenher doch seinen Lebensunterhalt mit einer alltäglichen Arbeit zu verdienen. Selten nur weigern sich aber Leute, in ihrem Beruf befördert zu werden, wenn sie sich selbst qualifiziert genug fühlen. Tun sie es trotzdem, so nur deshalb, weil der höhere Posten so viel schlechter bezahlt wird oder mit ihrer sozialen Stellung so unvereinbar ist, daß sie ihn sich einfach nicht leisten können.

Aber wie steht's mit der Dreckarbeit? Wir haben uns so daran gewöhnt, Dreckarbeit von schmutzigen und ärmlich bezahlten Leuten ausgeübt zu sehen, daß wir zu der Ansicht gekommen sind, es sei entwürdigend, solche Arbeit zu tun und daß sie – gäbe es keine schmutzige und entwürdigte Gesellschaftsklasse – überhaupt nicht getan würde. Das ist Unsinn. Jede ordentliche Hausfrau weiß, daß Wohnungen nicht sauber gehalten werden können ohne Dreckarbeit, und alle wissen, daß das Kinderkriegen durchaus kein elegant-amüsantes Salonvergnügen ist; trotzdem würde aber niemand zu unterstellen wagen, daß es nicht in höchstem Maß verehrungswürdig sei, noch verweigern sich selbst die verwöhntesten und feinsten Damen, wenn die Reihe an sie kommt.

Wir müssen immer daran denken, daß ein Großteil der Arbeiten, die wir heute als schmutzig ansehen, weil sie auf wenig feine Weise und von unsauberen Leuten getan wird, von sauberen Leuten sauber ausgeübt werden könnte. Die Damen und Herren, die ihre Autos selbst pflegen, was ja viele tun, machen sich dabei weniger schmutzig und im ganzen weniger Unordnung, als manches schlampige Hausmädchen etwa beim Feueranmachen. Alles in allem darf die notwendige Arbeit in der Welt nicht schmutziger ausgeführt werden, als es gesunde Leute aller Klassen aushalten können. In Wahrheit hat man auch nicht so sehr Widerstände gegen diese Arbeit selbst als gegen ihre Assoziation mit Armut und Entwürdigung. Deshalb sträubt sich ein Gutsherr nicht, sein Auto selbst zu fahren, aber er würde sich sehr heftig dagegen sträuben, wenn er die Livree seines Chauffeurs tragen müßte. Und jede Dame wird, ohne daß es ihr das geringste ausmacht, ein Zimmer aufräumen, aber sie würde lieber sterben, als mit Häubchen und Schürze eines Dienstmädchens gesehen zu werden – so hübsch und kleidsam sie auch sein mögen. (Tatsächlich sind sie ebenso ehrenwert wie jede andere Uniform und viel ehrenwerter als die eleganteste Garderobe einer Frau, die gar nichts arbeitet.) Die Dienstmädchen beginnen sich nur dagegen zu wehren, weil man früher ihre Arbeitskleidung assoziiert hat mit Servilität und sich ihnen gegenüber respektlos benahm, was sie sich heute nicht mehr gefallen lassen. – Wenn alle Müllmänner Herzöge wären, hätte niemand etwas gegen den Müll. Die Müllmänner würden ihr Briefpapier mit Bildchen von ihren Arbeitskappen verzieren, geradeso wie die Herzöge heute Bildchen von ihren kleinen Kronen auf den Briefbögen haben. Und jeder wäre stolz, einen Müllmann zum Diner bei sich zu haben; wenn diese sich nicht zu gut wären, überhaupt zu kommen. Wir können davon ausgehen, daß niemand sich gegen irgendeine notwendige Arbeit sträubt wegen der Arbeit an sich: wogegen sich aber alle sträuben, ist, daß man sie bei einer Arbeit sehen könnte, die gewöhnlich nur von Leuten niedrigeren Standes oder von farbigen Sklaven getan wird.

Wenn wir uns nun solchen und anderen Unsinn über schmutzige Arbeit aus dem Kopf schlagen, bleibt allerdings dennoch die Tatsache, daß zwar alle nützliche Arbeit gleich ehrenwert, aber sicherlich nicht für alle gleich angenehm und zumutbar ist. Um uns damit nicht weiter auseinandersetzen zu müssen, können wir jedoch argumentieren, daß es fast unmöglich ist, sich eine Beschäftigung zu denken, für die man nicht irgend jemanden finden könnte, der ganz verrückt darauf wäre. Es heißt ja, Gott habe zwar keinen einzigen Beruf geschaffen, aber doch für jeden Beruf einen Mann oder eine Frau. Und bis zu einem gewissen Punkt ist das ganz richtig.

Dennoch läßt sich nichts daran ändern, daß, selbst wenn man für alle denkbaren Neigungen, auch die absonderlichsten, ein Wirkungsfeld einräumte, es weitaus einfacher bleibt, einen Jungen zu finden, der Gärtner oder Lokomotivführer, und ein Mädchen, das Filmschauspielerin oder Telefonistin werden möchte, als einen Jungen, der Kanalarbeiter oder ein Mädchen, das Lumpensammlerin werden will. Nun kann man aber manches tun, um unbeliebte Beschäftigungen angenehmer zu machen; einige kann man sogar ganz abschaffen, und sie wären auch schon längst abgeschafft worden, wenn es nicht eine Klasse sehr armer und ungebildeter Menschen gäbe, denen man sie aufhalsen kann. Rauch und Ruß lassen sich beseitigen; Großküchen können behaglicher eingerichtet werden als die meisten Agenturen; das Unangenehme an der Tätigkeit des Kanalarbeiters ist schon heute fast nur noch ein Vorurteil; die Kohlengruben könnten stillgelegt werden, wenn man Ebbe und Flut ausnützte, um elektrische Energie zu erzeugen; und so gibt es noch viele andere Wege, um Arbeiten, die zur Zeit abstoßend sind, nicht weniger unangenehm zu machen als die meisten anderen der notwendigen Arbeitsleistungen. Aber bis es einmal soweit ist, werden wohl alle Leute, sofern sie keine ausgeprägte Neigung in die eine oder andere Richtung verspüren, die angenehmeren Arbeiten ausüben wollen.

Glücklicherweise gibt es einen Weg, um die Attraktion der verschiedenen Berufszweige anzugleichen. Und das bringt uns zu dem ganz wichtigen Teil unseres Lebens, den wir Freizeit nennen. (Die Matrosen nennen es Landurlaub.) Es gibt etwas, wonach wir uns alle sehnen, und das ist Freisein. Wir meinen damit, frei sein von jeglicher Verpflichtung, etwas zu tun, außer dem, was wir gerne tun; frei vom Nachdenken, was man morgen kochen soll, oder irgendeiner anderen Notwendigkeit, die uns zu Sklaven macht. Frei sind wir nur so lange, wie wir sagen können: »Meine Zeit gehört mir selbst.« Wenn Arbeiter mit einem Zehnstundentag durchzusetzen versuchen, daß sie einen Achstundentag bekommen, wollen sie in Wirklichkeit nicht acht Arbeitsstunden statt der zehn, sondern sechzehn Stunden Freizeit statt vierzehn. Von diesen sechzehn Stunden müssen noch acht für Schlafen, ein paar Stunden für Essen und Trinken, An- und Ausziehen, Waschen und Ruhen abgerechnet werden, so daß selbst mit einem Achtstundenarbeitstag die tatsächliche Freizeit des Arbeiters, also die Zeit, die ihm noch bleibt, wenn er richtig ausgeruht, satt, sauber und angezogen ist für alle möglichen Abenteuer, Vergnügungen oder Hobbies, die ihm Spaß machen, nicht mehr als einige Stunden beträgt; und selbst die paar Stunden werden noch reduziert durch die kürzeren Tage im Winter und durch die Zeit, die man braucht, um aufs Land hinauszufahren oder anderswohin, wo man sich am liebsten amüsiert. Verheiratete Frauen, deren Arbeitsplatz zuhause, in der Wohnung des Mannes ist, möchten ausgehen, um sich zu erholen, wie auch die Männer nicht dort bleiben wollen, wo sie arbeiten. In der Tat entsteht ein Großteil aller Ehestreitigkeiten dadurch, daß der Mann in seiner Freizeit zuhause sein möchte, die Frau aber lieber ausgeht. Frauen lieben Hotels: Männer hassen sie. Nehmen wir jedoch den Fall eines Mannes und einer Frau, die sich einig wären, ihre Freizeit außer Haus zu verbringen. Der Arbeitstag des Mannes möge acht Stunden betragen, acht Stunden soll er im Bett und vier bei Frühstück, Mittagessen, Waschen, Anziehen und Entspannen verbringen. Daraus folgt nicht, daß ihm jeden Tag vier Stunden übrig bleiben, um sich mit seiner Frau zu vergnügen. Sie werden die Hälfte der vier restlichen Stunden wahrscheinlich eher verlieren mit Warten auf Theater- oder Kinovorstellungen; für Vergnügungen draußen, wie Tennis, Golf, Radfahren und Strandbaden müssen sie sich sowieso auf die Wochenenden oder Bankfeiertage beschränken.

Deshalb also fordert der Mann mehr Freizeit. Und deshalb auch gibt es Leute, die rauhe und strenge Arbeitsplätze, wenn diese ihnen etwas Zeit für sich selbst lassen, vorziehen gegenüber viel angenehmeren Stellungen, in denen sie nicht so frei wären. In einer Industriestadt ist es oft unmöglich, eine geschickte und kluge Hausangestellte, ja überhaupt eine Haushaltshilfe zu bekommen. Der Grund dafür ist nicht, daß ein Mädchen im Haushalt schwerer arbeiten müßte oder schlechter behandelt würde als in der Fabrik oder im Laden, sondern der, daß sie im Haushalt gar keine freie Zeit für sich selbst hat. Sie muß immer damit rechnen, daß jemand an der Tür klingelt, auch dann noch, wenn keiner wagt, sie ins Wohnzimmer zu rufen, weil sie sonst auf und davon rennen könnte. Um sie zum Bleiben zu bewegen, müssen Sie ihr erst alle vierzehn Tage einen Ausgehabend zugestehen, dann jede Woche einen, später noch einen Nachmittag pro Woche dazu, schließlich zwei Nachmittage pro Woche und endlich ihr erlauben, daß sie ihre Freundinnen in Ihrem Wohnzimmer empfangen und das Klavier gelegentlich benutzen darf (wobei Sie Ihr eigenes Haus verlassen müssen). Das führt soweit, daß Sie, noch bevor Sie alle die von Ihnen erwarteten Zugeständnisse gemacht haben, sich sagen, daß es unter solchen Bedingungen einfach nicht lohnt, überhaupt eine Hilfe anzunehmen, und Sie deshalb lieber selbst die Hausarbeit mit modernen, arbeitssparenden Geräten tun. Aber sogar wenn Sie mit den Ausgehabenden und allem anderen einverstanden wären, hätte das Mädchen immer noch nicht das befriedigende Gefühl, frei zu sein: vielleicht will sie an ihrem Ausgehabend gar nicht, auch nicht für das unschuldigste Vergnügen, die ganze Nacht wegbleiben; aber sie möchte das Gefühl haben, es zu können, wenn sie wollte. So ist die menschliche Natur.

Sehen wir nun zu, auf welche Weise man den Leuten einen Ausgleich anbieten könnte für mehr oder weniger angenehme und mehr oder weniger leichte Arbeit. Wenn wir mehr Freizeit, früheren Anspruch auf Altersversorgung, mehr Feiertage für die weniger angenehmen Beschäftigungen zugestehen, werden Sie ebenso gefragt sein wie die angenehmeren mit weniger Freizeit. Die Arbeiter tun das bereits, wo sie können. Und zwar, wenn sie nicht nach der

Arbeitszeit sondern nach Stückzahl bezahlt werden; und wenn sie herausfinden, daß sie durch einen Preisanstieg oder einen großen Auftragseingang in einer Woche doppelt soviel verdienen können wie sonst, dann wählen sie zwischen doppeltem Lohn oder doppelter Freizeit. Normalerweise wählen sie doppelte Freizeit und genausoviel Geld wie sonst, arbeiten aber nur von Montag bis Mittwoch und machen von Donnerstag bis Samstag Ferien. Sie wollen nicht mehr Arbeit und mehr Geld: sie wollen mehr Freizeit für die gleiche Arbeit; denn Geld ist weder der einzige Anreiz zu arbeiten, noch ist es der stärkste. Freizeit oder Freiheit sind stärker, wo immer die Arbeit selbst keinen Spaß macht.

Die Tyrannei der Natur

Das allererste, was man uns beibringen sollte, sobald wir alt genug sind, es zu verstehen, ist, daß völlige Freiheit von der Verpflichtung, etwas zu arbeiten, unnatürlich ist und von Gesetzes wegen nicht erlaubt sein sollte, zumal wir unserem Anteil an der Bürde der Arbeit nur entgehen können, indem wir ihn auf die Schultern eines anderen abwälzen. Die Natur fordert unerbittlich den Untergang der Menschheit, wenn diese aufhört zu arbeiten – sie müßte dann nämlich verhungern. Dieser Tyrannei können wir uns nicht entziehen. Die Frage, die wir jetzt klären müssen, heißt: wieviel Freizeit können wir uns leisten? Diese Frage ist noch nie beantwortet worden und kann unter unserem System auch nicht beantwortet werden, wo so viele Arbeiter etwas tun, was nicht nur nutzlos, sondern sogar schädlich ist. Aber wenn wir durch gleiche Aufteilung des Einkommens und durch faire Aufteilung der Arbeit die Antwort finden könnten, dann würden wir den Verdienst für unseren Arbeitsanteil nicht so sehr im Geld, sondern vielmehr in der Freiheit sehen müssen.

Und noch etwas anderes, ganz Merkwürdiges würde geschehen. Wir rebellieren derzeit gegen die Versklavung durch die Arbeit, weil wir uns selbst als Sklaven fühlen, nicht der Natur und der Notwendigkeit, sondern unserer Arbeitgeber und derjenigen Leute, für die jene uns beschäftigen müssen. Wir hassen daher die Arbeit und betrachten sie als Fluch. Aber wenn sich alle sowohl die Last als auch die Belohnung teilten, würden wir dieses Gefühl verlieren. Niemand käme sich ausgenutzt vor. Und jeder wüßte, daß, je mehr Arbeit geleistet würde, er desto mehr dafür bekäme, weil das, was durch die Arbeit produziert wird, auch gleichmäßig aufgeteilt würde. Wir dürften dann entdecken, daß nicht allein das Heuernten eine lustige Arbeit ist. Die Fabrikarbeit, wenn man sie nicht übertreibt, ist sehr gesellig und kann ausgesprochen Spaß machen: das ist mit einer der Gründe, warum Mädchen lieber im

ohrenbetäubenden Lärm einer Weberei arbeiten, als allein in einer Küche zu sitzen. Die Kanal- und Erdarbeiter müssen schwer schuften; aber sie arbeiten im Freien: erzählen sich dabei, streiten, spielen und haben viel Abwechslung, weil sie ständig den Arbeitsplatz verändern; und das macht viel mehr Spaß, als jene Art von Büroarbeit, die nur darin besteht, daß man in einem stickigen Raum das Geld eines anderen zählt und es nach Zahlen hinschreibt. Neben der Art von Arbeit, die wegen ihrer Begleitumstände Spaß macht, gibt es aber auch Arbeit, die an sich interessant und erfreulich ist, wie etwa die Arbeit der Philosophen und der verschiedenen Künstler, die eher umsonst arbeiten als überhaupt nichts zu tun; aber das würde unter einem System der gleichen Aufteilung wahrscheinlich mehr eine Freizeitbeschäftigung werden.
Betrachten Sie nun einmal die sogenannten Vergnügungen, die man uns für etwas Angenehmeres als Arbeit verkauft: die Ausflugszüge, die Ferienhäuser am Meer, die Shows der Geldmacher, die Drinks, die kindische Aufregung über Fußball und Krikett, die kleinen Grüppchen verzweifelt armer Stimmungs- und Spaßmacher, die so besonders lustig und herzerfrischend tun, in Wirklichkeit aber nur gewöhnlich und dumm sind, und all die anderen Versuche, mit denen man einer intelligenten Frau einreden will, daß sie sich großartig amüsiere, während ihr tatsächlich nur das Geld aus der Tasche gezogen wird, man sie langweilt und ermüdet und schließlich angeschmiert und mißmutig nach Hause schickt: zeigt dies nicht deutlich, daß die Leute nach allem schnappen, egal wie unbequem es auch sei, nur damit sie eine Abwechslung haben, wenn man ihnen nach langem wieder einmal ein paar wenige ganze Tage frei gibt, etwa Bankfeiertage und ähnliches? Hätten sie genügend echte Freizeit an allen Tagen und Arbeit auch, dann würden sie lernen, sich wirklich daran zu freuen. Jetzt sind sie noch Stümper in dieser so wichtigen Kunst. Alles, was sie tun können, ist, die ihnen als Köder angebotenen Vergnügungen zu kaufen, die für Geld zu haben sind. Selten haben sie genug Verstand, um wahrzunehmen, daß diese Vergnügungen gar kein Vergnügen machen, und man sie nur über sich

ergehen läßt als eine Abwechslung von der Monotonie der ständigen ganztägigen Plackerei.

Sobald die Leute genügend Freizeit haben, um leben zu lernen und den Unterschied zwischen echter und scheinbarer Freude zu erkennen, werden sie nicht nur beginnen, Freude an der Arbeit zu haben, sondern auch verstehen, warum Sir George Cornewall Lewis einmal gesagt hat, daß das Leben ja ganz erträglich wäre ohne seine Vergnügungen. Er war klug genug zu sehen, daß die angebotenen Vergnügungen, anstatt ihn tatsächlich zu vergnügen, nur Zeit kosteten und Geld und ihm die Laune verdarben. Es gibt nämlich für einen gesunden Menschen nichts Unerquicklicheres als Zeitverschwendung. Beobachten Sie einmal, wie gesunde Kinder immer etwas zu tun und zu machen finden, bis sie einfach müde werden! Ebenso natürlich wäre es, wenn Erwachsene mit derselben Freude wirkliche Schlösser bauten wie die Kinder ihre Traumburgen aus Sand. Niemals wollen wir nur zum Vergnügen arbeiten: was wir wollen, ist eine Arbeit, die uns etwas Spaß macht und interessant ist, um auf diese Weise eine Beschäftigung zu haben und Muskeln wie Verstand zu trainieren. Ein Sklave kann das nicht verstehen, weil er überarbeitet und zu wenig respektiert ist; und sobald er von der Arbeit weglaufen kann, stürzt er sich daher in grobe und übertriebene Exzesse, wie sie seiner groben und übertriebenen Arbeit entsprechen. Freigelassen, wird er vielleicht niemals lernen, seine alte Wut auf die Arbeit und seine alten exzessiven Vergnügungen abzuschütteln; aber machen Sie sich keine Sorgen: er und seine Generation werden aussterben; und seine Söhne und Töchter werden fähig sein, ihre Freiheit zu genießen.

Und eine der Arten, diese Freiheit zu genießen, wird darin bestehen, daß sie einen Großteil Mehrarbeit freiwillig leisten, um die nützlichen Dinge schön und die guten besser zu machen und – das muß nicht eigens erwähnt werden – die schlechten loszuwerden. Denn die Welt ist wie ein Garten: sie braucht das Jäten so gut wie das Säen. Nutzen und Freude liegt ebensosehr im Destruktiven wie im Konstruktiven: das eine ist so notwendig wie das andere.

Die Bevölkerungsfrage

Der zweite der beiden üblichen Einwände gegen die gleiche Aufteilung des Einkommens ist der, daß jeder Gewinn, wenn es überhaupt einen gäbe, bald verschluckt würde von den kinderreichen Familien. Die Leute, die so argumentieren, erklären gleichzeitig auch immer, daß unsere jetzige Armut deshalb bestehe, weil es bereits zu viele Leute auf der Welt gibt, oder, um es anders zu sagen, weil die Welt zu klein sei, um ausreichend Nahrung für alle auf ihr lebenden Menschen herzugeben.

Nun, auch wenn das wahr wäre, so wäre es doch kein stichhaltiger Einwand gegen die Einkommensgleichheit; denn je weniger wir haben, desto wichtiger ist es, dieses Wenige gleichmäßig zu teilen, um so weit wie möglich damit zu kommen und dem Notstand des Mangels nicht noch den der Ungleichheit hinzuzufügen. Aber es ist sowieso nicht wahr. Wahr ist, daß je mehr zivilisierte Leute es in der Welt gibt, der Großteil der Menschen relativ um so ärmer wird, aus dem einfachen Grund, weil sie den Reichtum, den sie produzieren, und die dadurch entstehende freie Zeit so ungleich unter sich aufteilen, daß mindestens die Hälfte von ihnen als Schmarotzer von der anderen Hälfte lebt, anstatt ihren eigenen Lebensunterhalt selbst zu produzieren. Denken Sie mal an den Fall der Hausangestellten. Die meisten Leute, die Geld genug haben, sich eine Hilfe zu halten, beschränken sich auf diese eine; aber wenn im vornehmsten Viertel Londons ein junges Pärchen mit der reichsten Gesellschaft verkehrt, kann es nicht ohne neun Bedienstete auskommen, auch wenn es noch keine Kinder zu versorgen hat. Trotzdem weiß jeder, daß Paare, die nur eine Hilfe oder höchstens zwei haben (ganz abgesehen von denen, die gar keine haben) besser versorgt sind und sich zuhause wohler fühlen als jene unglücklichen jungen Leute, die neun Erwachsene in der unteren Etage einquartieren und noch zusehen müssen, daß sie sich untereinander auch vertragen.

In Wahrheit ist es natürlich so, daß sich die neun Bediensteten meist gegenseitig bedienen und nicht ihre Arbeitgeber. Wenn Sie einen Diener und einen Lakaien haben müssen, weil es so Mode ist, brauchen Sie auch jemanden, der für diese kocht und ihre Betten macht. Hausangestellte und Kammerjungfern brauchen genausoviel Bedienung wie die Dame des Hauses und nehmen es viel genauer, nur ja nichts zu tun, was nicht ausgesprochen zu ihrer Arbeit gehört. Es ist daher ein Irrtum, wenn man sagt, es sei lächerlich, neun Bedienstete für nur zwei Leute zu haben. Elf Leute im Haus sind es, die bedient werden müssen. Deshalb beklagen sich auch Ehepaare mit neun Bediensteten immer, wie schwierig es sei, mit so wenigen auszukommen.
Nun ist es klar, daß diese Massen von Bediensteten sich nicht selbst versorgen. Sie werden von ihrem Arbeitgeber unterhalten. Und wenn dieser ein fauler, reicher Mann ist, der von Renten und Dividenden lebt: d. h. von der Arbeit seiner Pächter und Arbeiter bei den Firmen, wo er seine Aktien hat, dann versorgt sich dieses ganze System, die Bediensteten, Arbeitgeber und alle anderen, eben nicht selbst und würde es auch nicht, selbst wenn man die Welt, um es allen recht zu tun, zehnmal größer machen wollte als sie ist. Nicht zu viele Menschen gibt es auf der Welt, sondern zu viele, die nichts arbeiten und viel zuviele Arbeiter, die ihre Zeit verschwenden, indem sie die faulen Leute bedienen. Schaffen wir die Faulheit ab, und geben wir diesen Arbeitern eine sinnvolle Beschäftigung, dann werden wir auf lange Zeit nichts mehr von der überbevölkerten Welt hören. Vielleicht hören wir überhaupt niemals mehr etwas davon. Die Natur geht in diesen Dingen ihren eigenen Weg.
Im natürlichen Lauf der Dinge müßte ein Land, je mehr Leute es hat, um so reicher sein wegen des Vorteils der Arbeitsteilung. Arbeitsteilung bedeutet, daß nicht jeder Einzelne alles für sich selbst alleine tun muß wie Robinson Crusoe, sondern daß die verschiedenen Arbeiten von verschiedenen Gruppen übernommen werden, die dann sehr schnell und geschickt in der Ausübung werden, weil sie nur

dies und nichts anderes tun. Diese Arbeit kann dann wiederum von anderen Leuten organisiert werden, die sich ihrerseits ganz darauf konzentrieren. Die Zeit, die auf diese Weise gespart wird, kann eingesetzt werden für die Herstellung von Maschinen, Straßen und alle möglichen anderen Erfindungen, mit denen man später noch mehr Zeit und Arbeit sparen kann. So sind zwanzig Arbeiter in der Lage, mehr als zweimal soviel wie zehn Arbeiter zu produzieren.

Wenn der Reichtum und die ihm vorangehende Arbeit gleichmäßig verteilt wären, könnte eine Bevölkerung von hundert Leuten viel besser leben als eine von zehn und so weiter bis hin zu den heutigen Millionenbevölkerungen, denen es eigentlich ungleich viel besser gehen müßte als den früheren Gemeinden von nur einigen tausend Leuten. Die Tatsache, daß es ihnen nur sehr wenig besser geht und manchmal wirklich schlechter, hat ihren Grund allein in denen, die gar nichts tun und in den Schmarotzern dieser Nichtstuer, die alle anderen berauben, wie wir die armen Bienen berauben.

Ich darf Sie aber nun nicht glauben machen, daß das wirtschaftliche Wachstum pro Kopf, auch wenn wir alle gleichmäßig teilen würden, unbegrenzt anstiege. Unter günstigen Bedingungen können sich die Menschen sehr rasch vermehren. Es ist möglich, daß ein einziges Paar – wenn die nachfolgenden Generationen es schaffen, Krieg, Pest und vorzeitigen Tod zu vermeiden – nach vierhundert Jahren eine Nachkommenschaft von zwanzig Millionen Menschen hat. Wenn alle derzeit lebenden Paare sich in diesem Ausmaß vermehren wollten, könnten wir bald nicht einmal mehr auf der Erde stehen, noch viel weniger Felder mit Weizen anbauen. Es gibt eine Grenze für die Quantität an Nahrung, die die Welt, auch gegen Arbeit, zur Verfügung stellen kann.

Obwohl wir jetzt schon den Himmel ausnutzen und Stickstoff aus der Luft holen, werden noch andere Überlegungen als die der Nahrungsversorgung unsere Vermehrung in Grenzen halten. Der Mensch lebt nicht vom Brot allein; und es ist möglich, daß er zugleich überfüttert und übervöl-

kert lebt. Nach Kriegsende herrschte in England kein außergewöhnlicher Mangel an Lebensmitteln; aber es gab einen schrecklichen Mangel an Wohnungen. Unsere Städte sind ungeheuer überfüllt: um jede darin lebende Familie mit einem räumlich bequem ausreichenden Haus und einem Garten zu versorgen, müßten einige unserer Straßen kilometerweit ins Land hinausgebaut werden. Eines Tages werden wir uns entscheiden müssen, wie viele Menschen wir brauchen, um alle gesund leben zu können, und an dieser Zahl festhalten, bis wir vernünftige Gründe haben, sie zu ändern.
In diesem Zusammenhang müssen wir uns an die Frauen wenden, denn sie bekommen ja die Kinder. Es ist möglich, daß eine einzige Frau zwanzig Kinder zur Welt bringt. In gewissen Gegenden Europas sind fünfzehnköpfige Familien nichts so Ungewöhnliches, daß man sie als etwas Besonderes ansähe. Aber wenn auch eine gut versorgte Frau von kräftiger Konstitution mit angemessenen Zeitabständen zwischen den einzelnen Geburten diese Anstrengung offenbar ohne nachhaltige Entkräftung und physische Schäden durchstehen und dabei genauso gesund und stark bleiben kann wie andere Frauen, die überhaupt keine Kinder geboren haben, bringt doch jede Schwangerschaft einen langen Zeitraum von Unannehmlichkeiten und Beschwerden mit sich und am Ende sogar, wenn auch nur vorübergehend, völlige körperliche Schwächung, schwere Schmerzen und Lebensgefahr. Der Vater entgeht dem zwar, aber er muß dafür noch immer das Geld verdienen, solange die Kinder heranwachsen; zwar können diese später vielleicht jede Menge Arbeitsplätze bekommen, wenn sie erst alt genug sind, aber das bedeutet nicht, daß sie in der Zwischenzeit nicht auch mit Brot und Butter versorgt werden müßten. Ein für das Land und die ganze Welt vorteilhafter Bevölkerungszuwachs kann eine fast unerträgliche Belastung für die Eltern darstellen. Aus diesem Grund beschränken sich Familien auf nur so viele Angehörige, wie der Vater sie sich leisten kann, oder aber die Mutter hütet sich vor Schwangerschaften – abgesehen von den Fällen, wo sie nicht wissen, wie man das macht, oder

wo ihnen die Religion eine Geburtenkontrolle verbietet. Dies alles ist von großer Bedeutung für die gleiche Verteilung des Einkommens. Um es verständlich zu machen, muß ich ein wenig zurückgreifen und scheinbar das Thema wechseln; aber der Zusammenhang wird bald deutlich werden.

Wenn die Arbeiter aller Sparten ein gleich hohes Einkommen erhalten sollen, bleibt noch die Tatsache zu bedenken, daß zwar die Kosten zum Lebensunterhalt der einzelnen Arbeiter – egal ob Philosophen oder Knechte auf dem Bauernhof – die gleichen sind, die Kosten in den verschiedenen Arbeitsbereichen aber sehr unterschiedliche. Eine Frau könnte z. B. einen ganzen Tag lang arbeiten und dabei nur eine Rolle Baumwollgarn verbrauchen, was ein paar Pfennige kostet, während ihr Mann, angenommen er arbeite wissenschaftlich, vielleicht Radium benötigt, und das kostet pro Gramm 12 500 Pfund.

Diese Ungleichheit der Ausgaben kann nicht aufgehoben werden durch noch so große Zugeständnisse an Freizeit, Urlaub oder irgendwelche anderen Privilegien eines Arbeiters gegenüber dem anderen. Noch weniger kann man sie ausgleichen durch verschieden hohe Löhne. Selbst der hirnverbrannteste Befürworter unseres Lohnsystems wird nicht vorschlagen, daß einer, der mit einem viele tausend Pfund teuren Dampfhammer arbeitet, einen proportional höheren Lohn haben sollte als der Straßenarbeiter, der einen einfachen Hammer schwingt, oder der Waldarbeiter, der mit der Axt arbeitet, was nur Schillinge statt Tausende von Pfund kostet. Der Arbeiter kann nicht die Kosten seines Arbeitsmaterials und der Werkzeuge tragen, wenn jeder nur einen gleich hohen Anteil am Gesamteinkommen des Landes bekommen darf: sie müssen ihm entweder gestellt oder in Fällen, wo er sie auf eigene Kosten zu beschaffen hat, rückvergütet werden.

Angewandt auf die Arbeit des Kinderaustragens und die Kosten ihres Lebensunterhalts, ist es klar, daß die Ausgaben für beides nicht von den Eltern getragen werden sollten. Im Augenblick ist die Rückvergütung in Form von Mutterschaftsbeihilfen und Steuererleichterung durch

Kinderfreibeträge jedoch sehr ungenügend. Unter einem System der Einkommensgleichheit hätte jedes Kind von Geburt an ein Anrecht auf seinen Anteil. Auf diese Weise könnte eine Familie mit heranwachsenden Kindern immer gut zurechtkommen; und die Mutter würde die Arbeit und das Risiko, ihre Kinder zur Welt zu bringen, um des natürlichen Privilegs der Mutterschaft, seiner Würde und Befriedigung willen auf sich nehmen.

Aber begreiflicherweise würden derart angenehme Bedingungen, wenn man dazu noch früh heiraten und die derzeit so schrecklich hohe Kindersterblichkeit erfolgreich bekämpfen könnte, zu einem *größeren* Bevölkerungszuwachs führen als wünschenswert erschiene oder aber, was ebenso unangenehm wäre, zu einem *schnelleren;* denn das Tempo des Bevölkerungsanstiegs ist von großer Bedeutung: vielleicht mag es wünschenswert sein, die Bevölkerung innerhalb von hundert Jahren zu verdoppeln, aber sehr wenig wünschenswert innerhalb von fünfzig Jahren. So könnte es einmal notwendig werden, diese Zahl ganz bewußt und anders als bisher zu kontrollieren.

Welche Möglichkeiten haben wir heute? Wie halten wir die Bevölkerungszahl niedrig genug, damit unser System der ungleichen Verteilung sie verkraften kann? Es sind meist sehr schreckliche und böse Mittel. Der Krieg gehört dazu, epidemische Krankheiten und die Armut, die zahllose Kinder an Unterernährung und Verwahrlosung und Obdachlosigkeit sterben läßt, noch ehe sie ein Jahr alt sind. Parallel zu diesen erschreckenden Umständen wirkt sich in der Praxis die künstliche Geburtenkontrolle vieler Eltern aus und zwar in einem so ungeheuren Maß, daß innerhalb der gebildeten Klassen, die hierin eine Lösung suchen – auch der höhere Handwerkerstand gehört dazu – die Bevölkerung sich tatsächlich besorgniserregend verringert. In Frankreich ruft die Regierung, aus Furcht vor einem Mangel an Soldatennachwuchs, die Leute dringend dazu auf, mehr Kinder zu bekommen, damit das Defizit von zwanzig Millionen gegenüber den Deutschen aufgeholt werden kann. Zu den bereits erwähnten Ursachen des Bevölkerungsrückganges kommt schließlich aber noch die illegal praktizierte Abtreibung hinzu, die erschreckend häufig ist, und in den orientalischen Ländern der durchaus übliche (und immerhin auch offener zugegebene) glatte Kindesmord: das unerwünschte Kind, besonders wenn es ein Mädchen ist, wird einfach ausgesetzt und seinem Schicksal überlassen. Selbst der menschenfreundliche Mohammed konnte die Araber nicht davon überzeugen, daß das eine Sünde sei, aber er erzählte ihnen, am Tag des jüngsten Gerichts würden sich die ausgesetzten Mädchen erheben und fragen, was sie denn Falsches getan hätten. Trotz Mohammed werden in Asien noch immer Kinder ausgesetzt, und wo dies durch Gesetzesvorschrift effektiv verhindert wird, wie namentlich in christlichen Ländern, sterben die unerwünschten Kinder an Vernachlässigung, Hunger und Mißhandlung in so großer Zahl, daß auch sie am Tag des Jüngsten Gerichts zurecht fragen könnten, ob es nicht barmherziger gewesen wäre, sie ebenfalls auszusetzen.

Von all diesen Methoden, die Bevölkerungsziffer niedrig zu halten, ist zweifellos die künstliche Geburtenkontrolle, d. h. die Empfängnisverhütung, noch die menschlichste, zivilisierteste und bei weitem am wenigsten demoralisierende.

Bischöfe und Kardinäle haben sie zwar als Sünde erklärt, aber in dieser Sache ist ihre Autorität erschüttert, weil sie fraglos der Tradition der ersten Christen folgt – und für die gab es ja keine Bevölkerungsfrage. Sie waren auch des Glaubens, daß die Ehe an sich sündhaft sei, mit oder ohne Empfängnisverhütung. Die Vertreter unserer Kirche müssen also davon ausgehen, daß die Sexualität ein Fluch sei, der uns durch die Erbsünde von Eva auferlegt worden ist. Aber wir werden eine Tatsache nicht los, indem wir sie als Fluch bezeichnen und sie zu ignorieren versuchen. Wir dürfen nicht beide Augen verschließen, sondern müssen das eine auf die Alternativen zur Geburtenkontrolle richten, das andere auf die Realität unserer sexuellen Bedürfnisse. In der Praxis heißt die Frage für die große Masse der Menschen nicht, ob die Bevölkerungszahl niedrig oder hoch gehalten werden soll, sondern ob sie niedrig gehalten werden soll durch Empfängnisverhütung oder dadurch, daß man Kinder in die Welt setzt und sie dann durch Abtreibung, Aussetzung, Unterernährung, Vernachlässigung, Mißhandlung, Seuchen, Krankheiten und Hungersnot, Krieg, Mord und Totschlag doch tötet. Ich frage jeden Bischof oder Kardinal, ob er die letztere der beiden Alternativen wählen würde! Der Heilige Paulus verabscheute die Ehe, aber er meinte auch, es sei immerhin noch besser zu heiraten als zu »verbrennen«. Unsere Bischöfe und Kardinäle mögen Verhütungsmittel verabscheuen (ich übrigens auch), aber wer von ihnen würde, vor die Entscheidung gestellt, nicht ebenso reagieren wie der Heilige Paulus, der entschied: besser, gar keine Kinder haben, egal durch welche Mittel, als sie in die Welt setzen und danach erst töten, wie wir das heutzutage tun.

Wir haben gesehen, daß unsere jetzige ungleiche Aufteilung des Gesamteinkommens die Frage nach der Geburtenkontrolle uns vorzeitig aufgezwungen hat, obwohl es noch eine Menge Platz auf der Welt gibt. Kanada und Australien scheinen unterbevölkert; zwar behaupten die Australier, daß ihr überschüssiges Land unbewohnbar sei, aber das überbevölkerte Japan wird nur durch unser britisches Militär-Prestige davon abgehalten zu sagen: Nun gut, wenn ihr Australier nicht dort wohnen wollt, tun wir es halt. Geburtenkontrolle gibt es selbst in Ländern, wo die Kirche sie am heftigsten bekämpft. Das einzige, was sie hemmen könnte, wäre die Abschaffung der künstlichen Armut, die sie früher einmal ausgelöst hat. Da eine gleiche Verteilung des Einkommens das bewirken könnte, haben auch diejenigen, die gegen Geburtenkontrolle sind und sie bis zum spätest möglichen Moment hinauszögern möchten, diese und alle anderen guten Gründe zu einer Befürwortung der Einkommensgleichheit.

Wenn aber schließlich der spätest mögliche Moment eintritt, kann niemand vorhersehen, durch was die notwendige Beschränkung der Bevölkerungszahl effektiv bewirkt wird. Vielleicht wird die Natur eingreifen und uns die Sache aus den Händen nehmen. Diese Möglichkeit ist gar nicht so abwegig, denn die Zahl der auf die Welt kommenden Kinder schwankt tatsächlich je nach Bedürfnis. Wenn sie so

großen Gefahren und harten Lebensbedingungen ausgesetzt sind, daß aller Wahrscheinlichkeit nach nur sehr wenige von ihnen überleben können, dann sorgt die Natur, ganz ohne unsere künstliche Einmischung, dafür, daß ungeheuer viele Kinder geboren werden, um dem völligen Aussterben unserer Spezies entgegenzutreten. Wir haben alle schon vom Kabeljau gehört mit seinen Millionen Eiern und von der Bienenkönigin, die viertausend Eier pro Tag legt. Die Menschen sind zwar weniger fruchtbar, aber selbst innerhalb der menschlichen Grenzen macht die Natur offenbar Unterschiede zwischen den Armen, Unterernährten, Unkultivierten, Lebensschwachen, deren Kinder jung und in großer Zahl sterben, und den Leuten, die geistig und körperlich voll ausgebildet sind. Die mit weniger Überlebenschancen sind schrecklich fruchtbar: die anderen haben nicht so viele Kinder, auch ohne Geburtenkontrolle. Es ist eine der bekümmerlichen Tatsachen unserer gegenwärtigen Kultur, daß die unteren Schichten die oberen an Fruchtbarkeit übertreffen. Aber die unteren Schichten sind eben am Verhungern, leben in Slums und sind daher nicht nur unkultiviert, sondern auch durch ihre elenden Lebensumstände erniedrigt. Wenn wir die Armut loswerden könnten, gäbe es diese Umstände und die davon so entwürdigend Betroffenen nicht mehr. Und es ist durchaus nicht unwahrscheinlich, daß, wenn wir das schaffen, auch die übertriebene Fruchtbarkeit ein Ende hätte, mit der die Natur sich anstrengt, der furchtbaren Kindersterblichkeit in den unteren Schichten entgegenzuwirken.
Wenn die Natur nämlich die Fruchtbarkeit steigern kann, was sie tatsächlich tut, um das Aussterben einer Spezies durch übergroße Sterblichkeit zu verhindern, brauchen wir dann zu zweifeln, daß sie sie auch verringern kann und es tatsächlich tun wird, um ein Aussterben durch Überbevölkerung zu verhindern? Ganz sicher reagiert sie in undurchschaubarer Weise auf unsere Bedürfnisse, oder vielmehr auf ihre eigenen. Aber wie sie das macht, können wir nicht verstehen. Die Leute, die behaupten, daß die Welt überbevölkert würde, wenn wir die Lebensbedingungen verbessern, maßen sich nur an, es zu verstehen. Eine sinnvolle

Weiterentwicklung wäre: die Lebensbedingungen zu verbessern, und dann sehen, was geschähe, oder, wie manche sagen, in Gott vertrauen, der schon aus etwas Gutem nichts Schlechtes entstehen lassen wird.
Trotzdem aber dürfen Sie dabei nicht die Tatsache übersehen, daß möglicherweise an manchen Orten eine Überbevölkerung herrscht, während die Welt als Ganzes unterbevölkert sein kann. Ein Boot auf hoher See mit zehn Schiffbrüchigen, einem halben Liter Trinkwasser und einem Pfund Zwieback ist schrecklich überbevölkert. Die Hütte eines Arbeiters mit dreißig Schilling pro Woche und acht Kindern ist überbevölkert. Ein Mietshaus mit zwölf Zimmern und fünfzig Bewohnern ist überbevölkert. Es gibt also, auch wenn die Gesamtbevölkerung der Welt kein Problem darstellt und sie unter dem Gesetz eines wachsenden Ertrags steht, dennoch unzählige Orte auf ihr, die überbevölkert sind und unter dem Gesetz eines rückgängigen Ertrags stehen. Die Einkommensgleichheit würde den unglücklichen Bewohnern dieser geplagten Gegenden einen Ausweg aus der Sklaverei des rückgängigen Ertrags in den Wohlstand des wachsenden ermöglichen.

Die Charakteristika des Sozialismus

Wir haben nun alle üblichen Einwände gegen die gleiche Einkommensverteilung entkräftet, soweit sie noch nicht in unserer anfänglichen Untersuchung über die verschiedenen Möglichkeiten gleicher oder ungleicher Einkommensverteilung behandelt worden waren. Und wir haben das alles gemacht, ohne uns darum zu kümmern, was die Sozialisten dazu sagen, und ohne uns auf eine einzige ihrer Schriften zu berufen. Sie sehen also, daß jede intelligente Frau, sobald sie sich die Zeit nimmt und zu entscheiden versucht, wie ihrer Meinung nach das Gesamteinkommen verteilt werden sollte, ohne je das Wort »Sozialismus« gehört oder auch nur eine einzige Zeile irgendeines sozialistischen Autors gelesen zu haben, mit ihrem eigenen gesunden Menschenverstand und ihrer Lebenserfahrung zu der Schlußfolgerung gelangen kann, daß das Modell einer gleichmäßigen Verteilung das einzig mögliche ist, weil dauerhaft und erfolgreich in einer Gemeinschaft von freien Menschen. Wenn Sie einen besseren Weg aus unserer gegenwärtigen Verwirrung und Not für uns alle finden könnten, Sie würden als eine der größten Entdeckerinnen gefeiert werden. Und wenn ich keinen finde – sagen Sie dann – so werden Sie mir wahrscheinlich erzählen, daß ich zu den Sozialisten übertreten soll!

Liebe Dame: Haben Sie je den Heiligen Augustinus gelesen? Wenn ja, dann werden Sie sich erinnern, daß er zugeben mußte, daß die ersten Christen eine sehr bunt zusammengewürfelte Gesellschaft waren und einige darunter lieber ihren Frauen ein blaues Auge schlugen, weil sie sie in Versuchung führten, auch lieber die Tempel der Heiden zertrümmerten, als die Vorschriften der Bergpredigt zu befolgen. Ja, Sie müssen auch bemerkt haben, daß wir heutigen Christen immer noch eine sehr bunt zusammengewürfelte Gesellschaft sind, und es notwendig ist, zum Wohl des Landes jedes Jahr ein paar aufzuhängen. Nun, ich will so frank und frei wie der Heilige Augustinus sein

und zugeben, daß die erklärten Sozialisten ebenfalls eine bunt zusammengewürfelte Gesellschaft sind, und daß ich Ihnen, wenn Ihr Beitritt gleichbedeutend wäre mit der Verpflichtung, sie alle ohne Unterschied zum Tee einzuladen, dringend raten würde, das nicht zu tun – denn sie sind genau so wie andere Leute, was besagen will, daß manch einer von ihnen einen Teelöffel stiehlt, wenn er Gelegenheit dazu bekommt. Die freundlichen sind sehr freundlich, die durchschnittlichen nicht schlechter als alle anderen Menschen, und unter den unerfreulichen sind ein paar der durchtriebensten Schufte, wie man sie überall antreffen kann. Aber was können Sie Besseres erwarten von egal welcher politischen Partei, der Sie beiträten? Sie selbst sind, so will ich hoffen, auf der Seite der Engel. Aber denen können Sie nicht beitreten, ehe Sie sterben, und bis dahin müssen Sie sich halt zufrieden geben mit den Nur-Konservativen, Nur-Liberalen, Nur-Sozialisten, Nur-Protestanten, Nur-Katholiken, Nur-Dissidenten und anderen Gruppen aus sterblichen Frauen und Männern, alles sehr bunt zusammengewürfelte Gesellschaften, so daß Sie, falls Sie sich einer anschließen, diese genauso sorgfältig auswählen müssen, wie wenn sie keinen bekannten Namen hätte und aus Ihnen gänzlich fremden Leuten bestünde. Carlyle hat sie alle als Dummköpfe in einen Topf geworfen, und wer könnte bestreiten, daß ihnen das im großen und ganzen auch ganz recht geschieht?
Doch schließlich und endlich sind Sie eine *intelligente* Frau und wissen das alles, so gut wie ich. Was Sie aber vielleicht weniger gut überblicken können, ist, daß es sehr viele Leute gibt, die sich zwar Sozialisten nennen, doch keineswegs klar und deutlich wissen, was Sozialismus überhaupt ist, und die schockiert und entsetzt wären, wenn Sie ihnen erzählten, daß Sie das Gesamteinkommen unseres Landes gerne gleichmäßig auf alle verteilen würden, ohne Unterschied zwischen den hohen Herren und den Arbeitern, den Säuglingen und kräftig gebauten Erwachsenen, den Trinkern und Abstinenzlern, den Erzbischöfen und Kirchendienern, den Sündern und Heiligen. Sie würden Ihnen versichern, das sei alles nichts als eine dumme Einbildung des

einfachen Mannes von der Straße, und der gebildete Sozialist würde einen derart verrückten Unsinn niemals glauben. Was sie wollen, werden sie Ihnen sagen, sei die Chancengleichheit, worunter sie, wie ich annehme, verstehen, daß der Kapitalismus gar keine Rolle mehr spiele, wenn jeder die gleiche Chance erhält, selbst Kapitalist zu werden. Aber wie diese Chancengleichheit verwirklicht werden kann ohne Einkommensgleichheit, das wissen sie natürlich nicht zu sagen. Chancengleichheit ist etwas Unmögliches. Drücken Sie doch mal Ihrem Sohn einen Füller und ein Blatt Papier in die Hand und sagen Sie ihm, er sei nun chancengleich mit mir im Stücke-Schreiben, dann werden Sie sehen, was er Ihnen sagt! Lassen Sie sich nur nicht täuschen von derartigen Phrasen oder auch von jenen Beteuerungen, daß Sie keine Angst vor dem Sozialismus zu haben brauchen, weil er eigentlich gar kein Sozialismus sei. Er ist es sehr wohl. Und Sozialismus bedeutet Einkommensgleichheit – nichts anderes. Alles Weitere sind nur seine Bedingungen oder Konsequenzen.
Sie mögen nun, wenn Ihnen danach zu Mute ist, alle die Bücher lesen, die zur Erklärung des Sozialismus geschrieben worden sind. Sie können den utopischen Sozialismus des Sir Thomas More studieren, den theokratischen Sozialismus der Inkas, die Spekulationen von Saint-Simon, den Kommunismus von Fourier und Robert Owen, den sogenannten wissenschaftlichen Sozialismus von Karl Marx, den christlichen Sozialismus von Canon Kingsley und Hochwürden F. D. Maurice, die »Kunde von Nirgendwo« des William Morris (ein literarisches Meisterwerk, das Sie sowieso lesen sollten), den konstitutionellen Sozialismus von Sidney und Beatrice Webb und der höchst respektablen Gesellschaft der Fabier, wie auch die verschiedenen phantastischen sozialistischen Predigten einiger junger Männer, die noch keine Zeit hatten, berühmt zu werden. Aber so klug sie alle auch sein mögen, wenn sie nicht die Einkommensgleichheit im Sinn haben, sind sie für die Rettung unserer Kultur von keinerlei Bedeutung. Die Regel, daß das Lebensnotwendige vorgeht und danach erst die Moral kommt, ist so alt wie Aristoteles und so neu wie

dieses Buch. Der Kommunismus von Jesus, von Plato und den großen religiösen Orden geht immer von der selbstverständlichen Voraussetzung aus, daß die materielle Gleichheit in den zum Leben notwendigen Dingen die erste Bedingung für die Errichtung des »Himmelreiches auf Erden« sei. Wer immer zu diesem Schluß gelangt, egal auf welchem Weg, ist ein Sozialist; und wer nicht dahin gelangt, ist kein Sozialist, auch wenn er den Sozialismus und Kommunismus in leidenschaftlichen Reden überall im Land propagierte und sogar Märtyrer dafür würde.

Jetzt wissen Sie also – ob Sie nun damit einverstanden sind oder nicht – genau, was Sozialismus ist und warum er von so vielen nachdenklichen und lebenserfahrenen Leuten aller Gesellschaftsklassen befürwortet wird. Auch können Sie jetzt unterscheiden zwischen den echten Sozialisten und dem seltsamen Haufen von Anarchisten, Syndikalisten, Nationalisten, Radikalen und Unzufriedenen aller Art, die man aus Ignoranz als Sozialisten oder Kommunisten oder Bolschewiken klassifiziert, nur weil sie alle Feinde des bestehenden Establishments sind, ebenso wie die professionellen Politiker und Karrieremacher, die vom Liberalismus zur Arbeiterpartei überschwenken, weil sie glauben, das liberale Schiff sei am Versinken. Und Sie sind nun auch imstande, den Unsinn richtig einzuschätzen, der jeden Tag geschwätzt und geschrieben wird von anti-sozialistischen Politikern und Journalisten, die sich niemals auch nur fünf Minuten ernsthaft Gedanken zu diesem Thema gemacht haben und das bolschewistische Gespenst ängstlich umkreisen wie die Buben am 5. November die Guys.*

* Guys = Strohpuppen, genannt nach Guy Fawkes (1570–1606), dem Hauptanführer der am 5. 11. 1605 entdeckten englischen Pulververschwörung. Die Puppen werden noch heute in Großbritannien am »Guy-Fawkes-Day« durch die Straßen getragen und dann verbrannt. Fawkes wurde am 31. 1. 1606 hingerichtet.

Persönliche Rechtschaffenheit

Und jetzt, wo Sie wissen, was Sozialismus ist, möchte ich Sie vor etwas warnen, mich aber im voraus bei Ihnen entschuldigen für den Fall, daß die Warnung unnötig wäre. Die Engländer, insbesondere die englischen Damen, werden so individualistisch erzogen, daß sie, wenn sie von der Richtigkeit einer Sache überzeugt sind, dazu neigen, sofort laut zu verkünden, wie sie sie unverzüglich in die Praxis umsetzen wollen und ihren Kindern und Dienstmädchen gleich befehlen, es ebenso zu tun. Ich habe Frauen, von außergewöhnlicher angeborener Intelligenz und Tatkraft kennengelernt, die fest daran glaubten, daß die Welt verbessert werden könne durch die unwiderstehliche persönliche Rechtschaffenheit einiger unabhängiger Einzelner. Nachdem sie von der Richtigkeit der Gleichberechtigung überzeugt waren, fingen sie an, lächerliche Dinge zu tun, etwa ihren Dienstmädchen zu befehlen, daß sie von nun an mit der Familie an einem Tisch zu essen hätten (wobei sie völlig vergaßen, daß die Bediensteten nicht um solche Vertraulichkeiten buhlen und sich manchmal heftig dagegen wehren), oder weiß der Himmel was für andere Dummheiten – bis die Dienstmädchen genug hatten und die Ehemänner drohten, von zu Hause wegzurennen, was sie manchmal auch wirklich taten.
Es ist vielleicht natürlich, daß ungebildete arme Frauen sich vorstellen, an der Nicht-Gleichberechtigung seien die reichen Frauen schuld. Überraschender aber ist, daß viele reiche Frauen – obwohl sie besser als alle anderen wissen müßten, daß eine Frau ebenso wenig dafür kann, wenn sie reich geboren wird, wie wenn sie arm auf die Welt kommt – sich schuldig fühlen und sich ihres Reichtums schämen und mit vollen Händen Almosen austeilen, um ihr schlechtes Gewissen damit zu entlasten. Sie verstehen den Sozialismus häufig als ein karitatives Unternehmen zum Wohl der Armen. Nichts ist weiter entfernt von der Wahrheit als das. Der Sozialismus verabscheut die Armut und möchte

keine Armen mehr haben. Eine von Herzen kommende Abneigung und Mißbilligung der Armut als solcher ist die erste Qualifikation jedes guten Verfechters der Gleichberechtigung. Unter dem Sozialismus wäre die Armut strafbar, wie etwa heute der Exhibitionismus. Sozialisten hegen eine tiefe Abneigung gegen alle Almosen, nicht nur rein gefühlsmäßig, weil sie die Armen demütigen, die Geber mit falschem Stolz erfüllen und beide mit Haß, sondern weil es in einem gerecht und voraussichtig regierten Land dafür weder eine Entschuldigung vonseiten der Armen, noch eine Gelegenheit vonseiten der Gönnerhaften geben darf. Diejenigen, die gerne den barmherzigen Samariter spielen, sollten sich vergegenwärtigen, daß es keine barmherzigen Samariter geben kann, wenn keine Diebe da sind. Die Heilsbringer und Retter mögen ja ganz glänzende Gestalten der Hagiographie und Romanzen sein; aber da sie nicht existieren könnten ohne Sünder und Opfer, sind sie ungute Symptome.
Die Tugenden, die vom Leid leben, sind überhaupt sehr fragwürdige Tugenden. Es gibt Leute, die geradezu schwelgen in Krankenhäusern, Karitas-Verbänden, Wohlfahrtsgesellschaften und ähnlichem, die aber, wenn kein Bedürfnis für ihre karitativen Betätigungen mehr vorhanden wäre, dieselbe Kraft viel vorteilhafter auf eine Verbesserung ihres Umgangs mit anderen Menschen verwenden und lernen könnten, sich um ihre eigenen Angelegenheiten zu kümmern. Die Welt wird immer sehr viel Güte brauchen; aber diese sollte nicht vergeudet werden für *vermeidbare* Hungersnot und Krankheiten. Wenn wir diese Greuel weiter zulassen, nur damit wir daran unser Mitgefühl trainieren können, ist das so, als ob wir ein Haus in Brand steckten, um die Einsatzkraft und den Wagemut unserer Feuerwehrleute zu trainieren. Das Verteilen von Almosen, das wir zwar im Moment nicht einstellen können, weil wir sonst Aufstände der Hungernden und möglicherweise eine Revolution bekämen, ist eine schlechte Sache. Wir geben heute den Arbeitslosen eine Unterstützung, aber nicht aus Liebe zu ihnen, sondern weil sie, wenn wir sie verhungern ließen, anfingen, unsere Fenster einzuschlagen und schließ-

lich unsere Läden plündern und unsere Häuser anzünden würden. Es ist richtig, daß ein Drittel des Geldes ursprünglich direkt aus der Tasche der Arbeitslosen stammt. Aber die Art, wie wir es ihnen zurückvergüten, hat nichtsdestoweniger einen schlechten Einfluß auf sie. Sie finden bald heraus, daß, egal ob sie einmal dafür gearbeitet haben oder nicht, die Reichen auf jeden Fall Lösegeld bezahlen werden.
Stellen Sie sich nun vor, wir hätten eine sozialistische Regierung, die von einer überwiegenden Mehrheit gewählt worden wäre und die vorhergehenden Kapitel dieses Buches gelesen hätte, sie auch überzeugend fände, ansonsten aber keinerlei Konzept zu einer Veränderung der Gesellschaft besäße. Und stellen Sie sich vor, diese Regierung hätte eine halbverhungerte Frau vor sich stehen. Die Frau würde sagen: Ich will Arbeit, kein Mitleid! Die Regierung würde, weil sie keine Arbeit für die Frau hätte, antworten: Lesen Sie Shaw, dann werden Sie alles verstehen! Darauf würde die Frau sagen: Ich habe so großen Hunger, daß ich diesen Shaw gar nicht lesen könnte, auch wenn ich ihn gut fände. Würden Sie mir bitte etwas zu essen geben und eine Arbeit, damit ich ehrlich dafür zahlen kann? Der Regierung bliebe nichts anderes übrig, als offen zuzugeben, daß sie keine Arbeit hat, und der Frau eine Unterstützung anzubieten – genau, wie es heute gemacht wird.
Solange die Regierung nicht im Besitz aller Arbeitsplätze ist, die heute den privaten Arbeitgebern gehören, kann sie der hungrigen Frau nichts geben als eine Arbeitslosenunterstützung und muß sich das Geld dazu durch Besteuerung der Arbeitgeber, Grundbesitzer und Banken beschaffen. Alle nichtsozialistischen Regierungen tun das. Um aber in den Besitz der Arbeitsplätze zu gelangen, müßte sie selbst Großgrundbesitzer des ganzen Landes sein. Mit anderen Worten: sie kann das Gesamteinkommen nicht gleichmäßig verteilen, ehe sie nicht, an Stelle der Privateigentümer, das Gesamteinkommen zur Verfügung hat. Solange das nicht geschieht, können Sie keinen Sozialismus praktizieren, auch wenn Sie es wollten. Sie würden vielleicht sogar empfindlich bestraft werden, wenn Sie es versuchten.

Sehen Sie, es ist zweierlei, die Ziele des Sozialismus zu verstehen und sie dann auch in die Praxis umzusetzen oder sich wenigstens zu überlegen, wie sie jemals in die Praxis umgesetzt werden könnten.

Der Kapitalismus

Wer den Kapitalismus nicht versteht, wird niemals fähig sein, ihn zum Sozialismus hin zu verändern oder sich eine genaue Vorstellung zu machen, wie der Sozialismus funktioniert. Deshalb müssen wir den Kapitalismus ebenso sorgsam studieren wie den Sozialismus. Vor allem ist das Wort »Kapitalismus« irreführend. Der richtige Name für unser System wäre Proletarianismus. Wenn praktisch jeder nicht-egoistische Mensch, sobald er einen Einblick in unser System hat, dieses abschaffen möchte, eben weil es Kapital in so ungeheuren Mengen verschwendet, daß die meisten unter uns arm wie die Kirchenmäuse sind, dann ist es wider alles bessere Wissen, dieses System als Kapitalismus zu bezeichnen. Es verführt die Leute auch zu der Annahme, die Sozialisten wollten das Kapital vernichten, weil sie glaubten, ohne es zurechtkommen zu können: kurz, daß sie noch größere Dummköpfe sind als alle anderen.

Leider ist diese Annahme genau das, was die Zeitungsbesitzer Ihnen über die Sozialisten einreden möchten, womit sie Ihnen gleichzeitig weismachen wollen, daß die Engländer ein freies und unabhängiges Volk und alles andere als Proletarier wären (abgesehen von den paar chronischen Trinkern und den Russen und professionellen Agitatoren). Sie vermeiden deshalb das anstößige Wort »Proletarianismus« aufs sorgfältigste und klammern sich an die schmeichelnde Bezeichnung »Kapitalismus«, um somit den Schein zu erwecken, daß sie das Notwendige, also das »Kapital« verteidigen.

Aber ich muß mich an die Namen halten, wie ich sie vorgegeben finde, und auch Sie müssen das. Doch sollten wir beide davon ausgehen, daß wir, wenn wir Kapitalismus sagen, das System meinen, unter dem Grund und Boden unseres Landes nicht in den Händen des Volkes, sondern in denen von Privatpersonen liegt, den sogenannten Großgrundbesitzern, die jedem verbieten können, darauf zu leben oder es zu nutzen, wenn man sich nicht nach ihnen richtet. Die Juristen werden Ihnen sagen, daß es so etwas wie Privateigentum an Grund und Boden gar nicht gibt, weil das ganze Land dem König gehöre und jederzeit von ihm auf legale Weise zurückgefordert werden kann. Aber da der König es heutzutage niemals zurückfordert und die Grundbesitzer uns davon wegjagen können, ist das private Grundeigentum eine Tatsache, trotz des Gesetzes.

Der Hauptvorteil, welchen man für dieses Arrangement geltend macht, ist der, daß es den Grundbesitzer reich genug werden läßt, damit er einen Fonds aus nicht benötigtem Geld anhäufen kann, und diesen Fonds nennt man Kapital. Er ist dann ebenfalls Privateigentum. Folglich ist die ganze Industrie unseres Landes, die sowohl ohne Grund und Boden als auch ohne Kapital nicht bestehen könnte, gleichfalls Privateigentum. Da jedoch die Industrie nicht ohne Arbeit bestehen kann, müssen die Eigentümer in ihrem eigenen Interesse allen denjenigen Arbeit geben, die kein Eigentum haben (man nennt sie Proletarier) und ihnen so viel Lohn zahlen, daß sie sich am Leben erhalten und heiraten und Kinder kriegen können, aber doch wieder nicht so viel, daß sie je ganz aufhören könnten, regelmäßig zur Arbeit zu gehen.

Auf diese Weise wird die Industrie eines Landes in Gang gehalten, vorausgesetzt, daß die Besitzer sich verpflichten, nur ihren eigenen Vorteil zu wahren und Arbeit immer nur zum jeweiligen Lohnminimum zu vergeben, und die Leute bekommen kontinuierlich ihren Lebensunterhalt, allerdings unter der ebenso kontinuierlichen Notwendigkeit, so lange arbeiten zu müssen, bis sie restlos verbraucht und reif für das Armenhaus sind. Alle, die dieses System verstehen, geben ohne Einschränkung zu, daß es zu einer ungeheuren Ungleichheit der Einkommen führt, und daß die Herabsetzung des Arbeitslohnes, wie sie sich aus dem Bevölkerungszuwachs ergibt, zwangsläufig mit einer erschreckenden Verbreitung von Unzufriedenheit, Elend, Verbrechen, Krankheit und schließlich gewalttätiger Rebellion enden muß, es sei denn, man beschränkt die Bevölkerungszahl auf den Punkt, wo die Besitzenden gerade noch genügend Arbeitsplätze schaffen können.

Diese Lehre hat man früher die Lehre der Manchester Schule genannt. Da aber der Name inzwischen unpopulär geworden ist, bezeichnet man sie heute normalerweise als Kapitalismus. Kapitalismus also bedeutet, daß die Regierung keine anderen Verpflichtungen hat, als den Privatbesitz von Grund und Boden wie auch Kapital aufrechtzuerhalten, diesen mit einer tüchtigen Polizeitruppe zu versorgen und einem Verwaltungsapparat, damit alle Privatverträge zur Wahrung der Einzelinteressen bestärkt werden, außerdem natürlich auch für Ordnung im Land zu sorgen und eine Wehrmacht aus Dienstpflichtigen oder Abenteurern aufzustellen.

Im Gegensatz zum Kapitalismus besteht der Sozialismus darauf, daß die oberste Pflicht der Regierung in der Aufrechterhaltung der Einkommensgleichheit liegt und wendet sich deshalb gegen absolut jedes Recht auf Privateigentum. Er würde jeden Vertrag als einen mit dem ganzen Volk geschlossenen Vertrag behandeln, wobei die ausschlaggebende Überlegung das Wohl der Gesamtheit wäre, und würde nicht einen Augenblick dulden, daß irgend jemand einen Vertrag schließen könnte, der darauf hinausläuft, daß eine Frau sich unter erniedrigend ärmlichen Umständen vorzeitig zu Tode schuftet, nur damit eine andere davon faul und extravagant leben kann. Es ist also ganz richtig, daß der Sozialismus das Privateigentum und die Vertragsfreiheit abschaffen will: ja, er hat das schon jetzt in einem größeren Ausmaß getan, als die Leute es wahrnehmen. Denn der politische Kampf zwischen Kapitalismus und Sozialismus dauert bereits ein Jahrhundert, und im Lauf dieser Zeit mußte der Kapitalismus Schritt für Schritt Zugeständnisse machen, weil sich die Öffentlichkeit über seine schlimmsten Auswirkungen so empörte, daß er, um diese zu mildern, die Besserungsvorschläge des Sozialismus angenommen hat.

Lassen Sie sich übrigens nicht verwirren von dem üblichen Sprachgebrauch, wo der Begriff Privateigentum gleichgestellt wird mit Privatbesitz. Um den Unterschied zwischen beiden klar zu machen, möchte ich Ihnen ein Beispiel geben. Sie bezeichnen Ihren Schirm als Ihr Privateigentum und ebenso das, was Sie zum Essen auftischen. Aber beides ist kein Privateigentum! Es gehört Ihnen nur unter gewissen, für alle verbindlichen Bedingungen. Sie können damit nicht machen, was Sie wollen. Mit Ihrem Schirm dürfen Sie mir nicht einfach auf den Schädel schlagen, und unter Ihr Essen dürfen Sie kein Rattengift mischen, um mich damit zu vergiften, ja nicht einmal, um sich selbst zu vergiften – denn auch der Selbstmord ist nach britischem Gesetz ein Verbrechen. Ihr Recht zum Gebrauch und Genuß Ihres Schirms und Ihrer Mahlzeit ist ein persönliches Recht, das ganz genau begrenzt ist von allgemein verbindlichen Erwägungen. Aber wenn Sie in England oder Schottland Gutsbesitzerin wären, dürften Sie die Leute, die in Ihrem Bezirk wohnen, daraus fort und ins Meer jagen, wenn sie nirgendwo anders hingehen können. Sie könnten auch eine kranke Frau mit ihrem gerade geborenen Säugling aus dem Haus werfen und im Winter auf der Landstraße sitzen lassen, ohne dafür einen anderen Grund angeben zu müssen als den, daß Sie mit Schafen und Rotwild wahrscheinlich mehr Geld machen als mit Männern und Frauen. Das sind keine Beispiele aus meiner Phantasie, sondern Dinge, die andauernd vorkommen. Es gibt nämlich viel schlimmere Verbrechen, als daß Sie mir mit Ihrem Schirm auf den Schädel schlagen. Und falls Sie fragen, warum die Grundbesitzer mit ihrem Land etwas tun dürfen, was Sie mit Ihrem Schirm *nicht* tun dürfen, so lautet die Antwort: weil Grund und Boden Privateigentum sind, oder, wie die Juristen sagen, Immobilien, der Schirm aber nur eine bewegliche Habe. Sie werden daher nicht überrascht sein, wenn Sie hören, daß die Sozialisten sagen, je früher das Privateigentum abgeschafft wird, desto besser.

Beide, der Kapitalismus wie auch der Sozialismus erheben den Anspruch, sich zum Ziel gesetzt zu haben, die Menschen so glücklich wie möglich zu machen. Sie unterscheiden sich nur in den praktischen Forderungen, die sie an eine gute Regierung stellen, in ihren Geboten, wenn Sie so wollen. Für die Kapitalisten bestehen diese in der Aufrechterhaltung des Privateigentums von Grund und Boden wie auch des Kapitals, in der Sicherung privater Verträge und in der Nichteinmischung des Staates bei Industrie und Geschäft, außer wenn es um die öffentliche Ordnung geht; für die Sozialisten bestehen sie in der Angleichung der Einkommen und zusammenhängend damit im Ersetzen alles Privateigentums durch persönliche Habe und aller Privatverträge durch öffentlich festgelegte Verträge, im Einsatz der Polizei, sobald die Gleichheit bedroht ist, und in der restlosen Regulierung und Kontrolle der Industrie und ihrer Produktion durch den Staat.

Wir sind nun soweit in unserer Untersuchung des Kapitalismus, daß wir auf uns selbst zu sprechen kommen können. Im Folgenden müssen Sie mir allerdings den Umstand, daß ich über Ihr ganz persönliches Leben nicht Bescheid weiß, als Entschuldigung anrechnen. Sie könnten ja eine Kapitalistin sein. Sie könnten auch eine Proletarierin sein. Oder vielleicht sind Sie etwas irgendwo dazwischen; vielleicht haben Sie ein unabhängiges Einkommen, mit dem Sie zwar ganz gut leben, aber nicht zusätzliches Kapital sparen können. Ich werde Sie manchmal behandeln müssen, als seien Sie so arm, daß die Preisdifferenz von wenigen Pfennigen pro Tonne Kohlen bei Ihrem Haushaltsgeld schon stark ins Gewicht fiele, und manchmal, als seien Sie so reich, daß Ihre Hauptsorge darin läge, die Tausender, die Sie nicht ausgeben können, richtig zu investieren.

Es ist nicht notwendig, daß Sie, was mich betrifft, genauso im Dunkel tappen. Besser Sie wissen, mit wem Sie es zu tun haben. Ich bin ein Grundbesitzer und Kapitalist, reich genug, um überbesteuert zu werden; und darüber hinaus habe ich noch eine besondere Art von Eigentum, die sich literarisches Eigentum nennt, und für deren Benutzung ich von den Leuten Geld verlange, genau so wie ein Grundbesitzer Miete verlangt. Ich bin gegen die Ungleichheit des Einkommens, nicht, weil ich zu wenig, sondern obwohl ich ein mittelgroßes Einkommen habe. Aber ich weiß, was es heißt, ein Proletarier zu sein und arm dazu. Ich habe einmal in einem Büro gearbeitet und mich jahrelang als Arbeitsloser durchgeschlagen, die schwerste Zeit auf Kosten meiner Mutter. Ich habe die Extreme im Mißerfolg, wie auch im Erfolg kennengelernt. Die Klasse, in der ich geboren bin, war die unglückseligste von allen: nämlich die Klasse, die vornehm sein will, und von der man deshalb erwartet, daß sie den äußeren Anschein wahrt, ohne auch nur über ein paar zusammengekratzte Pfennige oder den geringsten Eigenbesitz zu verfügen. Ich belästige Sie mit diesen vertraulichen Erwähnungen, weil Sie dann vielleicht in der Lage sind, mir meine persönlichen Schrullen nachzusehen. Die Reichen schreiben oft über die Armen und die Armen über die Reichen, ohne wirklich zu wissen, über was sie schreiben. Ich aber kenne die ganze Stufenleiter aus eigener Erfahrung, nur nicht den wirklichen Hunger und die Obdachlosigkeit, die niemand je erleben sollte. Wenn ich jammere, die Trauben seien sauer, dann brauchen Sie nicht den Verdacht zu hegen, sie würden mir halt zu hoch hängen: ich habe sie alle, so reif und süß sie nur werden können, in meiner Hand.

So, und nun wollen wir den alltäglichen Dingen auf den Grund gehen.

Ihre Einkäufe

Fragen Sie sich doch mal: Wo bin ich selbst täglich betroffen durch die ungleiche Einkommensverteilung in unserem Land? Die Antwort ist ebenso einfach wie sachlich: Sobald Sie aus dem Haus gehen und Ihre Besorgungen machen! Denn Sie sind bei jedem Einkauf betroffen. Bei jedem Kohlkopf, den Sie kaufen, jedem Laib Brot, jeder Hammelkeule, jeder Flasche Bier, jedem Zentner Kohle, jeder Omnibus- oder Straßenbahnfahrkarte, jedem Theaterbillett, jedem Arzt- und Putzfrauenbesuch, jedem beratenden Wort von Ihrem Rechtsanwalt haben Sie nicht nur das zu zahlen, was es tatsächlich kostet, sondern noch einen zusätzlichen Betrag, der schließlich bei Leuten landet, die ganz und gar nichts für Sie getan haben.

Nun weiß zwar jede intelligente Frau, daß sie nicht erwarten kann, Waren oder Dienstleistung für weniger zu bekommen, als sie an Ausbildung, Material, Arbeit, Management, Verteilerapparat usw. gekostet haben, aber keine einzige intelligente Frau wird, vorausgesetzt, daß sie darüber Bescheid weiß und es anders machen kann, einsehen, daß sie soviel *mehr* zahlen soll, als es tatsächlich und unvermeidlich kostet, nur damit die, die gar nichts tun, in Luxus und Extravaganz leben können – und besonders dann wird sie es nicht einsehen, wenn sie selbst ziemlich schwer arbeitet.

Um ihr diese Mehrkosten abzunehmen, schlagen die Sozialisten vor, alle Produkte jedem zum Selbstkostenpreis zu sichern, was nur dann ginge, wenn die Industrie, die sie hervorbringt, nationalisiert würde. Das erschreckt die Nichtstuer und die von ihnen Abhängigen so sehr, daß sie alles daransetzen, mit ihren Zeitungen und Reden und Predigten der intelligenten Frau weiszumachen, daß die Verstaatlichung unnatürlich und kriminell sei und unser Land schließlich ruinieren würde. Das ist lauter Unsinn. Wir haben schon sehr viel verstaatlicht, und keinem geht es deshalb schlechter.

Um die ganze Spannweite öffentlicher Unternehmungen im Vergleich zu den privaten einmal zu verdeutlichen, wollen wir mit dem öffentlichen Dienst beginnen. Warum ist ein verstaatlichtes Postwesen so viel billiger und weiter verbreitet, als das bei irgend einer privaten Briefbeförderungsgesellschaft möglich wäre? (Weshalb die letzteren ja auch gesetzlich verboten wurden.)
Der Grund liegt darin, daß die Kosten der jeweiligen Briefbeförderung sehr unterschiedlich sind. Einen Brief etwa in der gleichen Straße vom einem zum anderen Haus zu tragen, kostet so wenig, daß man es nicht in Geld ausdrücken kann: fast gar nichts. Um überhaupt eine Zahl zu erhalten, müßte man die Kosten pro *tausend* Briefe errechnen, nicht pro Brief. Aber wenn ebenderselbe Brief von der Insel Wight nach San Francisco befördert werden soll, kostet das ganz schön viel. Er muß vom Zug auf das Schiff, übers Wasser, dann in einen anderen Zug und in Southampton oder vielleicht Liverpool wieder auf's Schiff, über den Atlantik, quer durch Nord-Amerika und schließlich auf der entgegengesetzten Seite der Welt (von der Insel Wight aus gesehen), abgegeben werden. Normalerweise nun würde man nichts dabei finden, wenn die Post ein Dutzend Briefe innerhalb der gleichen Straße für ein paar Pfennige befördern, bei dem Brief nach San Francisco aber, sagen wir mal, ein ganzes Pfund verlangen würde. Tatsächlich aber ist es so, daß sie Ihnen alle dreizehn Briefe für ein paar Groschen befördert. Sie verlangt von Ihnen weniger, als der Übersee-Brief zu versenden kostet, und mehr als der Ortsbrief kostet; aber da sie Tausende von Ortsbriefen und nur Dutzende von Übersee-Briefen verschicken muß, kann sie die Unterbezahlung bei den langen Strecken durch einen Aufschlag auf die kurzen wieder ausgleichen. Diese gleich hohe Gebührenberechnung für alle Briefe nennt der Wirtschaftswissenschaftler: Ermittlung des Durchschnitts. Andere nennen es: am einen Ende gewinnen, was man am anderen verliert.
Der Grund, weshalb wir Privatpersonen oder -gesellschaften nicht gestatten, ihre Briefe selber zu befördern, ist der, daß es andernfalls bald Firmen gäbe, die ihre Marken für

ein paar Pfennige pro Dutzend verkaufen und dafür Briefe im Umkreis von wenigen Kilometern zustellen würden. Unser Postamt bekäme dann nur noch die Fernbriefe, d. h. diejenigen, die viel Porto kosten. Es müßte den Preis seiner Briefmarken entsprechend erhöhen. Die einzigen Gewinner wären die Privatgesellschaften, die das System gestürzt haben. Und sowie sie es geschafft hätten, würden sie ihre Kurzstrecken-Preise auch auf die vorher üblichen paar Groschen erhöhen, wenn nicht noch höher setzen.

Von der Post, dieser gut funktionierenden öffentlichen Dienstleistungseinrichtung, wollen wir übergehen zu einer anderen, die auch verstaatlicht werden könnte und die jeden Haushalt in unserem Land ganz unmittelbar angeht. Ich spreche von der Kohleversorgung. In unserem Klima ist die Kohle lebensnotwendig; und sie ist schrecklich teuer. Während ich diese Zeilen niederschreibe, herrscht Hochsommer, also eine Zeit, in der die Kohle am billigsten ist; dennoch bietet man mir in einem Rundschreiben vom 16. Juni gute Heizkohle und Anthrazit zu einem Preis an, der weit über dem bisherigen Durchschnitt liegt. Warum muß ich ihn bezahlen? Warum müssen Sie ihn bezahlen? Einfach deshalb, weil die Kohlenindustrie noch nicht nationalisiert ist. Sie ist in Privathand.

Der Kohlepreis schwankt von Null bis hin zu einem Pfund pro Tonne oder noch mehr, ganz abgesehen von den Kosten der landesweiten Beförderung und Verteilung. Vielleicht glauben Sie nicht, daß man Kohle wirklich kostenlos bekommen kann. Aber ich versichere Ihnen, daß sich an der Küste von Sunderland* bei Ebbe jeder, auch der Fremde, ohne weiteres Kohle mitnehmen kann, wie etwa Muscheln oder Seegras. Ich habe es mit eigenen Augen gesehen. Ein Sack und ein Rücken, auf dem man ihn tragen kann, ist alles, was einer braucht, um hier als kleiner Kohlenhändler anzufangen oder sich seinen eigenen Keller zuhause aufzufüllen. An anderen Stellen unserer Küste ist so schwer an Kohle heranzukommen, daß Schächte ausge-

* Sunderland: Stadt in der englischen Grafschaft Durham, an der Mündung des Wear in die Nordsee gelegen. Wichtiges Industrie- und Handelszentrum.

hoben und kilometerlange Gänge unter dem Meer gegraben werden mußten, man aber trotzdem erst nach zwanzig Jahren Arbeit und hohen finanziellen Ausgaben wirklich auf Kohle stieß. Zwischen diesen beiden Extremen gibt es alle möglichen Arten von Gruben. Aber der Preis, den Sie zu zahlen haben, sinkt niemals unter die Kosten der allerteuersten.

Der Grund dafür ist folgender: Die Preise gehen in die Höhe, wenn etwas knapp ist, sie fallen, wenn etwas in großen Mengen vorkommt. Kohle steigt und fällt im Preis genauso wie Erdbeeren. Sie sind teuer, wenn knapp, und billig, wenn überall zu haben.

Nun kann aber ein Artikel auf verschiedene Weise knapp werden. Eine davon ist, daß man die auf dem Markt befindliche Menge verringert, indem man die Fabrikation drosselt oder ganz einstellt. Eine andere besteht darin, die Zahl der potentiellen Käufer für einen Artikel zu erhöhen, die dritte, neue Anwendungsgebiete für ihn zu entdecken. Eine Kohlenknappheit kann nicht nur durch einen Bevölkerungsanstieg hervorgerufen werden, sondern auch, wenn Leute, die vorher nur einen Eimer Kohlen für ihr Herdfeuer brauchten, jetzt Tausende von Tonnen für Hochöfen und Überseeschiffe haben wollen. Tatsächlich ist es die hierdurch erzeugte Knappheit, die den Preis für unsere Kohle so weit in die Höhe getrieben hat, daß es sich heute überhaupt lohnt, unterseeische Stollen auszuheben. Die Kosten solcher Unterwasser-Gruben sind sehr hoch und werden nur dann nicht gescheut, wenn auch die Kohlepreise genügend ansteigen, um noch einen Profit zu sichern. Fallen die Preise aber so stark, daß dieser Profit nicht mehr herausspringt, dann hört man auf zu arbeiten und schließt die Grube. Und was ist die Folge? Das Schließen der Grube schneidet die Kohlenlieferung, mit der sie vorher auf dem Markt vertreten war, völlig ab, und die dadurch erzeugte Knappheit treibt den Preis wieder so lange nach oben, bis er hoch genug steht, um die Grube von neuem in Betrieb zu nehmen, ohne daß man Geld dabei verliert.

Auf diese Weise gerät die intelligente Frau (aber auch die nicht-intelligente) in die ausweglose Situation, für ihre

Kohle immer den Preis der jeweils allerteuersten Fördergruben zahlen zu müssen, obwohl sie vielleicht weiß, daß nur ein ganz kleiner Anteil der Lieferung von dort stammt, alles andere aber von Gruben, die mit viel geringeren Kosten arbeiten. Für den Fall, daß sie dagegen Einspruch erhebt, wird man ihr versichern, daß die Preise kaum noch ausreichten, um diese oder jene Kohlengruben in Betrieb halten zu können. Und das würde wirklich stimmen. Aber etwas anderes, was auch wirklich stimmt, würde man ihr nicht sagen, nämlich, daß die einträglichen Gruben ungeheure Gewinne machen und zwar auf ihre Kosten, ganz zu schweigen von dem, was der Grundeigentümer dabei kassiert. Und hier stoßen wir auf eine weitere Komplikation. Die Bergleute, die in den einträglichen Gruben Kohle hacken, werden nicht besser bezahlt als diejenigen, die in den kaum noch rentablen arbeiten, weil Menschen eben (was Kohlen nicht können) in der Lage sind, von einer zur anderen Grube zu wandern. So müssen sich alle Bergarbeiter zufrieden geben mit dem, was der ärmste von ihnen noch annehmbar findet. Und trotzdem die Löhne dieser Arbeiter auf dem ärmsten Stand der schlechtesten Gruben gehalten werden, bleiben die Kohlerechnungen aller Hausfrauen weiterhin auf dem höchsten Preisstand. Die unzufriedenen Bergarbeiter streiken und machen dadurch die Kohle noch knapper und teurer als je zuvor. Die Hausfrauen schimpfen, können aber die Preise selbst nicht senken und schieben die Schuld daher auf die »Zwischenhändler«. Keiner ist zufrieden; nur die Eigentümer der rentableren Bergwerke. Helfen kann hier natürlich nur, wie bei der Post, das Angleichen an den Mittelwert. Wenn alle Kohlenbergwerke einer Oberkohlendirektion unterstellt wären, könnten die guten die schlechten ausgleichen und die Kohle zum Durchschnittspreis des Gesamtangebots verkauft werden, statt zum Förderpreis der allerschlechtesten Gruben. Es gäbe auch nur einen Eigentümer, der in Ihrem Interesse arbeiten und gar keinen eigenen Profit machen wollte. Dieser Eigentümer wäre ein Regierungsoberkohlendirektor im Dienst des Landes, d. h. in Ihrem sowie dem Dienst aller anderen Hausfrauen und Kohleverbraucher.

Jetzt verstehen Sie, warum die Bergarbeiter und die intelligenten Kohleverbraucher und -käufer die Verstaatlichung der Kohlegruben fordern, und warum alle Bergwerkseigentümer und Kohleverkäufer so laut schreien, daß eine Verstaatlichung gleichbedeutend wäre mit Verschwendung, Korruption, wirtschaftsruinierenden Preissteigerungen, Zusammenbruch von Industrie und Handel, dem Ende des britischen Weltreiches und sonst noch allem Möglichen, was ihnen zur Abschreckung einfällt – nur weil sie selbst erschrecken über die Aussicht, ihren Profit zu verlieren.
Sie sehen nun auch, daß jede Frau beim Kohleneinkauf von dieser Aufteilung der Gruben an Privateigentümer betroffen ist, genauso betroffen wie jedes Mal, wenn sie eine Schere oder ein Eßbesteck oder ein Bügeleisen kauft, denn bei den Eisen- und Silberbergwerken gibt es dieselben Unterschiede wie bei den Kohlen. Betroffen ist sie auch jedesmal, wenn sie einen Laib Brot kauft, denn die Getreidefelder unterscheiden sich in ihrer Fruchtbarkeit nicht von den Kohlengruben, usw. usw. Sie bleibt also arm, und das in einem *reichen* Land, nur weil die volle Differenz zwischen dem schlechtesten und dem besten Produkt von den Privateigentümern der Gruben und Fabriken abgesahnt wird. Um ihr diese ungeheure Zumutung zu ersparen, haben sowohl die Sozialisten als auch viele andere Leute, die sich nicht einmal im Traum als Sozialisten bezeichnen würden, vorgeschlagen, Bergwerke und Fabriken aus Privateigentum in Staatseigentum zu verwandeln. Der Unterschied zwischen den sozialistischen und nicht-sozialistischen Verstaatlichern ist lediglich der, daß die nichtsozialistischen nur billige Kohle haben wollen, die sozialistischen aber zusätzlich das Eigentumsrecht und die Kontrolle über die Gruben dem Staat übertragen möchten, damit, solange es noch Kohlenbergwerke gibt, diese nicht wieder als ein Instrument zur Ungleichheit der Einkommen benutzt werden. In der unmittelbar praktischen Frage der Verstaatlichung sind sich beide Parteien einig. So kann der Sozialismus avancieren, auch ohne eine Mehrheit oder nur einen einzigen professionellen Sozialisten im Parlament sitzen zu haben.

Ihre Steuern

Sie müssen nicht nur in die Läden einkaufen gehen, sondern auch Abgaben, Steuern, Telefongebühren (sofern Sie ein Telefon haben) und die Miete für Wohnung und Grundstück bezahlen. Lassen Sie uns diesen Teil Ihrer Ausgaben einmal untersuchen und sehen, ob Sie auch hier ständig betroffen sind.

Die Leute schimpfen ziemlich viel auf die Steuern, weil sie am Schalter des Finanzamtes keinen Gegenwert für ihr Geld erhalten; und was sie tatsächlich erhalten, bekommen auch alle anderen, so daß sie es nicht als etwas ihnen persönlich Gehörendes verstehen können wie etwa ihre Kleider und Häuser und Möbel. Aber sie würden ihre Kleider, Möbel oder Häuser nicht lange ungestört besitzen können, wenn es keine gepflasterten und beleuchteten und bewachten Straßen gäbe, keine Wasserversorgung und Kanalisation und all die anderen Dienstleistungen, für die sie Steuern zahlen.

Alle öffentlichen Dienstleistungen, das kann man behaupten, erbringen keinen direkten Gewinn; man bekommt sie für das, was sie die Regierung kosten, das heißt, für wesentlich weniger als man zahlen müßte, wenn es sich um Privatunternehmen handelte.

Bis hierher nun könnte der Eindruck entstehen, als ob Sie bei den Steuern und Abgaben nicht so viel draufzahlen müßten wie bei allen anderen Dingen, die Geld kosten. Vielleicht haben Sie schon bald das Gefühl, daß Sie, wenn der Finanzbeamte das nächste Mal bei Ihnen anklopft, ihn sogar mit Freuden einlassen und mit den strahlenden Augen des freiwillig Gebenden empfangen werden.

Es tut mir leid, aber den Spaß muß ich Ihnen verderben. Die Wahrheit ist nämlich, daß der Kapitalismus effektiv durch seine Regierung, seine Stadt- und Landkreisverwaltungen Ihnen ebensoviel Geld aus der Tasche zieht wie durch seine Händler.

Nicht nur müssen Regierung und Lokalbehörden, um den

öffentlichen Dienst aufrechtzuerhalten, sehr Vieles bei privaten Profitmachern kaufen, die mehr verlangen, als es tatsächlich kostet, so daß dieser Mehrbetrag dann auf Sie als Steuerzahler abgewälzt wird. Sondern die Regierung eines Landes kann auch, obwohl sie im Interesse der Bürger handelt, nicht einmal den Grund und Boden benutzen, ohne irgendeiner Privatperson dafür eine Menge Geld zahlen zu müssen. Immerhin sind diese zusätzlichen Belastungen noch zu umgehen, etwa so, daß die Regierung für ihren eigenen Bedarf ein Stück Land kauft, und das Geld dafür durch Erhöhung der Grundsteuer, die ja nur die Grundbesitzer zahlen, eintreibt, oder auch, daß sie ihr Kapital anhebt durch Besteuerung der Einkünfte aus Vermögen. Mit diesem Notbehelf kann sie – und manchmal tut sie es auch – Ihnen ihre Dienstleistung zum tatsächlichen Selbstkostenpreis abgeben. Sie kann sie sogar abgeben und gar nichts von Ihnen verlangen, dafür aber reichere Leute zur Kasse bitten.

Doch verwendet man Ihre Steuern und Abgaben ja nicht nur für den öffentlichen Dienst, der allen gleichermaßen nützt, sondern auch für andere Dinge; und wenn wir auf die zu sprechen kommen, werden Sie sich, falls Sie eine reiche Frau sind, vielleicht beschweren, daß Sie von den Sozialisten ausgebeutet werden zugunsten der Armen, oder, falls Sie selbst eine arme Frau sind, daß die Kapitalisten Sie ausbeuten, weil sie auf die Steuern und Abgaben gewisse Ausgaben schlagen, die sie eigentlich aus der eigenen Tasche zahlen müßten.

Wollen wir mal sehen, inwieweit diese Beschwerden begründet sind. Lassen Sie uns bei den Reichen beginnen. Durch das Steuersystem nimmt die Regierung den reichen Leuten ein Viertel oder ein Drittel ihres Einkommens, den ganz reichen sogar mehr als die Hälfte weg, und zwar nicht für irgendeinen besonderen öffentlichen Dienstleistungsbereich, sondern als reine Nationalisierung (Kommunisierung) des zu hohen Einkommens. Dafür stellt sie nicht eine einzige Gegenleistung, sie macht die Abgabe einfach zum Zwang. Das ist inzwischen so sehr zu einer Selbstverständlichkeit geworden, daß die Reichen nicht einmal im Traum

mehr eine Gegenleistung fordern würden, sich auch nicht mehr weigern zu zahlen, bis man ihnen mit einer Zwangsvollstreckung droht. Auch nennen sie das Ganze nicht mehr »bolschewistische Enteignung«. Wir tun deshalb normalerweise so, als ob die Sache selbst gar nicht mehr vorkäme – außer in der Phantasie der bösen Kommunisten; aber sie kommt in England regelmäßig jeden Januar vor.
Darüberhinaus gibt es gewisse Steuern, die von den Reichen und den Armen gleichermaßen gezahlt werden. Man nennt sie indirekte Steuern. Einige davon sind Steuern auf gewissen Lebensmitteln und auf Tabak und Alkohol, die Sie im Laden gleich beim Einkauf als Teil des Preises mitzahlen. Andere sind amtliche Gebühren: für das Abstempeln von Beglaubigungen und sonstigen Unterlagen (die besitzlose Leute niemals brauchen). Keine dieser Steuern wird für eine einzeln genannte Dienstleistung erhoben, wie etwa für Polizei oder Wasser: sie sind einfache Übertragungen des Einkommens aus privaten Geldbeuteln in den staatlichen Geldbeutel und als solche rein kommunistische Akte. Vielleicht wird es Sie überraschen, wenn Sie erfahren, daß das auf solche Weise kommunisierte Privateigentum – wobei wir die Lebensmittelsteuern, die alle Klassen betreffen, gar nicht mitzählen – schon fast eine Million pro Tag ausmacht.
Bei diesen Zahlen schnappen die Reichen wahrscheinlich nach Luft und fragen: ja, was macht denn die Regierung mit dem ganzen Geld? Was erhalten wir als Gegenwert für diesen, den meisten von uns ungeheuer hoch erscheinenden Betrag, die wir unser Einkommen in Hunderten pro Jahr und nicht in Millionen pro Tag zählen? Nun, die Regierung stellt eine Armee und eine Marine, einen öffentlichen Dienst, Gerichtshöfe und so fort; und, wie wir gesehen haben, stellt sie diese entweder zum Nettopreis oder wenigstens näher am Nettopreis als irgendein kommerzielles Unternehmen es tun würde. Aber mehr als hundert Millionen harter Pfunde in bar gibt sie davon auch jedes Jahr weiter als Renten und Unterstützungsgelder an jene Unglücklichen, die wenig oder gar kein Einkommen haben.

Das ist reine Einkommensrückverteilung: also reiner Sozialismus. Die Regierungsbeamten nehmen Geld von den Reichen und geben es den Armen, weil die Armen nicht genug und die Reichen zuviel haben. Persönliche Verdienste spielen dabei keine Rolle. Soweit kommen die Armen also besser bei den Steuern weg. Aber auch mancher Reiche macht ein ganz schönes Geschäft daraus. Der bei weitem höchste Posten der Regierungsausgaben ist die jährliche Abzahlung der im Krieg aufgenommenen Gelder. Alles ist ausgegeben und verschwunden, aber wir müssen es noch weiter abzahlen, bis die letzte Schuld ersetzt und rückerstattet ist. Das meiste haben wir als Kredite von den Reichen ausgeliehen, weil nur diese überflüssiges Geld zum Verleihen hatten. Folglich nimmt die Regierung jedes Jahr von *allen* Reichen viel Geld, um es sofort wieder an die wenigen zurückzugeben, die ihr damals Kriegskredite gaben. Der Effekt dieser Transaktion ist ganz einfach eine Umverteilung des Einkommens unter den Reichen selbst. Diejenigen, die dabei verlieren, machen ein lautes Geschrei über die Staatsverschuldung, wie sie das nennen; aber unser Land wird um keinen Pfennig ärmer, wenn es einem alten Engländer Geld nimmt und es an einen anderen weitergibt. Ob diese Übergabe etwas Gutes oder Schlechtes ist, hängt davon ab, ob sie die gegenwärtige Ungleichheit vermehrt oder verringert. Leider wird sie diese zwangsläufig im Ganzen vermehren, weil die Regierung, anstatt von einigen Kapitalisten Geld zu nehmen und es unter alle Staatsbürger zu verteilen, das Geld von allen nimmt und es nur unter einige verteilt. Das ist das wahre Übel bei der Staatsverschuldung, obgleich diese, sofern sie nur unser eigenes Volk betrifft, gar keine eigentliche Schuld darstellt. Ein Beispiel hierfür wäre, daß der Elefant sich ja auch nicht über die Last beschwert, die seine eigenen Beine tragen müssen; aber wenn das Gewicht auf nur eine Seite verlagert wäre, statt gleichmäßig verteilt auf alle vier Beine, könnte er es wohl kaum tragen und würde beim unscheinbarsten Hindernis umfallen – so ziemlich dasselbe, was unsere Wirtschaft unter dem System der Ungleichheit auch macht.

Hier und da hört man sagen, daß die Kapitalisten, die der Regierung im Krieg Geld geliehen haben, dafür zurecht noch zusätzliche Zinseinnahmen verdienten, weil sie ja Opfer gebracht hätten. Da ich selbst einer von ihnen war, kann ich Ihnen ohne Bosheit sagen, daß das sentimentaler Unsinn ist. Sie waren die einzigen Leute, von denen man überhaupt kein Opfer forderte: im Gegenteil, man bot ihnen einen goldumrahmten Investitionsbrief zu fünf Prozent an, wo sie auch vier genommen hätten. Die Leute, die durch den Krieg blind, verkrüppelt oder getötet wurden, das waren die wirklichen Opfer!

Sie sehen also, daß Sie bei Ihren Steuerzahlungen und Abgaben nicht sicher sein können, ob Sie über die Nettokosten der öffentlichen Dienstleistungen hinaus nicht auch noch riesige Summen mitfinanzieren müssen, die an private Arbeitgeber als unnötigen oder viel zu hohen Profit gehen, an die Grundbesitzer und Kapitalisten, deren Land und Geld diese Arbeitgeber benutzen, und an jene Besitzer von Kriegsanleihen und sonstigen Wertpapieren, die die Staatsschulden darstellen.

Aber da Sie vielleicht einen Teil des Geldes in dieser oder jener Form zurückbekommen, etwa als Rentner oder Sozialhilfeempfänger, oder möglicherweise selbst Besitzerin von Kriegsschuldpapieren bzw. Aktien sind bei einem jener kommerziellen Unternehmen, die mit Regierung und Magisträten unter einer Decke stecken, kann ich unmöglich beurteilen, ob Sie, im Ganzen gesehen, gewinnen oder verlieren. Ich kann nur sagen: die Chancen stehen zehn zu eins, daß Sie dabei verlieren, d. h. daß die Reichen auf dem Umweg über die Regierung mehr an Ihnen verdienen als Sie an den Reichen. Soviel zu den Steuern.

Das Kapital

Als Kapital bezeichnet man Geld, das jemand übrig hat. Der Besitzer dieses Geldes wird Kapitalist genannt. Und unser System, das alles überschüssige Geld wie auch Grund und Boden unseres Landes in Privathänden läßt, heißt Kapitalismus. Solange Sie den Kapitalismus nicht verstehen, werden Sie auch nicht unsere heutige Gesellschaft verstehen. Sie kennen dann, wie man sagt, die »Welt« nicht. Sie leben in einem Narrenparadies; und der Kapitalismus setzt alles daran, Sie dort weiterleben zu lassen. Vielleicht sind Sie glücklicher in einem Narrenparadies! Da ich aber nun fortfahren muß in meiner Erklärung des Kapitalismus, werden Sie den Rest dieses Buches auf eigenes Risiko lesen: vielleicht macht es Sie unglücklich und rebellisch, vielleicht rennen Sie sogar mit einer roten Fahne auf die Straße und machen sich dadurch selbst mehr zum Narren, als der Kapitalismus das je getan hat. Andererseits könnten Sie, wenn Sie den Kapitalismus nicht verstehen, ganz leicht um all Ihr Geld betrogen werden, vorausgesetzt, Sie haben welches, oder, falls Sie keines haben, zu allen möglichen Selbstaufopferungen verführt werden. Von diesen profitieren dann die gewinnsüchtigen Abenteurer und philanthropischen Schwindler, und Sie selbst haben nur die Illusion, etwas sehr Gutes und Edles zu tun. – Deshalb will ich es doch riskieren, Sie aufzuklären, wo Sie leben und was mit Ihnen geschieht.

Nur wenn Sie engherzig sind, brauchen Sie nicht zu verzweifeln beim Anblick all der Armut und des Elends um Sie her, aus dem Sie keinen Ausweg sehen können. Aber wenn Sie engherzig wären, dann hätten Sie nie daran gedacht, dieses Buch zu kaufen und bis hierher zu lesen. Glücklicherweise also brauchen Sie keine Angst zu haben, der Wahrheit über unseren Kapitalismus ins Gesicht zu sehen. Wenn Sie diesen erst einmal verstanden haben, werden Sie sehen, daß er weder ewig dauert, noch besonders alt ist, weder unheilbar, noch besonders schwer zu heilen ist, vorausgesetzt, man diagnostiziert ihn wissenschaftlich. Ich benutze das Wort »heilen«, weil die vom Kapitalismus hervorgebrachte Zivilisation eine Krankheit ist, und zwar eine, deren Ursachen Kurzsichtigkeit und schlechte Lebensführung sind; und wir wären alle schon längst daran gestorben, hätten wir nicht das Glück gehabt, daß unsere Gesellschaft auf den Zehn Geboten, den Evangelien, den Erkenntnissen von Rechtswissenschaftlern und Philosophen aufgebaut wurde, die alle den Grundsätzen des Kapitalismus genau entgegengesetzt sind. Der Kapitalismus hat zwar viele alte Kulturen zerstört und kann auch die unsere zerstören, wenn wir nicht achtgeben, aber er ist hier, bei uns, doch eine ziemlich neue Irrlehre – schlimmstenfalls knapp zweihundert Jahre alt; nur die Sünden, die er begeht und glorifiziert, die sieben Todsünden, sind so alt wie die Menschen selbst.

Und an dieser Stelle höre ich Sie sagen: Du lieber Gott, was in aller Welt hat denn das zu tun mit dem überflüssigen Geld ganz durchschnittlicher Damen und Herren, worin ja, wie Sie sagen, der ganze Kapitalismus überhaupt besteht? Und ich antworte darauf, wie es scheint an den Haaren herbeigezogen: Gerade aus diesem so unschuldig aussehenden Anfang ist die riesige Last aus Armut und Elend und Trunksucht und Kriminalität und Laster und zu früher Sterblichkeit gewachsen. Wenn wir die Möglichkeiten dieser offenbar so einfachen Angelegenheit mit dem überschüssigen Geld, alias Kapital, untersucht haben, werden Sie herausfinden, daß dieses überschüssige Geld die Wurzel allen Übels ist, obwohl es eigentlich das Mittel zu allem Guten sein sollte und auch werden kann.

Was ist überschüssiges Geld? Es ist das Geld, das Sie übrig haben, nachdem Sie alles, was Sie zu einem Ihnen angemessenen Leben brauchen, kaufen konnten. Wenn Sie mit zehn Pfund pro Woche so leben können, wie Sie es gewohnt und zufrieden sind, Ihr Einkommen aber fünfzehn Pfund beträgt, so haben Sie am Ende der Woche fünf Pfund übrig und sind mit dieser Summe ein Kapitalist. Um ein Kapitalist zu sein, müssen Sie also *mehr* als genug zum Leben haben. Deshalb kann ein armer Mensch niemals ein

Kapitalist werden. Denn ein armer Mensch ist einer, der *weniger* als genug zum Leben hat. Ich kann mich an einen Bischof erinnern, der es eigentlich besser hätte wissen müssen, der aber dennoch die Armen in Londons East-End zu einer Zeit, als die Armut noch schrecklicher war als heute, ermahnte, daß sie sparen sollten, um Kapitalisten zu werden. Man hätte ihm wirklich seinen Kittel öffentlich und offiziell vom Leib reißen und auf seinem Schaufelhut herumhüpfen sollen für eine so ungeheuer schlechte und boshafte Aufforderung. Stellen Sie sich doch mal eine Frau vor, die nicht genug Geld hat, ihre Kinder richtig zu ernähren und anständig und gesund zu kleiden, sie aber noch mehr hungern und noch schäbiger und zerrissener herumlaufen ließe, nur um dafür Sparbriefe zu kaufen oder ihr Geld auf ihr Postsparkonto zu bringen und das so lange, bis sie Aktien und Anteile davon kaufen könnte! Sie würde gerichtlich verfolgt wegen Vernachlässigung ihrer Kinder, und das geschähe ihr ganz recht! Wenn sie dann aber zu ihrer Verteidigung sagte, der Bischof hätte sie zu diesem unnatürlichen Vergehen angestiftet, bekäme sie zu hören, daß der Bischof ihr unmöglich geraten haben könne, am notwendigen Essen und der Kleidung der Kinder oder gar ihrer eigenen zu sparen. Und wenn sie fragen würde, warum er das denn nicht auch gesagt hätte, bekäme sie zu hören, daß sie gefälligst ihren Mund halten solle, und der Wärter erhielte den Befehl, sie abzuführen.

Arme Leute können nicht sparen und sollten es auch gar nicht versuchen. Ausgeben ist nicht nur ihre erste Notwendigkeit, sondern auch ihre erste Pflicht. Neun von zehn Leuten haben nicht genug Geld für sich selbst und ihre Familien; und denen noch zu predigen, daß sie sparen müßten, ist nicht nur dumm, sondern auch niederträchtig. Die intelligente Frau, die ja weiß, daß Geld eigentlich nichts anderes bedeutet als die *Dinge,* die man damit kaufen kann, und daß die meisten und wichtigen dieser Dinge nicht lange halten, wird einsehen, daß auch übriggebliebenes Geld nicht gespart werden kann: es muß sofort ausgegeben werden. Nur die ganz einfache Frau steckt ihr Spargeld in einen Strickstrumpf und diesen unter eine lose

Holzplanke in ihrem Fußboden. Sie glaubt, Geld sei immer Geld. Aber da irrt sie sich gewaltig! Zwar sind Goldmünzen soviel wert wie das Metall, aus dem sie gemacht sind, aber in Europa gibt es heute gar keine Goldmünzen mehr: es gibt nur noch Papiergeld. Und innerhalb weniger Jahre, das haben wir gerade gesehen, fiel das englische Papiergeld so sehr im Wert, daß man für einen Schilling (= 12 Pennies) nicht mehr kaufen konnte als für sechs Pennies vor dem Krieg und auf dem Kontinent für tausend Pfund nicht einmal eine Briefmarke. Das hatten sie nun von ihrem Vertrauen in das Geld!
Während das Volk auf diese Weise um seine Ersparnisse betrogen wurde, weil die Regierung haufenweise Schatzbriefe und Banknoten nachdruckte, ohne sie mit Waren decken zu können, wurden einige reiche Geschäftsleute, die Waren auf Kredit erhalten hatten, noch ungeheuer viel reicher, weil sie jetzt dafür mit Geld bezahlen konnten, das wertlos geworden war. Natürlich benutzten diese reichen Geschäftsleute all ihre Macht und ihren Einfluß, um die Regierung durch das Nachdrucken von weiteren Banknoten aus der schlechten Lage in eine noch schlimmere zu führen, und andere reiche Geschäftsleute, die anstatt Geld zu schulden, selbst Schuldner hatten, benutzten ihren Einfluß in die entgegengesetzte Richtung. So wußten die Regierenden nie, woran sie waren: die einen sagten, man solle mehr Banknoten drucken, die anderen, man solle weniger drucken, und keiner von ihnen schien zu sehen, daß sie dabei das Brot der Armen aufs Spiel setzten. Die schlechten Ratgeber waren immer die Gewinner, denn die Regierung hatte selbst Schulden und war froh, sie mit billigem Papier abzahlen zu können, nach dem Beispiel Heinrichs VIII., der seine Gläubiger betrog, indem er seine Silbermünzen einfach leichter machte.
Die intelligente Frau wird daraus schließen, und mit Recht schließen, daß Geldhorten kein sicherer Weg ist zu sparen. Wenn sie ihr Geld nicht sofort ausgibt, hat sie keinerlei Sicherheit, ob es in zehn Jahren noch etwas wert ist oder in zehn Wochen, ja sogar in zehn Tagen oder Minuten, wenn Kriegszeiten sind.

Aber Sie, als kluge und vorsorgliche Dame, werden mir sagen, daß Sie Ihr überflüssiges Geld doch nicht ausgeben, sondern behalten wollen. Es wäre ja auch sinnlos, einer Frau, die gerade eine gute Mahlzeit gegessen hat, zu raten, daß sie sich noch eine weitere bestellen und sie gleich aufessen solle, nur um sicher zu gehen, daß sie etwas bekommt für ihr Geld: da sollte sie es lieber gleich zum Fenster hinauswerfen. Was sie wissen möchte, ist vielmehr, wie sie es ausgeben und zugleich sparen kann. Falls auch Sie wissen wollen, wie man das macht, dann lesen Sie das nächste Kapitel.

Geldanlage und Unternehmen

Wenn Sie mit Ihrer eigenen Mahlzeit fertig sind und einen Hungrigen finden, der sich verpflichtet, Ihnen nach, sagen wir mal, einem Jahr eine Mahlzeit gratis zu geben, dann können Sie das Geld, das Sie jetzt übrig haben, ausgeben und ihm dafür eine Mahlzeit schenken. Auf diese Weise werden Sie ihr Geld gewissermaßen gleich ausgeben und es doch für das nächste Jahr sparen, oder anders gesagt, das Essen, das Sie übrig haben, wird aufgegessen, solange es noch frisch ist, und Sie selbst bekommen dafür ein Jahr später auch ein frisches Essen.

Sie werden darauf sofort antworten, daß Sie nur zu leicht Millionen hungriger Leute finden könnten, daß aber von denen keiner die Gewähr geben kann, auch nur für sich selbst im nächsten Jahr zu einer Mahlzeit zu kommen, geschweige denn für Sie: denn wenn er es könnte, dann wäre er auch jetzt nicht hungrig. Damit haben Sie völlig recht, aber es gibt doch einen Weg, diese Schwierigkeit zu umgehen. Sie werden zwar unter den Hungernden keine Gewährsmänner finden, aber Ihr Bankier, oder Makler, oder Anwalt wird für Sie eine Menge solcher mehr oder weniger zuverlässiger Garanten finden können, darunter einige ungeheuer reiche Leute, die zwar bereits überfüttert sind, aber doch immer das Bedürfnis nach riesigen Quantitäten von übrigbleibenden Eßwaren haben.

Für was sie diese brauchen? Nun, um jenen Hungrigen etwas zu essen zu geben, die ansonsten keine Gewähr leisten könnten, im nächsten Jahr Ihre Gefälligkeit zu erwidern, die aber jetzt und hier etwas arbeiten können, was später Geld einbringt. Nichts wird eine intelligente Frau, die genug Geld übrig hat, hindern können, das zu tun. Sie muß nur genügend Einbildungskraft und kaufmännische Fähigkeiten besitzen.

Nehmen wir zum Beispiel an, sie besäße ein großes Landhaus in einer großen Gartenanlage. Nehmen wir weiter an, dieser Garten würde die kürzeste Verbindung zwischen

zwei wichtigen Städten blockieren, und die Landstraßen, die um ihr Grundstück herumführten, wären hügelig und kurvenreich und gefährlich für Autofahrer. Sie könnte dann, was sie übrig hat, benutzen, um einigen Hungrigen zu essen zu geben, und diese würden dafür eine fahrbare Straße durch ihr Grundstück bauen. Für die Benutzung der neuen Straße könnte sie von jedem Autofahrer einen Schilling Gebühr verlangen, zumal er ja nun Zeit und Risiko und Unannehmlichkeiten spart. Einen der Hungrigen kann sie bei sich behalten, um den Schilling einzukassieren. Auf diese Weise würde sie ihren Überschuß an Lebensmitteln in ein ständiges Einkommen verwandeln. In der Sprache der Städter: sie wäre nun als Straßenbauerin ins Geschäft eingestiegen und zwar mit ihrem eigenen Kapital.
Aber, werden Sie sagen, so etwas kann nur eine außergewöhnlich geschäftstüchtige und hart arbeitende Frau planen und überwachen. Angenommen, sie sei zu dumm dazu oder zu faul, auf solche Gedanken zu kommen, oder sie sei ein Genie und beschäftige sich nur mit Kunst oder Wissenschaft oder Religion oder Politik! Nun, dann würden eben, wenn sie genug Geld übrig hätte, hungrige Männer und Frauen mit den entsprechenden Fähigkeiten zu ihr kommen und ihr anbieten, das Grundstück zu erschließen. Sie würden ihr für die Benutzung ihres Landes und ihres überflüssigen Geldes soundsoviel pro Jahr zahlen und das alles mit dem Anwalt der Dame regeln, so daß sie in der Angelegenheit nicht einmal den kleinen Finger zu rühren brauchte – nur unterschreiben müßte sie ab und zu einmal. In der Geschäftssprache: sie könnte ihr Kapital investieren in die Erschließung ihres Grundstückes.
Überlegen Sie doch mal, wieviel weiter solche Operationen ausgedehnt werden können. Es muß ja nicht nur die Geldanlage aus dem Ersparten einer einzigen Dame sein und nicht nur die Erschließung eines einzigen Grundstücks in unserm Land. Große Firmen können Millionen von nicht benötigtem Geld in kleinen oder großen Summen von Leuten aus dem ganzen Land einsammeln, wenn diese ihren Mitteln entsprechend Anteile haben möchten, und damit die Hungrigen jene Unterseeminen ausheben lassen,

für die man zwanzig Jahre braucht, bis man auf Kohle stößt. Sie können aber auch Eisenbahnen und Ozeanriesen bauen; sie können Fabriken errichten, wo Tausende Arbeit finden, und Maschinen dafür herstellen; sie können Kabel über das Meer legen: es gibt kein Ende, keine Grenze der Möglichkeiten, solange man den Nahrungsüberschuß für Hungrige zur Verfügung stellt, bis die Vorbereitungen getan und die Geschäfte sich selbst auszuzahlen beginnen. Manchmal führen diese Rezepte nicht zum Erfolg, und die Besitzer verlieren ihren Nahrungsüberschuß. Aber das müssen sie riskieren, denn das Essen hält sich nicht, und sie würden es sowieso verlieren, auch wenn sie es nicht investierten. So gibt es also immer überschüssiges Geld, das den großen Geschäftsleuten und ihren Firmen angeboten wird; und deshalb wächst unsere verrückte Zivilisation mit ihren vielen Armen und den wenigen Reichen, wie wir sehen, weiter. Es gibt immer mehr Läden, Fabriken, Eisenbahnen, Bergwerke, Ozeandampfer, Flugzeuge, Telefone, Paläste, Villen, Wohnungen und Sommerhäuschen, und sie basieren auf dem Fundament vom Säen und Ernten der Nahrung, von der alles abhängt.

Das ist die Magie des Überflusses, Kapital genannt. Das ist der Grund, weshalb Leute, die nichts arbeiten, aber mehr Land und Besitz haben als sie zum Leben brauchen, ungeheuer reich werden, ohne zu wissen wie, und weshalb ihre Kinder schon in der Wiege reich sind, während Leute ohne Grundbesitz und ohne einen Pfennig, auch wenn sie von früh morgens bis spät abends sklavisch dafür arbeiten, am Ende ebenso arm bleiben, wie sie vorher waren.

Die Grenzen des Kapitalismus

Viele Leute sind von den Errungenschaften des Kapitalismus so beeindruckt, daß sie glauben, wenn man ihn stürze, würde man die Zivilisation mitstürzen. Für sie scheint er unentbehrlich. Wir müssen daher zuerst überlegen, was für Nachteile dieser, der kapitalistische Weg hat und dann, ob es irgendeinen anderen Weg gibt.

In gewissem Sinn gibt es keinen anderen Weg. Alle Geschäftszweige, die auf viele Wochen, Monate oder Jahre hin die Arbeitskraft vieler Menschen benötigen, ehe sie zahlungsfähig werden, brauchen dazu große Summen überschüssigen Geldes. Wenn man zehn Jahre braucht, einen Hafen zu bauen, oder zwanzig Jahre für eine Kohlengrube, essen die Männer, die daran arbeiten, während dieser ganzen Zeit viel mehr als eigentlich vorhanden ist. Andere Leute müssen ihnen also Essen, Kleidung, Wohnung usw. geben, ohne dafür sofort einen Gegenwert zu erhalten, genauso wie Eltern ihre heranwachsenden Kinder versorgen müssen. In dieser Hinsicht ist es egal, ob wir uns für den Kapitalismus oder den Sozialismus entscheiden. Der Prozeß ist wie eine Naturnotwendigkeit und kann daher durch keine politische Revolution geändert, noch durch irgendeine realisierbare Methode sozialer Organisation umgangen werden.

Aber daraus folgt nicht, daß die Ansammlung und Verwendung des überschüssigen Geldes für diese Zwecke von Privatgesellschaften übernommen werden müßte.

Zunächst einmal gibt es viele höchst notwendige Dinge, die Privatgesellschaften und Privatunternehmer gar nicht tun, weil sie die Leute nicht für die fertige Arbeit zur Zahlung heranziehen können. Nehmen wir als Beispiel einen Leuchtturm. Ohne Leuchttürme würden wir uns kaum aufs Meer hinausgetrauen; und wenn, würden die Handelsschiffe so langsam und vorsichtig fahren müssen und so viele würden Schiffbruch erleiden, daß die Kosten der Fracht, die sie befördern, viel höher lägen als sie jetzt sind. Wir alle haben also große Vorteile durch die Leuchttürme, selbst diejenigen von uns, die noch nie das Meer gesehen haben und es voraussichtlich auch nie sehen werden. Aber die Kapitalisten bauen keine Leuchttürme. Wenn der Leuchtturmwärter bei jedem vorbeifahrenden Schiff kassieren könnte, dann würden sie sie allerdings bauen und zwar schnellstens, bis die ganze Küste so hell erleuchtet wäre wie die Strandpromenade von Brighton; aber da das nicht möglich ist, und die Leuchttürme unparteiisch für jedes Schiff leuchten müssen, ohne daß der Kapitän dafür in die Tasche zu greifen braucht, lassen die Kapitalisten die Küste im Dunkeln liegen. Deshalb springt hier die Regierung ein, nimmt von jedem Schiff in Form einer Leuchtturmabgabe Geld (was eigentlich nicht fair ist, weil wir alle unseren Vorteil davon haben) und baut die Leuchttürme. Hier sehen wir, wie völlig unfähig der Kapitalismus ist, eine Seefahrernation wie die unsre mit einer der obersten Lebensnotwendigkeiten zu versorgen (denn ohne unsere Schiffahrt müßten wir verhungern). Deshalb bleibt uns nichts anderes übrig als eine kommunale Regelung und eine Besteuerung der Schiffseigentümer für die entstehenden Kosten.

Aber oft verweigert der Kapitalismus sogar auch dann notwendige Arbeit, wenn sofort Geld dabei herausspringt. Denken wir zum Beispiel im Zusammenhang mit dem Leuchtturm an den Hafen, der genauso notwendig ist. Jedes Schiff, das in einen Hafen einläuft, muß Hafenabgaben zahlen; also kann jeder, der einen Hafen baut, Geld damit verdienen. Große Häfen jedoch, mit ihren Wellenbrechern und weit in die See hinausgebauten Molen, nehmen so viele Jahre Bauarbeit in Anspruch, die Arbeit wird mit so großer Wahrscheinlichkeit geschädigt oder gar bei Stürmen zerstört und es ist so unmöglich, die Hafenabgaben über eine gewisse Höhe hinaus zu erhöhen (weil man damit die Schiffe in billigere Häfen vertreiben würde), daß sich das Privatkapital hiervon abwendet und Unternehmen sucht, die mehr Sicherheit in Bezug auf die Kosten, weniger Verzögerung und mehr Geld bieten. Zum Beispiel Schnapsbrennereien, da ist etwas zu verdienen. Da gibt es

keine Ungewißheit über die Bau- und Einrichtungskosten, und daß sich Whisky gut verkauft, darauf kann man sich immer verlassen. Man kann bis auf wenige hundert Pfund die Kosten einer Branntweinbrennerei voraussagen, diejenigen eines großen Hafens nicht einmal in Millionen überschlagen. All das würde eine Regierung nicht beeinflussen, da sie nur von der Überlegung ausgehen müßte, ob noch eine weitere Schnapsbrennerei oder ein weiterer Hafen zum Wohl des Landes wünschenswert sei. Aber Privatkapitalisten fühlen sich nicht verantwortlich für das Wohl des Landes: sie haben nichts anderes im Sinn als ihre Verpflichtung sich selbst und ihren Familien gegenüber, was heißt, daß sie den sichersten und profitabelsten Weg zur Investierung ihres nicht benötigten Geldes wählen. Deshalb wählen sie die Schnapsbrennerei. Wenn wir von den Privatkapitalisten alleine abhängig wären, hätte unser Land so viele Brennereien, wie der Whisky-Markt gerade noch verkraften könnte, und nicht einen Hafen. Und wenn sie ihre Brennerei eingerichtet haben, geben sie riesige Geldsummen für die Werbung aus, um die Öffentlichkeit glauben zu machen, daß ihr eigener Whisky besser, gesünder, älter und berühmter sei als der Whisky von anderen Brennereien, und daß natürlich alle Leute jeden Tag ihren Whisky trinken müßten. Da keine dieser Behauptungen der Wahrheit entspricht, bedeutet ihre Verbreitung durch den Drucker vom Gesichtspunkt des Landes aus Geldverschwendung, Pervertierung der Arbeitskraft und Propaganda für einen schädlichen Schwindel.
Die Privatkapitalisten wählen aber nicht nur das, womit sie das meiste Geld verdienen, sondern auch das, womit sie es am leichtesten verdienen: das heißt, sie tun so wenig wie möglich dafür. Wenn sie eine Sache oder Dienstleistung verkaufen, machen sie diese so teuer wie möglich, anstatt so billig wie möglich. Das würde keine Rolle spielen, wenn – wie gedankenlose Leute sich das vorstellen – der Absatz um so größer wäre, je niedriger der Preis, und der Profit um so höher, je größer der Absatz. Zwar stimmt es, daß in vielen Fällen der Absatz um so größer ist, je niedriger der Preis gehalten wird, aber es stimmt nicht, daß der Profit

auch steigt, je größer der Absatz ist. Es kann ein halbes Dutzend verschiedener Preise (und also Absatzmöglichkeiten) geben für eine Sache, und der Profit kann trotzdem immer genau derselbe sein.
Nehmen Sie den Fall, daß ein Kabel durch das Meer gelegt wird zur Nachrichtenvermittlung in fremde Länder. Wieviel sollte die Firma pro Wort verlangen? Nimmt sie ein Pfund, so können sich nur sehr wenige Leute leisten zu telegraphieren. Nimmt sie einen Penny, so wird das Kabel Tag und Nacht überbelastet. Dennoch kann der Profit in beiden Fällen der gleiche sein. Und wenn das zuträfe, dann wäre es für das Unternehmen weit weniger anstrengend, ein Wort für ein Pfund zu telegraphieren, als zweihundertvierzig Worte zu je einem Penny.
Dasselbe gilt auch für das gewöhnliche Fernmeldewesen. Als es in den Händen von Privatgesellschaften lag, war die Dienstleistung begrenzt und teuer. Als die Regierung es übernahm, legte sie nicht nur mehr Leitungen in alle möglichen abseits gelegenen Orte, verbilligte den Service und arbeitete ohne Profit, sondern sie machte dabei tatsächlich ein – wie der Privatkapitalist sagt – Verlustgeschäft. Das tat sie, weil der billige Service dem ganzen Land so sehr zugute kam, auch den Leuten, die nie ein Telegramm aufgeben, und denen, die jeden Tag ein Dutzend aufgeben, daß es sich trotzdem lohnte und dabei auch wesentlich gerechter war. Denn die Preissenkung für Telegramme noch unter den Stand der Dienstleistungskosten wurde wieder aufgehoben durch Einziehung der Differenz, das heißt als Steuern von allen Staatsbürgern.
Dieses sehr wünschenswerte Verfahren übersteigt allerdings den Bereich der privatkapitalistischen Macht, weil diese ja nicht nur den Preis so hoch wie möglich über den Produktions- und Dienstleistungskosten hält, damit sie den größtmöglichen Profit machen kann, sondern die Kosten auch nicht auf *alle* Staatsbürger zu verteilen in der Lage ist, vielmehr sie ganz denjenigen aufladen muß, die ihre Artikel und Dienstleistungen tatsächlich kaufen. Es stimmt zwar, daß auch Geschäftsleute die Ausgaben für ihre Telegramme und Telefonate auf ihre Kunden abwälzen können,

und zwar durch die Preisgestaltung der von ihnen verkauften Artikel. Aber ein Großteil unserer Telegramme und Telefonate sind eben nicht geschäftlicher Art, und ihre Kosten können daher auf niemanden abgewälzt werden. Was das Telefon betrifft, so würden manche Frauen den ganzen Tag daran hängen, wenn sie es nicht an ihrem Portemonnaie zu spüren bekämen. Sie kommen nicht auf den Gedanken, daß sie damit sowohl ihre eigene Zeit als auch die der Ämter verschwenden und außerdem die Steuern erhöhen. Das scheint nur eine unbedeutende Kleinigkeit. Aber die öffentlichen Angelegenheiten bestehen aus Kleinigkeiten, die sich soviel millionenmal multiplizieren, wie es Menschen in einem Land gibt; und wenn man sie in diesem Maß vermehrt, sind Kleinigkeiten eben keine Kleinigkeiten mehr. Jene »Schneeballbriefe« (d. h. Rundschreiben, wie sie manche Leute verschicken, um möglichst viel Post zu bekommen) scheinen für die Schwachsinnigen, die damit beginnen, nur ein fröhlicher Spaß, aber sie würden unser Postwesen zusammenbrechen lassen, wenn es nicht gewissenhafte Leute gäbe, die solche Briefe ganz bewußt in den Papierkorb werfen würden.
Es ist notwendig, diese Dinge sehr genau zu verstehen, weil manche Leute so unbedacht und unwissend in den großen geschäftlichen Angelegenheiten sind, daß die Privatkapitalisten tatsächlich imstande sind, sie zu überreden, daß der Kapitalismus ein Erfolg sei, weil er Profit bringt, der öffentliche Dienst (oder Kommunismus) aber ein Mißerfolg, weil er keinen bringt. Solche Einfaltspinsel vergessen, daß der Profit aus ihren eigenen Taschen kommt, und daß, was in dieser Hinsicht für die Privatkapitalisten besser ist, für deren Kunden um so schlechter sein muß. Wenn also kein Profit mehr gemacht wird, bedeutet das lediglich: keine Überbezahlung mehr.

Die industrielle Revolution

Sie sehen nun, warum ein Land sich nicht auf das Privatkapital verlassen kann: es gibt so viele lebensnotwendige Dinge, von der Kanalisation bis hin zum Leuchtturm, die ansonsten gar nicht vorhanden wären, und andere, die zwar getan würden, aber in der falschen Reihenfolge.
Kurz, die Privatkapitalisten beginnen, anstatt mit der wünschenswerten Arbeit, am falschen Ende. Alles, was hierzu zu sagen wäre, ist, daß man, auch wenn man am falschen Ende beginnt, zum richtigen getrieben werden kann, sobald man in der falschen Richtung nicht mehr weiter kommt und alles verfahren ist. Dies ist in der Tat die Lage, in die unsere respektabelsten Kapitalisten durch die Umstände gezwungen wurden. Wenn alle Armen so viel harte Getränke kaufen, wie sie nur zahlen können, und wenn die Reichen ihre Rennställe und alle Perlen, die sie ihren Frauen um den Hals legen können, besitzen, dann sind auch die Kapitalisten gezwungen, ihre Kapitalanhäufung im nächsten Jahr für die Produktion notwendigerer Dinge zu verwenden.
Ehe die Hungernden sich durch Arbeit ernähren und dazu Mühlen und die Maschinen für die Mühlen bauen können, muß irgendjemand, möglicherweise eine Frau, diese Maschinen erfinden. Die Kapitalisten kaufen dann ihre Erfindung. Wenn sie recht geschäftstüchtig ist – was nur sehr wenige Erfinder sind – läßt sie sich von ihnen so viel Geld dafür zahlen, daß sie selbst Kapitalistin werden kann; aber in den meisten Fällen macht sie ein sehr schlechtes Geschäft, weil sie den Löwenanteil ihrer Erfindung für ein paar Pfund verkaufen muß, um dic nötigen Modelle und Versuche überhaupt zahlen zu können. Nur im modernen Großgeschäft hat die methodische und organisatorische Erfindungsgabe, wenn noch mechanisches Talent hinzukommt, eine Chance gegenüber dem Kapital. Wenn Sie dieses Talent besitzen, werden die Big Business-Leute sich gar nicht erst bemühen, Ihnen Ihr Patent abzukaufen: sie

werden *Sie* selbst kaufen zu einem ganz hübschen Preis und Sie in ihren Konzern aufnehmen. Aber wenn ein einfacher Mechaniker etwas erfindet, dann hat er kein solches Glück. Jedenfalls haben die Kapitalisten ein kommunistisches Gesetz gemacht, nach dem alle Erfindungen nach vierzehn Jahren nationalisiert werden, so daß die Kapitalisten sie benützen können, ohne dem Erfinder dafür etwas zu bezahlen. Wenig später reden sie sich dann ein, oder versuchen zumindest, es anderen einzureden, daß sie die Maschinen selbst erfunden hätten und ihre Reichtümer wegen ihrer Genialität auch verdienten. Eine beträchtliche Anzahl von Leuten glaubt ihnen das.

Solcherart ausgerüstet mit mechanischen Hilfsmitteln, die völlig jenseits der Mittel von kleinen Produzenten liegen, beginnen die Kapitalisten, die kleinen Produzenten von der Erdoberfläche wegzuwischen. Sie übernehmen die Arbeit des manuellen Webers in seiner Hütte und machen sie viel billiger in großen Webereien voll teurer, mit Dampf angetriebener mechanischer Webstühle. Sie übernehmen die Arbeit des altmodischen Müllers mit seiner Windmühle oder seinem Wasserrad und machen sie in riesigen Gebäuden mit Stahlwalzen und Hochleistungsmaschinen. Dem Schmied setzen sie den Dampfhammer entgegen, den tausend Feuergötter nicht handhaben könnten, und Scheren, die Stahlblech zerschneiden und schwere Barren leichter zerteilen, als er eine Dose Kondensmilch öffnen kann. Sie lassen riesige Stahlschiffe vom Stapel mit Maschinenantrieben, die die Schiffsbauer des Kolumbus als Teufelswerk bezeichnet hätten. Sie errichten Häuser, Wolkenkratzergebäude mit hundert Wohnungen übereinander, aus Stahl und Beton, so daß man anstelle von horizontalen ganze Blöcke von vertikalen Straßen bekommt. Sie stellen auch die Spitzen maschinell her, pro Tag mehr als selbst zehntausend Frauen in Handarbeit klöppeln könnten. Sie machen die Schuhe mit Maschinen, die Uhren mit Maschinen, die Steck- und Nähnadeln mit Maschinen. Sie verkaufen Ihnen auch Maschinen zur Benutzung in Ihrem eigenen Haushalt, wie etwa den Staubsauger, der Ihre alte Teppichbürste ersetzt.

So schlecht die maschinell hergestellten Dinge zwar anfangs im Vergleich zu den handgearbeiteten sind, so werden sie nach und nach doch manchmal besser, manchmal genauso gut, manchmal wenigstens noch gut genug für den niedrigeren Preis, immer aber werden sie auf lange Sicht das Einzige sein, was man bekommen kann. Denn schließlich vergessen wir, wie man sie in Handarbeit herstellt, und werden abhängig von den größeren Maschinen der Industrie, trotz gewisser kleiner Gruppen von Künstlern, die das alte Handwerk am Leben zu halten versuchen. Unser Trost dabei ist, daß der Gewinn größer als der Verlust ist, wenn die Maschinen etwa Werkzeuge so billig herstellen können, daß es sich nicht lohnt, sie zu reparieren, und man sie deshalb wegwerfen und neue kaufen kann. Und falls die Leute, die an den Maschinen arbeiten, dadurch ein besseres Leben haben als die alten Handarbeiter, dann ist es eine Veränderung zum Guten.
Wohlbemerkt: Ich sage nicht, daß diese Vorteile zur Zeit immer erreicht werden. Die meisten von uns gebrauchen billige und häßliche Sachen und leben ein billiges und häßliches Leben; aber das ist nicht die Schuld der Maschinen und großen Fabriken, noch der Verwendung von Kapital für ihre Konstruktion: es ist die Schuld der ungleichen Verteilung des Produkts und der Freizeit, die durch die Arbeitsersparnis gewonnen wird.
Einige unserer klügsten Anti-Sozialisten treten für eine Rückkehr zum Lebensstandard des frühen achtzehnten Jahrhunderts ein, als es noch keine Maschinen und Fabriken gab. Aber das würde auch eine Rückkehr zu der kleinen Bevölkerungszahl dieser Zeit voraussetzen, denn die alten Methoden würden nicht genug produzieren für zweiundvierzig Millionen Menschen. Die starke Kapitalisierung der Industrie, in die Riesensummen überschüssiger Gelder gesteckt werden, damit wir Garnröllchen für vier Pennies kaufen können, ist nicht mehr wegzudenken; aber sobald der Sozialismus vorherrschte, wären die Riesensummen öffentliches, nicht privates Eigentum, und die Garnröllchen würden noch weniger als zwei Pennies kosten. Um es kurz zu sagen: Kapitalisierung und Kapitalismus ist nicht

ein und dasselbe. Die Kapitalisierung tut uns nicht weh, solange das Kapital uns dient und nicht beherrscht. Aber im Kapitalismus beherrscht es uns unweigerlich, statt uns zu dienen, und wir selbst sind, statt Diener der Allgemeinheit, Sklaven von Privatpersonen. Merken Sie sich noch, daß der große Umschwung vom Einzelhandwerk zu den Fabriken und der maschinellen Industrie im achtzehnten und neunzehnten Jahrhundert von den Volkswissenschaftlern und Historikern »industrielle Revolution« genannt wird.

Die Abwanderung des Kapitals. Unterstützung, Entvölkerung und Schmarotzerparadies

Bis hierhin haben wir uns mit dem Anwachsen des Kapitalismus innerhalb unseres Landes beschäftigt. Aber das Kapital hat keine Heimat, oder vielmehr, es ist überall zu Hause. Während all die erwähnten schlimmen Dinge ihren Lauf nehmen, fließt zugleich der Profit aus den Kapitalanlagen im Ausland gratis nach England zurück (Import ohne entsprechenden Export) und wird von den Kapitalisten hier ausgegeben. Daß sie ihn ausgeben, schafft wiederum Arbeitsplätze. Das Kapital ist nun draußen, das Einkommen aber fließt ins Inland. Und es erhebt sich die Frage, ob es uns denn schlecht dabei geht, wenn wir als verhätschelte Bettler von der Arbeit anderer Völker leben. Ja, geht es uns nicht eigentlich besser? Wo doch mehr Geld in Form von Einkommen an uns zurückfließt, als wir durch Kapitalanlagen ins Ausland wandern lassen.

Auf Anhieb läßt sich sagen: gewiß nicht; weil dasselbe Geld, als Kapital im eigenen Land verwendet, uns ein ebenso großes Einkommen eingebracht hätte, vielleicht sogar ein noch größeres, als es vom Ausland holen kann – nur hätten dann die Kapitalisten nicht so viel davon. Ja, sie hätten vielleicht gar nichts davon, wenn es bei uns für große Sozialprojekte verwandt würde, wie etwa für die Sanierung von Elendsvierteln, Regulierung von Flüssen, Straßenbau, Umweltschutz, freie Schulen und Universitäten und andere gute Dinge, an denen man kein Geld verdienen kann, und die deshalb auf »kommunistische« Weise bezahlt werden in Form von Abgaben und Steuern. Aber die Frage ist komplizierter als das.

Angenommen, Sie seien Fabrikarbeiterin in einer Spinnerei, würden täglich an einer Maschine stehen und mit Ihrer Familie in solch einem Armenviertel einer Industriestadt leben. Plötzlich würden Sie entlassen und die Fabrik geschlossen, weil die Branche auf geheimnisvolle Weise ins Ausland gewandert wäre. Alsdann würden Sie erfahren, daß Spinnerinnen nicht mehr gebraucht werden, daß aber Mangel herrsche an Dienstmädchen, Boutique-Verkäuferinnen, Kellnerinnen für Wochenendmotels, Stewardessen auf Luxusdampfern, Schneiderinnen, Wäscherinnen, bessere Speiseköchinnen (das sind jene, die immer in der Küche bleiben und mit »Chefin« angesprochen werden), also Mangel an allen möglichen Frauen, deren Dienstleistungen von faulen und reichen Leuten verlangt werden. Aber Sie können trotzdem keine dieser Stellen bekommen, weil Sie keine Berufserfahrung haben und auch nicht die rechte Person dafür sind: Sie haben vielleicht nicht die richtige Sprache, Kleidung und Umgangsformen, die als unerläßliche Voraussetzung gelten. Nach einer Weile Hungers und Verzweiflung fänden Sie, nehmen wir mal an, eine Arbeit in einer Schokoladencreme- oder Marmeladen- und Salzgurkenfabrik, oder aber Sie werden Putzfrau. Und wenn Sie eine Tochter haben, so werden Sie diese zum Schokoladencreme- oder Putzfrauengeschäft erziehen und nicht zum Weben und Spinnen.

Es ist möglich, daß Ihre Tochter am Ende besser bezahlt, besser angezogen, höflicher behandelt und damenhafter ist als Sie in der alten Spinnerei es waren. Vielleicht danken Sie schließlich noch Ihrem Herrgott, daß jetzt irgendein Inder oder Chinese oder Neger oder sonst irgendein Ausländer die Arbeit tut, die Sie früher zu tun pflegten, und Ihrer Tochter damit ermöglicht, etwas zu arbeiten, was für viel vornehmer, lukrativer und respektabler gilt. Auch Ihrem Sohn geht es als Trainer für Rennpferde vielleicht besser als seinem Vater im Beruf des Eisengießers, und wieviel vornehmer er erst ist! Es wäre nun ganz natürlich, wenn Sie diese Veränderungen als Wohlstand bezeichnen und für sie stimmen würden und ernstlich auf jeden schimpften, der Sie warnt, daß sie nichts anderes bedeuten als daß unser Land ein Schmarotzer von fremden Arbeitskräften geworden ist und deshalb auf dem schnellsten Weg zum Teufel geht.

Doch wäre diese Warnung sehr nötig. Wenn ein Land seine

einfachen Textilarbeiterinnen zu gut ausgebildeten, gut angezogenen, artikulationsfähigen, damenhaften Textilsachbearbeiterinnen macht, sie entsprechend mehr achtet und ihnen einen fairen Anteil an dem Reichtum, den sie zu produzieren helfen, gewährt, dann ist dieses Land um ebensoviel stärker, reicher, glücklicher und gesegneter. Wenn es Dienstmädchen aus ihnen macht und Modistinnen, bricht es sich selbst das Rückgrat und vertauscht sein Blatt im »Geschichtsbuch des Ruhmes« mit einem Kapitel im »Untergang der Weltreiche«. Es wird zu faul und genußsüchtig, um noch in der Lage zu sein, von fremden Ländern den Tribut weiter zu verlangen, den es zu einem solchen Leben braucht; und wenn diese dann kein Brot mehr herbeischaffen können, hat es bereits die Kunst, sich selbst zu ernähren, verlernt und bricht mit all seinem vornehmen Glanz zusammen.
Aber ein so düsteres Zukunftsbild für Länder , die sich abhängig machen von der Arbeit anderer Länder und gemütlich auf ihrem herrschaftlichen Schmarotzertum thronen, ist eigentlich noch viel zu vorteilhaft. Wenn alle Vorarbeiter unserer Fabriken in Oberkellner verwandelt werden könnten, indem die gute Fee aus »Cinderella« sie nur mit dem Zauberstab berührte, würden vielleicht weder sie selbst noch ihre Frauen etwas dagegen haben. Aber so geht es ja nicht. Der Fabrikvorarbeiter kann zwar seinen Sohn zum Kellner ausbilden lassen, doch wird er selbst auch arbeitslos. Wenn er sich zu keinem der neuen Berufe eignet, weil er zu alt ist, um umzulernen, und wenn seine Branche nicht nur eine jener gewöhnlichen vorübergehenden Depressionen durchmacht, sondern für immer aus dem Land ausgewandert ist, dann wird auch er für immer arbeitslos und muß folglich am Hungertuch nagen. Ein Verhungernder aber ist ein gefährlicher Mensch, egal wie respektabel seine politische Meinung auch sein mag. Ein Mann, der gerade gut gegessen hat, ist niemals ein Revolutionär: er schwätzt nur über die Politik. Hungrige Leute aber werden, ehe sie ganz verhungern und sowie sie zahlenmäßig stark genug sind, um die Polizei zu überwältigen, gewaltsam und aufrührerisch und plündern und verbrennen

schließlich die Häuser der Reichen, stürzen die Regierung und zerstören die Zivilisation. Und die Frauen werden, ehe sie ihre Kinder verhungern sehen, die Männer dazu noch anhalten; wofür man sie kaum tadeln kann.
Folglich sind die Kapitalisten, wenn sie ihr Kapital ins Ausland gesteckt haben, anstatt eine Dauerbeschäftigung im eigenen Land damit zu ermöglichen, zuhause mit einer Masse verzweifelter Leute konfrontiert, für die sie keine geeigneten Arbeitsplätze finden können. Sie müssen sie also entweder ernähren oder sich auf eine Revolution gefaßt machen. So entsteht das, was wir Arbeitslosenunterstützung nennen. Nun mag diese zwar noch so gering sein, sie muß doch zum Lebensunterhalt ausreichen; und wenn in einem Haushalt zwei oder drei Personen ihre Arbeitslosenunterstützung zusammenlegen, werden sie immer weniger erpicht sein, eine Arbeit zu finden, weil sie langsam auf den Geschmack kommen, wie die feinen Damen und Herren zu leben: d. h. sich auf Kosten anderer zu amüsieren, ohne selbst etwas zu verdienen.
An diesem Punkt gerät der Kapitalismus in Bedrängnis und versucht ganz offen, sich die Arbeitslosen vom Hals zu schaffen, das Land also um jenen Teil der Bevölkerung zu verringern, den er Überbevölkerung nennt. Wie geht das vor sich? Die Arbeitslosen werden nicht freiwillig verhungern, noch werden sie sich vergasen, vergiften oder erschießen lassen, was für die Kapitalisten der logische Ausweg aus der verfahrenen Situation wäre. Aber vielleicht kann man sie dazu bringen, das Land zu verlassen und ihr Glück woanders zu versuchen, wenn die Regierung die Reisespesen dafür übernimmt oder wenigstens so viel, wie die Leute nicht selbst zusammenkratzen können. Während ich diese Zeilen schreibe, läßt unsere Regierung gerade verkünden, daß jeder Engländer oder jede Engländerin, die so freundlich sind, England zu verlassen und auf die andere Seite der Welt zu ziehen, nur drei Pfund pro Kopf Reisekosten zahlen müßten, anstatt fünfmal soviel – denn die Regierung selbst übernimmt die Differenz von zwölf Pfund. Und wenn nicht genügend Leute auf dieses Angebot anspringen, bevor diese meine Zeilen gedruckt sind, sieht sich die Regie-

rung vielleicht sogar genötigt, ihnen eine kostenlose Überfahrt anzubieten und pro Kopf noch zehn Pfund Starthilfe für das neue Land zu schenken. Das wäre jedenfalls billiger, als die Leute zu Hause zu behalten und Arbeitslosenunterstützung zu zahlen.
Wir sehen also, daß der Kapitalismus zu jenem unfaßbaren und phantastischen Ergebnis hinführt, daß ihm die eigenen Landsleute hinderlich und störend werden und er sie loswerden muß wie Ungeziefer (höfliche Leute sprechen von »Auswanderungsbeihilfe«), bis schließlich nur noch Kapitalisten zurückbleiben und Großgrundbesitzer und ihre Gefolgschaft, die von importierten Lebensmitteln und Kunstgewerbe elegant leben und den herrschaftlichen Traum verwirklichen möchten von einem Land, wo es nur den üppigsten Konsum, aber keine Produktion gäbe, prächtige Parkanlagen und palastähnliche Villen, aber keine Fabriken, keine Bergwerke, keine Luftverschmutzung, keine Slums oder sonst irgendwelche unangenehmen Dinge, die man ja mit der Menge des zur Verfügung stehenden Geldes und entsprechend hoher Geburtenkontrolle verhindern könnte.
Gewiß, werden Sie nun sagen, daß der Kapitalismus, wenn er dies erreichte, das Paradies auf Erden verwirklichen könnte. Abgesehen von der Frage, ob dieses Paradies, falls es realisiert wäre, nicht ein Narrenparadies würde (leider allerdings, muß ich sagen, sind wir so erzogen, daß wir einen derartigen Status als die Vollendung der menschlichen Gesellschaft ansehen), und abgesehen davon, daß Ähnliches stellenweise zwischen Monte Carlo und Gleneagles und von Gleneagles bis Palm Beach schon halbwegs realisiert worden ist, kann es doch niemals für ein *ganzes* Land realisiert werden. – Wenn also unsere Kapitalisten intelligent genug sind, um sich erst Gedanken zu machen, ob das ganze Land gesund und froh und glücklich ist oder nicht, auch dann, wenn sie die unangenehmen Dinge nicht gerade vor der Nase haben, so werden sie Sozialisten, und zwar aus dem ausgezeichneten Grund, daß es keinen Spaß macht, Kapitalist zu sein, wenn man sich um seine Bediensteten und Angestellten genauso liebevoll kümmern

muß (was heißt, daß man sein Einkommen mit ihnen teilt), als ob sie zur eigenen Familie gehörten. Wenn Ihre Sensibilität und Ihr Gewissen nämlich bis zu diesem Grad ausgebildet wären, dann würden Sie eine solche Verantwortung unerträglich finden, weil Sie andauernd an andere denken müßten; und zwar nicht nur, soweit es notwendig und möglich ist, damit Ihre eigenen Unternehmungen und Annehmlichkeiten nicht unüberlegt und unfreundlich mit denen der anderen aufeinanderprallen, sondern auch bis zu dem unnötigen und unmöglichen Ausmaß, immer für die anderen mitzudenken und Überlegungen anzustellen, auf die sie, wären sie frei, selbst kommen würden.
Es ist einfach zu sagen, daß man Bedienstete anständig behandeln muß, nicht allein, weil es eine humane Forderung darstellt, sondern auch, weil sie sonst unangenehm und unehrlich werden und weniger arbeiten. Wenn Sie aber Ihre Bediensteten genauso gut behandeln wie sich selbst, was tatsächlich darauf hinausläuft, daß sie ihnen genausoviel Geld zugestehen, wie Sie für sich selbst ausgeben, wozu braucht man dann noch Bedienstete? Sie würden einem ja zu einer wahren Belastung, weil sie von Ihnen eine Art irdischer Vorsehung erwarteten, und das würde heißen, daß Sie Ihre halbe Zeit damit zubringen, für sie zu denken, und die andere Hälfte, über sie zu reden. Sagen zu können, daß Ihnen Ihre Bediensteten allein gehören, ist ein sehr dürftiger Ersatz dafür, daß Ihnen Ihre eigene Seele nicht mehr gehört.
Nun stehen aber die meisten Leute, die sich um die Erfüllung Ihrer Bedürfnisse kümmern, in keinerlei persönlichem Kontakt zu Ihnen. Sie sind beschäftigt bei Ihren Geschäftspartnern; und da Ihre Geschäftspartner kapitalistische Geschäfte treiben, haben wir ungleiche Einkommen, Arbeitslosigkeit, Ausbeutung, Klassenteilung unserer Gesellschaft (mit daraus resultierenden biologisch nachteiligen Heiratsbeschränkungen) und alle die anderen Übelstände, die eine kapitalistische Gesellschaft daran hindern, Frieden oder Dauerhaftigkeit zu erreichen. Ein in sich geschlossener autarker Kapitalismus wäre wenigstens sicher vor dem Ausgehungertwerden, wie man es mit Deutschland wäh-

rend des Krieges machen konnte, trotz seiner militärischen Erfolge. Aber ein ganz und gar parasitärer Kapitalismus, egal wie schick er auch aussähe, ist einfach ein Kapitalismus, der äußerst anfällig für diese Gefahr bleibt.

Trotzdem aber sollten Sie den Außenhandel nicht verachten. Er ist an sich nichts Falsches. Ohne ihn hätten wir z. B. kein Gold; und Gold ist für alles mögliche Nützliche und Schöne zu gebrauchen. Ich möchte nicht hinzufügen, daß wir auch keinen Tee hätten, obwohl ich der Ansicht bin, daß wir besser ohne dieses heimtückische chinesische Stimulans auskämen. – Zwar ist es sicherer und wahrscheinlich gesünder für ein Land, von den Lebensmitteln und Getränken zu leben, die es selbst produzieren kann, wie das die Eskimos auch unter wesentlich härteren Bedingungen schaffen. Aber ein hochentwickeltes Land braucht notwendig Vieles, was innerhalb seiner eigenen Grenzen nicht vorkommt und deshalb von einem anderen gekauft werden muß. Wir müssen Handel treiben und reisen und uns nach und nach untereinander alle kennenlernen, die wir rund um den Erdball wohnen. Wir müssen internationale Einrichtungen schaffen, genauso wie nationale, angefangen von Handelsverträgen, Post- und Copyright-Vereinbarungen bis hin zu Völkervereinigungen. Die Notwendigkeit zu reisen und Handel zu treiben und das gemeinsame Interesse aller Völker an den Werken und Entdeckungen von Kunst, Literatur und Wissenschaft, haben die Länder dazu gezwungen, internationale Abmachungen und Verträge miteinander zu schließen, die dem »Fürsichbleiben« ein Ende setzen – keiner wirft mehr mit Ziegelsteinen nach Ausländern und Fremden! Ein ehrlicher Außenhandel hätte uns daher nicht in Schwierigkeiten gebracht.

Auch der Zusammenschluß kleiner Staaten in große Föderationen und Bundesrepubliken kann uns nicht unerwünscht sein: im Gegenteil, je weniger Grenzen, desto besser! Die Einführung von Gesetz und Ordnung bei unterzivilisierten Völkern hätte uns dort nicht verhaßt, sondern gerade beliebt machen müssen. Und oft war es auch so – am Anfang. Wir haben immer behauptet, daß wir in fremden Ländern waren zum Wohl der dortigen Bewohner und nicht um unsrer selbst willen. Leider aber konnten wir im Lauf der Zeit diesem Anspruch nicht standhalten. Wie edelmütig auch immer die Bestrebungen unserer imperialistischen Idealisten gewesen sein mögen, unsere kapitalistischen Händler waren nur dort, um aus der fremden Bevölkerung soviel Profit wie möglich herauszuschlagen, alles andere war ihnen egal. Sie hatten ihr eigenes Land verlassen, weil es dort nichts mehr zu holen gab oder jedenfalls nicht mehr viel; und man kann nicht erwarten, daß sie in dem Moment, wo sie an fremden Küsten landeten, aus idealistischen Überlegungen plötzlich desinteressiert am Profit gewesen wären. Sie haben die Daheimgebliebenen, die Anti-Expansionisten, die »Kleinen Engländer« stigmatisiert, als seien diese Allerweltsfreunde, nur nicht gegen ihr eigenes Land. Aber sie selbst waren die Feinde der ganzen Welt, einschließlich ihres eigenen Landes, wo die Ausbeutung florierte, um ihnen Dividenden einzubringen. Sie taten so, als sei die Kultivierung des annektierten Landes eine »Belastung für den weißen Mann« und posierten sich als müde Titanen, die nur widerstrebend die organisatorische Arbeit anderer Völker auf ihre Schultern nahmen wie eine von der Vorsehung auferlegte Pflicht; wenn aber die Einheimischen dann, nachdem sie kultiviert genug waren, erklärten, daß sie sich nun ganz gut selbst regieren könnten, klammerten sich die Kapitalisten an ihren Markt fest wie ein Adler an seine Beute, rissen ihre apostolischen Masken vom Gesicht und verteidigten ihre Annexionen mit Feuer und Schwert. Bis auf den letzten Blutstropfen würden sie kämpfen, so sagten sie, für die »Unbescholtenheit des Reiches«; und sie bezahlten auch viele tausende hungriger Männer, damit diese für sie kämpften. Trotzdem fiel halb Nordamerika von uns ab, nach einem Krieg, der einen Vulkan von Haß hinterließ und noch heute schwelt, so daß nach hundert Jahren amerikanischer Unabhängigkeit damit immer noch Wahlen in Chicago gewonnen werden können. Das katholische Irland, Südafrika und Ägypten haben von uns ihre eigene Regierung erpreßt. Indien ist gerade dabei es zu tun. Aber sie danken uns nicht dafür, weil sie genau wissen, wie ungern unsere Kapitalisten sie gehen ließen.

Andererseits, sehen Sie sich Australien an und Neuseeland und Kanada! Nach unserer Niederlage in Nordamerika haben wir nicht gewagt, sie unter unsere Zwangsherrschaft zu bringen. Wir stellen ihnen gratis eine teure Flotte zur Verfügung, um ihre Küsten vor Invasionen zu schützen. Wir gewähren ihnen Handelsvorrechte und gestatten noch, hohe Schutzzölle gegen uns zu errichten. Wir erlauben ihnen, auf internationalen Kongressen vertreten zu sein, als ob sie unabhängige Staaten wären. Wir erlauben ihnen sogar, sich an den König zu wenden, ohne den Umweg über das Londoner Kabinett. Das Ergebnis ist, daß sie mit tyrannischer Devotion an uns hängen und unsere englische Flagge genau so begeistert schwenken wie die Amerikaner ihr Sternenbanner. Und das nicht etwa, weil sie auch Weiße sind. Das waren die Amerikaner ebenfalls, und doch haben sie sich losgerissen; desgleichen die Iren und ihre Anführer. Die Franco-Kanadier, die nur insofern zur selben Rasse wie wir gehören, als wir alle Menschen sind, hängen unerschütterlich an uns. Sie folgen uns sogar derart unerschrokken in den Krieg, daß wir langsam mißtrauisch werden, ob sie uns nicht eines Tages zwingen, ihnen auch in einen Krieg zu folgen. Das letzte Land, das unter dem britischen Empire für Unabhängigkeit kämpfen wird, ist vielleicht das protestantische England selbst, mit Ulster* und Schottland als Verbündeten und dem freien Irland als Kopf der gegenimperialistischen Bewegung.

Aber der Kapitalismus wird so gut wie sicher alle diese Versöhnungsmöglichkeiten und Loyalitäten zerstören. Zugegeben, wir beuten heute unsere Kolonien nicht mehr kapitalistisch aus: wir gestatten ihnen, das mit sich selbst zu tun, und bezeichnen diesen Prozeß als »Selbstverwaltung«. Solange wir noch daran interessiert waren, sie zu bevormunden, haben sie uns alle Schuld an den Mißständen zuschieben können, die der Kapitalismus über sie gebracht hat; und schließlich weigerten sie sich, diese, unsere Regierung noch länger zu ertragen. Als wir uns zurückzogen und sie ihren eigenen Regierungen überließen, wurden sie uns

* Ulster = Provinz in Nordirland, vorwiegend protestantisch.

nach und nach weniger feindlich gesinnt. Aber die Veränderung hat sie immer ärmer gemacht und in einer vergleichsweise schlechteren Organisation gelassen. Ihre eigene Regierung ist tyrannischer als unsere fremde Regierung es jemals wagte zu sein. Ihre neuen Beziehungen zum imperialistischen Staat sind gefährlicher und gespannter als die alten es waren, ganz genau so wie die Beziehung zwischen England und Deutschland im Jahre 1913 sehr viel gespannter war als die zwischen England und Irland. Noch das liberalste Zugeständnis zur Selbstverwaltung kann die Völker nicht versöhnen, solange ihre Kapitalisten weiter im Wettbewerb um Absatzmärkte stehen. Der Nationalismus kann, sobald man ihn verletzt, aus Franzosen, Engländern und Iren reine Wilde machen, die sich erbittert bekämpfen. Die Franzosen und Iren haben sogar ihr eigenes Land verwüstet, um von der englischen Vorherrschaft loszukommen. Aber der Kapitalismus macht alle Menschen zu allen Zeiten ohne Unterschied auf Rasse, Hautfarbe und Glaubensbekenntnis zu Feinden. Auch wenn sich einmal alle Nationen befreit haben werden, wird der Kapitalismus sie in noch viel furchtbarere Kriege führen als je zuvor – wenn wir verrückt genug sind, das zuzulassen.
Haben Sie schon einmal jene Kuriosität gesehen, die man »Glastränen« nennt? Das ist ein tropfenförmiges Glasgebilde von so hoher innerer Spannung, daß bei der geringsten Erschütterung oder Berührung der Oberfläche die ganze Perle mit gewaltigem Druck in kleinste Teilchen zerplatzt. In diesem Zustand war Europa im Jahre 1914. Eine Handvoll Leute in Serbien brachte jemanden um, und im nächsten Augenblick brachte die eine Hälfte Europas gleich die andere um. Dieser schreckliche Zustand von innerer Spannung und Instabilität war nicht eine notwendige Folge der menschlichen Natur: er war, ich wiederhole, äußerst abstoßend für sie, weil er einen Zustand ständigen Terrors darstellte, der zum Schluß unerträglich wurde. Es war eine Folge des Kapitalismus. Der Kapitalismus, werden Sie sagen, ist im Grunde nichts anderes als Habgier, und die Habgier ist nicht die einzige menschliche Eigenschaft: sie ist nur ein Teil und zwar einer, der nicht mehr da

ist, sobald man ihn befriedigt; wie der Hunger weg ist, wenn man gegessen hat. Bis zu diesem Punkt allerdings ist sie gesund und notwendig. Unter dem Kapitalismus wird sie jedoch zur Angst vor Armut und Sklaverei, und das ist weder gesund noch notwendig. Wie wir inzwischen wissen, wächst das Kapital seiner Natur gemäß über die Kontrolle sowohl der menschlichen Habgier als auch des menschlichen Gewissens hinaus, es marschiert blindlings und automatisch weiter, bis wir auf der einen Seite ganze Menschenmassen zur Armut verdammt vorfinden (die sie nur noch durch wahnsinniges Blutvergießen mildern können) und auf der anderen Seite eine Handvoll wuchernder Kapitalisten, die unter der Last ihrer wachsenden Millionen stöhnen und, um sie loszuwerden, verzweifelt Rockefeller-Stiftungen gründen und Carnegie-Bibliotheken und Krankenhäuser, Universitäten, Schulen und Kirchen, nur damit die Auswirkungen des Durcheinanders von Unwissenheit und Armut gemildert werden, wie sie unter eben demselben System entstehen, unter dem diese Gelder sich anhäufen. Die unglücklichen Milliardäre jedoch habgierig überfressene Monster zu nennen, angesichts ihrer Großkotzerei (ganz zu schweigen von ihren sehr gewöhnlichen Visagen), wäre dumm. Sie sind eher zu vergleichen mit einem Zauberlehrling, der die Geister rief, weil er etwas trinken wollte, und dann, als er genug hatte und den Spruch nicht mehr wußte, um sie zu bannen, in einem Meer aus Wein ersaufen mußte.

Wie der Reichtum immer größer und der Mensch immer kleiner wird

Ich möchte diese persönliche Hilflosigkeit, in die wir alle verstrickt sind, angesichts eines Systems, das über unser Wissen und unsere Kontrolle hinausgewachsen ist, ausdrücklich betonen. Um sie uns verständlicher zu machen, schlage ich vor, daß wir uns von den großen Dingen wie Weltherrschaften und Kriege abwenden und übergehen zu den kleinen vertrauten Dingen. Nehmen wir zum Beispiel Stecknadeln! Ich weiß nicht, warum ich so selten eine Stecknadel brauche, meine Frau aber nie zurecht käme, wenn sie nicht ganze Schachteln hätte. Jedenfalls ist es so. Und ich will deshalb das Beispiel der Stecknadeln nehmen, weil sie aus irgend einem Grund für Frauen besonders wichtig zu sein scheinen.

Es gab eine Zeit, da kauften die Stecknadelhersteller ihr Material, formten es, machten den Kopf und die Spitze, verzierten das Ganze und brachten es zum Markt oder vor Ihre Haustür, um es zu verkaufen. Sie mußten auf drei Handelsgebieten Bescheid wissen: Einkauf, Herstellung und Verkauf; wobei die Herstellung außerdem noch Geschicklichkeit in mehreren Arbeitsgängen erforderte. Sie *wußten* nicht nur, wie das Ding gemacht wurde, vom Anfang bis zum Ende, sondern sie *konnten* es auch. Aber sie konnten es sich nicht leisten, Ihnen ein Stecknadelbriefchen für einen Heller zu verkaufen. Die Stecknadeln kosteten so viel, daß man das Taschengeld, das eine Frau für ihre Kleider ausgeben durfte, »Nadelgeld« nannte.

Gegen Ende des achtzehnten Jahrhunderts stellte Adam Smith die großartige Behauptung auf, daß man zur Herstellung einer Stecknadel achtzehn Männer brauche. Jeder würde ein kleines bißchen daran arbeiten und die Nadel dann an den nächsten weitergeben, und keiner von ihnen wäre noch fähig, eine ganze Nadel herzustellen, das Material einzukaufen oder die fertige Nadel zu verkaufen. Immerhin kann man diesen Leuten noch zugute halten, daß

sie wenigstens eine vage Vorstellung hatten, wie Stecknadeln gemacht werden, auch wenn sie selbst keine mehr herstellen konnten. Da dies aber nichts anderes bedeutete, als daß die Männer einfach weniger geschickt und ausgebildet waren als die alten Stecknadelmacher, fragen Sie sich vielleicht, warum Adam Smith das so großartig als einen Triumph der Zivilisation pries, wo doch die Auswirkung ganz eindeutig eine nachteilige war. Der Grund war, daß jeder der Männer, wenn er nur ein kleines Stückchen eines Gegenstandes bearbeitete, und sonst nichts anderes, und das immer und immer wieder, diesen Arbeitsgang schließlich sehr *schnell* beherrschte. Pro Arbeiter, so behauptet man, konnten auf diese Weise täglich fast fünftausend Stecknadeln hergestellt werden. Deshalb gab es nun sehr viele, und die Stecknadeln wurden billig. Man glaubte, daß unser Land mit soviel mehr Stecknadeln auch reicher geworden wäre, obwohl es aus Handwerkern bloße Maschinen gemacht hatte, die ihre Arbeit ohne jegliche Intelligenz absolvierten und von den Essensresten der Kapitalisten lebten, auch hier ähnlich den Maschinen, die man mit Kohle oder Öl füttert. Aus diesem Grund klagte auch der Dichter Oliver Goldsmith, der ein ebenso weitsichtiger Nationalökonom wie Poet war, daß »der Reichtum immer größer und der Mensch immer kleiner« würde.
Heute sind die achtzehn Arbeiter des Adam Smith ebenso ausgestorben wie die Dinosaurier. Denn die achtzehn Maschinen aus Fleisch und Blut sind ersetzt worden durch Maschinen aus Stahl, die in einem Arbeitsgang gleich hundert Millionen Stecknadeln ausspucken. Sogar auf die rosa Papierchen werden sie maschinell aufgesteckt. Das Ergebnis ist, daß mit Ausnahme einiger weniger Leute, die solche Maschinen entwerfen, niemand mehr weiß, wie man eine Stecknadel macht oder machen läßt. Das heißt, heute braucht ein Arbeiter in einer Stecknadelfabrik nicht mal ein Zehntel der Intelligenz, Geschicklichkeit und Ausbildung, wie sie der alte Stecknadelmacher hatte; und der einzige Ausgleich für diese Verschlechterung besteht darin, daß Stecknadeln heute so billig sind, daß eine einzelne Nadel gar keinen nennenswerten Wert mehr hat. Selbst

nach Aufschlag eines hohen Profits auf den Selbstkostenpreis können Sie Dutzende für ein paar Pfennig kaufen.
Viele ernsthafte Denker, wie etwa John Ruskin und William Morris, waren über diese Entwicklung ebenso betrübt wie Goldsmith und haben gefragt, ob wir wirklich glaubten, Fortschritte gemacht zu haben und reicher geworden zu sein, wo wir doch unsere handwerkliche Geschicklichkeit verloren und unsere Arbeiter auf ein niedriges Niveau gebracht haben, nur um jetzt tonnenweise Stecknadeln verschwenden zu können. Wir werden später sehen, wenn wir auf die Verteilung der Freizeit zu sprechen kommen, daß das Heilmittel hierfür nicht in einem Zurück zu den alten Bedingungen liegt, denn wenn die Zeitersparnis durch die modernen Maschinen gleichmäßig unter uns alle verteilt würde, hätten wir alle genügend freie Zeit, um noch etwas viel Besseres als Stecknadeln und ähnliche Dinge zu machen. Aber bis dahin bleibt die Tatsache bestehen, daß heute Stecknadeln von Männern und Frauen hergestellt werden, die gar nichts mehr selbständig zu tun in der Lage sind und sich auch untereinander nicht mehr so organisieren können, daß jeder einen kleinen Arbeitsgang übernimmt. Sie sind ungebildet und hilflos und können zu Beginn ihres Arbeitstages nicht einen einzigen Finger rühren, ehe ihr Arbeitgeber nicht alles für sie organisiert hat. Aber auch der weiß nicht, wie die von ihm gekauften Maschinen funktionieren, und bezahlt daher einfach andere Leute, damit diese die Maschinen nach der Gebrauchsanweisung der Herstellerfirma bedienen.
Das gleiche gilt für Textilien. Früher mußte alle Arbeit an einem Kleidungsstück, vom Scheren der Schafe bis zum fertig genähten und gewaschenen Kleid, in das man nur noch hineinschlüpfen brauchte, von Männern und Frauen, die in einunddemselben Haushalt arbeiteten, getan werden, besonders von den Frauen; heute noch heißt eine unverheiratete Frau deshalb (bei uns in England) »spinster«.* Inzwischen ist von alledem auf dem Lande nichts mehr übriggeblieben außer der Schafschur, und selbst diese

* »spinster« = wörtlich »Spinnerin«; alte Jungfer

wird, wie das Melken der Kühe, maschinell besorgt. Auch zum Nähen hat man eine Maschine. Wenn Sie heute einer Frau ein Schaf geben und sie bitten, ein wollenes Kleid daraus zu machen, wird sie nicht nur völlig außerstande sein, es zu tun, sondern Sie werden mit großer Wahrscheinlichkeit auch feststellen müssen, daß sie gar keine Verbindung zwischen Schafen und Kleidern sehen kann.
Das kapitalistische System hat auf fast allen Gebieten eine Unwissenheit darüber hervorgerufen, wie und mit was eine Sache hergestellt wird, und zu gleicher Zeit eine gigantische Produktion in Gang gebracht. Wir müssen Bücher und Enzyklopädien kaufen, um herauszufinden, was wir tagtäglich eigentlich tun; und da die Bücher wiederum von Leuten verfaßt werden, die selbst nichts dergleichen tun und ihr Wissen aus anderen Büchern haben, ist das, was sie uns erzählen, bereits zwanzig bis fünfzig Jahre überholt und deshalb nichts für die Praxis. Außerdem sind natürlich die meisten von uns nach einem Arbeitstag viel zu müde, um beim Heimkommen noch etwas über ihre Arbeit lesen zu wollen: was sie dann brauchen ist ein Kino, damit sie sich ablenken und ihre Phantasie anregen können.
Eine komische Welt ist sie, diese Welt des Kapitalismus, mit ihrer erstaunlichen Verbreitung von Unwissenheit und Hilflosigkeit und ihrer ständigen Angeberei, daß sie doch für die Verbreitung von Erziehung und Aufklärung sorge. Da gibt es Tausende von Grundbesitzern und Millionen von Lohnabhängigen: keiner von ihnen kann etwas selbst herstellen, keiner weiß, was er zu tun hat, bis es ihm jemand sagt, keiner hat auch nur die geringste Vorstellung warum es Leute gibt, die ihm etwas zahlen, und auf welche Weise die Dinge in die Läden kommen, die sie mit dem Geld dann kaufen. Und wenn sie auf Reisen gehen sind sie überrascht, daß es wilde Volksstämme und Eskimos und einfache Leute auf dem Land gibt, die alles selbst machen müssen und dabei klüger und phantasievoller sind! Es wäre auch ein Wunder, wenn sie das nicht wären. Wir dagegen wären schon an Idiotie gestorben, an mangelndem Einsatz unserer geistigen Fähigkeiten, wenn wir unsere Köpfe nicht mit phantastischem Unsinn aus Illustrierten, Romanen,

Theaterstücken und Filmen vollgestopft hätten. Solches Zeug hält uns am Leben; aber es verfälscht alles auf derart absurde Weise, daß wir schließlich mehr oder weniger gefährdete Irre innerhalb der realen Welt werden.
Entschuldigen Sie, daß ich mich so gehen lasse. Aber da ich selbst Bücher und Stücke schreibe, weiß ich über deren Unsinnigkeit und Gefahren besser Bescheid als Sie. Und wenn ich sehe, daß gerade jetzt, im Moment extremer Unwissenheit und Hilflosigkeit, extremer Illusionen und Verrücktheiten der Kapitalismus blindlings in das allgemeine Wahlrecht gestolpert ist, daß also die wenigen klugen Frauen hoffnungslos überstimmt werden von Tausenden, die sich ihre politische Meinung – soweit man ihnen überhaupt eine zugestehen kann – im Kino gebildet haben, dann sehe ich ein, daß ich besser für eine Weile das Stückeschreiben sein lassen sollte, um dafür politische und soziale Wirklichkeiten, wie hier in diesem Buch, zur Diskussion zu stellen für diejenigen, die intelligent genug sind, mir zuzuhören.

Von der Unfähigkeit der oberen und unteren Klassen

Aus dem, was ich gerade gesagt habe, müssen Sie nun nicht schließen, daß ich den Leuten ihr Vergnügen mißgönne. Klarer als die meisten Menschen sehe ich, daß ein Mädchen, welches nur arbeitet und niemals eine Abwechslung hat, abstumpft, sehe aber auch, daß es anders arbeiten könnte, um sich sowohl seines Lebens zu erfreuen, als auch vor Verhungern und Obdachlosigkeit bewahrt zu werden. Es möchte Freizeit ebensogut wie Arbeitslohn und braucht auch beides. Aber das Brotverdienen kommt notwendigerweise vor den Spazierfahrten und Kinobesuchen. Ich empfinde tiefste Sympathie – wage das auch Ihnen zu unterstellen – zu jenem Franzosen, der einmal gesagt hat, daß er, wenn er nur die Annehmlichkeiten des Lebens habe, gern ohne die Notwendigkeiten auskommen wolle; aber leider teilt die Natur diese, unsere Sympathie nicht und setzt das Brotverdienen unbarmherzig (bei Todesstrafe) an die erste Stelle. Der erwähnte Franzose interessiert uns nicht so sehr wie die Frauen, die einen Acht-Stunden-Tag fordern und eigentlich ja nur ein paar Stunden mehr Freizeit haben möchten neben denen, die sie sowieso mit Ausruhen und Schlafen, Kochen, Essen und Spülen zubringen müssen; sie wissen sehr wohl, daß für die Freizeit gearbeitet werden muß, und daß keine Frau sich von ihrem Anteil an der Arbeit drücken kann, es sei denn, sie wälzt ihn auf eine andere ab und verringert dadurch *deren* Freizeit.

Wenn ich behaupte, daß der Kapitalismus unser Volk in einen Zustand niedrigster Hilflosigkeit und Unwissenheit über seine eigenen Arbeitskräfte gebracht hat, müssen Sie mir nicht entgegenhalten, daß die Mädchen aus der Fabrik doch gar nicht so dumm sind, wenn es um ihren Klatsch und ihr Vergnügen geht; daß sie sogar in ihren Spinnereien, wo es unmöglich ist, unter dem Dröhnen der mechanischen Webstühle einem anderen zuzuhören, geschickt einander die Worte vom Mund ablesen lernen; daß sie durch Tanzveranstaltungen, Spazierfahrten, Bridgespielen, ihr Interesse an Kleidung und Radio mehr angeregt und gebildet werden, als ihre Großmütter je geahnt hätten; daß sie auch erschreckende Mengen von Süßigkeiten vertilgen; und daß sie ihre Familien klein halten, weil sie nicht zu viele Kinder haben wollen. All das ist aber Konsum, nicht Produktion. Sobald sie an der Produktion dieser Vergnügungen beteiligt sind: also das Geld für die Eintrittskarten am Schalter kassieren oder bei der Zusammenstellung einer Vergnügungsfahrt mitarbeiten oder den Draht um eine Radiospule wickeln, dann sind auch sie bloß noch Maschinen, Teile eines Routineablaufs und wissen nicht, was davor liegt und danach kommt.

Weil es nun alle Arbeit einer Klasse überläßt und alle Freizeit einer anderen, soweit das Gesetz es erlaubt, macht das kapitalistische System die Reichen ebenso unfähig wie die Armen. Durch Verpachtung ihrer Ländereien und Kreditgewährungen aus ihrem überflüssigen Geld (= Kapital) können die Kapitalisten jede Menge Lebensmittel und Spaß bekommen, ohne auch nur einen Finger zu rühren. Ihre Agenten sammeln die Pacht für sie ein und bringen sie auf die Bank. Die Firmen, welche bei ihnen Kredit aufgenommen haben, machen es mit der halbjährigen Miete (= Dividende) ebenso. Bismarck hat einmal gesagt, daß sie nur eine Schere in die Hand nehmen müßten, um ihre Coupons abzuschneiden; aber er hatte nicht recht: denn selbst das besorgt die Bank noch für sie, so daß heute ihre ganze Arbeit nur darin besteht, die Schecks zu unterschreiben, mit denen sie alles bezahlen. Sie haben nichts zu tun, als sich zu amüsieren; und sie bekämen ihr Geld sowieso, auch wenn sie nicht einmal das täten. Sie können sich lediglich darauf berufen, daß ihre Vorfahren produktiv gearbeitet haben, als ob nicht jedermanns Vorfahren produktiv gearbeitet hätten, und als ob das eine Entschuldigung dafür wäre, daß sie *nicht* dem vortrefflichen Beispiel ihrer Vorfahren folgen! Wir können doch nicht von den Tugenden unserer Großmütter leben!

Dieser Zustand mag zwar äußerst erfreulich für die Plutokraten sein, wenn man ihn nur aus der Sicht derjenigen betrachtet, die so überarbeitet und unteramüsiert sind, daß sie sich nichts Schöneres vorstellen können als ein Leben wie einen einzigen langen Feiertag; aber er hat den Nachteil, daß er die Plutokraten hilflos wie Säuglinge macht, sobald sie ihren eigenen Lebensunterhalt verdienen müssen. Sie wissen ja, es gibt, abgesehen von kranken Menschen, nichts Bemitleidenswerteres auf der Welt als herrschaftlich geborene Damen und Herren, die plötzlich ihr Vermögen verlieren. Aber haben Sie schon einmal darüber nachgedacht, daß sie ebenso bemitleidenswert wären, wenn man ihnen nur ihr Vermögen in die Hand drückte und alles weitere ihnen selbst überließe? Sie wüßten nicht, wie sie ihr Land bestellen, mit ihren Bergwerken und Eisenbahnen umgehen oder ihre Schiffe verkaufen sollten. Die Armen könnten es, auch ohne Plutokraten, und es ginge ihnen dabei viel besser; aber die Besitzenden könnten ohne die Armen nicht auskommen.

Ein Großteil der Armen jedoch wird, sich selbst überlassen, bald ebenso hilflos wie die Plutokraten. Diese Hilflosigkeit wird immer größer, je weiter die Zivilisation fortschreitet. Auf dem Land finden Sie möglicherweise noch Tischler und Schmiede, die etwas herstellen, ja sogar ihr Rohmaterial wählen und einkaufen und den fertigen Artikel selbst verkaufen können. Aber in den Städten, von denen unsere Existenz heute abhängt, finden Sie ganze Arbeiter- und Plutokratenmassen, die gar nichts mehr alleine machen können, nicht einmal mehr wissen, wie irgend etwas gemacht wird, und die so unfähig sind, etwas einzukaufen und zu verkaufen, daß sie ohne Läden mit Festpreisen verloren wären.

Der Mittelstand

Wenn nun die Grundbesitzer und Kapitalisten weder fähig sind, irgend etwas selbst zu machen, noch anderen zu sagen, wie es gemacht wird, und die Arbeiter nichts herstellen können, wenn man ihnen nicht sagt, was sie tun sollen – wie geht es dann überhaupt weiter? Es muß irgendeine dritte Klasse existieren, die zwischen den Besitzenden und den Besitzlosen steht und das Land pachtet, das Kapital aufnimmt und den Arbeitern sagt, was sie zu tun haben.
Die gibt es auch. Sie selbst wissen, daß wir eine mittlere Klasse haben: die Manager und Direktoren und Männer an entscheidenden Posten unseres Landes, wie auch die Gelehrten und Literaten und Künstler aller Art. Wir wollen einmal überlegen, wie diese Klasse entstand, und wie sie sich beständig wieder aus den kapitalistischen Familien rekrutiert.
Die Kapitalisten tun noch etwas anderes als nur besitzen. Sie heiraten und bekommen Kinder. Nun kann aber ein Einkommen, das für zwei Leute bequem ausreicht, möglicherweise nicht ausreichen, wenn drei oder vier Kinder dazukommen, ganz zu schweigen von der Möglichkeit der doppelten oder dreifachen Zahl. Und wenn die drei oder vier Kinder groß werden und heiraten und selbst alle wieder drei oder vier Kinder bekommen, dann kann, was für die Großeltern noch Reichtum bedeutete, für die Enkel Armut heißen.
Um das zu vermeiden, können vermögende Familien ein Übereinkommen treffen, nach dem nur der Erstgeborene den Besitz erben darf, so daß die jüngeren Söhne für sich selbst sorgen und die Töchter, wenn sie es schaffen, einen reichen Mann heiraten müssen. Man nennt das: Recht des Erstgeborenen.
Diese Besitzlosen nun, die den Lebensstil und die Bildung der besitzenden Klasse haben, müssen ihren Kopf anstrengen, um zu überleben. Sie gehen als Offiziere in die Armee und Marine oder in die höheren Ämter des öffentlichen

Dienstes. Sie werden Pfarrer, Ärzte, Rechtsanwälte, Schriftsteller, Schauspieler, Maler, Bildhauer, Architekten, Lehrer, Professoren, Astronomen und ähnliches und bilden das, was wir die professionelle Klasse nennen. Gesellschaftlich werden sie mit besonderem Respekt behandelt, aber sie müssen mitansehen, wie erfolgreiche Geschäftsleute, die viel weniger Bildung, Talent, Charakter und politisches Bewußtsein als sie haben, dennoch viel mehr Geld verdienen. Die höchststehenden geistigen Arbeiten sind oft derart schlecht bezahlt, daß man sie kommerziell gar nicht einsetzen und davon leben kann. Spinoza verdiente seinen Lebensunterhalt als Linsenschleifer und Rousseau als Notenschreiber. Einstein lebt von seinen Professuren. Newton lebte nicht von seiner Entdeckung des Gravitationsgesetzes und seinen Differenzialmessungen, sondern von seiner Tätigkeit als Münzmeister, die ebensogut irgend ein anderer hätte ausüben können. Selbst wenn einer dieser höheren Berufe vergleichsweise lukrativ und beliebt ist, wird der Vorteil doch eingeschränkt von der Tatsache, daß man alle Arbeit ganz allein machen muß; denn ein Chirurg kann die Arbeit an seinen vielen Patienten nicht einfach an andere Mitarbeiter weiterdelegieren, wie etwa ein Seifenkönig seine Millionen Kunden. – Auch geht den Jahren des Berufserfolgs gewöhnlich ein langer Kampf mit nur spärlichen finanziellen Mitteln voraus.
Mich selbst hält man für ein auffallendes Beispiel, was meinen Erfolg im lukrativsten Zweig des literarischen Berufes betrifft; aber bis ich dreißig Jahre alt war, konnte ich aus meiner Feder nicht einmal das Lebensminimum bestreiten. Mit achtunddreißig hielt ich mich schon für reich, wenn ich sechs oder sieben Pfund pro Woche hatte; und noch jetzt, wo ich siebzig bin und alles erreicht habe, was man in meinem Beruf rein kommerziell erreichen kann, lese ich täglich in der Zeitung unter der Rubrik »Testamentarische Vermächtnisse«, daß die Witwe irgendeines erfolgreichen, völlig unbekannten Geschäftsmannes gestorben ist und ein Vermögen hinterlassen hat, gegen das meine Einnahmen ganz unbedeutend erscheinen.
Die Folge ist, daß Leute in höheren Berufen und im

öffentlichen Dienst, wenn sie nicht unverbesserliche altmodische Snobs sind und Handelsgeschäfte als unter der Würde ihrer Familie betrachten, ihren Söhnen nachdrücklich raten, die Geschäftslaufbahn einzuschlagen, sofern sie nicht eine besonders ausgeprägte Begabung zu irgendeinem anderen Beruf zeigen. Der Geschäftsmann mag zwar keine große Chance haben, daß man ihm ein öffentliches Denkmal errichtet, es sei denn, er bezahlt dafür und macht es samt einer weitläufigen Parkanlage seiner Geburtsstadt zum Geschenk; auch mag seine Tätigkeit an sich uninteressant sein, egal wie aufregend die Aussicht auf immer mehr Geld in der Tasche sie auch erscheinen läßt. Aber er kann dafür nicht nur aus seiner eigenen Arbeit Profit schlagen, wie der Chirurg oder Maler, sondern auch noch aus der Arbeit tausender anderer Leute. Und seine Arbeit ist auch nicht unbedingt langweilig: das moderne Geschäftswesen wird nach und nach interessanter und wichtiger und sogar wissenschaftlicher als viele Berufe des gebildeten Durchschnitts. Seine Aktivitäten werden immer vielfältiger. Es gibt heute Handelsmagnaten, die ein Dutzend verschiedener Betriebe überwachen und besser informiert, geistig mobiler sind als die in Reih und Glied Arbeitenden der höheren Berufe. Noch wichtiger ist, daß sie jetzt lernen, sich die fähigsten Universitätsgelehrten und öffentlichen Beamten wegzuschnappen und zu ihren Teilhabern zu machen, nicht als Büromanager sondern als Theoretiker, Diplomaten und Handelswissenschaftler. Nur in industriell noch nicht entwickelten Ländern rangieren die Männer in gehobenen Berufen als Bildungs- und Intellektuellenaristokratie: in den europäischen Zentren ist die kommerzielle Gesellschaftsschicht heute eine effektivere Kulturreserve als die Schicht der höheren Professionen.

Und was ist denn Geschäftemachen im Grunde genommen? Es ist: Land von den Grundbesitzern pachten und Geld von den Kapitalisten aufnehmen und hungrige Leute beschäftigen, um durch sie Tag für Tag so viel Geld zu verdienen, daß man ihnen einen ausreichenden Lohn zahlen und daneben noch selbst Gewinne machen kann. Auf diese Weise können Männer und Frauen mit der nötigen

Veranlagung und Entschiedenheit ein erstaunliches Vermögen machen, sie brauchen nur über jene besondere Art von pekuniärem Scharfsinn und entsprechender Hartnäkkigkeit zu verfügen, die ein geschäftliches Unternehmen erfordert. Noch verblüffendere Profite werden manchmal rein zufällig gemacht, wenn der Geschäftsmann das Glück hat, auf etwas zu stoßen, was bei der Öffentlichkeit gerade besonders gut ankommt. Millionen werden verdient an Medikamenten, die die Gesundheit der Leute eher verschlechtern als verbessern, oder an Haarwuchsmitteln, mit denen der Käufer so kahl wie eh und je bleibt. Man macht Reklame und immer wieder Reklame für Artikel, die kein Mensch braucht, und für unechte Vergnügungen, die einen nur ermüden und langweilen und extravagante Preise haben, und das so lange, bis die Leute sich blenden lassen und schließlich glauben, ohne das alles nicht mehr leben zu können.

Aber in der Hauptsache sind die geschäftlichen Unternehmen ehrenwerte und nützliche Tätigkeiten, angefangen beim Nahrungsanbau und Häuserbau und der Bekleidungsindustrie oder der Herstellung von Gartenwerkzeugen und Nähmaschinen bis hin zu Kabellegungen rund um die Welt und der Konstruktion riesiger Wasser- und Luftschiffe, die unsere Meere und den Himmel in Verkehrsstraßen verwandeln. Das Planen, Managen und Anordnen all dieser Dinge schafft Arbeitsplätze für fähige und energische Leute, die selbst keinen Besitz, aber über die Schulbildung und gesellschaftlichen Manieren der besitzenden Klasse verfügen. Gebildete, die weder fähig noch energisch sind und auch keine Berufsausbildung haben, finden einen Arbeitsplatz als Agenten oder Angestellte und erledigen dann Routinearbeiten oder Buchhaltung in jenen Unternehmen, die von den Fähigen etabliert und geleitet werden. Und die Frauen dieser Klasse sind gezwungen, solche Männer zu heiraten, um leben zu können.

Auf diese Weise erhalten wir zwischen der Klasse der Besitzenden und der Masse der Hungrigen eine Mittelklasse, die als eine Art Schrittmacher für die beiden anderen fungiert. – Von gesellschaftlicher Bedeutung ist, daß diese

Mittelklasse, in der früher nur die jeweils jüngeren Söhne und ihre Nachkommen sich erstrebenswerte Positionen sichern konnten, heute auch aus der Arbeiterklasse Zuwachs erhält. Dieser Zuwachs, der keinen Standesdünkel mitbringt, ist nicht nur besser ausgebildet als die Zöglinge von den Billig-Schulen der Mittelklasse, sondern auch besser geschult für die Konfrontation mit dem realen Leben. Außerdem sind die alten Unterschiede in Sprache, Kleidung und Umgangsformen kleiner geworden als früher, teils, weil die Arbeiterklasse sich die Umgangsformen der Mittelklasse langsam angewöhnt, viel mehr aber, weil sie die Mittelklasse dazu zwingt, ihre eigenen Umgangsformen und ihre Sprache als Norm anzuerkennen. Ein Mann wie mein Vater, halb Kaufmann, aber beschämt darüber und unfähig, sich damit abzufinden, halb Gentleman, aber ohne den entsprechenden Besitz, um diesen Anspruch aufrechtzuerhalten, würde, wenn er heute noch jung wäre, im Wettbewerb um Land, Kapital und öffentliche Posten restlos geschlagen, und zwar von Männern, deren Urgroßväter in seiner Gegenwart noch strammgestanden hätten. Die unnützen, besitzlosen Herrschaften, die keinem dienen, und die unverschämt arroganten Beamten im öffentlichen Dienst, wie sie Dickens beschrieben hat, müssen sich heutzutage mit den Mittelklassestellen begnügen, die sonst keiner haben will. Sie sind unzufrieden geworden, unglücklich, unbemittelt, sie kämpfen mit einer falschen Position, sie leihen (tatsächlich aber: erbetteln) sich Geld von ihren Verwandten und können nicht einsehen, oder wollen es nicht zugeben, daß sie aus der besitzenden Klasse herausgefallen sind, und zwar nicht mehr auf die Zwischenstufe, wo sie ein Monopol auf alle Berufszweige und Arbeitsstellen haben, in denen man wenig Ausbildung und Umgangsformen braucht, sondern gleich ganz hinunter zu den Hungrigen, ohne jedoch so abgehärtet zu sein wie diese, um ein solches Leben ertragen zu können.

Und wie steht es mit den Töchtern? Ihre Aufgabe besteht darin zu heiraten; und ich kann mich noch an die Zeit erinnern, als es für sie überhaupt keine andere Hoffnung auf einen Ausweg gab als eben diesen. Wenn sie keine

Männer fanden und man nicht besonders für sie vorgesorgt hatte, wurden sie Gouvernanten oder Lehrerinnen oder »Gesellschafterinnen« oder vornehme Bettlerinnen, die man mit dem Oberbegriff der »armen Verwandten« bezeichnete. Sie waren sorgsam dressiert worden in ihrem Glauben, daß es für eine Dame nicht schicklich sei, zu arbeiten, und noch viel weniger schicklich, einem Mann einen Heiratsantrag zu machen. Die höheren Berufe waren ihnen verschlossen. Die Universitäten waren ihnen verschlossen. Die Büros waren ihnen verschlossen. Durch ihre Armut waren sie abgeschnitten von der besitzenden Gesellschaftsschicht, durch ihren Status als »Dame« abgeschnitten von der Schicht der ebenso armen Arbeiter und von der Möglichkeit, in deren Klasse einzuheiraten. Für sie war das Leben eine grausame Angelegenheit.

Heute stehen den Frauen weit mehr Berufslaufbahnen offen. Wir haben Rechtsanwältinnen und Ärztinnen, die ihren Beruf tatsächlich ausüben. Gewiß, die Kirchen sind ihnen noch verschlossen – aber zu ihrem eigenen Schaden, denn sie könnten leicht vorzügliche Frauen finden, die sprachgewandt auf der Kanzel und fähig zur Gemeindeorganisation wären und alle die ungeeigneten Männer ersetzen würden, auf die der Klerus viel zu oft angewiesen ist; doch können die Frauen auch ohne geistliche Karrieren zurechtkommen, jetzt, wo die weltlichen und staatlichen ihnen offenstehen. Daß man sie nicht in die kriegerischen einläßt, ist eine gesellschaftliche Notwendigkeit, denn Frauen sind viel zu wertvoll, als daß sie ihr Leben auch auf den Schlachtfeldern riskieren dürften, wie sie das bereits bei den Geburten ihrer Kinder tun. Wenn von jeweils hundert jungen Männern neunzig getötet würden, so könnten wir uns von diesem Verlust erholen; aber wenn neunzig von hundert jungen Frauen getötet würden, so wäre unser Land verloren. Aus eben diesem Grunde ist der moderne Krieg, der nicht auf das Schlachtfeld beschränkt bleibt und Bomben und Giftgase unterschiedslos auf Männer und Frauen in ihren friedlichen Häusern regnen läßt, so viel gefährlicher als je ein Krieg zuvor.

Frauen sind heute genauso gebildet wie Männer: sie gehen

auf Universitäten und technische Hochschulen, wenn sie es sich finanziell leisten können. Kurz, der Laufbahn einer Frau in das Geschäfts- oder Berufsleben steht nichts im Wege außer: Vorurteil, Aberglaube, altmodische Eltern, Schüchternheit, Snobismus, Unwissenheit über unsere heutige Welt und alle die anderen geistigen Schwächen, gegen die es kein anderes Heilmittel gibt als neue Ideen und individuelle Charakterstärke. Es hat keinen Zweck, die heutige Welt mit hundert Jahre alten Ideen zu betrachten, denn früher verstieß man ja praktisch noch gegen das Gesetz, wenn man als Dame seinen eigenen Lebensunterhalt verdiente – es sei denn, man war ein Genie. Ich weiß besser als Sie (weil ich wahrscheinlich viel älter bin), daß die Tradition aus dieser schlechten alten Zeit immer noch das Leben alleinstehender Damen in einem beklagenswerten Ausmaß leer und sinnlos macht; aber trotz alledem kann man jedes Jahr ein Ansteigen außerhäuslicher Aktivitäten solcher Damen in der Berufs- und Geschäftswelt verzeichnen, ja sogar in den gefährlichen Berufen der Forschungsreisenden und Abenteurer.
Dieser Zuwachs wird beschleunigt durch die gigantische Skala der kapitalistischen Produktion, die, wie wir gesehen haben, die frühere Hausarbeit, also das Backen und Brauen, Spinnen und Weben reduziert, so daß man heute nur noch in den verschiedenen Läden einkaufen muß; manchmal genügt sogar ein Anruf in einem Großkaufhaus, um den Tagesbedarf zu bestellen. Wir haben auch gesehen, wie dies alles zu einer vorzeitigen Geburtenkontrolle führt, so daß die Anzahl der Kinder in einem Mittelklassen-Haushalt sehr spürbar zurückgegangen ist. Viele Frauen des Mittelstandes, die früher zurecht sagen konnten, daß die Hausarbeit nie ein Ende nahm, sind heute nicht ausgelastet – trotz der Schwierigkeit beim Suchen einer Haushaltshilfe. Es ist sogar denkbar, daß die Frauen unsere Männer aus den Mittelklasseberufen einmal ganz verdrängen, wie sie es bereits im Büro getan haben. Wir werden uns wohl abgewöhnen müssen, geschäftliche Unternehmen und höhere Berufe als rein männliche Betätigungen anzusehen. Nichtsdestoweniger sind die Männer aber bei sol-

chen Berufen noch in der überwiegenden Mehrheit; und sie müssen es auch weiterhin bleiben, solange unser Familienleben besteht, denn das Austragen und Großziehen der Kinder mit der dazugehörigen Arbeit im Haushalt ist das natürliche Monopol der Frau. Als solches ist es auch die vitalste aller menschlichen Funktionen und verleiht der Frau eine Macht und Bedeutung, wie sie diese in keinem anderen Beruf erreichen kann, und wie ein Mann sie überhaupt niemals erreicht. Soweit die Frau dadurch versklavt wird, ist es eine Versklavung durch die Natur, nicht durch den Mann: ja, es ist sogar ein Mittel, durch das die Frau manchmal den Mann versklaven und damit eine Männerfrage hervorrufen kann, die dann sehr unpassend als Frauenfrage bezeichnet wird. Die Frau als Ehegefährtin und Mutter steht abseits von der Entwicklung, mit der wir uns in diesem Kapitel beschäftigt haben, d. h. abseits von dem Aufstieg einer unternehmerischen und professionellen Mittelklasse aus der Klasse der Besitzenden. Diese Entwicklung ist eine geschlechtslose; denn wenn die unverheirateten Töchter der oberen Klasse, wie die jüngeren Söhne ihrer Familie, Ärzte werden und Anwälte, Pfarrer in freien Kirchen, Manager, Buchhalter, Ladenbesitzer und Büroangestellte, so stellen sie praktisch ihr Geschlecht zurück – wie auch die Männer das tun.

Der Abstieg des Arbeitgebers

Auf den ersten Blick muß es den Anschein haben, als seien die Arbeitgeber die mächtigste Klasse unserer Gesellschaft, weil die anderen nichts tun können ohne sie. Das waren sie auch einmal – vor hundert Jahren. Der alles Beherrschende war damals nicht der Kapitalist, auch nicht der Großgrundbesitzer oder Arbeiter, sondern der Arbeitgeber, der Kapital, Land und Arbeitskraft produktiv machte. Diese Arbeitgeber begannen als Büroangestellte; denn das Geschäftemachen bewegte sich in jenen Tagen noch in einem so engen Rahmen, daß jeder Angestellte der Mittelklasse, wenn er die Routinearbeiten als Bürogehilfe oder Lehrling gelernt hatte, sei es im väterlichen Betrieb oder sonstwo, und ein paar hundert Pfund zusammenkratzte, sich mit einem anderen ebenso sparsamen Angestellten verbinden und in fast allen Geschäftsbranchen zum Arbeitgeber werden konnte.

Aber da das gesparte Geld in immer größeren Mengen angehäuft wurde und der Handel sich also ausbreitete, begannen auch die Geschäfte immer weiter zu expandieren, und die altmodischen Kleinbetriebe mußten zusehen, wie ihnen die Kunden weggeschnappt wurden von den großen Konzernen und Aktiengesellschaften, die mit ihrem ungeheuren Kapital und kostspieligen Maschinen nicht nur niedrigere Preise erzielen, sondern selbst mit diesen noch mehr Profit machen konnten. Die Frauen bekommen das beim Einkaufen zu spüren. Früher kauften sie ihren Schirm in einem Schirmladen, ihre Schuhe in einem Schuhgeschäft, ihre Bücher in einer Buchhandlung und ihre belegten Brötchen, wenn sie nicht zu Hause aßen, in einem Restaurant. Heute bekommen sie ihre Brötchen und alles in ein und demselben Laden. Die riesigen Einkaufsmärkte in den Großstädten und die Warenhäuser in den mittleren Städten werden nach und nach die einzigen Läden, wo man überhaupt noch etwas kaufen kann, denn sie nehmen dem kleineren Einzelhandel das Geschäft weg und ruinieren

allmählich die Einzelhändler. Diese können sich am Ende noch glücklich schätzen, wenn sie in den großen Warenhäusern eine Stelle als Abteilungsleiter, Verkäufer oder ähnliches bekommen und nicht zu alt für eine solche Veränderung sind.
Manchmal ist die Veränderung aber unsichtbar. Gewisse Verkaufsfilialen müssen in kleineren Läden weitergeführt werden, die sich über die ganze Stadt verteilen. Zum Beispiel Ölhandlungen, Gaststätten und Kioske. Sie sehen aus wie kleine selbständige Geschäfte. Aber das sind sie nicht. Die Gaststätten sind Filialbetriebe und gehören praktisch dutzendweise den Brauereien. Hundert Ölhandlungen oder Kioske können einer einzigen großen Gesellschaft gehören. Man nennt eine solche Gesellschaft Konzern.
Diese Veränderungen bringen noch eine weitere Veränderung mit sich, die politisch von großer Bedeutung ist. Als die Arbeitgeber tun und lassen konnten, was sie wollten, und ihre Geschäfte voneinander getrennt und unabhängig führten, arbeiteten sie noch mit einem Kapital, das wir gering nennen würden, und hatten keine Schwierigkeit, sich das Geld zu beschaffen. Es wurde ihnen tatsächlich vor die Füße geworfen und zwar von den Bankiers, die – wie wir später sehen werden – fast alles überschüssige Geld verwahren. Das war die Zeit der arroganten Baumwoll-Lords und Handelsfürsten. Weil ohne sie das Kapital nutzlos und die Arbeiter hilflos waren, konnten sie immer, wie ein amerikanischer Volkswirt es einmal nannte, »Herr der Lage« sein.
Als dann die Aktiengesellschaften, welche ursprünglich nur als eine Annehmlichkeit für Banken und Versicherungen gedacht waren, generell in das Geschäftsleben einstiegen, begann sich auch die Situation des Arbeitgebers zu verändern. In einer Aktiengesellschaft haben Sie, statt einen oder zwei Kapitalisten, hunderte, die sogenannten Aktionäre, von denen jeder so viel überschüssiges Geld beisteuert, wie er sich leisten kann. Es beginnt mit Aktien für 100 Pfund und geht bis zu Zehn- und Ein-Pfund-Aktien hinunter. Eine einzige Firma kann heute also einer ganzen

Schar von kapitalistischen Eigentümern gehören; und viele unter diesen sind wesentlich ärmere Leute, als daß man sie in der Vor-Aktien-Zeit zu den Besitzenden hätte zählen können. Das hatte zwei Dinge zur Folge. Erstens konnte eine Frau, wenn sie eine 5-Pfund-Note übrig hatte, diese einer Firma überlassen und war dadurch berechtigt, aus den Gewinnen, sagen wir mal, fünf Schilling jährlich ausgezahlt zu bekommen, solange die Firma bestand. Auf diese Weise wurde der Kapitalismus gestärkt, weil er sich neben den reichen industriellen Eigentümern mit ihren großen Geldsummen nun auch auf die armen Leute ausdehnte, die nur wenig Geld übrig hatten. Aber die Arbeitgeber wurden geschwächt, verloren schließlich ihre Vorrangstellung und wurden selbst Arbeitnehmer.
Aber das ist noch nicht alles. Ein Arbeitgeber, der sein Geschäft in eine Aktiengesellschaft verwandelt, wird also selbst zum Arbeitnehmer. Er mag Ober-Arbeitnehmer sein und alle anderen herumkommandieren, er mag die anderen auch einstellen und entlassen können, wie es ihm paßt; aber er bleibt doch angestellt und kann selbst von den Aktionären entlassen und durch einen neuen Geschäftsführer ersetzt werden, wenn diese der Ansicht sind, daß er zuviel nimmt und zu wenig gibt. Abgesehen davon, lebt er ja auch nicht ewig. Wenn er aber stirbt oder sich zur Ruhe setzt, muß ein neuer Geschäftsführer gefunden werden. Und dieser Nachfolger ist jetzt nicht mehr sein Erbe sondern ein Fremder, der ebenfalls als ein kündbarer Arbeitnehmer in die Firma eintritt und den Konzern gegen Bezahlung, vielleicht auch mit einem prozentualen Gewinnanteil managt.
Nun kann ein qualifizierter angestellter Manager zwar ein hohes Gehalt fordern und sehr viel Macht ausüben, weil er so lange als unersetzbar gilt, bis er sich kaputtgeschafft hat. Aber er kann niemals so unersetzbar sein, wie der alte Arbeitgeber das war, denn dieser hatte ja seine eigene Methode erfunden und hütete sie eifersüchtig als »Geschäftsgeheimnis«. Im Grunde war es kaum mehr als eine routinierte Buchführung, die jeder, der darin arbeitete, egal wie dürftig seine Intelligenz auch war, schnell erfassen

konnte. Was aber von den »Geschäftsgeheimnissen« tatsächlich zählte, war nur ein einziges: die neuen Maschinen, und die waren nach einer Weile ganz und gar kein Geheimnis mehr; denn alle großen mechanischen Erfindungen wurden bald durch das Gesetz allgemein verfügbar: das heißt, der Erfinder einer Maschine darf diese nicht mehr für immer als Privateigentum behalten und von allen Leuten, die daran arbeiteten, ein Honorar verlangen. Er kann sie zwar anfangs noch unter einem Patent vierzehn Jahre lang monopolisieren, dann aber muß er sie der Allgemeinheit zur Verfügung stellen.
Die unvermeidliche Folge daraus werden Sie sich denken können. Es bedarf zwar eines Genies, um, sagen wir mal, eine Dampfmaschine zu erfinden, aber wenn sie erst erfunden ist, können ein paar ganz gewöhnliche Arbeiter sie in Betrieb halten; und wenn sie kaputtgeht, kann jede gewöhnliche Ingenieurfirma sie ersetzen, indem sie sie einfach nachbaut. Desgleichen bedarf es vielleicht einer außergewöhnlichen Begabung, Initiative, Tatkraft und Konzentration, um ein neues Geschäft aufzubauen, aber wenn es einmal da und die Routinearbeit festgelegt ist, kann es von ganz gewöhnlichen Leuten weitergeführt werden; sie müssen nur die Routine gelernt haben und sich im Zweifelsfall orientieren, wie man es vorher gemacht hat, um es dann ganz genau nachzumachen. So kann ein sehr kluger Mann ein großes Geschäft aufbauen und es seinem nur durchschnittlichen Sohn nach seinem Tod überlassen; und der Sohn kann ganz gut damit weiterkommen, ohne jemals wirklich zu verstehen, was sein Vater geleistet hat. Oder der Vater könnte das Geschäft seiner Tochter überlassen mit der Gewißheit, daß sie, falls sie selbst den Direktorenposten nicht übernehmen kann und will, sehr leicht einen Angestellten-Arbeitgeber finden wird, der gegen entsprechende Bezahlung und prozentuale Beteiligung sowohl kann als auch will. Die berühmte deutsche Firma Krupp z. B. gehört einer Dame. Ich will nun nicht so weit gehen und behaupten, daß die Qualifikation zum Manager auf unserem Markt überflüssig geworden ist. Aber das Monopol der rein technischen Geschäftsführung, das die kapitali-

stischen Arbeitgeber im neunzehnten Jahrhundert so überlegen machte, ist für immer dahin. Heute sind die Arbeitgeber weder Kapitalisten, noch besitzen sie ein Monopol auf die Fähigkeit zum Manager: die politische und gesellschaftliche Macht, der sich ihre Vorgänger noch erfreuten, ist übergegangen auf die Finanziers und Bankiers. Die haben heute das Monopol für die Kunst, Millionen zu scheffeln! Und ihr Monopol kann nur gebrochen werden durch die Verstaatlichung der Banken, auf die wir gleich zu sprechen kommen.

Inzwischen können Sie, wenn Sie alle diese Entwicklungen in Ihrem Kopf noch einmal zusammenfassen, den Mittelstand jetzt schon mit Verständnis betrachten. Der Lobgesang, den Daniel Defoe in seinem Robinson Crusoe auf ihn angestimmt hat, ist heute nicht mehr am Platz. Für diejenigen, die keine spezielle, irgendwie lukrative Begabung besitzen, ist er heute die am wenigsten angenehme Klasse.

Das Proletariat

Die Mittelklassen haben wir hinter uns: wenden wir uns nun den unteren Klassen zu, den Hungernden, den Arbeiterklassen, den Massen, dem Pöbel oder was Sie sonst für Namen dafür haben. Die gebildete Sprache hat einen Sammelnamen für alle diese Leute erfunden, gleich welcher Nationalität, welcher Hautfarbe, welchen Geschlechts, welcher Kirche oder sozialen Schicht sie angehören. Wenn sie keinen Grundbesitz und kein eigenes Kapital haben, sich also selbst verkaufen müssen, um leben zu können, heißen sie »Proletarier« oder als Gesamtheit »das Proletariat«. Karl Marx, 1818 im Rheinland geboren und 1883 in London gestorben, war und ist, nachdem er die letzten vierunddreißig Jahre seines Lebens in England verbracht und hier besondere Studien über die Entwicklung des Kapitalismus gemacht hat, noch immer der berühmteste Streiter für das Proletariat, das er als den wahrhaft organischen Teil der zivilisierten Gesellschaft sieht, dem schließlich alle die alten regierenden und besitzenden Klassen einmal unterliegen müssen. Als Marx seinen berühmten Kampfruf hören ließ, »Proletarier aller Länder vereinigt euch«!, meinte er damit, daß sich alle diejenigen Leute zusammentun sollten, die vom Verkauf ihrer Arbeitskraft leben, um endlich das Privateigentum an Grund und Boden wie auch am Kapital abzuschaffen, jeden dazu zu zwingen, sein oder ihr geringes Teil zur Arbeit in der Welt beizutragen und das Produkt dieser Arbeit aufzuteilen, ohne irgend einem reichen Nichtstuer einen Tribut dafür zahlen zu müssen.

Die Schwierigkeit zu jener Zeit war, daß die Arbeitgeber, ohne welche die Proletarier ja nichts tun konnten, wie wir gesehen haben, stark, reich, unabhängig und herrschsüchtig waren. Nicht nur besaßen sie selbst ein gut Teil des Bodens und Kapitals, sondern hatten auch die feste Absicht, sich einmal als vermögende Gutsherren auf einen Landsitz zurückzuziehen. Erst als sie in eine besoldete oder proletarische Klasse abzurutschen begannen, hatten auch sie ein Ohr für Karl Marx. Verstehen Sie? Sobald sie ihren persönlichen Vorteil am Privateigentum mit seinen Renten und Dividenden verloren hatten, interessierten sie sich plötzlich nur noch für den Preis, den sie selbst von den Großgrundbesitzern und Kapitalisten fordern konnten, indem sie ihnen Dienstleistungen anboten: d. h. Hand- und Kopfarbeit. Anstatt für eine Arbeit so wenig wie möglich geben zu wollen und so viel wie möglich herauszuholen, wollten sie nun den Besitzenden so wenig wie möglich zugestehen und für die Arbeit, die sie gerade leisteten, soviel wie nur möglich bekommen. Sie fanden heraus, daß die Arbeit eines geschickten Handwerkers, ja sogar die rein physische Kraft, nach und nach besser bezahlt wurde als Buchhaltung und Routinemanagement und die freien Berufe.

Nun hat es aber keinen Zweck, so zu tun, als sei man besser als andere Leute, wenn man selbst ärmer ist. Es führt nur dahin, daß man nach außen, je weniger man hat, immer mehr hochstapeln muß, und daß man seinen Kindern verbietet, mit den Kindern der meisten anderen Leute zu spielen, während diese wiederum *ihren* Kindern verbieten, mit den anderen auch nur zu sprechen. Wenngleich die Eltern selbst das Vergebliche solcher Scheinargumente nicht einsehen, die Kinder tun es sicher.

Ich weiß noch, daß ich als Kind dachte, wie dumm es doch von meinem Vater sei, sich mit seinem Großhandelsgeschäft für sozial höher stehend zu betrachten als seinen Schneider, der doch ganz genau sehen konnte, wieviel ärmer mein Vater war, und der einen stattlichen Landsitz mit gepflegtem Park und Segelboote am Meer besaß, wo wir nur in einem Sechs-Zimmer-Häuschen mit kleinem Garten unsere Sommerferien verbrachten. Die Besitzer der großen Läden auf Dublins Grafton Street aber stellten sogar noch unseren Schneider in den Schatten mit ihren Palästen und Yachten; und ihre Kinder hatten Kostbarkeiten, wie ich sie mir nicht einmal im Traum gewünscht hätte, abgesehen davon, daß sie eine viel teurere Schule besuchten. Die Überzeugung meines Vaters, daß sie trotzdem

einer viel zu niedrigen Klasse angehörten, um mit mir spielen zu können, während es doch klar war, daß *ich* zu arm war, um mit *ihnen* spielen zu können, mag für ihn eine Art eingebildeter Gültigkeit gehabt haben, für mich war sie snobistischer Unsinn. Später habe ich noch erlebt, daß diese Kinder Umgang mit dem irischen Hochadel und dem Vizekönig pflegten ohne jeden Gedanken an die alten gesellschaftlichen Barrieren; und der irische Hochadel konnte wirklich froh sein, daß sie ihn ein bißchen aufmunterten. Ich habe aber auch noch erlebt, wie die Läden auf der Grafton Street große Warenhäuser wurden unter der Führung von bezahlten Angestellten, die früher noch weniger Kontaktmöglichkeiten zum Hochadel gehabt hätten als der Kartoffelchips-Verkäufer zum König.
Mein Vater war ein Arbeitgeber, dessen ganzes Kapital, zusammen mit dem seines Geschäftspartners, nicht einmal ausgereicht hätte, um in einem der großen modernen Betriebe auch nur vierzehn Tage lang die Portokosten zu decken. Doch als ich erwachsen wurde, fand ich heraus, daß es unmöglich war, ein Arbeitgeber wie er werden zu wollen: mit fünfzehn Jahren mußte ich Bürogehilfe werden. Ich war ein waschechter Proletarier. Deshalb trat ich auch, als ich mich für Politik zu interessieren begann, nicht in die Konservative Partei ein. Das war die Partei der Großgrundbesitzer; und ich war kein Großgrundbesitzer. Ich trat auch nicht in die liberale Partei ein. Das war die Partei der Arbeitgeber; und ich war ein Arbeitnehmer. Mein Vater wählte entweder die Konservativen oder die Liberalen, je nach Laune, und kam niemals auf die Idee, daß noch irgendeine andere Partei existieren könnte. Aber ich wollte eine proletarische Partei; und als der Kampfruf des Karl Marx in allen europäischen Ländern seine Wirkung zu zeigen begann, so daß politische Vereinigungen der Proletarier entstanden, die später sozialistisch genannt wurden, weil sie auf die soziale Gesellschaft als Ganzes zielten und gegen alle Klassenvorurteile und Interessen des Privateigentums waren – da trat ich natürlich einer dieser Vereinigungen bei, wurde von da an »Sozialist« genannt und war stolz darauf, mich selbst so zu nennen.

Nun war das Bezeichnende an dieser besonderen sozialistischen Vereinigung, der ich beitrat, daß alle ihre Mitglieder zur Mittelklasse gehörten. Ja, ihre führenden Köpfe und Präsidenten gehörten sogar zur sogenannten Oberen Mittelklasse: d. h. sie waren entweder freiberuflich tätig wie ich (inzwischen nämlich war ich aus meinem Bürogehilfendasein zur Literatur geflüchtet) oder aber Beamte des höheren Öffentlichen Dienstes. Einige von ihnen haben seitdem außergewöhnliche Karrieren gemacht, ohne deshalb ihre Ansicht geändert oder die Vereinigung verlassen zu haben. Ihren konservativen und liberalen Eltern, Tanten und Onkels erschien es vor fünfzig Jahren noch unglaublich, schockierend und unerhört, Sozialist zu werden, denn sie sahen darin einen Schritt, mit dem man unweigerlich alle Chancen auf Erfolg im Leben verlor. In Wirklichkeit war er ganz natürlich und nicht zu vermeiden. Karl Marx war kein armer Arbeiter: er war der hochgebildete Sohn eines reichen jüdischen Advokaten. Sein beinahe ebenso berühmter Kollege, Friedrich Engels, war ein gut situierter Arbeitgeber. Gerade aber weil sie liberal erzogen waren und gelernt hatten, darüber nachzudenken, *wie* die Dinge zustande kommen, anstatt sich nur als Arbeiter abzuschuften, sahen diese beiden Männer als erste, wie meine Kollegen in der »Gesellschaft der Fabier« (ich bitte Sie darauf zu achten, daß wir unserer Vereinigung einen Namen gegeben haben, der nur klassisch gebildeten Leuten einfallen konnte*), daß der Kapitalismus ihre eigene Mittelklasse auf die Bedingungen des Proletariats herunterzog, und daß die einzige Chance, sich mehr als einen Sklaventeil am Volkseinkommen zu sichern, für jeden – außer den größten Kapitalisten oder den klügsten Freischaffenden und Geschäftsleuten – im Zusammenschluß aller Proletarier lag,

* »The Fabian Society« (Gesellschaft der Fabier), 1884 gegründete Vereinigung britischer Intellektueller, die als Gegner des Marxismus den Sozialismus in verfassungsmäßiger Evolution zu verwirklichen wünschten. Sie nannten sich nach dem römischen Konsul Quintus Fabius Maximus Verrucosus Cunctator, weil sie dessen »zögernde«, tatsächlich aber genau taktierende Methode befolgen wollten. Neben Shaw gehörten zu der »F.S.« u. a. Sidney und Beatrice Webb und H. G. Wells.

gleich welcher Klasse oder Nationalität sie angehörten, damit so dem Kapitalismus ein Ende gemacht und die kommunistische Seite unserer Kulturstaaten entwickelt würde, bis der Kommunismus selbst das dominierende Prinzip unserer Gesellschaft und Nur-Besitzen, Nur-Profitemachen, vornehmes Nur-Faulenzen nicht mehr möglich und diskreditiert wäre. Oder, wie zahlreiche unserer klerikalen Mitglieder sich ausdrücken: bis man Gott statt dem Mammon diene. Dem Kommunismus, der ja die weltliche Form des Katholizismus darstellt und tatsächlich genau dasselbe bedeutet, hat es deshalb auch niemals an Kaplanen gefehlt.

Ich darf vielleicht noch erwähnen, um gerade diesen Punkt zu beleuchten, daß die Gesellschaft der Fabier, als ich ihr unmittelbar nach ihrer Gründung im Jahre 1884 beitrat, nur zwei mit ihr rivalisierende sozialistische Vereinigungen in London hatte, die sich, anders als die Fabier, »Arbeitervereinigungen« nannten. Die eine stand unter dem Sohn eines sehr reichen Mannes, der große Geldsummen an religiöse Institutionen stiftete und für seine Söhne gut vorgesorgt hatte, indem er ihnen eine erstklassige Ausbildung mitgab. Die andere war restlos abhängig von einem der berühmtesten Männer des neunzehnten Jahrhunderts, der nicht nur ein erfolgreicher Arbeitgeber und Fabrikant im Möbel- und Dekorationsgeschäft für Paläste und Kirchen war, sondern auch ein hervorragender Künstler im Design, ein Wiederentdecker verlorener Kunstgattungen und einer der größten Dichter und Schriftsteller Englands. Diese beiden Männer, Henry Mayers Hyndman und William Morris, haben die proletarische Arbeiterklasse zwar entscheidend geprägt mit ihren Aufrufen zum Sozialismus, scheiterten aber bei dem Versuch, eine sozialistische Arbeiter-Partei mit ihrer eigenen oberen Mittelklasse zu gründen, weil sie diese sowohl selbst führen, als auch ihren gewohnten Dialekt weitersprechen wollten (denn die Sprache der feinen Damen und Herren ist nichts anderes als ein Dialekt); die Arbeiterklassen hatten sich inzwischen selbst organisiert, wie sie es wollten: unter der Führung ihrer eigenen Leute und mit ihrem eigenen Dialekt.

Die Gesellschaft der Fabier dagegen war erfolgreich, weil sie sich an ihre eigene Klasse wandte und diese aufforderte, mit der notwendigen Denkarbeit zur Planung einer sozialistischen Organisation aller Klassen zu beginnen, wobei sie bereit war, die bereits bestehenden politischen Organisationen anzuerkennen, also nicht beiseite zu drängen, und sie erst nach und nach mit dem sozialistischen Konzept für eine menschliche Gesellschaft zu durchdringen.
Die bestehende Form einer Organisation der Arbeiterklasse waren die Gewerkschaften. Die Idee der Gewerkschaft ist nicht gleich Sozialismus: sie ist der Kapitalismus des Proletariats. Und der erfordert ein eigenes Kapitel, um verstanden zu werden, ein sehr wichtiges übrigens; denn die Gewerkschaften sind heute sehr mächtig und lassen die intelligente Frau manchmal wochenlang ohne Kohlen oder fahrplanmäßige Züge sitzen. Ehe wir dies verstehen können, müssen wir jedoch erst den Arbeitsmarkt studieren, auf dem sie groß geworden sind; und das wiederum wird einige einführende Kapitel in Anspruch nehmen, darunter ein ziemlich grimmiges über die besondere Stellung der Frauen als Ware auf diesem Markt.

Der Arbeitsmarkt und die Lohngesetze

Die Arbeiterin, die für einen Wochenlohn arbeitet, ist in einer gewissen Hinsicht nicht anders als ihr Arbeitgeber. Sie hat etwas zu verkaufen und muß von dessen Erlös leben. Dieses Etwas ist ihre Arbeit. Je mehr sie dafür bekommt, desto besser geht es ihr: je weniger, desto schlechter: wenn sie gar nichts dafür bekommen kann, verhungert sie oder geht betteln. Wenn sie heiratet, gerät ihr Mann in dieselbe Lage; und er muß ihr außerdem noch für die Aufrechterhaltung des Haushalts einen Teil seines Arbeitslohnes zahlen. Unter diesen Umständen sind sie beide natürlich erpicht darauf, daß er für seine Arbeit so viel wie möglich erhält und möglichst wenig dafür zu geben braucht, solange der Käufer (= Arbeitgeber) noch mitmacht. Das heißt, sie wollen die höchsten Löhne und die kürzesten Arbeitszeiten, die sie bekommen können. Wenn sie nicht außergewöhnlich nachdenkliche und politisch bewußte Leute sind, dann ist das alles, was sie überhaupt denken.

Der Arbeitgeber befindet sich in derselben mißlichen Lage. Er hat zwar keine Arbeit anzubieten, aber er muß sie kaufen. Was er verkauft, sind die Waren oder Dienstleistungen, die unter seiner Führung produziert werden. Und wenn auch er, wie das meistens der Fall ist, weder nachdenklich, noch politisch bewußt ist, dann denkt er an nichts anderes als daran, daß er für das, was er verkauft, möglichst viel Geld bekommt und nur so wenig als Gegenleistung gibt, wie sich der Kunde gerade noch gefallen läßt. Beim Einkaufen der Arbeitskräfte richten sich seine Interessen und die Geschäftspraktik daher auf eine möglichst geringe Bezahlung und möglichst hohe Gegenleistung des Arbeiters, so daß sie dessen Interessen und Geschäftspraktiken genau entgegengesetzt sind.

Das ruft nicht nur einen unglücklichen und gefährlichen Konflikt hervor zwischen den Emotionen und Interessen der Arbeitgeber und Arbeitnehmer, den man Klassen-

kampf nennt, sondern führt auch zu extremen gesellschaftlichen Bosheiten, wie man sie kultivierten Leuten kaum zutrauen sollte. Immer wieder ist die Regierung gezwungen, zwischen die Arbeitseinkäufer und -verkäufer zu treten, und sie zu zwingen, ihre Geschäfte innerhalb der Mindestgrenzen einer allgemeinen Menschlichkeit zu halten. Zunächst einmal wollen alle Arbeitgeber nichts als Arbeitskräfte, und ob die Arbeit von einem Kind oder einer Frau oder einem Mann gemacht wird, das ist ihnen egal: sie kaufen die Arbeit, die am billigsten ist. Auch die Auswirkungen der Arbeit auf Gesundheit und Moral der Arbeitenden ist dem Arbeitgeber gleichgültig, soweit sie keine Schwankungen seines Profits hervorrufen können; und wenn er seine Arbeiter von diesem Standpunkt aus betrachtet, kommt er vielleicht zu dem Schluß, daß ein inhumaner Verzicht auf jede natürliche Freundlichkeit sich für ihn besser auszahlt als jeder Versuch, seine Interessen mit dem Wohl seiner Arbeiter in Einklang zu bringen.
Um das zu illustrieren, möchte ich den Fall der Londoner Straßenbahn anführen, als die Wagen noch von Pferden gezogen wurden, und das Beispiel gewisser Plantagen in Amerika vor der Abschaffung der Sklaverei. Das Problem, das die Straßenbahnmanager zu lösen hatten, war, die einträglichste Art in der Behandlung der Zugpferde herauszufinden. Ein gut gepflegtes Pferd kann, wenn es nicht überarbeitet wird, zwanzig Jahre alt werden, oder sogar, wie das Pferd des Duke of Wellington, vierzig. Die rücksichtslose Mißhandlung eines Pferdes andererseits wird es in weniger als einem Jahr umbringen, wie jedes andere Lebewesen auch. Wenn Pferde nichts kosten würden, und man sich einfach ein neues von der Straße hätte holen können, sobald das alte gestorben war, dann wäre es vom kommerziellen Standpunkt aus lohnender gewesen, die Pferde, sagen wir mal, in sechs Monaten zu Tode zu schinden, als sie rücksichtsvoll zu behandeln und mit etwa achtzehn Jahren ins Norfolker Marschland zur Erholung zu schicken. Aber Pferde kosteten nun einmal Geld; und die Straßenbahnmanager wußten, daß sich ein Pferd, wenn sie es zu schnell verbrauchten, nicht bezahlt machen würde. Nach-

dem sie das ausgerechnet hatten, kamen sie zu dem Schluß, daß die einträglichste Art der Behandlung von Straßenbahnpferden die war, sie in vier Jahren zu verbrauchen. Dieselbe Kalkulation wurde auf den Plantagen angestellt. Ein Sklave kostete, genau wie ein Pferd, eine beträchtliche Summe Geldes; und wenn er sich zu schnell zu Tode schuften mußte, war sein Tod letztlich ein Verlust. Die geschäftstüchtigsten Plantagenbesitzer rechneten dann aus, daß es am einträglichsten war, ihre Sklaven innerhalb von sieben Jahren zu verbrauchen, und gaben ihren Aufsehern entsprechende Anweisungen, auf dieses Ziel hinzuarbeiten.

Die intelligente Frau wird nun natürlich ausrufen: »Wie entsetzlich, so ein Pferd oder Sklave zu sein!« Aber halt, einen Augenblick! Pferde und Sklaven kosten etwas: wenn man sie umbringt, muß man Geld für neue ausgeben. Wenn man jedoch statt Pferden und Sklaven »freie« Kinder und Frauen und Männer anstellt, kann man sie so unbarmherzig schnell zu Tode schinden, wie man will: es gibt massenweise Nachschub von dort, wo die alten hergekommen sind, und das gratis. Ja, mehr noch: man muß sie nicht, wie das bei Sklaven der Fall ist, auch in den Wochen unterhalten, in denen man keine Arbeit für sie hat. Man nimmt sie einfach nur wochenweise; und wenn das Geschäft flau ist, man also keine Arbeit für sie hat, entläßt man sie einfach; dann können sie verhungern oder sehen, wie sie zurechtkommen. Auf dem Höhepunkt des Kapitalismus, als dieses System in vollem Schwung war, und es noch keine Gesetze gab, den Mißbrauch zu begrenzen, arbeiteten sich kleine Kinder unter der Peitsche eines Aufsehers zu Tode. Schließlich wurde es allgemein bekannt, daß die Arbeitgeber in den Fabriken Nordenglands neun Generationen innerhalb einer einzigen verbrauchten. Die Frauen mußten im Bergbau arbeiten, unter derart erniedrigenden Bedingungen, daß jede Negerin in Süd Carolina entsetzt darüber gewesen wäre. Die Männer wurden zu einem so elenden Leben gezwungen, daß jeder Wilde es verachtet hätte. Die Wohnungen, in denen diese unglücklichen Leute hausten, waren unter aller Beschreibung. Von Zeit zu Zeit überschwemmten Cholera- und Pockenepidemien das Land; der Typhus war weiter verbreitet als heute die Masern; Alkoholsucht und brutale Gewalttätigkeit wurden so selbstverständlich mit der Arbeiterklasse in Verbindung gebracht wie graue Flanellmäntel und Hornhaut an den Händen. Die Angesehenheit und der Wohlstand der besitzenden und mittleren Klassen, die mit der Ausbeutung der Arbeiter erblühten, deckten einen Abgrund an Grauenhaftem zu; und weil Karl Marx die Zustände dieses Abgrunds mit seinem furchtbaren und epochemachenden Buch »Das Kapital« aufdeckte, wurde er der Prophet jener großen Revolte aller empörten Menschen gegen den Kapitalismus, einer Revolte, die auch die emotionale Antriebskraft der sozialistischen Bewegung ist. Hier und jetzt aber geht es Ihnen und mir nicht um den emotionalen, sondern um den einsichtigen, den intelligenten Sozialismus; wir wollen also ruhig bleiben. Zorn ist ein schlechter Ratgeber.

Schon lange bevor Marx sein Buch veröffentlichte, hatte bereits die Regierung eingreifen müssen. Sie verabschiedete eine Reihe von Gesetzen, die sogenannten Fabrikgesetze (Factory Acts) mit einer Betriebsordnung für Bergwerke und andere Industriezweige, und verbot darin jede Kinderarbeit bis zu einem gewissen Alter; regelte die Arbeitsbedingungen für Frauen und Jugendliche; begrenzte die Anzahl der Stunden, in welchen eine Fabrik mit Frauen und jugendlichen Arbeitnehmern geöffnet sein durfte; zwang die Arbeitgeber zu Schutzvorrichtungen an allen Maschinen, die einen in Eile oder unvorsichtig daran streifenden Arbeiter zermalmen und in Stücke reißen konnten, und noch zu vielem anderen. Auch setzte sie Fabrikinspektoren ein, die darauf zu achten hatten, daß diese Gesetze eingehalten wurden. Das alles war die Frucht einer, nicht von Sozialisten, sondern von einem frommen *konservativen* Adligen angeführten Bewegung, dem Lord Shaftesbury, der in der Bibel keinen einzigen Hinweis gefunden hatte, daß die kapitalistische Theorie allgemeines Wohlbefinden schaffen könnte und sollte, indem sie die göttlichen und menschlichen Gesetze brach, wann immer ein kommerzieller Profit dabei heraussprang.

Niemand würde nun auf Anhieb denken, daß die Fabrikgesetze von den Arbeitnehmern abgelehnt und von den Arbeitgebern unterstützt worden wären. Aber es gibt gute und schlechte Arbeitgeber, und es gibt auch unwissende, kurzsichtige Arbeiter, nicht nur kluge. Diejenigen Arbeitgeber, die ein empfindliches Gewissen besaßen oder, wie manche Quäker, eine Religion, die sie zwang, ab und zu über ihr Verhalten nachzudenken und die ganze Verantwortung dafür auf sich selbst zu nehmen, statt auf eine äußere Autorität abzuwälzen, wie das die Professoren der kapitalistischen Volkswirtschaft tun, diese Arbeitgeber waren in großer Sorge um die Lage ihrer Arbeiter. Vielleicht fragen Sie nun, warum sie in diesem Fall ihre Leute nicht besser behandelten. Die Antwort lautet, daß sie, wenn sie es getan hätten, aus dem Geschäft gedrängt und von den schlechten Arbeitgebern ruiniert worden wären.
Jedenfalls war die Opposition gegen die Fabrikgesetze vonseiten der Arbeiter selbst tatsächlich in mancher Hinsicht schwieriger zu überwinden als die der Arbeitgeber, weil diese, nachdem sie durch Gesetze gezwungen waren, das Experiment einmal zu versuchen, herausfanden, daß eine extreme Überbeanspruchung nicht der beste Weg war, das Geschäft einträglich zu machen – wie man ja auch nicht ein Huhn schlachtet, wenn es goldene Eier legt – und daß sie mit einer etwas besser durchdachten Arbeitsplanung mehr herausholen konnten, als die sehr bescheidenen gesetzlichen Forderungen sie kosten würden. Selbst die Dummen unter ihnen merkten, daß durch eine schnellere Einstellung ihrer Maschinen die Arbeiter sich zusammenreißen und schwerer arbeiten mußten, daß man also in zehn Stunden auf diese Weise mehr an ihnen verdienen konnte als vorher in zwölf. Eine intelligente Frau, die in der Welt herumgekommen ist, wird vielleicht beobachtet haben, daß in den Ländern, wo es keine Ladenschlußgesetze gibt und die Geschäfte so lange aufbleiben, bis alle schlafen gehen, die Ladeninhaber und Verkäufer um neun Uhr abends weit weniger müde und abgespannt sind als die Verkäufer in einem großen Warenhaus irgendeiner englischen Stadt schon um fünf Uhr, obwohl ihre Arbeitszeit bereits um

sechs zu Ende ist. – Die träge und unbekümmerte Art der geschäftlichen Praxis ist vielleicht für niemand von großem Nachteil, ein Achtstundentag aber, mit hohem Lohn und unter modernem, wirtschaftswissenschaftlichem Management, kann eine derart starke Belastung darstellen, daß der Arbeiter auch noch die allerletzte Reserve aus sich herausholen muß, die Arbeit also nur leisten kann, wenn er noch jung und kräftig ist und auch dann nicht länger als einige Monate hintereinander.

Die Arbeitgeber hatten noch ein weiteres Hilfsmittel: die Einführung neuer Maschinen. Wenn sie massenweise billige Arbeitskräfte bekommen können, dann stellen sich Arbeitgeber nicht auf Maschinen um: das wäre viel zu mühsam und vielleicht sogar teurer, obwohl eine Maschine das Pensum mehrerer Arbeiter leisten kann. Gerade jetzt (1925) könnte man in Lissabon die sehr harte und schmutzige Arbeit des Kohlennachschubs auf den Dampfschiffen von Maschinen erledigen lassen. Tatsächlich sind sie auch vorhanden und einsatzbereit. Aber die Arbeit wird weiter von Frauen getan, weil sie billiger sind, und es kein Gesetz dagegen gibt. Wenn man in Portugal ein Gesetz verabschieden würde, das die Arbeit der Frauen verböte oder Einschränkungen und Vorschriftsregeln aufstellte (vielleicht gar nicht, um den Frauen damit zu helfen, sondern nur, um sie von der Arbeit wegzuhalten und die Stellen für die Männer reservieren zu können), dann würden die Maschinen sofort eingesetzt. Man würde sie auch schnell verbessern und weiter ausbauen, bis sie unentbehrlich wären. Aber da die Frauen in diesem Fall ihre Arbeitsplätze verlieren würden, würden sie gegen jedes derartige Gesetz noch heftigeren Einspruch erheben als die Arbeitgeber.

Was an Protesten vonseiten der Arbeitgeber aufkam, weil sie befürchteten, die Fabrikgesetze würden sie ruinieren, ist durch die Erfahrung widerlegt worden. Durch besseres Management, mehr und bessere Maschinen und Beschleunigung der Arbeitsgeschwindigkeit machen sie heute größere Profite als je zuvor. Wenn sie nur halb so klug gewesen wären, wie sie vorgaben zu sein, dann hätten sie freiwillig alle Regulierungen eingeführt, die ihnen nun aufgezwungen wurden, und nicht gewartet, bis das Gesetz sie dazu anhielt. Aber das Profitemachen kultiviert den menschlichen Geist nicht so wie der Dienst an der Allgemeinheit.

Es mag Sie schockieren zu hören, daß die Arbeiter selbst es waren, die gegen diese Gesetze zuerst Einspruch erhoben. Zwar waren die Opfer des nichtkontrollierten Kapitalismus anfangs alle kleine Oliver Twists und wurden von den Armenhauswärtern als Sklaven verkauft, damit man sie los war. Aber die nachfolgenden Generationen bestanden aus den Kindern dieser Arbeiter, und der Lohn, mit dem ein Arbeiter seine Familie schlecht und recht gerade noch durchbringen konnte, verbesserte sich, wenn auch die Kinder mitverdienten. Vergleichsweise reiche Leute hatten gut reden, wenn sie meinten, man solle kleine Kinder unter solch unmenschlichen Bedingungen nicht zur Arbeit schikken. Wenn aber die Armen auf sie hörten und ihre vorher nur halb-verhungerten Kinder plötzlich dreiviertelverhungert waren, dann mußten solche frommen Ermahnungen nichts als Erbitterung hervorrufen. Es ist eine traurige Wahrheit, daß gerade die Eltern die heftigsten Gegner dieser nur nach und nach verabschiedeten Gesetze waren, die stufenweise das Alter für Kinderarbeit anhoben und jüngere Kinder halbe Tage lang zur Schule schickten. Die allgemeine Redensart, daß Eltern sich am besten um das Wohl ihrer Kinder kümmern, hängst nicht nur davon ab, was für Leute die Eltern sind, sondern auch davon, ob es ihnen gut genug geht, damit sie ihren natürlichen Elterngefühlen folgen können. Nur wenige Eltern, und nicht die ärmsten, erziehen ihre Kinder *freiwillig* zu Dieben und Prostituierten. Aber alle Eltern werden und müssen noch ihre Kinder ausbeuten lassen, wenn man sie selbst so unbarmherzig ausbeutet, daß sie ohne die paar Pfennige, die ihre Kinder dazu verdienen, nicht zurechtkommen würden.

Sie sehen: Leuten, die nichts haben, bleibt kein anderer Weg, um leben zu können, als sich selbst für ihren Marktwert zu verkaufen, oder, wenn dieser Wert auf Null sinkt, ihre Arbeit jedem anzubieten, der ihnen etwas zu essen gibt.

Die Frau auf dem Arbeitsmarkt

Die Auswirkung eines solchen Systems war in mancher Hinsicht für die Frauen schlimmer als für die Männer. Da kein industrieller Arbeitgeber eine Frau einstellen wird, wenn er für das gleiche Geld einen Mann bekommen kann, mußten die Frauen, die überhaupt einen Arbeitsplatz in der Industrie haben wollten, ihre Arbeit für eine geringere Bezahlung anbieten als die Männer. Das war möglich, weil der Lohn des Mannes, selbst wenn es ein Hungerlohn war, auch noch als Hungerlohn für eine ganze Familie reichen mußte und nicht nur für eine Einzelperson. Von ihm mußte der Mann den Unterhalt für Frau und Kinder zahlen, ohne die das kapitalistische System bald zu Ende gegangen wäre, weil es keine jungen Nachwuchsarbeiter an die Stelle der alten hätte setzen können. Deshalb konnte eine unverheiratete Frau, auch wenn die Löhne der Männer schon auf dem niedrigsten Punkt angelangt waren, auf dem sie ihre Frauen und Kinder zu versorgen in der Lage waren, immer noch weniger annehmen, ohne daß es ihr dabei schlechter gegangen wäre als ihren verheirateten Nachbarn, die Kinder hatten. So wurde es zu einer Selbstverständlichkeit, daß man Frauen schlechter bezahlte als Männer; und wenn irgendein weiblicher Rebell genausoviel haben wollte wie ein Mann, zumal sie auch die gleiche Arbeit leistete (»gleicher Lohn für gleiche Arbeit«), dann brachte der Arbeitgeber sie mit zwei Argumenten zum Schweigen. Erstens: Wenn Sie nicht mit weniger Lohn zufrieden sind, gibt es ja genug andere, die ihn nehmen; und zweitens: Wenn ich schon einen Männerlohn zahlen muß, dann hole ich mir auch einen Mann, der die Arbeit macht.
Für die wichtigste und unentbehrlichste Arbeit der Frau, nämlich das Austragen und Erziehen der Kinder und die damit verbundene Hausarbeit, wurden die Frauen niemals direkt bezahlt, sondern immer nur über die Männer. Ja, sehr viele dumme Leute haben deshalb vergessen, daß es wirkliche Arbeit ist, und sprechen vom Mann als dem

»Brötchenverdiener«. Das ist Unsinn! Von Anfang an bis jetzt war die Arbeit der Frau zu Hause lebensnotwendig für die Existenz unserer Gesellschaft, während Millionen von Männern einer unnötigen oder ausgesprochen schädlichen Arbeit nachgingen, die man nur deshalb entschuldigen kann, weil sie ihre nützlichen und notwendigen Ehefrauen mitversorgten. Aber die Männer setzten ein Übereinkommen fest (teils, weil sie eingebildet waren, teils aus Gedankenlosigkeit, vor allem aber, weil sie Angst hatten, daß ihre Frauen, wenn sie sich ihres Wertes bewußt würden, nicht mehr ohne weiteres gehorchen, sondern selbst Herr im Hause sein wollten), wonach die Frauen nichts und die Männer alles verdienen durften, und sie weigerten sich, ihren Frauen einen gesetzlichen Anspruch auf Haushaltsgeld zu gewähren. Laut Gesetz wurde alles, was eine Frau besaß, sobald sie heiratete, Eigentum ihres Mannes: ein Zustand, der zu solch ungeheurem Mißbrauch führte, daß sich die besitzende Klasse das ausgeklügelte, legale System der Gütertrennung ausdachte. – Das aber ist eine Sache für sich. Was uns hier interessiert, ist, daß es den Frauen unter dem kapitalistischen System schlechter geht als den Männern, denn der Kapitalismus hat aus dem Mann einen Sklaven gemacht, und die Frau, weil sie durch ihn bezahlt wird, zu dessen Sklavin, also zur Sklavin eines Sklaven – und das ist die schlimmste Art der Sklaverei.
Gewissen Arbeitgebern kommt das sehr gelegen, weil es sie in die Lage versetzt, anderen Arbeitgebern schaden zu können, ohne dabei entdeckt zu werden. Und so wird das gemacht: Sagen wir, ein Arbeiter auf dem Land muß zusehen, wie er Frau und Töchter mit einem Wochenlohn von neunundzwanzig Schilling durchbringt. – In einem solchen Haushalt nun, wo man mit Ach und Krach gerade zurechtkommt, machen fünf Schilling mehr pro Woche ungeheuer viel aus: weit mehr als zusätzliche fünfhundert Pfund für einen Millionär. Ein Mehrbetrag von fünfzehn Schilling oder einem Pfund pro Woche bringt die Familie eines Arbeiters auf das finanzielle Niveau eines ausgebildeten Handwerkers. Wie können solche verlockenden Aufbesserungen überhaupt möglich sein? Einfach dadurch,

daß die älteren Töchter alle für fünf Schilling Wochenlohn arbeiten gehen und weiterhin zu Hause bei ihrem Vater wohnen. Jedes Mädchen bedeutet fünf Schilling mehr, zwei Mädchen also zehn, drei fünfzehn. Unter diesen Bedingungen wuchsen riesige Fabriken aus dem Boden, die hunderte von Mädchen beschäftigten für einen Wochenlohn von viereinhalb bis siebeneinhalb Schilling, die überwiegende Mehrheit bekam fünf. Man nannte das Hungerlohn; aber die Mädchen waren besser ernährt und fröhlicher und gesünder als jene Frauen, die sich ganz alleine versorgen mußten. Einige der größten Vermögen, die mit Geschäften gemacht wurden, wie z. B. in der Streichholz-Industrie, sind an diesen Fünf-Schilling-Mädchen verdient worden, weil sie zuhause, und teilweise natürlich auf Kosten des Vaters, lebten. So bekam die Streichholz-Industrie drei Viertel ihrer Arbeitskräfte auf Kosten der Familienväter. Wenn der Vater, sagen wir mal, in einer Brauerei arbeitete, dann bekam der Streichholzfabrikant also drei Viertel seiner Arbeit auf Kosten des Brauereibesitzers getan. So lebt ein Unternehmen durch die Ausbeutung des anderen.
Nicht nur die Töchter, sondern auch die Frauen der Arbeiter wurden auf diese Weise auf den »Frauenlohn« heruntergedrückt. Der Arbeitsmarkt ist überschwemmt mit Frauen und Töchtern, die teilweise vom Vater unterstützt werden und daher bereit sind, für ein Taschengeld zu arbeiten, von dem eine unabhängige, alleinstehende Frau oder Witwe niemals leben könnte. Die Auswirkung ist, daß man das Heiraten zwangsläufig zum eigentlichen Beruf der Frau macht: sie muß jeden nehmen, der sie heiraten will, um nicht dem Hungerdasein der alleinstehenden Frau ausgeliefert zu sein. Einige Frauen finden leicht einen Mann, aber andere, die weniger attraktiv oder liebenswert sind, müssen alle möglichen Tricks und Strategien herausfinden, um irgend einen Mann in die Ehefalle zu locken. Und diese Tricks sind nicht gut für die Selbstachtung der Frau. Auch führt es nicht zu einer glücklichen Ehe, wenn der Mann merkt, daß er nur herhalten mußte.
Das ist schlimm genug; aber es gibt noch Schlimmeres. Vielleicht ist es nicht gerade anständig, sich von einem

Mann aushalten zu lassen, mit dem man nicht verheiratet ist: aber es ist möglich! Wenn Sie einem hübschen Mädchen das Angebot machen, entweder für zweieinhalb Pennies Stundenlohn in einer Streichholzfabrik zu arbeiten, wo sie sich möglicherweise eine Phosphorvergiftung und Knochenerkrankungen holt, oder aber fröhlich und gehätschelt unter dem Schutz eines reichen Junggesellen hinzuleben – was bei den viktorianischen Arbeitgebern gang und gäbe war und heute noch überall auf der Welt so ist, wenn man es nicht entschieden stoppt durch sozialistische Gesetze – dann lassen Sie die Würfel so erschreckend zugunsten des Teufels rollen, daß er nicht nur mit Sicherheit das Spiel gewinnt, sondern daß man sich auch fragt, ob das Mädchen es nicht sogar ihrer Selbstachtung und ihrem Wunsch nach mehr Wissen, Erfahrung, nach besserem gesellschaftlichem Umgang und einem anmutigeren, eleganteren Leben überhaupt schuldig ist, sich eher zum Vergnügen eines reichen Herrn zu verkaufen, als etwa an einen Unternehmer, der daraus Profit schlägt. – Sie hat tatsächlich weniger Sicherheit in einem legalen Arbeitsverhältnis als in einem illegalen. Denn die Frauen, die sich an die Industrie verkaufen, sind oft in Zeiten, wo das Geschäft schlecht ist und folglich weniger Arbeitsplätze existieren, ganz ohne Arbeit; aber den Frauen, die sich für das Vergnügen verkaufen, mangelt es selten an Kundschaft, wenn sie sich sonst gut benehmen und nicht gerade abstoßend häßlich sind. Die Gründe, die man als abschreckende Warnung zu hören bekommt, daß etwa eine Frau auf die tiefste und erniedrigendste Stufe sinken würde, wenn sie die angeführten Argumente befolgte, sind fromme Erfindungen und stützen sich höchstens auf Beispiele von Frauen, die durch Alkoholsucht, Drogen, grundsätzlich schlechten oder schwachen Charakter auch dann gefallen wären, wenn sie anständig verheiratet oder im strengsten Zölibat gelebt hätten. Und das gelegentliche Risiko einer Geschlechtskrankheit ist leider auch nicht in einer respektablen Ehe zu vermeiden: mehr Frauen werden von ihren Ehemännern angesteckt als von ihren Liebhabern. Wenn eine Frau die kapitalistische Moral anerkennt und das macht, wofür sie am besten bezahlt wird, dann nimmt sie lieber den »Lohn der Sünde« (wie das die Fürsorger nennen, wenn es sich um *arme* Frauen handelt) als den Lohn der Ausbeutung.

Es gibt aber auch Fälle, wo der Ehering mehr Nachteile bringt, und man nicht auf seine Kosten kommt. Außereheliche Verhältnisse sind unter dem kapitalistischen System so alltäglich geworden, daß die Regierung sich damit auseinandersetzen muß; und unsere jetzigen Gesetze bestimmen, daß eine unverheiratete, schwangere Frau den Vater zur Unterhaltszahlung zwingen kann, bis das Kind sechzehn Jahre alt und für die Mutter mitarbeiten kann. Bis dahin gehört es ihr, nicht dem Vater (es würde ihm gehören, wenn die beiden verheiratet wären), und sie ist frei von jeglicher Verpflichtung, dem Mann seinen Haushalt zu führen oder sich sonstwie für ihn abzuschuften. – Die Folge war, daß eine klug wählende, diskrete, sinnliche und vergnügte Frau, die keine Skrupel hat, fünf uneheliche Kinder auf die Welt zu bringen, ein gesetzlich garantiertes festes Einkommen haben und darüberhinaus mit irgendeiner ordentlichen Arbeit noch selbst etwas dazuverdienen konnte. Verglichen mit einer Witwe, die fünf eheliche Kinder hat, war sie auf Samt und Seide gebettet, bis die Regierung endlich, nach jahrhundertelanger blinder Nachlässigkeit, auch den Witwen eine Rente zu zahlen begann.

Kurz, der Kapitalismus wirkt auf Frauen als eine ständige Bestechung. Für Geld gehen sie sexuelle Beziehungen ein, sei es nun innerhalb oder außerhalb der Ehe. – Es ist nutzlos, so zu tun, als hätten Religion, Tradition und Ehrgefühl immer die Oberhand gewonnen. Denn Frauen, die auf ihre Ehre hielten, bekamen geringere Löhne, und wenn sie sagten, daß sie davon nicht leben konnten, so gab man ihnen wie gewöhnlich zur Antwort, daß andere es sehr wohl könnten und sie sich an denen ein Beispiel nehmen sollten.

In gewissen Berufszweigen wurde die Prostitution daher praktisch zu einem Zwang, denn als Alternative blieb nur der Hunger. Die Branchen, in denen die Prostitution fast schon eine Selbstverständlichkeit geworden ist, sind aber durchaus nicht die äußerlich abstoßendsten und elendsten.

Es sind vielmehr diejenigen, wo gut angezogene und gut aussehende, aber nicht ausgebildete Frauen arbeiten, um das Publikum anzulocken. Dort werden nämlich Löhne gezahlt, die unmöglich ausreichen für die äußere Aufmachung, die von den Frauen erwartet wird. Sie müssen daraus aber nicht folgern, daß alle Theater, Restaurantbetriebe, Showgeschäfte und so fort die Prostitution in dieser Weise für sich ausnutzen. Die meisten haben einen festen Mitarbeiterstab aus tüchtigen, angesehenen Frauen und könnten anders gar nicht geführt werden. Aber man darf generell davon ausgehen, daß Frauen, die in einem Arbeitsverhältnis stehen, wo man keine besondere Fachausbildung verlangt und sie nur die Kundschaft anlocken sollen mit ihrer Weiblichkeit, ihrer Jugend, ihrem guten Aussehen und der schicken Aufmachung, von einem gewissen Arbeitgebertypus sicher unterbezahlt werden.
In diese Extremsituation nun kann ein Mann nicht hineinschlittern. Gewiß, es gibt extravagante Damen, die sich an der Riviera einen Tanzpartner für fünfzig Francs pro Abend mieten können und das auch tun. Aber wenn der Mann sich auf dieses Geschäft einläßt, dann tut er es als ein Käufer, nicht als ein Verkäufer. Folglich muß die Frau, und nicht der Mann, die extremsten Auswüchse des kapitalistischen Systems ertragen; und das ist auch der Grund, warum sich so viele gewissenhafte Frauen ein Leben lang für die Verdrängung des Kapitalismus durch den Sozialismus einsetzen.
Aber niemand soll sich einbilden, daß die Männer von der Prostitution unter dem Kapitalismus verschont blieben. Sie verkaufen vielleicht nicht ihren Körper, aber doch ihre Seele! Wir sehen also, daß weder die Frau noch der Mann es wagen darf, den ersten Stein zu werfen, wenn man ihnen den Vorwurf der Prostitution machen wollte. Beide sind vom Kapitalismus gleichermaßen befleckt. Besonders eifrige Verteidiger der Frauen könnten sogar zu bedenken geben, daß die geistige Prostitution die schlimmere sei und ein größerer Verrat am gottgewollten Einsatz unserer Möglichkeiten als die körperliche Prostitution; denn wer seinen Körper verkauft, behandelt ihn deswegen nicht un-

bedingt schlecht. Aber die abstrakte Gleichsetzung von männlicher und weiblicher Prostitution betont nur noch stärker den physischen Unterschied, den kein abstraktes Argument ausgleichen kann. Die Vergewaltigung des eigenen Körpers ist eine besondere Art der Mißhandlung. Wer zwischen ihr und geistigen Kränkungen nicht eine scharfe Trennungslinie zieht, weiß nichts von der Beschaffenheit des menschlichen Gefühlslebens.

Der Kapitalismus der Gewerkschaften

Wir müssen nun zur Geschichte des Widerstandes übergehen, den das Proletariat den Kapitalisten entgegensetzte. Es war von vornherein klar, daß eine einzelne Frau oder ein einzelner Mann niemals etwas gegen die Arbeitgeber ausrichten konnte. Die erste Notwendigkeit, um effektiv Widerstand leisten zu können, war, daß sich die Arbeitnehmer zu irgendeiner Art von Vereinigung zusammenschlossen und solidarisch erklärten. In vielen Fällen war das zwar unmöglich, weil sich die Arbeitnehmer untereinander gar nicht kannten und auch keine Gelegenheit hatten, sich zu treffen, wie z. B. die Hausangestellten. (Sie konnten sich zu keiner Gewerkschaft zusammenschließen. Denn sie saßen, über das ganze Land verstreut, in privaten Küchen mehr oder weniger gefangen.) Desgleichen die Landarbeiter. Es ist sehr schwierig, solche Leute in Verbänden zu organisieren, und noch schwieriger, diese Verbände für eine gewisse Zeit zusammenzuhalten. Die Verbandsmitglieder leben zu weit auseinander. Und das gilt mehr oder weniger für fast alle Arten von Arbeit, außer der in Fabriken, Bergwerken und bei der Eisenbahn.

Aber es gibt natürlich auch Berufe, wo der Unterschied in Bezahlung und sozialer Stellung so groß ist, daß die Beteiligten, selbst wenn sie zusammenzubringen wären, sich nicht miteinander vertragen würden. Beim Theater z. B. kann es vorkommen, daß ein Akrobat oder ein Clown besser bezahlt wird als ein Hamlet und doch als Privatmann so ungebildet ist und so schockierende Manieren etwa bei einem vornehmen Essen zeigt, daß der gebildetere Hamlet weder seine Konversation, noch seine Gesellschaft bei Tisch ertragen könnte. Aus diesem Grund ist eine Vereinigung von Schauspielern schwierig: die Spaltung in Klassen ist nicht zu vermeiden.

Überhaupt ist eine Vereinigung nur möglich in Branchen, wo die Beteiligten in großen Gruppen zusammenarbeiten, wo sie in denselben Stadtvierteln leben, zur selben sozialen

Klasse gehören und ungefähr gleich viel Geld verdienen. Unter dem Druck einer nicht mehr erträglichen Notlage können sie sich dann zusammenschließen und die Arbeitgeber zwingen, ihre Situation unter einem anderen Gesichtspunkt zu betrachten. Auf diese Weise sind die Verbände aus der momentanen Rebellion in eine dauernde Gewerkschaft hineingewachsen, wie wir sie heute kennen.
Machen wir uns einmal darüber Gedanken, was eine Vereinigung von Proletariern tun kann, um ihre Existenz gegen die ständigen Eingriffe des Kapitalismus zu verteidigen. Erstens ermöglicht sie dem Arbeiter, sofern die Vereinigung groß genug ist, seinem Arbeitgeber ohne jedes Risiko entgegenzutreten, weil dieser jetzt nicht mehr sagen kann, daß er, wenn es dem einen Arbeiter nicht paßt, schon einen anderen finden wird. Wenn nahezu alle Maurer in einer Stadt sich zusammentun und jeder Woche für Woche einen geringen Beitrag zahlt, bis sie einen Fonds haben, auf den sie zurückgreifen können, dann können sie, wenn der Unternehmer versucht, ihre Löhne zu verringern, sich weigern, weiterzuarbeiten, und von diesem Fonds leben, das Geschäft ihres Arbeitgebers also wochen- oder monatelang stillegen, je nachdem, wie lange ihr Geld reicht. Man nennt das einen Streik. Sie können nicht nur gegen eine Herabsetzung ihrer Löhne streiken, sondern auch für eine Erhöhung oder für kürzere Arbeitszeit oder für sonst irgendetwas, worüber sie sich mit dem Arbeitgeber nicht einigen können. Ihr Erfolg wird abhängen von der Geschäftslage ihres Arbeitgebers. Der kann zwar praktisch immer warten, bis der Streikfonds aufgebraucht ist, und die Streikenden so lange hungern lassen, bis sie gefügig werden. Aber wenn das Geschäft gerade sehr gut geht, und die Unternehmer es folglich so eilig haben, ihre Profite zu steigern, daß sie durch eine Unterbrechung der Geschäfte mehr verlieren würden als durch die Erfüllung der Streikforderungen, dann geben sie nach.
Doch werden sie abwarten, bis die Zeit für einen Gegenstreik reif ist. Sobald das Geschäft wieder abflaut und sie wenig oder gar nichts verlieren, falls sie ihren Betrieb für eine Weile schließen, setzen sie die Löhne herab und

sperren alle Arbeiter aus, die sich nicht mit weniger zufrieden geben. Deshalb nennt man den Streik der Arbeitgeber »Aussperrung«. Die Zeitungen gebrauchen das Wort »Streik« unterschiedslos für Streiks wie auch für Aussperrungen, weil ihre Leser den Arbeitern anstatt den Unternehmern die Schuld an den Streiks geben; aber einige der größten sogenannten Streiks hätten tatsächlich Aussperrungen genannt werden müssen. Ein Aufschwung im Handel verursacht immer eine Reihe von Streiks, die im allgemeinen erfolgreich verlaufen, ein Rückgang verursacht immer eine Reihe von Aussperrungen; und auch diese sind im allgemeinen erfolgreich, so daß die eine Reihe den Erfolg der anderen wieder zunichte macht. Ein trauriges Auf und Ab. Ihre eigene Erfahrung mit diesen bürgerkriegsähnlichen Streiks und Aussperrungen hat Sie sicher selbst zu der Überzeugung gebracht, daß es öffentliche Katastrophen gibt, die in einer wohlgeordneten Gemeinschaft überhaupt nicht möglich wären. Aber lassen wir das im Augenblick beiseite. Wir sind noch nicht zu Ende mit unserer Studie über die primitive Form der Gewerkschaften und wissen auch noch nicht, wohin diese führen, außer zum Sparen für einen Streik und zur Arbeitsniederlegung.
Die erste Notwendigkeit der Situation war, daß jeder in der Branche Arbeitende der Vereinigung beitreten mußte, weil Außenseiter von den Arbeitgebern ja als Streikbrecher benutzt werden konnten, um die Arbeit zu übernehmen, die die Streikenden verweigerten. Folglich entstand ein immer größer werdender, grimmiger Haß auf alle diejenigen, die nicht in die Vereinigung eintraten. – Wenn die Gewerkschaft nun zu einem Streik aufrief, stellte sie ganze Gruppen von Streikenden an den Eingang der Betriebe, um die Streikbrecher vom Betreten des Werks abzuhalten. Einer intelligenten Frau braucht man nicht erst zu sagen, daß dieses Abhalten so energisch in die Tat umgesetzt wurde, daß die Streikbrecher, falls nicht gerade eine starke Polizeitruppe zur Stelle war, glücklich sein konnten, wenn sie mit heilen Knochen überlebten. Schließlich kam in Sheffield und Manchester sogar eine Zeit, als Streikbrecher an den Hochöfen auf Bomben stießen, die sie in Stücke

rissen. Das ging zwar vorbei, aber nicht so sehr durch Bestrafung der Übeltäter, sondern dadurch, daß man die Arbeitgeber zwang, den Anlaß der Provokation zu mildern.
Als dieser offene Krieg erstmals erklärt wurde, benützten die Arbeitgeber ihren Einfluß im Parlament, um die ganze Sache als Verbrechen zu bestrafen. Die Gewerkschaften wurden als Verschwörungen bezeichnet; und jeder, der ihnen beitrat, folglich als Verschwörer, der entsprechend bestraft wurde. Aber das hinderte die Gewerkschaften nicht: es trieb sie nur in den Untergrund, machte sie also zu geheimen Gesellschaften und legte sie dadurch in die Hände von noch entschlosseneren, aber weniger gesetzesfürchtigen Anführern. Der Regierung wurde es schließlich unmöglich, mit diesem Druck weiter zurechtzukommen. Denn die wenigen Fälle, wo das Gesetz erfolgreich eingreifen konnte, wirkten wie Märtyrergeschichten, lösten lärmende Volksunruhen aus und belebten den Gewerkschaftsgedanken, anstatt ihn zu unterdrücken.
Danach versuchten die Arbeitgeber ihr Glück auf eigene Faust. Sie weigerten sich, Gewerkschaftsmitglieder einzustellen. Aber das half nichts: denn sie konnten nicht genug Nicht-Gewerkschaftler bekommen, um den Betrieb aufrecht zu erhalten; und wenn sie wirklich Gewerkschaftler einstellen mußten, wollten diese nicht mit den anderen zusammenarbeiten. Da weigerten sich die Arbeitgeber einfach, die Gewerkschaften »anzuerkennen«, was bedeutete, daß sie sich weigerten, mit den Gewerkschaftssekretären über Lohnfragen überhaupt zu verhandeln, und darauf bestanden, sich mit ihren Arbeitern direkt und individuell, d. h. immer nur mit einem allein, abzusprechen. Auch das ging schief. Denn es ist unmöglich, mit Hunderten oder manchmal Tausenden von Leuten lauter Einzelabkommen zu schließen. Die großen Unternehmer, die das zuerst zur Sprache brachten, meinten damit eigentlich, daß es überhaupt keine Verhandlungen mehr geben sollte. Die Männer sollten einfach kommen und das annehmen, was man ihnen als den üblichen Firmenlohn anbot, also gar nicht auf die Idee kommen, einen Gegenvorschlag zu machen. In

dem Moment aber, wo die Bildung der Gewerkschaften die Arbeiter in die Lage versetzte, die Löhne auszuhandeln, mußten die Großunternehmer, um Zeit zu sparen, darauf bestehen, daß die Verhandlung nur mit einem einzigen Vertreter der Arbeiter stattfand, der darin Erfahrung hatte und für geschäftliche Gespräche qualifiziert war: das heißt, mit dem Sekretär der Gewerkschaft. Das ganze Durcheinander endete damit, daß die Gewerkschaften nicht nur von den Großunternehmen anerkannt, sondern sogar als notwendiger Bestandteil der jeweiligen Industriezweige betrachtet wurden. Schließlich machte man die Gewerkschaften gar zu gesetzlichen Organisationen. Und die Veränderung vom rechtswidrigen zum gesetzlich geschützten Status schoß ein bißchen über das Ziel hinaus (eine Reaktion auf die vorangegangenen Ungerechtigkeiten), so daß die Gewerkschaftler nun Sonderrechte und eine Unverletzbarkeit erhielten, deren sich normale Gesellschaften nicht erfreuen konnten. Da wurde den Arbeitgebern klar, daß auch sie zusammenhalten mußten, wenn sie mit den Gewerkschaften verhandelten. Also gründeten sie eigene Vereinigungen, sogenannte Arbeitgeberverbände. Der Krieg zwischen Kapital und Arbeit ist deshalb heute ein Krieg zwischen den Gewerkschaften und den Arbeitgeberverbänden. Ihre Schlachten, oder vielmehr Blockaden, sind Aussperrung und Streik, und sie dauern, wie die militärischen Schlachten heutzutage, ein paar Monate.

Divide et impera!
(Teile und herrsche)

Der schwache Punkt der Gewerkschaften lag darin, daß sie die Zugeständnisse, die ihnen die Arbeitgeber einräumten, wenn das Geschäft lief, wieder verloren, sobald es schlecht ging, weil die Unternehmer, da sie ja über den Hauptanteil am Nationaleinkommen verfügten, einen Arbeitsstop immer länger durchhalten konnten, ohne zu verhungern, als ihre Arbeiter. Die Gewerkschaften sahen sich bald mit der Tatsache konfrontiert, daß sie mit Sicherheit durch die Aussperrungen alles wieder verlieren würden, was sie durch die Streiks gewannen, es sei denn, sie könnten die Zugeständnisse auf Dauer und durch das Gesetz gesichert bekommen. Zur gleichen Zeit erfuhren sie, daß das Parlament ein für allemal der Ausbeutung kleiner Kinder in den Fabriken ein Ende gesetzt hatte. Sie selbst wollten ein für allemal eine Verkürzung des schrecklich langen Arbeitstages in der Fabrik. Laut forderten sie deshalb eine Reduktion auf acht Stunden. Anfangs schien das ein unerreichbares Ideal; und noch heute (1927) sind wir weit davon entfernt, es ganz erreicht zu haben. Aber für Frauen, Kinder und Jugendliche schien mindestens ein Zehn-Stunden-Tag angebracht und auch möglich. Was die Männer betraf, so bekamen sie anfangs zu hören, daß es ein Verstoß gegen die »Britische Freiheit« darstelle, wenn man einen Engländer davon abhalten wolle, so lange zu arbeiten, wie es ihm beliebt. Aber wenn die Frauen und Kinder heimgehen, stehen die Maschinen in den Fabriken still, weil sie dann nicht mehr weiterarbeiten können. Und wenn die Maschinen stillstehen, können die Männer genausogut nach Hause gehen, weil ihre Arbeit wiederum nicht ohne die Maschinen getan werden kann. So erhielten die Männer indirekt über die Frauen eine Verkürzung ihrer Arbeitszeit durch Gesetzesbeschluß.

Aber wie war es möglich, daß die Arbeiter, die damals kein Wahlrecht besaßen, das Parlament dazu bringen konnten, diese wohltätigen Gesetze zum Schutz der Arbeitnehmer gegen die Arbeitgeber passieren zu lassen? Wo im Parlament doch nur Großgrundbesitzer, Kapitalisten und Arbeitgeber saßen!

Wenn ich darauf antworten wollte, daß diese Gesetze reine Gewissensentscheidungen waren, würde mir heute niemand glauben, denn der Kapitalismus hat unseren Glauben an irgendeine wirksame Kraft außer derjenigen des mit Gewalt unterstützten Eigeninteresses zerstört. Aber selbst ein zynischer Kapitalist wird zugeben, daß wir zwar noch so gewissenlos sein können, wenn es um unsere eigenen Interessen geht, uns aber auf Kosten anderer höchst tugendhaft entrüsten können. Als intelligente Frau müssen Sie sich vergegenwärtigen, daß die Grundbesitzer und Arbeitgeber im Parlament vor hundert Jahren diesen »Wegweiser« ja noch nicht gelesen haben konnten und also auch nicht einsahen, daß ihre Interessen identisch waren, auch wenn ihr Beruf, ihre Gewohnheiten und gesellschaftliche Stellung sich stark voneinander unterschieden. Der Landedelmann verachtete den Arbeitgeber als vulgären Kaufmann und ließ ihn das auch spüren. Die Arbeitgeber wiederum, die genau wußten, daß jeder Schwachkopf ein Adliger oder Landedelmann sein konnte, wenn er das Glück hatte, auf einem Landsitz geboren zu werden, während man zum geschäftlichen Erfolg doch immerhin kaufmännische Begabung brauchte, waren entschlossen, die Privilegien des Landadels zu zerstören. In Frankreich geschah das durch eine Revolution im Jahre 1789; und nur weil die englischen Arbeitgeber mit einer ähnlichen Revolution im Jahre 1832 drohten, konnten sie den König und den Hochadel nach einer lang andauernden Volksagitation dazu zwingen, die berühmte »Reform Bill« vor dem Gesetz zu verabschieden, die praktisch die parlamentarische Herrschaft in England vom vererbbaren Landadel auf die industriellen Unternehmer übertrug.

Sie wissen, was Volksagitation bedeutet. Es bedeutet ein klein wenig vernünftige Begründung und sehr viel Beleidigung der anderen Seite. Vor 1832 schien es den meisten Leuten ganz selbstverständlich, daß gesellschaftlich Hoch-

geborene auch viele Privilegien haben sollten. Die Unternehmer aber stachelten nun das Volksempfinden gegen den Landadel auf, indem sie vor allem seine schlechten Taten verbreiteten.
Wenn die Konservativen (= Landadel) und die Liberalen (= Arbeitgeber) damals gemerkt hätten, daß sie dieselben politischen Interessen vertraten, und daß sie eine gemeinsame Front gegen die Arbeiter hätten bilden müssen, wäre den Arbeitnehmern keine andere Hoffnung als die auf Revolution geblieben. Aber die Konservativen und Liberalen verstanden nicht, ihre eigenen kommerziellen Interessen zu wahren. Die Konservativen hingen blindlings an ihren alten Privilegien: die Liberalen folgten der Spur ihrer neuen Profite so gedankenlos wie ein Jagdhund der Spur des Fuchses. Beide wollten sie im Parlament sein, weil es für sie persönlich von Bedeutung war und ihnen nicht nur den Weg zu den vordersten Reihen öffnete, wo die Kabinettsminister sitzen, sondern dadurch auch Ritterorden, Baronie und Hochadel erreichbar machte. Die Liberalen betrachteten sich als *die* Reform-Partei, weil sie die Reform-Bill durchgesetzt hatten, und gingen, weil die Arbeiter ja alle Arten von Reformen sehr dringend herbeiwünschten, davon aus, daß diese immer dankbar für die Liberalen stimmen würden.
Unter dieser Täuschung kam die Regierung der Liberalen dem Volk ein Stück entgegen und gewährte der Arbeiterpartei das Wahlrecht. Die Konservativen in der Opposition waren darüber zunächst so wütend, daß sie die Liberalen in der darauffolgenden Wahl schlugen; aber ein sehr kluger Führer der Konservativen namens Benjamin Disraeli, später Earl of Beaconsfield, ein Jude, der seine politische Laufbahn, genau wie Karl Marx, als Fürsprecher des Proletariats begonnen hatte, überzeugte die Konservativen davon, daß sie eigentlich viel beliebter beim Volk waren als die Liberalen, und brachte sie dazu, das neue Wahlrecht zu bewilligen, das sie kurz zuvor noch bekämpft hatten. Natürlich benutzten die Arbeiter, als sie auf diese Weise einige Stimmen bekamen, diese wenigen Stimmen, um noch mehr zu bekommen; und das Ergebnis war, daß das

allgemeine Wahlrecht eingeführt wurde, am Ende, obgleich spät genug, auch für die Frauen, die sich dieses Recht besonders wütend erkämpfen mußten und erst gewannen, als die politische Arbeit, die sie an Stelle der abwesenden Männer während der Kriegsjahre 1914-1918 leisteten, das Land derart beschämte, daß es sie wahlberechtigt machen *mußte*.
Die proletarischen Wähler, die früher nur entweder die Konservativen oder die Liberalen stützen konnten, können inzwischen Konservative und Liberale zusammen überstimmen und ihre eigenen Arbeiter-Kandidaten wählen. Zuerst haben sie das nicht begriffen; auch heute haben sie es noch nicht völlig begriffen. Sie begannen vielmehr ängstlich damit, daß sie etwa ein Dutzend Männer ins Parlament sandten, die damals noch nicht Mitglieder der Arbeiterpartei hießen, sondern »Arbeitermitglieder der liberalen Partei«. So wurde es den liberalen Regierungen zur Gewohnheit, einen kleinen Ministerialposten an irgendeinen gutmütigen Mittelklasse-Professor abzugeben, von dem man in etwa annehmen konnte, daß er sich für Arbeitsgesetzgebung und Volksbildung interessierte, der aber von allen anderen Kabinettsmitgliedern offen wie ein unbedeutendes Nichts behandelt wurde.
Unterdessen wuchsen sozialistische Gesellschaften empor. Sie bestanden aus Leuten, die Karl Marx' berühmte Aufdeckung der Sünden im Kapitalismus studiert hatten und ein damals weitverbreitetes Buch mit dem Titel »Fortschritt und Armut«, dessen Autor, ein Amerikaner namens Henry George, selbst noch erlebt hatte, wie amerikanische Dörfer, deren Bewohner weder arm genug waren, um verachtet und elend, noch reich genug, um faul und extravagant zu sein, sich durch einfache Operationen privater Grund- und Kapitalbesitzer in sagenhaft reiche Städte verwandelten, wobei der Reichtum allerdings so schlecht verteilt war, daß die Masse der Einwohner in entsetzlicher Armut dahinvegetierte, während eine Handvoll Besitzender in Millionen schwelgte. Diese neuen sozialistischen Gesellschaften brachen mit der Tradition der proletarischen Anhänglichkeit an die Liberale Partei, indem sie die

Arbeiter – wie Karl Marx das nannte – »klassenbewußt« machten, ein Begriff, auf den Sie als intelligente Frau wahrscheinlich schon mehrmals in den Zeitungen gestoßen sind, ohne deshalb genauer als die Zeitungsschreiber zu wissen, was er eigentlich bedeutet.
Die Wähler, die bis dahin geglaubt hatten, daß es nur zwei politische Parteien gab, nämlich die Konservativen (Tories) und die Liberalen (Whigs), die Vertreter der beiden großen religiösen Lager von Kirche und Dissidenten und der beiden großen wirtschaftlichen Interessengemeinschaften aus Bauern und Landadel sowie geschäftstüchtigen Städtern und Kapitalisten, wurden nun belehrt, daß vom Gesichtspunkt des Arbeiters aus die Wahl zwischen Konservativen oder Liberalen diesem keinen Pfennig brachte, denn egal, wer von den beiden gewann, der Arbeiter verlor immer. Die einzigen zwei Parteien, so erfuhren sie, die wirklich entgegengesetzte Interessen haben, seien die Partei der besitzenden Klasse auf der einen und die Partei des besitzlosen Proletariats auf der anderen Seite: mit anderen Worten, die Partei des Kapitals und die Partei der Arbeiter. Was die Welt tatsächlich in Bewegung bringe, sei der »Klassenkampf« oder »Klassenkrieg« zwischen den Eigentümern und dem Proletariat um den Besitz von Land und Kapital (d. h. um die Produktionsmittel). Wenn jemand das begriffen hatte, galt er als klassenbewußt. Diese Bezeichnung ist allerdings irreführend, weil sie den Eindruck erweckt, als seien alle Proletarier in einem Lager und die ganze Bourgeoisie im andern, was nicht stimmt; aber da Sie als intelligente Frau bis hierher gelesen haben und also wissen, um was es geht, wollen wir es für den Augenblick dabei belassen.
Die ersten sozialistischen Verbände hatten falsch begonnen, weil sie das Parlament als ein feindseliges Lager behandelten; weil sie die Kirchen boykottierten als bloße Verdummungsanstalten, als Rauschgift für die Arbeiter zur Unterwerfung unter den Kapitalismus; und weil sie die Gewerkschaften und Genossenschaften als schädlich denunzierten. Unter Marx und Engels, Morris und Hyndman war der Sozialismus eine Bewegung der Mittelklasse, her-

vorgerufen durch eine Revolte des Gewissens bei gebildeten und humanen Männern und Frauen gegen die Ungerechtigkeit und Grausamkeit des Kapitalismus, aber auch (dies ein wichtiger Faktor bei Morris) gegen seine brutale Nichtachtung der Schönheit und der täglichen Freude des Menschen an der Herstellung schöner Dinge um ihrer selbst willen. –

Immer wenn Ihr Mitgefühl stark in Wallung kommt über irgendeinen grausam behandelten Menschen oder über viele Menschen, von denen Sie nichts wissen, außer daß sie schlecht behandelt werden, wird Ihre großherzige Entrüstung diesen alle nur möglichen Tugenden zusprechen und den Unterdrückern alle möglichen Laster. Aber die rauhe Wirklichkeit ist, daß alle schlecht behandelten Leute schlimmer sind als die gut behandelten: ja, eigentlich ist dies der einzig triftige Grund, warum wir nicht zulassen sollten, daß irgendjemand schlecht behandelt wird. Wenn ich der Meinung wäre, daß Sie durch schlechte Behandlung eine bessere Frau würden, so würde ich mein Bestes tun, Sie schlecht zu behandeln. Aber wir sollten uns weigern, die Armut als eine gesellschaftliche Einrichtung zu tolerieren, nicht weil die Armen das Salz der Erde sind, sondern weil sie pauschal gesehen »schlecht« sind. Und die Armen wissen das besser als jeder andere. – Die einfachen Arbeiter hören Schmeicheleien genauso gern wie andere Leute und werden sie von den Wahlkandidaten in jeder Menge gierig schlucken, vorausgesetzt, daß jeder weiß, es ist nur Schmeichelei, und daß die Kandidaten die Wahrheit kennen; aber sie können nichts anfangen mit überquellend schwärmerischen Damen und Herren, die närrisch genug sind, die Armen für grausam mißverstandene Engel zu halten.

Um 1880 erkannten die Sozialisten ihren Fehler. Die Gesellschaft der Fabier machte sich frei von ihren Anarchisten und Borrowisten,* präsentierte den Sozialismus in Form einer Reihe parlamentarischer Maßnahmen und ermög-

* nach George Borrow (1803-1881); englischer Schriftsteller, unter Zigeunern lebend, dann als Agent der Britischen Bibelgesellschaft in Spanien.

lichte auf diese Weise auch dem durchschnittlichen, ehrenwerten und religiösen Staatsbürger, sich zum Sozialismus zu bekennen und einer sozialistischen Vereinigung anzugehören, ohne deswegen als Gesetzesbrecher verdächtigt zu werden, genauso wie er sich etwa zu einer konservativen Partei bekennen oder einem der üblichen verfassungstreuen Vereine angehören konnte. Einer ihrer Anführer, Herr Sidney Webb, heiratete Fräulein Beatrice Potter, das eine Studie aus erster Hand über Leben und Zusammenleben der Arbeiterklasse gemacht und ein Buch über die Genossenschaften veröffentlicht hatte. Die beiden schrieben zusammen die erste wissenschaftliche Geschichte der Gewerkschaften und gaben den Arbeitern damit nicht nur das Bewußtsein, auf ihre eigene politische Vergangenheit stolz sein zu können (ein sehr wichtiger Schritt im marxistischen Klassenbewußtsein), sondern sie zeigten auch den Mittelklasse-Sozialisten, wie die staatsnotwendige Arbeit der proletarischen Welt tatsächlich aussah, und überzeugten sie von der Absurdität ihrer Annahme, daß Sozialisten einfach arrogant über jene Organisationen hinwegsehen könnten, die das Volk bereits spontan und auf seine eigene Weise erreicht hatte. Nur indem man den Sozialismus auf die bereits bestehenden Organisationen übertrug, konnte er zu einer wirklich mächtigen proletarischen Bewegung werden. Fassen wir die Geschichte bis zu dem Punkt, den sie heute (1927) erreicht hat, zusammen: das Proletariat organisierte sich selbst politisch zu einer Arbeiter-Partei und schickte so viele Abgeordnete ins Parlament, daß aus dem Kabinett zweier kapitalistischer Parteien, die sich Konservative und Liberale nannten und um die Beute von Ämtern, Ehren und Regierungsruhm stritten, ein wirkliches Unterhaus wurde, eine Arena, in der sich das Proletariat und das Proprietariat gegenüberstanden, um eine Reihe von Fragen zu lösen, die alle mit den beiden Hauptproblemen zusammenhängen: der ersten, ob Land, Kapital und Industrie in den Besitz und die Kontrolle des Staates zu seinem eigenen Nutzen gelangen oder aber in den Händen kleiner Gruppen von Privatleuten bleiben sollte, die damit tun konnten, was sie wollten; und der zweiten: wer, solange das kapitali-

stische System noch andauerte, mehr zu sagen habe, derjenige, der das Kapital zur Verfügung stellt, oder derjenige, der die Arbeit macht. Die erste ist eine sozialistische Frage, die zweite eine Gewerkschaftsfrage.
Die Arbeiterpartei besteht nicht nur aus solchen Sozialisten, die eine Einkommensgleichheit anstreben, sondern auch aus Gewerkschaftlern, die nichts gegen die Aufrechterhaltung kapitalistischer Methoden in der Industrie einzuwenden haben, vorausgesetzt, daß die Arbeiter den Löwenanteil dabei erhalten. Es sollte eigentlich einfacher sein, das kapitalistische System so fortzuführen, daß die Proletarier sich den Löwenanteil nehmen, und die Grundbesitzer, Kapitalisten und Arbeitgeber vergleichsweise ärmer würden, einfacher jedenfalls, als die jetzigen Verhältnisse beizubehalten; denn die Arbeiter und in der Industrie Beschäftigten und deren Frauen und Töchter bilden etwa neun Zehntel der ganzen Bevölkerung; und alles in allem müßte es sicherer und stabiler sein, wenn auf neun zufriedene Personen nur eine unzufriedene käme, statt wie jetzt neun unzufriedene auf jede zufriedene.
Eine Gewerkschaftsregierung könnte auf diese Weise, mit der Masse des Volkes im Rücken, das Nationaleinkommen durch mitleidlose Besteuerung aller unverdienten Einkommen so umverteilen, daß die heute Reichen arm werden würden und der Arbeiter der Hahn im Korb wäre. Mehr noch: diese Einrichtung wäre wirtschaftlich viel stabiler als der gegenwärtige Stand der Dinge, in dem die Vielen arm und die Wenigen reich sind. Die einzige Gefahr für ihre Dauerhaftigkeit könnte von den Besitzenden ausgehen, weil diese sich vielleicht weigern würden, weiterhin Mieten und Zinsen einzukassieren, wenn ihnen doch fast alles wieder von den Finanzbeamten abgenommen wird. Wenn Sie heute tausend Pfund im Jahr verdienen und eine Ader fürs Geschäftliche besitzen, dann müssen Sie jetzt schon manchmal das Gefühl haben, daß Sie ihr Geld eigentlich nur für die Regierung verdienen. – Genauso wie die Besitzenden, als sie noch im Parlament den Ton angaben, ihre Macht benutzten, um noch den letzten Heller aus den Arbeitern herauszupressen, können die Arbeiter – und

werden es wahrscheinlich auch tun – ihre Macht benutzen, um von den Besitzenden den letzten Heller zu erpressen, wenn nicht die Einkommensgleichheit für alle zum Fundament eines verfassungsmäßigen Grundgesetzes gemacht wird. Im Moment sehen die besitzenden Klassen ihre Rettung vor dem Sozialismus noch in den kapitalistischen Gewerkschaften. Die Zeit wird aber kommen, wo sie nach dem Sozialismus rufen werden, damit er sie vor den kapitalistischen Gewerkschaften rette: d. h. vor der kapitalistischen Arbeiterschaft. In Amerika haben sich die Gewerkschaften bereits mit den Großunternehmen verbunden, um den schlafenden Partner in die Enge zu treiben. Darüber später mehr.

Ihr eigenes Kapital

Nachdem wir nun so lange über den Kapitalismus im allgemeinen gesprochen haben, wollen wir in einigen Kapiteln untersuchen, inwieweit Sie persönlich davon betroffen werden, falls Sie zufällig eine Dame mit etwas Eigenkapital sein sollten; also eine Dame, die den in ihrer Klasse üblichen Lebensstil aufrechterhalten kann und doch noch Geld übrig hat, um es als Kapital zur Aufbesserung ihres Einkommens zu verwenden. Ich will mit dem einfachen Fall einer Frau beginnen, die ihr Geld nicht als Unternehmerin, sondern durch eigene Arbeit verdient.

Nehmen wir an, bei ihrer Arbeit müßte sie addieren (sie wäre Buchführerin) oder schreiben (sie wäre Schriftstellerin oder Notarin) oder Leute besuchen, statt auf sie in einem Büro zu warten (sie wäre Ärztin). Es ist klar, daß, wenn sie genug Geld sparen kann, um sich eine Rechenmaschine zu kaufen, mit der sie die Arbeit von drei Durchschnittsbuchhalterinnen leisten kann (bzw. eine Schreibmaschine, ein Fahrrad, ein Auto), die Maschine es ihr ermöglichen wird, ein so viel größeres Tagespensum zu bewältigen, daß sie mit ihr mehr Geld verdienen kann als ohne sie. Man bezeichnet die Maschine gedankenlos als Kapital (die meisten Leute kommen mit diesem Irrtum ins Schleudern, wenn sie über ökonomische Dinge diskutieren); aber das Kapital war das ersparte Geld, mit dem die Maschine bezahlt wurde, und es ist inzwischen bereits verzehrt von den Arbeitern, die die Maschine hergestellt haben. Es existiert nicht mehr. Was noch existiert, ist die Maschine, die sich nach und nach abnutzt und niemals wieder für den Neupreis weiterverkauft werden kann. Ihr Wert fällt von Jahr zu Jahr, bis gar nichts mehr übrig ist als der Wert des Alteisens, aus dem sie besteht.

Nehmen wir nun an, die Dame heiratet und wechselt also ihren Beruf, um fortan Gattin, Mutter, Hausfrau usw. zu sein. Was soll sie dann machen mit ihrer Rechenmaschine, ihrer Schreibmaschine usw.? Sie kann sie nicht essen oder

mit sich herumtragen. Die Rechenmaschine kann ihr keine Hemden bügeln, die Schreibmaschine nicht die Möbel abstauben, das Auto, so herrlich es auch ist, nicht das Baby waschen.
Wenn Sie das, was ich gerade geschrieben habe, jener Sorte von Männern zeigen, die sich selbst als »praktische Geschäftsleute« bezeichnen, dann werden Sie sofort zu hören bekommen, daß ich dumm und kindisch sei: daß man nämlich eine Rechenmaschine durchaus essen könne, auch eine Nähmaschine etwa, daß man mit einer Schreibmaschine Möbel abstauben und mit einem Auto hundert Babies sauber machen kann. Alles, was man dazu tun müßte, sei, die Näh- oder Schreibmaschine zu verkaufen, um für das Geld Nahrungsmittel etc. zu holen. Und was ein solcher Mann sagt, wird insoweit richtig sein, als daß Sie all diese Dinge tun können, vorausgesetzt, *daß nicht zu viele andere Leute zur gleichen Zeit dasselbe wollen.* Gerade weil der »praktische Geschäftsmann« diese Voraussetzungen immer vergißt, ist er politisch ein so hoffnungsloser Schwachkopf.
Bitte, denken Sie daran, man braucht zwei für einen Handel und diese zwei müssen entgegengesetzte Dinge wollen. Wenn sie beide dasselbe haben oder loswerden wollen, können sie nicht handelseinig werden. Stellen Sie sich nun einmal vor, der Schatzkanzler würde sich als ein »praktischer Geschäftsmann« in den Kopf setzen, mehr Geld einzutreiben, und zwar durch Besteuerung des Kapitals anstatt des Einkommens. Und nehmen Sie an, er würde, weil Tausende von Frauen Kapital in Form von Nähmaschinen besitzen, die sie, sagen wir mal, für fünf Pfund pro Stück verkaufen können, vorschlagen, daß jede eine Steuer von drei Pfund verkraften solle. Wenn er tatsächlich, wie wir annehmen wollen, das Unterhaus dazu überreden könnte, eine solche Steuer als »Kapitalabgabe«, oder einen ähnlich blödsinnigen Begriff aus der Geschäftspraxis, zu erheben, und alle Frauen ihre Nähmaschinen verkaufen müßten, um die Steuer überhaupt zahlen zu können, was wäre dann? Jede Frau, die ihre Maschine zu verkaufen suchte, würde all die anderen Frauen vorfinden, die ihre

Maschinen ebenfalls verkaufen wollen, und keiner würde sie ihr abkaufen. Sie könnte sie als Alteisen für ein paar Schilling weggeben, aber damit wäre sie nicht in der Lage, die Steuer zu zahlen. Der Steuereinnehmer würde, weil er keine Zahlung erhielte, ihr Hab und Gut pfänden: das heißt, er würde die Nähmaschine nehmen. Aber verkaufen könnte auch er sie nicht, so daß er sie unverkauft an den Schatzkanzler weitergeben würde, und dieser sich unter einem Haufen tausender unverkäuflicher Nähmaschinen wiederfände anstatt die Tausende von Pfunden zu bekommen, auf die er gewartet hatte. Er würde kein Geld haben und die Frauen keine Nähmaschinen, alles nur, weil die Geschäftspraktiker ihm erzählt haben, daß man Nähmaschinen in Brot verwandeln könne.

Wenn Sie darüber ein klein wenig nachdenken, werden Sie erkennen, daß der Unterschied zwischen Privatangelegenheiten und Staatsangelegenheiten der ist, daß Privatangelegenheiten von den Leuten selbst in die Hand genommen werden können, jede für sich und zu ihrer Zeit, während Staatsangelegenheiten etwas sind, was wir alle von Gesetzes wegen zu gleicher Zeit tun müssen. Zu Hause sind Sie Privatperson und kümmern sich um Ihre eigenen privaten Angelegenheiten; aber wenn Sie ins Parlament gehen oder vielleicht gar in das Kabinett, werden Sie eine staatliche Person. Als Privatperson müssen Sie überlegen, ob Sie lieber dies oder das tun. Aber als Staatsperson müssen Sie sich fragen, ob *alle* lieber dies oder das tun sollten. Man nennt dies den kategorischen Imperativ.*

Nun gibt es bei uns aber tatsächlich eine Kapitalsteuer, die oft angeführt wird, um damit zu beweisen, daß eine solche Besteuerung möglich ist. Wenn wir sterben und irgend etwas hinterlassen, werden auf den angenommenen Kapitalwert dieses Besitztums sogenannte Erbschaftssteuern (offiziell: Vermögenssteuer) erhoben. Wenn die Leute diese überhaupt bezahlen können, so deshalb, weil wir nicht alle gleichzeitig am 5. April sterben und also keine

* Der kategorische Imperativ Immanuel Kants: »Handle so, daß die Maxime deines Willens zugleich als Prinzip einer allgemeinen Gesetzgebung dienen kann.«

landesweite Erbschaftssteuerzahlung zum nächsten 31. Dezember fällig wird. Wir sterben selten und langsam, nicht einmal zwanzig von tausend Leuten pro Jahr, und von diesen zwanzig besitzen wiederum nicht mehr als zwei überhaupt etwas. Den Erben, so sollte man denken, müßte es leicht fallen, einen Teil ihres Einkommens zu verkaufen, um so viel Bargeld zu bekommen, daß sie die Steuern bezahlen können; vorausgesetzt die Käufer sind Kapitalisten, deren Väter oder Onkel nicht auch gerade kurz vorher das Zeitliche gesegnet haben. Und doch muß die Regierung oft lange auf das Geld warten. Diese Steuer ist ganz einfach dumm, nicht weil sie Besitztum konfisziert und den Staat einen Teil davon erben läßt (warum sollte er nicht?), sondern weil sie grausam und unfair vorgeht. Eine Hinterlassenschaft, die dreimal innerhalb eines Jahrhunderts von Erben zu Erben wandert, wird zwar die Erbschaftssteuer kaum spüren. Eine andere aber, die in einem einzigen Jahr dreimal wandert (bei einer Epidemie zum Beispiel) schrumpft auf ein Nichts zusammen und läßt die Erben vom Überfluß in die Not sinken. Wenn Sie Ihr Testament aufsetzen, so überlegen Sie sorgfältig, wie Sie armen Leuten wertvolle Objekte hinterlassen können. Wenn nämlich die Armen ihre Sachen behalten wollen, müssen sie vielleicht mehr Erbschaftssteuern dafür zahlen als sie aufbringen können. Wahrscheinlich werden Sie das Geerbte sogar verkaufen müssen, um die Steuer dafür aufzubringen.

Der Geldmarkt

Und jetzt, immer noch in der Annahme, daß Sie eine Dame mit etwas Vermögen sind, kann ich Ihnen vielleicht bei Ihren Privatunternehmungen ein wenig nützlich sein, wenn ich Ihnen jene mysteriöse Institution erkläre, wo Sie investieren können, den sogenannten Geldmarkt mit seinem chronischen Leiden des Auf- und Abschwankens, der Ihr Einkommen jeden Augenblick angenehm vergrößern kann, ohne daß Sie das Geringste dazu tun müßten, oder auch verschlucken und Sie ruinieren auf eine Weise, wie sie Ihnen auch kein anderer erklären kann, weil er sie selbst nicht versteht.

Ein Markt für den An- und Verkauf von Geld ist, oberflächlich betrachtet, Unsinn. Sie können vernünftigerweise sagen: Ich will für fünf Schilling Lachs; aber es ist lächerlich zu sagen: Ich will für fünf Schilling Geld! Denn für fünf Schilling Geld ist eben fünf Schilling; und wer will schon fünf Schilling gegen fünf Schilling eintauschen? Keiner kauft Geld für Geld, außer jene Wechselstellen, die fremde Noten und Münzen ankaufen und sie Ihnen dann wieder verkaufen, wenn Sie ins Ausland reisen.

In England selbst aber will niemand englisches Geld kaufen, nur mieten wollen wir es häufig oder, wie wir es nennen, leihen. Sich etwas leihen und etwas mieten, bedeutet jedoch nicht ein und dasselbe. Sie können sich von Ihrer Nachbarin eine Bratpfanne leihen und sie später mit einem freundlichen Dankeschön zurückgeben. Aber auf dem Geldmarkt gibt es keine Freundlichkeit: dort bezahlen Sie für das, was Sie bekommen, und nehmen Geld für das, was Sie geben – das gehört zum Geschäft. Und es versteht sich ganz von selbst, daß Sie nicht das Gemietete zurückgeben: Sie verbrauchen es auf der Stelle.

Wenn Sie Ihre Nachbarin bitten, Ihnen diesmal nicht eine Pfanne, sondern einen Laib Brot und eine Kerze zu leihen, so versteht es sich auch von selbst, daß Sie das Brot essen und die Kerze brennen lassen und Ihrer Nachbarin dafür später einen frischen Laib Brot und eine neue Kerze zurückgeben.

In dem Moment also, wo Sie sich Geld leihen, leihen Sie eigentlich das, was man damit kaufen kann: d. h. Brot und Kerzen und alle möglichen anderen Dinge zum sofortigen Gebrauch. Wenn Sie sich einen Schilling leihen, dann tun Sie das, weil Sie sich etwas kaufen wollen, das einen Schilling kostet, und es gleich benützen möchten. Dieses Etwas können Sie nicht zurückzahlen; Sie können lediglich etwas Neues herstellen oder jemandem einen Dienst tun, um dafür einen Schilling zu bekommen, und diesen Schilling dann zurückgeben. (Natürlich können Sie sich auch den Schilling von einem Dritten leihen oder darum betteln oder ihn stehlen; aber ein solches Geschäft paßt nicht zu einer Dame). Auf jeden Fall kann die Geldgeberin erst, wenn Sie zahlen, sich die Dinge kaufen, die der Schilling repräsentiert. Wenn Sie ihr für das Warten noch etwas zusätzlich geben, dann mieten Sie in Wirklichkeit das Geld von ihr.

In diesem letzteren Fall sind Sie ihr gegenüber in keiner Weise verpflichtet, weil Sie ihr einen ebenso großen Dienst erweisen wie sie Ihnen. Vielleicht erkennen Sie das nicht auf Anhieb, aber überlegen Sie mal: alles Geld, das verliehen wird, muß notwendigerweise überschüssiges Geld sein, denn die Leute können erst dann Geld verleihen, wenn sie ihren eigenen Lebensunterhalt bestritten haben. Dieses übriggebliebene Geld nun ist nichts anderes als eine Art leicht zu handhabender Gewähr für Dinge, die sonst übrigblieben, vor allem Essen, das ja faul wird und verdirbt, wenn man es nicht sofort verbraucht. Wenn Ihre Nachbarin ein Brot übrig hat, und ihr Haushaltsbedarf für eine Woche gedeckt ist, dann tun Sie ihr einen Gefallen, wenn Sie das Brot für sie aufessen, und versprechen, ihr nächste Woche dafür einen frischen Laib zu geben. Ja, eine Frau, die einen Laib Brot übrig hat, nachdem ihre Familie restlos satt ist, könnte sogar – ehe sie das Brot in den Abfalleimer wirft – zu ihrer Nachbarin sagen: Sie mögen das ganze Brot haben, wenn Sie mir dafür nächste Woche wenigstens einen halben Laib frisches Brot geben; das heißt, sie könnte die andere Hälfte als »Bezahlung« anbieten für den Gefallen, den man ihr tut, damit sie nicht den ganzen Laib verliert, denn dieser würde andernfalls natürlich verschimmeln. Die Wirtschaftswissenschaftler nennen diese Bezahlung »negative Zinsen«. Es heißt soviel wie, daß Sie andere für die Aufbewahrung Ihres überschüssigen Geldes bezahlen, bis Sie es wieder haben wollen, und nicht von ihnen bezahlt werden für diese Erlaubnis. Letzteres nennen die Wirtschaftswissenschaftler »positive Zinsen«. Das eine ist so üblich wie das andere. Und der einzige Grund, warum in unserer Zeit Sie niemand bezahlen wird, wenn Sie Geld von ihm leihen, während jeder Ihnen etwas zahlt, sobald Sie ihm Geld leihen, ist der, daß unter unserem System der ungleichen Einkommensverteilung so Wenige von uns noch Geld zum Verleihen übrighaben und so Viele weniger besitzen, als sie zum sofortigen Verbrauch benötigen, daß es immer massenhaft Leute gibt, die nicht nur das überschüssige Geld gleich auszugeben sich anbieten, sondern auch dem Verleiher die volle Rückerstattung in frischer Ware plus eine Bezahlung für die Wartezeit versprechen. Die Wirtschaftswissenschaftler nannten diese Bezahlung einmal den »Lohn der Enthaltsamkeit«, was Unsinn war, denn man muß die Leute nicht dafür belohnen, daß sie sich »enthalten«, doppelt soviel zu essen oder sechs Kleider und Mäntel übereinander zu tragen und in zwölf Häusern gleichzeitig zu wohnen: im Gegenteil, sie hatten allen Grund dazu, jedem dankbar zu sein, der sie von diesem Überfluß befreite und ihnen dafür noch etwas bezahlte. Wenn wir statt weniger Reicher und vieler Armer sehr viel reiche Leute hätten, würden die Bankiers einen hohen Preis für die Aufbewahrung Ihres Geldes verlangen; und die Grabinschrift des toten Ritters auf dem Gemälde von Watts: »Was ich gespart, habe ich verloren«, wäre sowohl materiell wie ideell zutreffend. Wenn Sie dann nämlich 100 Pfund übrig hätten und bis zum nächsten Jahr sparen wollten, sie also zum Geschäftsführer Ihrer Bank bringen würden, damit er das Geld aufbewahre, würde er sagen: Tut mir leid, gnädige Frau, aber so lange werden Ihre 100 Pfund nicht halten. Alles, was ich für Sie tun kann, ist,

Ihnen zu versprechen, daß Sie im nächsten Jahr siebzig Pfund zurückbekommen (oder fünfzig, zwanzig, fünf, je nachdem)!

Unter dem Kapitalismus kann so etwas allerdings nicht passieren, weil der Kapitalismus das Nationaleinkommen so aufteilt, daß viele arm, und wenige ungeheuer reich sind. In absehbarer Zeit dürfen Sie also damit rechnen, Ihr überschüssiges Geld noch verleihen (d. h. investieren) zu können und dafür so und soviel pro Jahr gezahlt zu bekommen, bis Ihnen das Geliehene zurückerstattet wird. Die Bezahlung dafür, daß Sie warten, nennt man Zinsen, oder, wie es in der Bibel heißt: Wucher. Zinsen ist das höfliche Wort dafür.

Der Geldmarkt nun ist die Stelle in einer Stadt, wo ganze Jahreseinkünfte gekauft werden gegen runde Summen von Bargeldüberlassung. Das Zinseinkommen, das Sie sich für 100 Pfund (die Maßeinheit) kaufen können, variiert von Tag zu Tag, je nachdem, wie viel oder wenig Geld angeboten wird. Es variiert auch je nach der Stabilität der Einkünfte und den potentiellen jährlichen Schwankungen.

Arme Leute haben zu diesem amtlichen Geldmarkt gar keine Verbindung, denn die einzige Sicherheit, die sie bieten können, wenn sie sich nicht gerade beim Pfandleiher Geld leihen, ist das Versprechen, wöchentlich so und soviel von ihrem Verdienst zurückzuzahlen. Da dieses Versprechen viel weniger Gewißheit bietet als ein Aktienbrief oder Pachtvertrag, haben sie einen verhältnismäßig hohen Preis zu zahlen. Zum Beispiel kann sich eine arme Frau einen Schilling leihen gegen einen Wochenzins von einem Penny. Das ist der übliche Satz, und armen Leuten erscheint er durchaus angemessen. Aber es ist mehr als sechsundachtzigmal soviel wie etwa die Regierung zahlt, wenn sie Geld aufnimmt. Je ärmer Sie sind, desto mehr zahlen Sie, weil das Risiko, daß Sie nicht zurückbezahlen können, größer ist.

Der Preis für Geld ändert sich aber auch je nach dem Zweck, zu dem es entliehen wird. Ihre Verbindung zum Geldmarkt besteht, so hoffe ich, eher darin, daß Sie Ihr Geld verleihen, nicht aber anderes entleihen. Lassen Sie

sich von dem Begriff »Geldverleiherin« nicht verwirren (es liegt darin, ich wiederhole es, nichts Unehrenhaftes). Zwar wird niemand Ihre Investitionen Darlehen nennen, aber sie sind es trotzdem. Nur sind es keine Darlehen an Einzelpersonen, sondern an Aktiengesellschaften zu besonderen Bedingungen. Die Geschäftsleute in den Städten bilden immer solche Gesellschaften und bitten Sie, ihnen Geld zu leihen, damit sie ein großes Unternehmen starten können, vielleicht einen Laden oder eine Omnibuslinie nur eine Straße weiter oder auch einen Tunnel durch die Anden oder einen Hafen im Pazifischen Ozean usw. Aber sie leihen sich das Geld nicht nur unter der einfachen Bedingung, Sie dafür zu bezahlen, bis es zurückerstattet ist. Sondern sie bieten Ihnen auch an, daß das Geschäft, sowie es läuft, Ihnen und allen anderen Geldgebern (den sogenannten Aktionären) gehören soll; so daß bei beginnender Rentabilität der Gewinn zwischen Ihnen allen proportional zu der geliehenen Summe aufgeteilt wird. Andererseits verlieren Sie jedoch, wenn kein Gewinn abfällt, auch Ihr ganzes angelegtes Geld. Ihr einziger Trost dabei ist, daß Sie nicht noch *mehr* verlieren können. Sie können nicht herangezogen werden, etwa die Schulden der Firma zu zahlen, wenn diese mehr ausgegeben hat als Sie ihr geliehen haben. Ihre »Haftung« ist »beschränkt«, wie das heißt.
Dies alles ist ein Glücksspiel; und um Sie zu ermutigen, falls Sie ängstlich sind (oder wollen wir sagen »vorsichtig«?), können diese Firmen Sie auch bitten, daß Sie ihnen Geld gegen einen festgesetzten Satz von, sagen wir, sechs oder sieben Prozent leihen, wobei als abgemacht gilt, daß dieser Prozentsatz ausgezahlt wird, noch bevor die anderen, die gewöhnlichen Geldgeber, etwas bekommen, egal wie hoch die Gewinne sein mögen. Wenn Sie dieses Angebot annehmen, so heißt es, daß Sie »Obligationen« oder »Vorzugsaktien« bei der Firma besitzen, die anderen nur gewöhnliche Aktien. Es gibt einige verschiedene Arten von Vorzugsaktien sowohl wie von gewöhnlichen Aktien, aber es handelt sich immer um gemietetes Geld, das ein anderer übrig hat, und der einzige Unterschied liegt in den Bedingungen, unter welchen Sie angelockt werden, dieses Geld

zur Verfügung zu stellen. Wenn Sie eine Aktie besitzen, und diese Ihnen ein Einkommen bringt, so können Sie diese Aktie jederzeit, falls Sie gerade Bargeld brauchen, auf dem Geldmarkt zu dem gerade gültigen Wert verkaufen an jemanden, der Geld übrig hat und es nicht nur »sparen« möchte, sondern noch etwas dabei verdienen will. Die Abteilung des Geldmarktes, wo Aktien auf diese Weise an- und verkauft werden, nennt man Börse. Um eine Aktie zu verkaufen, müssen Sie einen Agenten einspannen, einen sogenannten Makler, der mit Ihrer Aktie zur Börse geht und dort einen anderen Agenten, den sogenannten Spekulanten, auffordert, ihm »einen Preis zu machen«. Die Aufgabe des Börsenspekulanten ist es, zu wissen, was die Aktie wert ist, also, wie gut das Geschäft der Firma gerade steht, wieviel Geld gerade für diese Aktien angeboten wird und wie viele dieser einkommenbringenden Aktien gerade zum Verkauf angeboten werden. Sprechen Sie niemals respektlos von den Spekulanten: es sind sehr wichtige Leute, und sie halten sich selbst für größere Meister im Geldgeschäft als die Börsenmakler.
Das legitime Geschäft der Börse besteht aus dem An- und Verkauf von Aktien für Firmen, die bereits etabliert sind. Sie hat aber auch viel zu tun mit einem seltsamen Spiel, das man Spekulation nennt, und das phantastische Preise für imaginäre Aktien anbietet. Aber im Augenblick wollen wir so tun, als seien die gehandelten Aktien wirklich alle von etablierten Firmen; denn für das Land ist es wichtig, daß das überschüssige Geld nicht zum Ankauf von Aktien alter Firmen verwandt wird, sondern zur Gründung von neuen oder zumindest zur Betriebsvergrößerung und Ausdehnung der Arbeitsbereiche von alten. Nun ist das Börsengeschäft aber dafür kein Index, ja es muß nicht einmal etwas damit zu tun haben. Angenommen, zum Beispiel, Sie hätten 50 000 Pfund übrig und würden diese in Eisenbahnaktien investieren! Sie können damit keinen einzigen Meter Eisenbahngeleise, auch keinen neuen Zug einführen, ja noch nicht einmal einen bereits vorhandenen Zug mit mehr Fußheizung ausstatten. Ihr Geld wird nicht die geringste Auswirkung auf die Eisenbahnlinien haben. Das einzige,

was geschieht, ist, daß Ihr Name anstelle eines anderen Namens oder mehrerer anderer Namen in die Liste der Aktionäre eingetragen wird, und daß Sie in Zukunft dafür Geld erhalten. Ihr Vorgänger hat damit seine 50 000 Pfund wieder, um damit tun und lassen zu können, was er will. Er kann sie auf der Spielbank in Monte Carlo ausgeben oder beim britischen Pferderennen oder dem Fonds der Arbeiterpartei schenken. Vielleicht sind Sie dem Glücksspiel besonders abgeneigt oder finden die Arbeiterpartei schrecklich. – Aber Ihr Protest wäre umsonst. In der Praxis, so werden Sie herausfinden, müssen Sie Ihre Aktien bei etablierten Gesellschaften an der Börse kaufen, und Ihr Geld wird niemals der Firma zufließen, von der Sie die Aktien kaufen. Seine tatsächliche Bestimmung wird völlig außerhalb Ihrer Kontrolle sein. Ein Arbeitstag an der Börse ist dem Namen nach ein segensreicher Zuwachs von Hunderttausenden von Pfunden gesparten Geldes für das Industriekapital unseres Landes, kann in Wirklichkeit aber ihre Verschwendung bedeuten für extravaganten Luxus oder verderblichen Unfug, ganz zu schweigen von der Möglichkeit, daß das Geld ins Ausland wandert, um fremde Geschäfte aufbauen zu helfen, die mit der Gesellschaft, deren Aktien Sie gekauft haben, erfolgreich konkurrieren und sie selbst daher arm machen kann.

Und nun werden Sie sagen: wenn das so ist, will ich besonders darauf achten, nur Aktien von neuen Gesellschaften zu kaufen, die das Geld direkt an ihren Bankier weitergeben und sich an den Wortlaut des mit dem Prospekt verteilten Formulars auch halten, damit kein Makler oder Spekulant irgendetwas davon erfährt, ich also sicher sein kann, daß mein Geld zum Aufbau eines neuen Unternehmens verwandt wird und den Produktionsquellen unserer Landesindustrie zufließt. Meine Liebe, Sie werden alles verlieren, es sei denn, Sie sind überaus vorsichtig, sehr gut informiert über die möglichen Risiken und sehr intelligent in Geldsachen. Geschäftspromotion ist, ich muß das leider sagen, in ihren unüberblickbaren Winkeln die größte Gaunerei. Gesetz um Gesetz hat das Parlament erlassen, ohne viel Erfolg, um Schwindler daran zu hindern, daß sie für irgendeinen ausgezeichneten Artikel eine Firma gründen und dann, wenn sie so viel Geld zusammen haben, wie sie am Aktienverkauf verdienen können, überhaupt keinen ernsthaften Versuch machen, den Artikel auch herzustellen, sondern nur Büros mieten, Waren bestellen, sich selbst zu Direktoren, Managern, Sekretären und sonst irgendwas Einträglichem ernennen, Provisionen von all ihren Bestellungen nehmen und, nachdem sie die ganze Beute auf diese Weise unter sich aufgeteilt haben (was ganz und gar legal ist), die Firma als gescheitert liquidieren. Alles, was Sie in einem solchen Fall tun können, ist, zur Generalversammlung zu gehen und Krach zu schlagen, wobei Sie aber sehr achtgeben müssen, daß Sie die Schwindler nicht Schwindler nennen, denn wenn Sie das tun, werden die sofort eine Beleidigungsklage gegen Sie einreichen und Schadensersatz von Ihnen verlangen. Aber durch das Krachschlagen retten Sie nicht Ihr Geld. Die Summe, die arglosen Frauen auf diese Weise jedes Jahr gestohlen wird, ist erschreckend hoch.

Aber selbst, wenn Sie diesen Schwindlern und Gaunern entgehen – die genau wissen, was sie tun, und über den Erfolg ihrer Gesellschaften ebenso erstaunt sind wie ein Dieb, der beim Einbruch in ein Haus höflich empfangen und zum Abendessen eingeladen wird –, werden Sie vielleicht immer noch in Versuchung gebracht durch jene von ehrlichen Enthusiasten gegründeten Gesellschaften, die zurecht an ihren Plan glauben, denen der Erfolg schließlich auch recht gibt und die ihr ganzes selbst erspartes Geld sowie viel harte Arbeit hineinstecken. Aber solche Leute unterschätzen fast immer die Kosten. Weil sie noch neu im Geschäft sind, haben sie keine Erfahrung, es zu führen; und ihr eigener Enthusiasmus führt sie in die Irre. Wenn sie auf halbem Weg zum Erfolg gelangen, ist das Aktienkapital restlos verbraucht, so daß sie gezwungen sind, all ihren Einsatz für einen Pappenstiel an eine andere Gesellschaft zu verkaufen, die eigens zur Übervorteilung der alten Firma gegründet wird. Manchmal geht es der zweiten Gesellschaft genauso wie der ersten, und sie wird von einer dritten aufgekauft. Die Gesellschaft, die am Schluß Erfolg hat, kann gestützt sein auf das Geld und die Arbeit von drei oder vier Pioniergenerationen, denen die notwendigen Mittel zur Vervollständigung des Betriebes ausgegangen sind. Die informierten Geschäftsleute wissen das und liegen auf der Lauer, bis der Moment des endgültigen Erfolgs kommt. Einer von ihnen hat das einmal so ausgedrückt: »Geld verdient man, wenn man in die dritte Sanierung einsteigt.« Für sie mag das eine glänzende Geldanlage sein; aber die ursprünglichen Aktionäre, die so intelligent waren, daß sie die erfolgreiche Zukunft des Geschäfts voraussahen, und den Unternehmungsgeist hatten, das Ganze zu beginnen, sie sind die Dummen. Ihre Hoffnung sehen sie erfüllt und ihre Beurteilung gerechtfertigt, aber weil sie das aus den Fenstern der Armenhäuser beobachten müssen, sind sie eher ein warnendes als ein anspornendes Beispiel für nachfolgende Investoren.

Sie können solche Risiken vermeiden, indem Sie sich niemals an einer Firmenneugründung beteiligen, sondern Ihren Makler beauftragen, für Sie Aktien bei einer gut etablierten Firma zu kaufen. Sie werden ihr damit nicht helfen, aber jedenfalls selbst sicher sein können, daß es weder eine Schwindelgesellschaft ist, noch eine, die mit zu wenig Kapital begonnen hat und auf einmal mit schwerem oder totalem Verlust verkaufen muß. Hüten Sie sich vor Unternehmungsfreude! Hüten Sie sich vor gemeinnützigen Idealen! Hüten Sie sich vor Gewisseneingebungen und Zukunftsvisionen! Gehen Sie lieber auf Nummer sicher. Wenn Sie können, leihen Sie Ihr Geld der Regierung oder den Gemeinden, auch wenn Sie dabei vielleicht weniger verdienen; denn es gibt keine so sichere und nützliche Investition wie die kommunale. Und wenn Sie Journalisten begegnen, die das kapitalistische System als einen herrlichen Anreiz für all die »guten Dinge« rühmen, vor denen ich Sie gerade gewarnt habe, so nehmen Sie sich zusammen, und vergessen Sie nicht, daß Sie eine Dame sind!

Spekulationen

Im letzten Kapitel habe ich angenommen, daß Sie eine Kapitalistin sind. Jetzt will ich von der Annahme ausgehen, daß Sie vielleicht eine Ader für das Glücksspiel haben. Auch wenn Sie es verabscheuen sollten, ist das Spiel mit dem Glück doch ein notwendiger Teil Ihres Studiums der modernen Sozialkunde. Sie müssen wissen, wie es gemacht wird. Ohne dieses Wissen heiraten Sie vielleicht gar einen Spieler, obwohl Sie sich vorher peinlichst vergewissert haben, daß er niemals eine Karte berührt, niemals an einem Roulette-Tisch gesessen oder auf ein Pferd gewettet hat, sondern nur mit Geldgeschäften an der Börse beschäftigt gewesen war. Es könnte passieren, daß er Sie dann in einer Woche ermutigte, Geld wie Heu auszugeben, und in der nächsten protestierte, Sie könnten sich unmöglich einen neuen Hut leisten. Kurz, Sie würden vielleicht eine tragische Figur abgeben, als Frau eines Spielers, die selbst gar keine Veranlagung zum Glücksspiel hat.

Ein paar Seiten vorher habe ich eine Bemerkung gemacht über ein Spiel, das an der Börse gespielt wird und Spekulation heißt, und bei dem phantastische Preise für imaginäre Aktien angeboten werden. Ich will Ihnen dieses Spiel erklären und die Entscheidung, ob Sie es meiden oder sich hineinstürzen, Ihrem Geschmack und Gewissen überlassen. Es ist jedenfalls die weitestverbreitete und aufregendste Form von Glücksspiel, die der Kapitalismus hervorgebracht hat.

Um es zu verstehen, müssen Sie wissen, daß Sie an der Börse eine Aktie kaufen können, ohne sie bezahlen zu müssen, oder verkaufen können, ohne den Aktienbrief gleich aushändigen zu müssen. Hiermit können Sie warten bis zum nächsten Abrechnungstag, und der kann erst vierzehn Tage später sein. Vielleicht erkennen Sie nicht sofort, was das ausmacht. Aber in vierzehn Tagen kann sehr viel geschehen. Erinnern Sie sich nur mal an das, was Sie gerade über die ständigen Schwankungen von Einkommen

und Kapitalanlagen auf dem Geldmarkt gehört haben! Die Preise der Aktien ändern sich nicht nur einmal im Jahr, sondern von einem auf den anderen Tag, von Stunde zu Stunde und – in Momenten, wo Hochspannung an der Börse herrscht – von Minute zu Minute. Eine Aktie, die jemand vor Jahren oder Jahrhunderten erworben hat, indem er 100 Pfund, die er nicht zum Leben brauchte, einer Firma als Starthilfe gab, kann ihrem Besitzer heute 5000 Pfund pro Jahr einbringen oder auch nur 30 Schilling oder überhaupt nichts oder alle drei Möglichkeiten hintereinander. Folglich kann die Aktie, für die, als sie neu war, jemand 100 Pfund zahlte, heute in einem Moment für 100 000 Pfund verkauft werden, im nächsten für 30 Pfund, dann wieder völlig unverkäuflich sein, egal was man dafür geben wollte. Wenn eine Aktienbesitzerin morgens ihre Zeitung aufschlägt, wirft sie einen Blick in den Börsenteil, wo alle Wertpapiere und Aktien mit dem Preisstand des Vortages aufgezählt werden. Da kann sie sehen, wie reich sie heute ist. Und selten wird sie erleben, daß ihre Aktien eine Woche lang auf dem gleichen Wert bleiben, es sei denn, sie war klug genug, ihr Geld der Regierung oder Gemeinde zu leihen (in welchem Fall sie kommunal abgesichert ist), anstatt irgendwelchen Privatgesellschaften.
Nun bringen Sie die beiden Dinge in Zusammenhang: die ständige Preisänderung der Aktien und die Börsenregel, daß diese Aktien nicht vor dem nächsten Abrechnungstag bezahlt oder ausgehändigt werden müssen. Angenommen, Sie besäßen weder einen Pfennig Bargeldersparnis, noch eine Aktie (mit sicherem Einkommen), die Sie verkaufen könnten. Aus dem einen oder anderen Grund aber würden Sie, so nehmen wir weiter an, vermuten, daß der Aktienpreis bei einer gewissen Gesellschaft innerhalb der nächsten Tage im Wert stiege (wir wollen diese Gesellschaft A nennen), und der Aktienpreis bei einer anderen Gesellschaft (B) falle. Wenn Sie recht haben, brauchen Sie, um mit Ihrer guten Nase etwas Geld zu verdienen, nur noch Aktien der Gesellschaft A anzukaufen und Aktien der Gesellschaft B zu verkaufen. Nun fragen Sie vielleicht: Wie kann ich denn ohne Geld Aktien kaufen und andere, ohne

sie zu besitzen, verkaufen? Das ist sehr einfach: Sie brauchen vor dem Stichtag weder das Geld noch die Papiere vorzulegen. Bis dahin verkaufen Sie die A-Aktien und zwar für mehr Geld, als Sie dafür (auf Kredit) gezahlt haben; und Sie kaufen die B-Aktien billiger, als Sie sie vorher, rein formal, verkauft haben. Am Abrechnungstag bekommen Sie dann Geld von den Leuten, an die Sie verkauft haben, und die Aktienbriefe von den Leuten, denen Sie etwas abgekauft haben. Die Differenz zwischen dem Tagesstand, zu dem Sie an- und verkauft haben, und dem Stand am Abrechnungstag, geht in Ihre eigene Tasche. Ganz einfach, nicht wahr?

Dieses Spiel heißt Spekulation. Niemand wird Ihnen einen Vorwurf machen, wenn Sie dabei mitspielen; aber an der Börse wird man Sie »Haussier« schimpfen, wenn Sie nur zum Schein A-Aktien ankaufen, und einen »Bassier«, wenn Sie zum Schein B-Aktien verkaufen. Wenn Sie eine kleine Summe anzahlen, damit man Ihnen bei Neugründung einer Gesellschaft Aktien zuteilt, die Sie wahrscheinlich, noch ehe Sie zahlen müssen, bereits wieder gewinnbringend verkaufen können, dann machen Sie ein sogenanntes »Differenzgeschäft«.

Ich muß Sie jedoch davor warnen, daß Sie auch in die Enge getrieben werden können, wenn z. B. viele andere *à la baisse*-Spekulierende genau dasselbe wie Sie vermuten und Scheinaktien in großer Anzahl verkaufen. Das bedeutet, daß diese Baissiers entweder mehr Aktien verkaufen, als tatsächlich existieren, oder aber mehr, als die Aktienbesitzer verkaufen wollen – wenn man ihnen nicht einen sehr viel höheren Preis dafür bietet. *A la hausse*-Spekulierende, die schlau genug sind, um dies alles vorauszusehen und jene Aktien aufkaufen, die von den Baissiers »hochgetrieben« werden, können das ganze Geld einstreichen, und die Baissiers verlieren dann. Das Einkreisen der Baissiers ist ein anerkannter Zweig im Börsenspekulationsspiel.

Da dieses Spiel sowohl Bescheidwissen, Geschicklichkeit und Charakter (oder Charakterlosigkeit) wie auch Glück erfordert, kann jemand, der eine gute Nase hat oder gute Privatinformationen (von Eingeweihten) über alle Geschehnisse, die wahrscheinlich die Aktienpreise beeinflussen, damit seinen Lebensunterhalt verdienen; und manch ein Spekulant hat auf diese Weise ein fürstliches Vermögen gemacht – und wieder verloren. Es gibt auch Frauen, die das Spielchen mitmachen, wie andere auf Pferde wetten. Manchmal sind sie intelligent und schalten einen professionellen Makler ein, der das Spiel genau versteht. Manchmal lassen sie sich blindlings verführen von den Rundschreiben gewisser »Winkelbörsen«. Ich kläre Sie also besser darüber auf, was eine Winkelbörse ist.

Sie werden sich erinnern, daß Sie als Spekulantin nicht dafür einstehen müssen, den vollen Preis, den Sie für eine Aktie bieten, zu zahlen, so daß Sie auch nicht den vollen Wert der Aktie, die Sie nur zum Schein kaufen, verlieren können. Wenn eine Spekulantin verliert, verliert sie nur die Differenz zwischen dem Preis, den sie erhofft hat, und dem, den sie tatsächlich zahlen muß. Verfügt sie also über genügend finanzielle Mittel, um diese Differenz auszugleichen, kann sie dem Bankrott entgehen. Die Mittel nennt man »Deckung«. Ein Makler, der eine Winkelbörse betreibt, übernimmt Spekulationen für jeden, der ihm »Deckung« gibt. In seinen Rundschreiben heißt es deswegen: »Schikken Sie mir zehn Pfund. Das Schlimmste, was Ihnen passieren kann, ist, daß Sie das Geld verlieren. Aber vielleicht gelingt es mir auch, die zehn Pfund für Sie zu verdoppeln, ja sogar zu vervielfachen. Ich kann auf Kunden verweisen, die mir 10 Pfund geschickt haben und 50 oder 100 Pfund zurückbekamen.« Eine Dame, die nicht das Geringste von solchen Geschäften versteht, wird versucht sein, ihm die 10 Pfund zu schicken. Sie wird sie sehr wahrscheinlich verlieren und in diesem Fall normalerweise versuchen, sie zurückzubekommen, indem sie nochmal eine 10-Pfund-Note riskiert – falls sie noch eine übrig hat. Aber sie kann auch Glück haben und etwas gewinnen; denn die Winkelbörsen müssen ihre Kunden manchmal gewinnen lassen, sonst könnten sie wohl kaum existieren. Generell jedoch können sie vor allem Ihre Gewinne verhindern, wenn sie wollen, sie müssen sich nur einen besonders niedrigen Aktienkurs zunutze machen und Ihnen daran zeigen, daß Ihre Dekkung aufgebraucht ist, ja sie können sogar selbst zwei oder drei Aktien zu einem niedrigen Kurs verkaufen und diese zu Ihrem Nachteil verbuchen. – Nun ist ein inoffizieller Makler nicht immer und unbedingt ein Schwindler, sowenig wie ein Buchmacher immer ein Betrüger sein muß; aber wenn er Sie ausnutzt, haben Sie keine Mittel gegen ihn in der Hand, während es einem eingetragenen Effektenmakler den Lebensunterhalt kosten kann, wenn er Sie betrügt. Sie werden jetzt verstehen, was es heißt, an der Börse zu spielen. Das Gücksspiel kann auch mit gewissen Variationen gespielt werden, die man Option und zweifache Option usw. nennt, und die so »einfach« zu begreifen sind, wie die verschiedenen Möglichkeiten beim Roulettespiel. Die ausländischen Börsen haben Regeln, die nicht so bequem sind für die Baissiers wie unsere. Aber diese Unterschiede wirken sich nicht auf die Natur des Spieles aus. Das tägliche Spekulationsgeschäft geht in London im Capel Court vor sich, in New York in der Wall Street, auf dem Kontinent an den Handelsbörsen, und im Hintergrund klingeln immer die Millionen. Es ist tatsächlich aber nichts weiter als eine Illusion, dieses Klingeln: die Käufer haben kein Geld und die Verkäufer keine Waren, und ihre Länder werden durch all das nicht reicher als durch die Spielbank von Monte Carlo oder die Abrechnung eines Buchmachers nach dem Pferderennen. Doch könnten dieselbe menschliche Tatkraft, Kühnheit und Schlauheit, wie sie hier verschwendet werden, in die rechte Bahn gelenkt, ein Ende machen mit unseren Slums, Epidemien und den meisten Gefängnissen – und das in ungleich kürzerer Zeit als der Kapitalismus brauchte, um diese Dinge hervorzurufen.

Die Börse aber ist nur eine Abteilung im Geldmarkt. Die weitestverbreitete Art, sich Geld für Geschäftszwecke bereitzuhalten, ist die, daß man sich ein Konto bei einer Bank einrichtet und das Geld dort abholt, wenn man es haben will. Der Bankier wird es Ihnen jedoch auch leihen, wenn er in etwa sicher sein kann, daß Sie in der Lage sein werden, es ihm zurückzuzahlen: ja, dies ist sogar sein eigentliches Geschäft, wie wir sofort sehen werden. Er kann es so machen, daß er Sie Ihr Konto überziehen läßt. Oder wenn jemand, mit dem Sie in Geschäftsverbindung stehen, Ihnen das schriftliche Versprechen gegeben hat, eine gewisse Summe zu einem späteren Zeitpunkt an Sie zu zahlen (dieses schriftliche Versprechen nennt man »Wechsel«), und der Bankier annehmen kann, daß das Versprechen gehalten wird, so wird er Ihnen das Geld sofort geben und nur so viel davon abziehen, wie er als Leihgebühr in Anspruch nimmt, bis Ihr Geschäftspartner zahlt. Man nennt das: einen Wechsel diskontieren. Alle diese Transaktionen sind Formen der Kapitalaufnahme; und wenn Sie in der Zeitung lesen, daß Ihr Geld wenig oder viel wert ist, bedeutet dies, daß der Preis, den Sie Ihrer Bank zahlen müssen, wenn Sie Geld aufnehmen, niedrig oder hoch ist, je nachdem.

Manchmal können Sie erleben, daß eine wahre Aufregung entsteht, wenn die Bank ihren Zinssatz erhöht oder senkt. Das heißt, die Bank wird im gegebenen Fall mehr oder weniger für das Diskontieren der Wechsel berechnen, weil das überschüssige Geld teurer bzw. billiger geworden ist, mit anderen Worten: weil der Überschuß an Unterhaltsmitteln knapper oder größer geworden ist. Wenn Sie Ihr Konto überzogen haben, kann die Ankündigung einer Zinssatzerhöhung Ihnen ein Schreiben Ihrer Bank einbringen, worin es heißt, daß Sie Ihr Konto nicht weiter überziehen dürfen, und daß die Bank Ihnen dankbar wäre, wenn Sie den überzogenen Betrag so bald wie möglich abzahlen wollten. Das will sagen, der Überschuß ist knapp geworden und daher teuer, so daß die Bank Ihnen nicht weiter entgegenkommen kann und gerne das ersetzen würde, was sie Ihnen gegeben hat. So etwas mag sehr unangenehm für Sie sein und möglicherweise eine Erweiterung Ihres Geschäftes verhindern. Deshalb entsteht auch unter den Geschäftsleuten immer große Bestürzung und lautes Klagen, wenn der Zinssatz bei der Bank steigt, und heller Jubel, wenn er fällt. Denn wenn die Preise, zu denen man Geld bei der Bank aufnehmen kann, hoch gehen, gehen sie überall hoch; so daß die Bankzinsen einen Index darstellen für alle Kreditkosten überhaupt.

Und nun erhebt sich die Frage, wo in aller Welt denn die Banken das überschüssige Geld herbekommen, mit dem sie handeln! Für eine intelligente Frau, die weder ein Geschäft hat, noch ihr Konto, falls sie eines besitzt, jemals überzieht oder sich Wechsel diskontieren läßt, ist eine Bank nichts anderes als ein Ort, wo man ihr sehr freundlich ihre Schecks einlöst und ihr Geld gebührenfrei aufbewahrt, so, als würde sie den Bankleuten für diese Erlaubnis noch einen Gefallen tun. Die Bank wird sogar Geld von ihr leihen, wenn auf dem Konto mehr als genug ist, vorausgesetzt, daß die intelligente Frau einverstanden ist, nichts abzuheben, ohne einige Tage vorher Bescheid zu sagen (man nennt das Geld festlegen). Manchmal wird sie sich wohl fragen, wie die Banken es sich leisten können, so große, gefällig ausgestattete Gebäude zu erhalten und dazu noch einen ganzen Stab ordentlich gekleideter Beamter mit einem äußerst höflichen und sympathischen Direktor, die sich so sehr für die Privatgeschäfte der Dame einsetzen und gar nichts dafür verlangen.

Die Erklärung ist, daß die Leute fast nie genau soviel Geld von der Bank abheben, wie sie hinbringen; und auch wenn sie es tun, bleibt es doch für eine gewisse Zeit auf der Bank. Angenommen, Sie würden montags 100 Pfund zur Bank bringen, weil das Geld dort sicher ist, und wollten darüber einen Scheck auf den nächsten Samstag ausstellen, dann wird dieser Scheck erst am darauffolgenden Montag zur Zahlung vorgelegt; die Bank hat also Ihre 100 Pfund eine

Woche lang in der Hand und kann sie deshalb genauso lang weiterverleihen gegen eine Gebühr von ein paar Schilling. Aber nur sehr wenige Bankgeschäfte sind so unrentabel wie das. Die meisten Leute halten ihre Bankkonten das ganze Jahr über offen und lassen eine runde Summe darauf stehen, damit sie darüber verfügen können, wenn sie plötzlich Geld haben wollen. Das sind die guten Kunden einer Bank, die ständig 20 Pfund oder 100 oder 1000, manche gar viele tausend auf ihrem Konto stehen lassen, denn egal, wieviel Geld sie einzahlen oder abheben, immer bleibt der Bank ein Restbetrag, der nicht abgehoben wird. Und wenn man all diese stehenden Beträge zusammenzählt, ergeben sie eine riesige Summe frei verfügbaren Geldes für die Bank. Durch Weiterverleihen dieses Geldes macht die Bank ihre ungeheuren Profite. Sie kann es sich also wirklich leisten, höflich zu Ihnen zu sein.

Und hier wird die intelligente Frau, die ein Bankkonto hat und ihren Saldo ganz gewissenhaft niemals unter einen gewissen Punkt fallen läßt, vielleicht etwas alarmiert fragen, ob denn auch ihre Bank, anstatt das eingezahlte Geld immer bereit zu halten, damit die Kundin es notfalls abheben kann, dieses, ihr Geld wirklich an andere Leute weiterverleiht. Die Antwort ist: Ja. Genau das tut die Bank nicht nur, sondern sie ist überhaupt erst zu diesem Zweck gegründet worden. Aber das bedeutet ja – wird die intelligente Frau ausrufen – daß mein Geld gar nicht mehr auf der Bank wäre, wenn ich einen Scheck darüber ausstellen wollte. Und sicher würde das auch passieren, wenn alle anderen Kunden der Bank am gleichen Tag Schecks über ihre verbleibenden Kontobeträge ausstellen würden. Aber das ist niemals der Fall.

Was, fragen Sie beunruhigt, wenn es aber doch einmal eintritt? Keine Sorge: die Bank kümmert sich nicht um Dinge, die vielleicht passieren könnten. Sie ist nur interessiert an dem, was tatsächlich passiert; und tatsächlich ist es so, daß die Banken von jedem Pfund, das man ihnen bringt, drei Schilling zurückbehalten, um die Schecks ihrer Kunden zu bezahlen und daß sie auf diese Weise ganz gut zurechtkommen.

Nun, denken Sie bitte daran, daß eine Frau, die ein Bankkonto hat, niemals die anderen Frauen erschrecken und ihnen das alles erzählen sollte. Sonst würden sämtliche Frauen auf die Bank rennen und ihr ganzes Geld abheben. Und wenn die Banken den Zuerstkommenden alles einbehaltene Geld auszahlen, werden sie bald nichts mehr haben und die Schalter schließen. Das passiert tatsächlich hin und wieder, sobald sich ein Gerücht verbreitet, daß dieser oder jener bestimmten Bank nicht zu trauen sei. Durch irgend etwas oder irgendjemand entsteht eine Panik; dann setzt ein Sturm auf die Bank ein; die Bank wird zahlungsunfähig; und die Kunden sind wütend auf die Bankdirektoren und fordern lauthals, daß sie gerichtlich verfolgt und ins Gefängnis gesteckt werden sollten. Aber das ist falsch gedacht. Denn jeder müßte eigentlich wissen, daß eine Bank mit allen Dienstleistungen, die sie kostenlos ausübt, nur unter der Bedingung existieren kann, daß nicht alle ihre Kunden am selben Tag ihr ganzes Geld abheben.
Übrigens kennen Sie vielleicht die eine oder andere Frau, die nicht nur immer das ganze Geld abhebt, sondern ihr Konto auch noch überzieht, so daß sie ständig Schulden bei der Bank hat. Ihr Fall ist sehr einfach. Die Bank leiht ihr das Geld von anderen Kunden so lange und berechnet dafür eine Gebühr. Diese Art von Geschäft ist für Banken sehr einträglich.
Und jetzt, wo Sie wissen, was innerhalb der Banken vor sich geht, und wie die Bankiers all das Geld bekommen, das sie weiterverleihen, möchte ich Sie noch einmal daran erinnern – falls ich Ihnen nicht damit auf die Nerven gehe –, daß dieses überschüssige Geld in Wirklichkeit ein Lebensmittelüberschuß ist und hauptsächlich aus verderblichen Rohstoffen besteht, die sofort verbraucht werden müssen. Eine der größten Gefahren für die Allgemeinheit ist es heute, daß die Bankiers das nicht wissen, weil sie selbst niemals mit diesen Rohstoffen handeln oder sie lagern; und das Recht, sie wegzunehmen und zu benutzen, das sie nach dem Vermietungssystem verkaufen, ist unter der Bezeichnung »Kredit« versteckt worden. Sie glauben deshalb heutzutage, daß Kredit auch etwas ist, was man

essen und trinken und anziehen, woraus man Häuser, Eisenbahnen und Fabriken usw. bauen kann, während der eigentliche Kredit lediglich die persönliche Meinung eines »Gläubigers« ist, daß ihm der andere das Geld wird zurückzahlen können.

Nun können Sie aber mit Meinungen keine Häuser bauen oder die Butter dick aufs Brot schmieren oder auch nur einen Arbeiter ernähren. Wenn Sie hören, daß eine Frau von ihrem Kredit lebt (oder auf Kredit ein Haus baut oder ihren Wagen auf Kredit fährt), können Sie versichert bleiben, daß sie nichts dergleichen tut: sie lebt von wirklichen Lebensmitteln (hat ihr Haus aus Ziegelstein und Mörtel gebaut, mit der Hilfe von Männern, die auch wirkliche Mahlzeiten essen; und fährt auf dem Sitz eines Wagens mit Stahlkarosserie und hochexplosivem Benzintank). Wenn sie das alles nicht selbst gemacht oder selbst bezahlt hat, so hat doch ein anderer es getan. – Nur bittet sie den Geschäftsführer ihrer Bank nicht um Lebensmittel, Ziegelsteine und Autos. Sie erklärt ihm, daß sie Kredit haben möchte. Auf diese Weise sind schließlich alle Bankiers und praktischen Geschäftsleute zu dem Glauben gekommen, daß Kredit etwas Eßbares, Trinkbares und Greifbares sei. Besonders »Kluge« glauben gar, daß die Quantität aller Güter in einem Land verdoppelt werden könne, wenn man aus einer 2 eine 4 macht. Immer wenn eine Knappheit an lebensnotwendigen Dingen die Bank zwingt, ihre Zinsen zu erhöhen, schimpfen sie auf die Bankdirektoren, sie wären Betrüger und würden ihnen das Geschäft vermasseln. Denn sie denken, daß sie es besser wüßten, weil sie doch Leute »mit Geschäftspraxis« sind. In staatlicher Hinsicht aber sind sie Verrückte mit gefährlichen Wahnideen; und eine Regierung, die ihren Rat annähme, wäre bald festgefahren.

Was aber ist es denn wirklich? Was bestimmt den Preis, den Sie zahlen müssen, wenn Sie bei Ihrer Bank Geld aufnehmen? Was den Zinssatz, den Sie erhalten, wenn Sie der Bank Geld leihen (also es festlegen) oder den Handelsgesellschaften (also Aktien kaufen) oder der Regierung oder der Gemeinde? Mit anderen Worten, was bestimmt

den sogenannten Preis des Geldes, das heißt: die Kosten, wenn man sich Geld leiht? Und was setzt die Preise für jene Einkommen aus Aktien fest, die ihre Besitzer gegen Bargeld an der Börse verkaufen?
Nun, das hängt ab von dem Verhältnis zwischen der Menge der überschüssigen Unterhaltsmittel, d. h. dem »gesparten« Geld, das auf dem Markt zum Verleih angeboten wird, und der Summe, die daran interessierte Leute zahlen können und wollen. Einerseits gibt es die Grundbesitzer, die zum Leben weniger brauchen als sie einnehmen, und deshalb den Überschuß veräußern wollen, ehe er verdirbt. Andererseits gibt es die Geschäftsleute, die das, was die Grundbesitzer nicht konsumieren, gerne haben möchten, um damit die Proletarier zu füttern, weil sie deren Arbeit brauchen zur Gründung neuer oder zur Ausdehnung alter Unternehmen. Außerdem sind da noch die Verschwenderischen, die über ihre Verhältnisse leben und deshalb ihr Einkommen – oder einen Teil davon – für Bargeld verkaufen müssen, um ihre Schulden zu begleichen. Aus all diesen Leuten entsteht ein Angebot und eine Nachfrage, durch die Geld und Einkommen entweder billig oder teuer werden. Der Preis schnellt nach oben, wenn das Angebot knapp wird oder die Nachfrage steigt. Er fällt, wenn das Angebot steigt oder die Nachfrage abnimmt.
Übrigens, weil wir gerade die Begriffe Angebot und Nachfrage gebraucht haben; denken Sie daran, daß Nachfrage auf dem Geldmarkt nicht unbedingt die Bedeutung von Bedürfnis hat. Sie bedeutet lediglich das Bedürfnis, das zu befriedigen sich jemand leisten kann. Das Bedürfnis eines hungrigen Kindes nach Essen ist sehr stark und sehr laut; aber im Geschäftsleben zählt es nicht, es sei denn, daß die Mutter Geld hat, um Essen für das Kind zu kaufen. Aber mit dieser ziemlich unmenschlichen Eigenschaft bestimmen Angebot und Nachfrage (sogenannte »effektive Nachfrage«) die Preise von allem, was nur einen Preis haben kann.
Banken sind dann sicher, wenn sie ihr Geld (oder vielmehr das Ihre) wohlüberlegt anlegen. Wenn sie schlecht investieren oder den falschen Leuten vertrauen oder spekulieren, können sie sich selbst und ihre Kunden ruinieren. Das

passierte gelegentlich, als es viele Banken gab. Aber heute, wo die großen die kleinen verschluckt haben, gibt es nur noch so wenige und so große, daß sie sich nicht gegenseitig kaputt machen können. Nicht einmal die Regierung könnte das. Sie sind also bei einer großen Bank ziemlich sicher, wenn Sie dort Ihr Geld anlegen, und brauchen kein ungutes Gefühl zu haben über die Freundlichkeit, die man Ihnen entgegenbringt.

Da wir jetzt wissen, warum die Kosten für eine Geldanleihe von Zeit zu Zeit, manchmal von Stunde zu Stunde verschieden sind, wollen wir uns einmal den Spaß machen und überlegen, was bei den Banken geschähe, wenn die Regierung, irregeführt von den »praktischen Geschäftsleuten« oder den ewigen Amateuren, den Versuch unternähme, sagen wir mal, 30 000 Millionen Pfund durch Kapitalsteuer und nochmal 30 000 Millionen durch Kreditversteuerung zu erheben.

Die Ankündigung, daß Kredite versteuert werden müssen, würde diesem Geschäftszweig sofort ein Ende setzen und alle Kredite aufheben. Ein Krösus, der noch am Vortag eine Million zu 6 oder 7 Prozent aufnehmen konnte und dafür nur mit dem kleinen Finger zu winken brauchte, könnte sich jetzt nicht einmal mehr fünf Schilling von seinem Diener leihen – es sei denn, der Diener gäbe sie ihm zur Erinnerung an die gute alte Zeit, aber ohne die geringste Hoffnung, das Geld jemals wiederzusehen. Um nämlich diese Steuer zu zahlen, müßten die Kapitalisten jeden roten Heller abheben, den sie auf der Bank haben, und ihre Makler anweisen, alle ihre Aktien und Obligationen und Schatzbriefe jeder Art zu verkaufen. Es gäbe eine so ungeheure Nachfrage nach barem Geld, daß sich der Regierungschef und der Vorstand der Bank bereits um 11 Uhr treffen müßten und nach einigem Zögern den Beschluß fassen würden, die Bankzinsen ganz kühn auf 10 Prozent zu erhöhen. Nach dem Mittagessen wieder eiligst zusammengetrommelt, müßten sie die Zinsen schon auf 100 Prozent erhöhen, und ehe sie noch diese umwerfende Ankündigung bekannt machen könnten, würden sie erfahren, daß sie sich die ganze Mühe hätten sparen können, weil die Banken selbst, nach Auszahlung ihres einbehaltenen Geldes, die Zahlungen eingestellt und ein Schild an ihre verschlossenen Türen gehängt hätten, darauf zu lesen wäre, daß sie hofften, ihren Kunden den Rest zurückzahlen zu können, sobald sie ihre Kapitalanlagen »realisiert« hätten: d. h. ihre Darlehen eingeholt und ihre Effekten und Aktien verkauft haben. Die Börsenmakler aber würden für alle Aktien nur ein und denselben »Preis« melden; aber nicht in Pfunden, Schilling und Pennies oder noch kleinerer Währung, sondern eben den Preis, den jeder zahlen muß, wenn auf dem Geldmarkt alle verkaufen und keiner ankaufen will.

Wenn das Finanzamt dann die Steuergelder reklamierte, müßte der Steuerzahler antworten: »Geld kann ich Ihnen keines geben, aber statt der Steuer für mein Kapital gebe ich Ihnen hier mein Kapital selbst. Da ist ein Bündel Aktienbriefe, das können Sie dem Altpapierhändler für einen halben Pfennig verkaufen und hier noch ein Bündel Pfandbriefe, zahlbar an den jeweiligen Besitzer. Damit können Sie Ihr Glück versuchen! Ich wünsche Ihnen alles Gute!«

Jetzt aber werden Sie fragen, was denn daran so schlimm wäre. Weil neun von zehn Leuten ja kein Kapital haben und keinen Kredit, in der finanziellen Bedeutung des Wortes, könnten sie sich als Zuschauer amüsieren und sagen: »Sollen die Reichen doch auch mal nichts haben, wie es uns so oft geht!« Aber was ist mit den vielen Armen, die von den Reichen leben, den Dienern, Arbeitgebern und Arbeitnehmern in den Branchen, die Luxusartikel herstellen, den Starärzten und -anwälten? Was würde selbst in den nützlichen Produktionszweigen geschehen, wenn die Banken alle geschlossen und bankrott wären, das Geld für die Löhne restlos von der Regierung konfisziert, Schecks nicht mehr einzulösen und Wechsel nicht mehr diskontiert würden? Falls die Regierung sich nicht sofort bereit erklärte, alle Betriebe im ganzen Land zu übernehmen und zu führen: das heißt, die restlose Nationalisierung der Industrie mit einem Schlag einzuführen, ohne je etwas dergleichen vorhergesehen oder beabsichtigt zu haben, würden auf Zusammenbruch und Lebensmittelknappheit auch noch Aufruhr und Plünderung folgen. Was schlimm genug war, würde also noch schlechter. Und schließlich würden die Überlebenden, wenn es überhaupt welche gäbe, nur allzu froh sein, vor irgendeinem Napoleon oder Mussolini auf die Knie fallen zu können, wenn er nur die gewalttätige Masse bändigen und die alte Ordnung wiederherstellen würde, oder jedenfalls so viel, wie aus dem Chaos noch zu retten wäre, durch die nackte Gewalt der rücksichtslosen Diktatur.

Das Geld

Sie wissen inzwischen mehr über den Geldmarkt als die meisten anderen Leute. Aber es genügt nicht zu wissen, daß der Geldwert von Effekten und Aktien täglich neu bestimmt wird. Nicht alles Geld ist überflüssiges Geld. Nur wenige von uns geben für Aktien ebensoviel aus wie für Essen, Kleider und Wohnung. Die meisten haben überhaupt kein Geld übrig und können von einem Jagdhäuschen in Schottland oder von Investitionen und Spekulationen an der Börse nur träumen; aber dennoch benutzen wir Geld. Angenommen, es gäbe kein überschüssiges Geld auf der ganzen Erde, was würde dann den Geldwert bestimmen? Was ist das überhaupt, Geld?
Nehmen Sie zum Beispiel eine Goldmünze. Sie sind höchstwahrscheinlich alt genug, um sich noch an solche Dinge erinnern zu können, ehe der Krieg sie verschwinden ließ und sie durch Papierscheinchen, sogenannte Banknoten ersetzt wurden. Was ist eine Goldmünze? Es ist ein Gebrauchsgegenstand, mit dem man einkaufen kann, genauso wie ein Eierlöffel ein Gebrauchsgegenstand zum Eieressen ist. Ohne dieses Mittel wären Ein- und Verkaufen nicht möglich. Angenommen, es würde nicht existieren, und Sie wollten mit einem Omnibus irgendwohin fahren! Angenommen, Ihre einzige bewegliche Habe bestünde aus zwanzig Enten und einem Esel! Wenn nun der Schaffner auf Sie zukäme, um das Fahrgeld zu kassieren, würden Sie ihm den Esel geben und die Differenz in Kartoffeln zurückerbitten, oder eine Ente und die Differenz in Eiern. Das wäre so mühsam und würde so lange dauern, daß Sie beim nächsten Mal lieber gleich auf Ihrem Esel reiten würden, anstatt den Bus zu nehmen: ja, es gäbe überhaupt keine Busse, weil niemand mit ihnen fahren wollte, wenn sie nicht als kostenlose, vom Staat geförderte Dienstleistung eingeführt würden.
Nun ist es zwar mühsam, einen Esel mitzunehmen, auch wenn *er* einen auf den Rücken nimmt, aber es ist einfach,

so viel Geld bei sich zu haben, wie der Esel wert ist. Deshalb schneidet die Regierung aus Goldbarren handlich geformte kleine Stückchen, die man zum Ein- und Verkaufen benutzen kann. Für Händel, die zu geringfügig sind, als daß man sie mit einem so kostbaren Metall wie Gold begleichen sollte, hat sie Bronze- und Silbermünzen hergestellt und ein Gesetz erlassen, nach dem so und soviele von diesen Münzen dem Wert einer Goldmünze entsprechen. Damit wird das An- und Verkaufen ganz einfach. Anstatt Ihren Esel dem Schaffner anzubieten, tauschen Sie ihn in gleichwertige Geldstücke ein. Und mit diesen können Sie Ihren Fahrschein in zwei Sekunden zahlen, ohne auch nur ein Wort darüber zu verlieren.

Sie sehen also, daß Geld nicht nur ein notwendiges Mittel zum Kaufen und Verkaufen ist, sondern auch ein Wertmaß. – Das alles ist so einfach wie das ABC. Was aber nicht so einfach ist, ist die Frage, warum der Esel, sagen wir z. B. 15 Schilling wert sein soll, oder um es andersherum zu sagen, warum 15 Schilling so viel wert sind wie ein Esel. Dazu kann man nur sagen, daß diese Zahl sich nach den jeweiligen Bedürfnissen von Verkäufer und Käufer richtet. Ein Esel ist ein Esel und sonst nichts; 15 Schilling aber stellen einen austauschbaren Wert dar, angefangen von Essen und Trinken bis hin zu einem billigen Schirm. Jeder Vorrat an Geld repräsentiert Lebensunterhalt; obwohl Sie nicht vergessen dürfen, daß Banknoten und Metallgeld noch nichts zum Essen, Trinken oder Anziehen sind. Wenn Sie zwei Schilling haben, bekommen Sie zwar garantiert beim Milchmann ein Pfund Butter dafür, aber wenn keine Butter da wäre, müßten Sie trockenes Brot essen, auch wenn Sie Millionen und Abermillionen hätten.

Würde unsere Regierung jedoch so viele neue Goldstücke prägen, daß doppelt soviel Geld wie derzeit in Umlauf wäre, müßten wir bald auch doppelt soviel für die Butter zahlen, nicht weil es weniger Butter, sondern weil es mehr Gold gäbe. Aber davor brauchen wir keine Angst zu haben, denn Gold ist so selten und schwierig zu bekommen, daß, wenn die Regierung mehr Goldgeld herstellen würde als wir zum Ein- und Verkaufen brauchen, wir die nicht benötigten Münzen einschmelzen und das Gold für andere Zwecke benutzen würden – selbst wenn das Gesetz das verbietet

Aus diesem Grund fühlen sich die Leute mit Goldgeld auch sicher.

Nehmen wir aber einmal an, wir hätten eine unehrliche Regierung! Unser Land und das Münzamt würden einem König unterstehen, der ein Dieb wäre! Und dieser König hätte hohe Schulden und wollte seine Gläubiger betrügen! Dann könnte er das tun, indem er sie mit »Goldstücken« bezahlte, die aus Blei gemacht sind und gerade soviel Gold drumherum haben, daß sie echt aussehen. Heinrich der Achte war nicht ganz so plump, er machte nur die Silbermünzen etwas leichter; und er war auch nicht der einzige Herrscher, der diesen Trick anwandte, wenn er in Geldnot war. Sobald aber derartige Schwindel entdeckt werden, gehen die Preise in die Höhe, und die Löhne folgen ihnen. Die Moral davon ist, daß ein unehrlicher Herrscher eine der größten Gefahren darstellt, die ein Land zu befürchten hat. Leute, die das nicht begreifen, regen sich furchtbar darüber auf, daß Heinrich sechs Frauen hatte und mit den meisten Pech, und daß er den Adligen erlaubte, die Kirchen zu plündern. Aber wir sind heute weit mehr betroffen von seiner Geldfälschung; denn diese Gefahr schwebt über unseren eigenen Köpfen. Der Trick Heinrichs des Achten wird heute nicht nur von Königen gespielt, sondern auch von republikanischen Regierungen, so daß manch einer seine Rente verliert, die er sich durch lebenslange ehrliche und schwere Arbeit verdient hat, und andererseits von A, B und C riesige Vermögen gemacht werden, ohne das geringste Verdienst, während X, Y und Z bankrott gehen, ohne die geringste Schuld daran zu haben. Die Sache ist so ernst und so bedrohlich, daß Sie Ihre ganze Geduld zusammennehmen müssen, wenn ich sie jetzt etwas ausführlicher erkläre.

Zur Zeit (1927) haben wir kein Goldgeld in Gebrauch. Wir benutzen kleine Stückchen Papier, meist sind sie schmutzig und riechen schlecht, auf die vorne die Worte *Ein Pfund* in Großbuchstaben und hinten die Parlamentsgebäude aufgedruckt sind. – Nun brauchen wir uns aber nichts vorzumachen: dieses Stückchen Papier, das man als ein Pfund verwenden kann, ist überhaupt nichts wert. Es ist zu klein und zu sehr bedruckt mit Buchstaben und Bildern, als daß man es für irgendetwas anderes benutzen könnte, wozu Papier sonst brauchbar ist, außer als Berechtigungsschein für Waren im Wert von einem Pfund. Aber es gibt kein Gesetz, das unsere Regierung, die ihren Gläubigern 7700 Millionen Pfund schuldet, daran hindern könnte, diese 7700 Millionen Ein-Pfund-Noten zu drucken und damit alle ihre inländischen Gläubiger auszuzahlen – obwohl man nicht einmal eine einzige Zigarette für 1000 Pfund bekäme. Sie sagen vielleicht, das ist *zu* ungeheuerlich, um möglich zu sein. Aber es ist geschehen und zwar erst kürzlich, wie ich genau weiß, weil es auf meine eigenen Kosten ging. Die deutsche Regierung hat es getan; nach dem Krieg, als die Sieger in wahnsinniger Bosheit auf der Forderung so hoher Geldsummen beharrten, daß Deutschland sie nicht zahlen konnte. Die österreichische Regierung hat es getan. Die russische Regierung hat es getan. Diese Länder schuldeten mir Geld genug, daß ich für den Rest meines Lebens hätte bequem davon leben können; und sie zahlten es mir in Papiergeld, 4000 Millionen Pfund, die in englischer Währung genau zweieinhalb Penny wert waren. Die britische Regierung glaubte, sie würde Deutschland den Krieg bezahlen lassen; aber in Wirklichkeit zwang sie mich und alle anderen Gläubiger Deutschlands, ihn zu bezahlen. Ich als ein Fremder im feindlichen Ausland tue den Deutschen wahrscheinlich nicht besonders leid. Aber dasselbe passierte eben auch den Deutschen, die deutsches Geld verliehen hatten, sei es nun an Ausländer oder andere Deutsche. Kaufleute, die Waren erhalten hatten auf Rechnung und zahlbar innerhalb von sechs Monaten, bezahlten diese in Papiermark und erhielten so die Waren umsonst. Hypotheken auf Grundstücke und Häuser sowie alle rückzahlbaren Schuldscheine und Anleihen wurden auf dieselbe Weise gelöscht. Und eine ganz unerwartete Folge davon war, daß die deutschen Arbeitgeber, die ja nun befreit waren von der Last der Hypotheken und Anleihen – wie sie die

englischen Arbeitgeber noch tragen mußten –, es deshalb schafften, die Engländer selbst auf ihrem eigenen englischen Markt zu unterbieten. Alle möglichen ungewöhnlichen Dinge sind damals passiert. Keiner sparte mehr Geld, weil der Geldwert von Stunde zu Stunde fiel: die Leute gingen in ein Restaurant, wo sie für 5 Millionen zu Mittag essen wollten, und bis sie ans Bezahlen kamen, war der Preis schon – solange sie gegessen hatten – auf 7 Millionen gestiegen. Wenn eine Frau ein bißchen Geld bekam, rannte sie noch im selben Moment los, um etwas dafür zu kaufen; denn das Geld hatte, wenn sie es bis zum nächsten Tag aufhob, vielleicht nur noch die halbe Kaufkraft oder ein Zehntel oder überhaupt gar keine mehr. Es war immer noch besser, 10 Millionen Mark für eine Pfanne zu bezahlen, auch wenn man schon zwei Pfannen hatte, als gar nichts zu kaufen. Die Pfanne blieb eine Pfanne, und man konnte, egal was geschähe, immer etwas darin braten (wenn man was hatte). Aber die zehn Millionen Mark reichten vielleicht schon um 5 Uhr Nachmittags nicht einmal mehr für eine Straßenbahnfahrt.
Noch besser war es damals in Deutschland, Aktien zu kaufen, wenn man sie bekommen konnte, denn Fabriken und Eisenbahnen halten genauso lange wie Pfannen. Daher waren die Leute zwar wie besessen darauf, ihr Geld schnellstens auszugeben, aber auch ebenso besessen, es schnellstens zu investieren: das heißt, es als Kapital anzulegen. – Aber egal, wie man das Geld ausgab, jeder hatte nur das Eine im Sinn, es für etwas einzutauschen, was seinen Wert behielt. Bald ging man auch auf ausländisches Geld über (zumeist amerikanische Dollars), und dieser Notbehelf, zusammen mit einem sehr ausgetüftelten System, auch ganz ohne Geld durch Tauschhandel zurechtzukommen, half die Zeit zu überstehen, bis die Regierung gezwungen war, eine neue Goldwährung einzuführen. Die übriggebliebenen alten Banknoten konnte man dann in den Papierkorb werfen oder aber aufheben, um sie fünfzig Jahre später als Kuriosität zu verkaufen – wie die berühmten Assignaten aus der französischen Revolution.
Dieser Prozeß der Geldentwertung durch eine Regierung,

die damit ihre Gläubiger betrügen will, hat eine höfliche, nur von wenigen Leuten verstandene Bezeichnung: Inflation; und der umgekehrte Prozeß, also das Zurückgehen auf eine Währung aus Edelmetall heißt Deflation. Das schlimmste dabei ist, daß das Heilmittel ebenso schmerzhaft ist wie die Krankheit, denn durch die Preissteigerung einer Inflation können die Schuldner ihre Gläubiger betrügen, durch die Preissenkung bei einer Deflation die Gläubiger ihre Schuldner. Daher ist es die heiligste wirtschaftliche Pflicht einer jeden Regierung, den Geldwert stabil zu halten.

Im Augenblick gibt es auf der ganzen Welt keine einzige Regierung, die dieser Forderung voll entspräche. Der Unterschied zwischen unserer eigenen Regierung, die sich den Krieg zunutze machte, um Goldwährung durch Banknoten zu ersetzen, und den deutschen und russischen Regierungen, die so viele Noten druckten, daß man mit einer ganzen Wagenladung voll kaum eine Briefmarke kaufen konnte, dieser Unterschied ist nur ein gradueller. Und er liegt nicht in der unterschiedlichen Ehrlichkeit von Engländern, Russen und Deutschen, sondern im Druck der Umstände und der daraus entstehenden Versuchung. Wären *wir* die Besiegten und gezwungen gewesen, den Siegern solch unmögliche Summen zu zahlen, oder so am Ende, wie Rußland derzeit durch den Zusammenbruch der Zarenherrschaft, dann hätten wir auch nicht ehrenhafter reagiert.

Wenn Sie mit mir also einer Meinung sind, daß es die Pflicht einer jeden Regierung ist, den Wert des Geldes möglichst immer auf gleicher Höhe zu halten, müssen wir uns beide fragen: auf welcher Höhe? Nun, Sie mögen als Faustregel annehmen: immer auf der gerade bestehenden! Wenn Sie aber eine wirkliche Erklärung haben wollen und nicht nur eine Faustregel, müssen Sie sich die Münzen und Banknoten als Gebrauchsgegenstände vorstellen, die Sie immer bei sich tragen, weil Sie sonst weder mit dem Bus noch mit dem Taxi, noch mit dem Zug fahren und nicht einmal ein Brötchen kaufen können. Es müssen genügend da sein, damit Sie und alle anderen Leute, die etwas zu kaufen haben, versorgt sind. Kurz, Münzen und Banknoten sind wie Nähnadeln oder Schaufel und Besen; und ihr Wert wird auf dieselbe Weise festgesetzt. Wenn die Fabrikanten zehnmal soviel Nadeln herstellen, wie eigentlich gebraucht werden, dann bekommen Sie eben nichts als Nadeln dafür, weil eine Frau für die eine Nadel, die sie braucht, ja kein Geld zahlen wird, wenn neun überflüssige Nadeln herumliegen, die sie für nichts haben kann. Das einzig Richtige, was man in diesem Fall tun kann, ist, die neun überflüssigen Nadeln zu nehmen und den Stahl für etwas anderes zu benutzen (z. B. Stahlfedern). Ein kluger Staat wird versuchen, die Nadelversorgung so zu regulieren, daß der Wert einer Nadel möglichst gleichbleibend ist. Ein kapitalistischer Staat hingegen wird es so machen, daß die Kapitalisten möglichst viel Profit aus den Nadeln herausholen. Trotzdem, der Wert wird auch dann von der zur Verfügung stehenden Menge abhängen. – Eine ehrliche und einsichtige Regierung muß zusehen, daß das Geld stabil bleibt und folglich das Angebot an die Nachfrage angleichen. Wenn Regierungen unehrlich oder unwissend sind (oder beides zugleich), gibt es keine Sicherheit, außer in einer Währung aus Edelmetall.

In Ihrer Funktion als Wähler müssen Sie sich entscheiden, entweder auf die natürliche Stabilität des Goldes oder auf die einer ehrlichen und intelligenten Regierungsmannschaft zu vertrauen. Bei allem gebührenden Respekt vor unseren regierenden Herren rate ich Ihnen allerdings, solange das kapitalistische System noch dauert, sich für das Gold zu entscheiden.

Zur Nationalisierung der Banken

Sie wissen jetzt genug über das Bankwesen und die Herstellung des Geldes, um zu verstehen, daß sie notwendig zur Zivilisation gehören. In mancher Hinsicht sind es ziemlich sonderbare Arten von Geschäftsgeist. Die Banken häufen riesige Massen Kapital in den Händen ihrer Bankiers an, ohne daß diese mehr dazu beitragen müßten als eine Kasse, in die man das Geld hineinsteckt, und einige Angestellte, die Buch darüber führen. Eine Hartgeldwährung ist unbrauchbar, solange die Regierung nicht für die Echtheit der Münzen garantiert und das Gesetz es nicht als schweren Verstoß fahndet, wenn irgendjemand Falschgeld herstellt. Auch müssen von Gesetzes wegen die Grenzen genau festgelegt werden, innerhalb derer Münzen mit einem höheren Tausch- als Metallwert zur Begleichung von Schulden benutzt werden dürfen.

Da es für eine Privatperson oder ein Privatunternehmen unmöglich ist, diese Bedingungen zufriedenstellend zu erfüllen, wurde die Herstellung von Geld, im Gegensatz etwa zur Schuhfabrikation, nationalisiert. Sie finden nicht in jeder Straße ein Münzamt, wohl aber einen Schuhmacher. Alles Geld wird in einer einzigen Prägeanstalt hergestellt, einer von der Regierung beaufsichtigten Geldfabrik. – Dieser ganze Geschäftszweig ist also genauso streng verstaatlicht wie das Postwesen. Vielleicht wissen Sie nicht, daß Sie bestraft werden können, wenn Sie einen Brief gegen Bezahlung selbst befördern, statt ihn der Post zur Beförderung zu geben. Aber es ist so, und Sie können auch bestraft werden, wenn Sie Geld selbst herstellen oder es einschmelzen. Niemand hat dagegen etwas einzuwenden. Jene Leute, die Ihnen die Ohren vollschreien, wenn jemand eine Verstaatlichung der Kohlengruben und Eisenbahnen vorschlägt, das alles sei Räuberei und führe zum Bankrott, sind mit der Verstaatlichung der Geldprägeanstalt so völlig zufrieden, daß sie noch gar nichts von dieser Verstaatlichung gemerkt haben, die Armen!

Allerdings können auch Privatpersonen eine Art eigener Währung herausgeben, vorausgesetzt, daß es sich nicht um eine Nachahmung der staatlichen handelt. Sie können etwa einen Scheck ausstellen oder einen Wechsel und diese wie Papiergeld gebrauchen, so oft Sie wollen; kein Polizist darf Ihnen dabei etwas anhaben. Sie müssen nur a) genug Regierungsgeld auf der Bank haben, um den Scheck bei Vorlage einlösen zu können, und b) darauf achten, daß das Stück Papier, das als Scheck oder Wechsel bedruckt ist, keine Ähnlichkeit zu einer Schatz- oder Banknote aufweist. Heute werden ungeheuer viele Geschäfte mit solchen Privatzahlungsmitteln wie Schecks und Wechseln gemacht. Aber es handelt sich dabei eben nicht um Geld, nur um Berechtigungsscheine für Geld, genauso wie auch das Geld nur ein Berechtigungsschein ist für Ware. Wenn Sie Ihrem Lebensmittelhändler Geld schulden, so kann er sich weigern, einen Scheck von Ihnen als Bezahlung anzunehmen – aber wenn Sie ihm Geld anbieten, muß er es nehmen, ob er will oder nicht. Denn das ist das »gesetzliche Zahlungsmittel«.

Wie wir bereits wissen, ist Geld aber außerdem auch ein Wertmaß. Schecks und Wechsel sind das nicht. Denn sie hätten weder Bedeutung, noch wären sie zu irgendetwas zu gebrauchen, wenn man sie nicht als finanzielles Symbol verwenden könnte. Sie stehen alle für so und soviel Geld. – Sowohl der Scheckverkehr als auch das Bankwesen beruhen folglich auf der Existenz von verstaatlichtem Geld.

Noch sind die Banken nicht verstaatlicht, aber es wird dahin kommen, weil der Vorteil aller die Leute schließlich für eine Verstaatlichung stimmen lassen wird. Sie müssen diesen Vorteil nur erst begreifen. Dann werden sie auch für eine Verstaatlichung der Kohlengruben stimmen. Denn um ihre Geschäfte zu starten und auszubauen, brauchen die Geschäftsleute ebenso notwendig Kapital, wie sie Kohle brauchen, um sich zu wärmen. Wie wir gesehen haben, bekommen sie, wenn sie wollen, Hunderttausende und zahlen dafür ungeheure Provisionen an Finanziers, die so verwöhnt durch riesige Profite sind, daß es unter ihrer Würde wäre, auf die ihrer Meinung nach »kleinen Geschäfte« überhaupt einzugehen. Wer nur ein paar Zehntausender braucht, wird gar nicht beachtet. Und diejenigen, die nur ein paar bescheidene Hunderter wollen, werden oft gezwungen, sich diese von anderen Geldverleihern geben zu lassen, denen sie hohe Zinsen dafür zahlen müssen, einfach weil der Bankdirektor meint, es lohne sich nicht. Wenn man diesen Händlern eine Bank zeigen könnte, die so arbeitet, daß sie ihre Gewinne nicht auf Kosten der Kunden machte, sondern das Kapital so billig wie möglich zum Wohl des Landes an alle Geschäfte, ob klein oder groß, austeilen würde, dann würden die Leute dorthin rennen und den profitgierigen Geldverleihern eine lange Nase zeigen. Eine nationale oder städtische Bank wäre da genau richtig. Sie würde den Preis des Kapitals herunterdrücken, wie die Verstaatlichung der Kohlengruben den Preis für Kohle herunterdrücken würde, weil die Profitmacher ausgeschaltet wären. Und alle Leute, die gerne etwas verdienen, außer den am Geld Verdienenden (Finanziers und Bankiers), werden sich schließlich von dieser Aussicht bekehren lassen, denn sie wollen zwar aus *Ihnen,* wenn *Sie* einkaufen gehen, möglichst viel Profit herausschlagen, sind aber entschlossen, andere Leute immer möglichst wenig Profit machen zu lassen.

Die Verstaatlichung der Banken braucht daher keinen sozialistischen Fürsprecher bei der Mittelklasse. Sie könnte geradesogut von einer konservativen Partei durchgesetzt werden wie von einer Arbeiter-Partei. Der Beweis dafür ist, daß die erste städtische Bank, die in Birmingham errichtet wurde, zwölf Mitglieder als Abgeordnete ins Parlament schickte, von denen elf Konservative waren, und Erzkonservative dazu.

Unterdessen versichern uns die Bankiers und Geldleute weiter, ihr Geschäft sei ein so mysteriös schwieriges, daß keine Regierung oder Stadtverwaltung damit erfolgreich zurechtkäme. Was das Mysteriöse angeht, haben sie sogar recht, denn sie selbst verstehen ihr Geschäft tatsächlich nur halb, und ihre Kunden verstehen überhaupt nichts. (Ich hoffe allerdings, daß Sie inzwischen mehr davon verstehen als ein durchschnittlicher Bankier.) Aber das mit der

Schwierigkeit ist reiner Unsinn. Betrachten wir uns noch einmal, was eine Bank zu tun hat.
Sie bietet den Leuten einfach an, ihr Geld sicher aufzubewahren und Zahlungen daraus an jede genannte Person zu leisten (per Scheck) oder auch nur Konto über alle Zahlungen zu führen. So bekommt sie massenweise Geld in die eigene Hand, das sie verspricht, für den Kunden abrufbereit zu halten. Dann aber findet sie heraus, daß man es für, im Höchstfall sechzehn Schilling pro Pfund* weiterverleihen kann, weil die Kunden immer genug auf ihrem Konto stehen lassen. Da ist nichts Mysteriöses oder Schwieriges dran. Eine staatliche oder städtische Bank kann das genauso gut wie unsere kleinen Bankiers auf den Postämtern und Sparkassen das mit ihrer Briefmarken- und Stempelwährung schaffen. Das einzige, was dabei nicht automatisch mit Erfolg ablaufen würde, wäre die Verleihung des eingezahlten Geldes. Ein Bankdirektor mit schlechter Urteilsfähigkeit wird seine Bank sehr schnell in Schwierigkeiten bringen, weil er das flüssige Geld auch an Unternehmer verleihen könnte, deren Geschäft schlecht geht. Aber einer, der übervorsichtig wäre und überhaupt kein Geld verleihen wollte, wäre noch viel schlimmer; denn wir dürfen niemals vergessen, daß die Güter, die das Geld auf einer Bank repräsentiert, nicht lange halten. – Der Bankdirektor kann zwar wählen, *wem* er das überschüssige Geld leiht, aber er kann nicht wählen, es überhaupt nicht zu verleihen; es geht ihm darin wie einem Bäcker, der, wenn er kein Bargeld mehr für seine fertig gebackenen Brote bekommen kann, den Rest entweder auf Kredit abgeben oder in den Abfalleimer werfen muß.
Nun besteht aber doch ein Unterschied zwischen dem Bäcker und dem Bankier. Der Bäcker muß nicht mehr Brote backen, als er erwartungsgemäß verkaufen wird; aber dem Bankier kann es passieren, daß er mit viel mehr Geld überhäuft wird, als er sicher weiterverleihen kann, und dann muß er es nicht nur auf gut Glück versuchen,

* 1 Pfund (Pound Sterling) = 20 Schilling. 16 Schilling pro Pfund entsprechen also einem Zinssatz von 80%.

sondern auch die Unternehmer durch niedrige Zinssätze anlocken, mitzumachen; und ein andermal kann es passieren, daß er zu wenig flüssiges Geld hat, also hin und her überlegen und hohe Zinsen verlangen muß. Nur das ist der Grund, warum man mehr Wissen und kritisches Urteil braucht, wenn man einer Bank vorsteht, als wenn man einen Bäckerladen führt.
Kein Wunder, daß die Bankiers, wo sie so ungeheuer großen Profit machen und also furchtbare Angst haben, von diesem durch die Verstaatlichung der Banken abgeschnitten zu werden, uns erklären, daß keine Regierung jemals dieses schwierige Geschäft mit dem Geldverleih bewältigen könne, und daß es deshalb ihnen überlassen werden muß, weil nur sie allein etwas davon verstehen! Dazu wäre zunächst einmal zu sagen, daß auch sie es nicht verstehen und es selbst nicht können! Ihre schlechten Ratschläge haben nach dem Krieg überall in Europa den Zusammenbruch verursacht.
Die Leute jedoch, die die wirklich erfolgreiche Arbeit der Geldtransaktionen leisten, sind nicht die Bankiers, sondern die Geschäftsführer bzw. Direktoren der Banken, die nur angestellt sind. Ihre Position als solche ist weder in finanzieller noch in gesellschaftlicher Hinsicht verlockender als die eines höheren Staatsbeamten und in vieler Hinsicht sogar viel weniger attraktiv. Sie wären nur allzu froh, wenn sie Staatsbeamte statt Privatangestellte sein könnten. Sie sehen, daß die Übernahme privater Betriebe durch den Staat oder durch städtische Behörden so wünschenswert ist und zur Verbilligung aller von uns benötigten Dinge beiträgt, daß selbst die heftigsten anti-sozialistischen Parlamente und Magistrate schon begonnen haben, ihre Industrie dem Staat bzw. den Städten zu unterstellen, und das mit ziemlicher Wahrscheinlichkeit auch in Zukunft weiter tun werden, weil sie sogar von ihren konservativen Wählern unter Druck gesetzt werden. So weit, so gut. Theoretisch ist eine Nationalisierung vollkommen vernünftig.
In der Praxis aber gibt es, wie die Leute so »scharfsinnig« zu sagen pflegen, noch eine Menge zu tun. Durch eine bloße Ankündigung, daß diese oder jene Industrie ver-

staatlicht werden soll, erreicht man überhaupt nichts, außer daß vorerst einmal aufgehört wird zu arbeiten. Bevor irgendein Industrie- oder Dienstleistungszweig wirksam verstaatlicht werden kann, muß zur Ausübung der nachfolgenden Schritte eine neue Abteilung im Öffentlichen Dienst eingerichtet werden. Wenn wir kein Kriegsministerium hätten, hätten wir auch keine Wehrmacht, weil keiner der Soldaten dann seinen Sold oder seine Uniform oder Waffen bekäme. Ohne Admiralität keine Marine. Ohne Postamt und Oberpostdirektion keine Briefe morgens. Ohne staatliches Münzamt kein Geld. Ohne Scotland Yard in London keine Polizei. Und das gilt nicht nur für heute, sondern auch für die Zukunft. Ohne eine große Erweiterung des Finanzministeriums können die Banken nicht verstaatlicht bzw. nationalisiert werden.
Institutionen dieser Art können jedoch nur von restlos durchorganisierten Staaten mit höchster Stabilität eingeführt werden, das heißt – und hier liegt die Moral von der Geschichte – nicht durch Revolutionen oder improvisierte Diktaturen oder sogar durch ein fest gefügtes System wie z. B. in Amerika, wo in manchen Fällen die Pöstchen im Staatsdienst als so begehrenswert gelten, daß bei jedem Regierungswechsel die neuen Beamten von der Opposition die alten hinauswerfen. Das Einzige, was eine Revolution zur Verstaatlichung beitragen kann, ist, die politische Macht derjenigen Klasse zu zerstören, die dagegen ist. Aber zur eigentlichen Sache kann eine solche Revolution nichts beitragen.
Eine Regierung, die zur Verstaatlichung übergeht, muß auch im Finanziellen ehrlich und fest entschlossen sein, zum Erfolg zu gelangen. Verstaatlichte Eisenbahnen sind manchmal Musterbeispiele dafür, was die Übernahme durch den Staat im schlimmsten Fall bedeuten kann. Denn es gibt Regierungen, die, anstatt die Eisenbahnen instandzuhalten, alles für Fahrkarten und Transportgebühren bezahlte Geld zusammenraffen und zur Senkung der allgemeinen Steuern verwenden, so daß die Bahnhöfe und Züge vergammeln, bis ihre Eisenbahnen die schlechtesten auf der Welt sind und dann die Forderung nach Aufhebung der

Verstaatlichung einsetzt. Unternehmen, die auf privaten Profit angelegt waren, sind zwar in derselben Weise und noch schlimmer kaputt gegangen; aber weil sie nur sich selbst verantwortlich waren, blieben ihre Fehler und Betrügereien unbemerkt, während die Fehler und Betrügereien einer Regierung immer großen Volksaufruhr und sogar Revolutionen provoziert haben. Die Fehler einer Regierung sind öffentlich und augenfälliger, die Fehler privater Unternehmer praktisch unsichtbar; und deshalb hat sich die Illusion verbreitet, daß Regierungen weniger ehrenhaft und tüchtig seien als Privatunternehmer. Das ist zwar nur eine Illusion, aber Rechtschaffenheit und Vertrauenswürdigkeit sind in einem verstaatlichten wie auch privaten Betrieb dennoch gleichermaßen notwendig. Unsere Verstaatlichung im öffentlichen Dienst Englands wird als ein Muster der Redlichkeit hochgehalten; aber trotzdem nimmt die Post für unsere Briefe ein klein wenig zu viel und schiebt den Gewinn in die Taschen der besitzenden Klasse – in Form einer Einkommensteuersenkung. Derartige Mogeleien fallen nicht stark ins Gewicht. Aber sie illustrieren, was gemacht werden kann, wenn der Wähler nicht auf der Hut und gut unterrichtet ist.

Denken wir einmal nach über eine Verstaatlichung durch entschädigende oder aufteilende Konfiskation, so werden Sie zweifellos von allen ihren Ängsten befreit und die Nationalisierung, notfalls sogar ohne Entschädigung, für richtig erachten. Es gibt aber noch immer lautstarke, tugendhaft entrüstete politische Gruppen, voll revolutionär-liberaler Tradition, die sich gegen jegliche Entschädigung wenden. Wenn ein Eigentümer, so sagen sie, tatsächlich ein Dieb ist, warum sollte er dann dafür entschädigt werden, daß man ihn zwingt, nichts Böses mehr zu tun, sondern das Gute zu lernen? Wenn wir durch einfache Besteuerung erreichen können, daß alle Kapitalisten zusammen z. B. die Besitzer von Kohlengruben (oder Banken) auszahlen und also das Privateigentum dem Staat übertragen, warum sollte man dieser Klasse dann nicht auch noch den Rest abnehmen und ihren Besitz dem Volk übergeben? Unsere Aktiengesellschaften würden genauso gut funktionieren, ob nun diese oder jene Gruppe die Aktien besitzt, ja die Aktien wandern auf dem Geldmarkt ohnehin ständig von einer Hand in die andere, daß die Gesellschaften niemals dieselben Aktionäre haben vom einen Werktag zum anderen. – Warum sollte man also nicht gleich die Kapitalsteuer so hoch treiben, daß der kapitalistische Steuerzahler sie nicht mehr zahlen kann und sich gezwungen sieht, seine Aktien usw. der Regierung zu überlassen? Zwar wären dann die Aktien an der Börse keinen Heller wert, weil es nur Verkäufer gäbe und keine Käufer, aber nichtsdestoweniger würde jedes Zertifikat das Recht auf einen Anspruch etwa an den zukünftigen Ernten des Landes beinhalten. Und wenn die Regierung diesen Anspruch auf ein Einkommen sofort zum Wohl der Allgemeinheit einsetzen könnte, so würde es sich durchaus lohnen, die Aktien sogar zu ihrem Nennwert zu übernehmen.

Kurz, vom Standpunkt der sozialistischen Befürworter wäre die Besteuerung des Kapitals – obwohl sie absurd ist als ein Mittel, Bargeld für die Staatsausgaben einzuholen – ein Weg, ohne Entschädigungsleistung die Berechtigungsurkunden zu konfiszieren und damit zu verstaatlichen, die Grund und Boden, Bergwerke, Eisenbahnen und all die anderen Industriezweige betreffen, die die Kapitalisten jetzt als ihr Privateigentum in Händen halten. Das Schema scheint plausibel.

Aber etwas ist dagegen einzuwenden. Und diesen Einwand können Sie noch von der dümmsten Frau auf der Straße hören, wenn Sie danach fragen. Sie wird Ihnen sagen, daß man den Reichen nicht ihr Eigentum wegnehmen dürfe, weil sie doch »Arbeitsplätze schaffen«. Nun ist das, wie wir inzwischen wissen, im Grunde genommen Unsinn. Man kann nicht behaupten, daß ein unproduktiver Reicher Arbeitsplätze zur Verfügung stelle, höchstens in dem Sinn, wie auch ein Irrer seinem Wärter Arbeit gibt. Und eine reiche Frau, die nichts tut, kann ebenfalls keinen *produktiven* Arbeitsplatz zur Verfügung stellen: das, womit sie einen anderen beschäftigt, ist Verschwendung. Aber Verschwendung oder nicht, sie gibt anderen Arbeitsmöglichkeiten und bezahlt dafür. Das Geld für die Bezahlung muß sie zwar nicht verdient haben, aber der von ihr Beschäftigte kann sich davon ein genauso gutes Brot und gute Kleider kaufen wie mit dem rechtschaffenst verdienten Geld im ganzen Land. Der Müßiggänger jedoch ist ein Parasit. Und wer für einen Müßiggänger arbeitet, egal wie fleißig er auch sein mag, daher der Parasit eines Parasiten; aber wenn wir den Parasiten mittellos lassen, machen wir auch die von ihm lebenden anderen Parasiten mittellos. Wenn wir keine produktiven Arbeitsplätze für sie bereitstellen, werden sie hungern oder stehlen oder rebellieren; und ganz gewiß werden sie nicht das Verhungern wählen, sondern eine der beiden übrigbleibenden Alternativen (wahrscheinlich sogar beide zusammen), so daß sie, bei genügend großer Anzahl, eine Regierung stürzen können. Und in der Tat sind Parasiten dieser Art sehr zahlreich; Sie können das feststellen, wenn Sie einmal die Stimmen zählen, die die Konservativen bei jeder Wahl von solchen Leuten erhalten, die ihren Wochenlohn aus ganz oder teilweise parasitären Arbeitsverhältnissen bekommen. Die Ausbeutung des Proletariats wird daher hübsch geteilt von den proletarischen Ausbeutern selbst. Wenn unsere Kapitalisten nicht die Proletarier

ausbeuten würden, könnten unsere Proletarier und ihre Mittelklasse-Organisatoren, angefangen vom Kunsthändler und Juwelier bis hin zum Laufburschen, auch nicht von den Gewohnheiten unserer Kapitalisten leben. Deshalb kann man keine der beiden Parteien überreden, für eine entschädigungsfreie Enteigung zu stimmen. Sie würden, wenn man statt wählen kämpfen könnte, noch dafür kämpfen.
Die Schwierigkeit begänne daher nicht bei den verstaatlichten Industriezweigen, sondern bei den anderen. Wie wir wissen, könnten Kohlegruben, Banken und Eisenbahnen zwar durch genügend hohe Besteuerung der Aktionäre konfisziert werden, aber das Einkommen aus diesen Aktien würde dann auch in die Tasche der Regierung fließen, statt in die der Aktionäre. Die Kaufkraft der Aktionäre ginge demnach auf die Regierung über, und alle Läden oder Fabriken, die von der Kundschaft dieser luxusorientierten Leute abhängen, müßten zumachen und ihre sämtlichen Angestellten entlassen. Desweiteren ginge auch die Sparkraft der Aktionäre auf die Regierung über. Was aber würde die Regierung mit dieser Summe anfangen? Wenn sie das Geld einfach in die Staatskasse legt und sich darauf ausruht, ginge der größte Teil kaputt; und gleichzeitig auch der Großteil aller Landesbewohner. Es gäbe eine ungeheure Epidemie von Bankrotten und Arbeitslosigkeit. Diese Unheilswelle würde jede Regierung glatt wegfegen, wenn sie sich nicht zur Diktatur erklärte und, sagen wir beispielsweise, ein Drittel der Bevölkerung beschäftigen würde, um das zweite Drittel zu erschießen, während das restliche Drittel die Rechnung zu zahlen hätte und dafür arbeiten müßte. Was bliebe einer Regierung, wenn sie dies umgehen wollte, dann anderes übrig, als das konfiszierte Eigentum den ursprünglichen Besitzern wieder zurückzugeben und sich zu entschuldigen, weil sie sich selbst lächerlich gemacht hat?

Die Regierung könnte das konfiszierte Geld als Arbeitslosenunterstützung verteilen. Aber das würde eben dasselbe Übel nur ausdehnen, durch welches man die Konfiszierung abschaffen wollte, nämlich das Übel unverdienter Einkommen. Ein viel vernünftigerer Plan wäre, das ganze Geld den konfiszierten Banken zu geben und es an die Arbeitgeber so billig wie noch nie zu verleihen. Der dritte Ausweg wäre, die Löhne in den konfiszierten Industriezweigen kräftig zu steigern. Und noch einer, zwar der verzweifeltste von allen, aber durchaus nicht der unwahrscheinlichste, wäre, in den Krieg zu ziehen und das Geld, das früher an die Großkapitalisten verschwendet wurde, jetzt für die Soldaten zu verschwenden.
Diese Möglichkeiten schließen sich gegenseitig nicht aus. Es ist daher möglich, Arbeitslosenunterstützung (also billiges Kapital aus staatseigenen Banken) und hohe Lohnzahlungen gleichzeitig einzusetzen, um Kaufkraft und Arbeitsplätze neu zu verteilen. Dann gäbe es eine Krise. Aber was würde das schon bedeuten? Der Kapitalist hat oft genug Verschiebungen der Kaufkraft verursacht und großen Teilen der Bevölkerung jeglichen Lebensunterhalt entzogen, um dann auf die Sicherheitsventile in Form von Unterstützungsgeldern zurückzugreifen, damit der Druck auf die Arbeitslosen gemildert wurde und sie nicht weiter rebellierten und Fenster einschlugen. Warum sollen wir nicht einfach so schlecht und recht wie bisher weitermachen?
Nun, wir könnten schon! Aber so ernst auch die schlimmsten Krisen des Kapitalismus gewesen sein mögen, sie wären niemals so schlimme wie der Schlag, der auf die staatliche Konfiskation des gesamten Besitzes aller Kapitalisten folgen würde, wenn man keine Vorbereitungen getroffen hätte zu einer sofortigen produktiven Arbeitsmöglichkeit nicht nur für die enteigneten Besitzer (das sind viel zu wenige, als daß es hierbei Schwierigkeiten gäbe), sondern auch für die Massen des parasitären Proletariats, die

vorher für die Luxusartikel der Reichen gearbeitet haben. Würden dann die Sicherheitsventile schnell genug wirken und sich weit genug öffnen lassen?
Sie klingen zwar sehr beruhigend und kosten auch nicht viel auf dem Papier. Aber ein paar Minuten Nachdenken wird jede Hoffnung zerstreuen.
Was die Überfüllung der etablierten Banken beträfe, die alles flüssige Kapital ohne jegliche Einspruchsmöglichkeiten verleihen könnten, so wäre die Folge daraus eine Orgie von konkurrierenden Unternehmen, Überkapitalisierung, Überproduktion, aussichtslosen Läden und Geschäften, kurz ein ungeheurer Aufschwung, dem eine übergreifende Wirtschaftskrise folgte mit der üblichen Arbeitslosigkeit, mit Bankrotterklärungen usw. Um diesen Teil des Programms unter Kontrolle zu haben, müßte man (wie bereits erwähnt) eine neue Abteilung im Finanzministerium einrichten als Ersatz für die gegenwärtigen Aufsichtsratsposten unserer Herren Bankdirektoren, dieser Gauner! Man müßte ebenso viele Banken eröffnen, wie wir heute Postämter haben, und diesen neuen Banken einen Stab speziell ausgebildeter Beamter des öffentlichen Dienstes zur Verfügung stellen. Und all das würde nicht so viel Zeit in Anspruch nehmen, als daß irgend ein ruinierter Bürger inzwischen verhungern müßte.
Was die Anhebung der Industrielöhne betrifft und die Herabsetzung der Preise mit dem Ziel, die Profitmacher auszuschalten, so ist dies das genaue Gegenteil unserer jetzigen Politik, zu der sich unsere Industriemanager autodidaktisch trainiert haben und die sie allein verstehen. Hier einen Ersatz zu schaffen durch Beamte des öffentlichen Dienstes, wäre also genau so notwendig wie im Fall der Banken. Solche Neueinsetzungen müßten jedoch als Teil eines genau ausgearbeiteten Planes erfolgen, der vorher lange überlegt und praktisch vorbereitet wird und der die Einführung neuer amtlicher Öffentlichkeitsbereiche von bisher nicht gekanntem Ausmaß mit sich brächte. – Aber auch diese Öffentlichkeitsarbeit kann nicht einfach aus der Hand geschüttelt werden nach Art des Zaren Nikolaus I., der, als man ihn zur Festlegung einer Eisenbahnroute

Moskau-Petersburg aufforderte, sein Lineal nahm und auf der Landkarte einen Strich zog, von dort, wo »Moskau« stand, geradewegs durch bis zur Newa.

Ich brauche Sie nicht mit noch weiteren Beispielen zu langweilen. Eine restlose Verstaatlichung ohne Ausgleichsentschädigung wäre katastrophal: der Patient würde sterben, ehe die Arznei wirken könnte. Oder, wenn Ihnen ein mechanisches Bild lieber ist: der Kessel würde in die Luft fliegen, weil die Sicherheitsventile nichts durchlassen. Die angestrebte Nationalisierung würde zur Revolution führen.

Nun sagen Sie vielleicht: »Schön, warum nicht? Was ich in diesem Buch bisher gelesen habe, hat mich richtig ungeduldig auf eine Revolution gemacht. Allein die Tatsache, daß irgendeine Maßnahme zur Revolution führen kann, spricht doch mehr als alles andere für eben diese Maßnahme.«

Wenn Sie tatsächlich dieser Ansicht sind, dann alle Achtung vor Ihren Gefühlen: viele ehrenwerte Bürger teilen sie mit Ihnen oder haben sie einmal geteilt. Aber wenn Sie sich die Sache genauer betrachten, werden Sie einsehen, daß Revolutionen niemals etwas verstaatlichen. Sie machen es oft noch schwieriger, als es ohne Revolution gewesen wäre, wenn nur die Leute etwas mehr volkswirtschaftliche Bildung gehabt hätten. Wenn ungeschickte Sozialisten eine Revolution herbeiführen (alle unsere heutigen Parteien sind gefährlich ungeschickt), weil sie in den Klauen einer lauten und eingefleischt kapitalistischen Opposition stekken, benützen sie Reaktion statt Fortschritt und geben dem Kapitalismus einen neuen Nährboden. Das Wort »Sozialismus« stinkt dann noch eine ganze Generation weiter.

Später werden wir uns ein wenig damit befassen, was durch Revolution erreicht werden kann und was nicht. Jetzt aber merken Sie sich bitte als Prinzip für jede Verstaatlichung (die Volkswirtschaftler nennen ihre Richtlinien bei allem was sie tun, gerne »Prinzip«), daß eine Verstaatlichung immer sorgfältig vorbereitet werden und die Leute entschädigen muß. Das Letztere wird sich als effektiver Schutz gegen zu viele gleichzeitig angestrebte Verstaatlichungen bewähren. Wir dürfen sogar sagen: als Schutz, daß nicht mehr als jeweils eine einzige Verstaatlichung angestrebt wird; nur sollten wir dabei nicht vergessen, daß die Industrien heute so sehr ineinander übergehen, noch ehe sie reif sind für die Verstaatlichung, daß es praktisch unmöglich ist, eine Branche zu verstaatlichen ohne gleich ein halbes Dutzend andere mitzuziehen, weil sie untrennbar miteinander verbunden sind. Sie würden staunen, wenn Sie wüßten, was eine Eisenbahngesellschaft noch alles tut, außer Zugfahrpläne aufzustellen. Und wenn Sie schon einmal auf einem großen Ozeandampfer gefahren sind, haben Sie sich vielleicht manchmal erstaunt umgesehen und gefragt, ob die Herstellungsfirma sich zum Schiffsbau- oder zum Hotelgewerbe zählt, ganz zu schweigen von den Ingenieuren.

Warum Konfiskationen bisher immer gut gegangen sind

Nachdem ich Ihnen jetzt des langen und breiten das Prinzip jeder Verstaatlichung betont habe, nämlich, daß das Parlament die Eigentümer immer auszahlen und nicht bis zum Ruin besteuern darf, bin ich darauf gefaßt, daß Sie mir erklären, diese Richtlinie widerspräche den Tatsachen, weil der direkte Angriff auf das Eigentum durch einfache Konfiszierung: das heißt dadurch, daß die Regierung den Kapitalisten ihr Geld gewaltsam abnimmt und es in die öffentlichen Finanzen steckt, sowohl von konservativen als auch liberalen Regierungen bereits ausgeführt worden ist und dies in einem Ausmaß, wie es den Staatsmännern des neunzehnten Jahrhunderts, etwa Gladstone, noch ungeheuerlich und unglaublich erschienen wäre. Ein Beweis also dafür, daß man fast jedes erdenkliche Maß an Sozialismus oder Kommunismus in England einführen kann, vorausgesetzt, daß man es mit einem anderen Namen bezeichnet. Schlagen Sie eine sozialistische Konfiszierung der Einkommen aller Reichen vor, so wird sich das ganze Land angewidert erheben gegen eine solche »russische Unverschämtheit«. Nennen Sie es aber Einkommensteuer, Mehrwertsteuer, Vermögenssteuer, dann können sie so viele hundert Millionen aus den Taschen unserer besitzenden Klasse ziehen, daß die UdSSR-Republikaner grün würden vor Neid.

So sind wir nun halt einmal! Dauernd denunzieren wir den Kommunismus als ein Verbrechen, aber jede Straßenlampe und -pflasterung, jeder Wasserhahn und Polizeibeamter ist ein Beweis, daß wir ohne Kommunismus nicht eine einzige Woche auskommen könnten. Wir schreien, die sozialistische Konfiszierung der Einkommen reicher Leute sei Raub und müsse in Revolution enden, treiben sie aber in der Tat so viel weiter als irgendein anderes friedliches Land, daß viele unserer Kapitalisten schon jedes Jahr

sieben Monate lang nach Südfrankreich gehen, um dem zu entkommen.
Aber so bestürzend hoch auch die Summen vom viktorianischen, also dem Standpunkt des neunzehnten Jahrhunderts aus, sein mögen, die den Reichen jedes Jahr weggesteuert werden, sind sie im allgemeinen doch niemals weder über das hinausgegangen, was die Besitzenden bar zahlen können, noch über das, was die Regierung wieder sinnvoll in Umlauf zu setzen und sofort auszugeben in der Lage ist. Dadurch wird die Kaufkraft von den Reichen auf die Armen übertragen, wobei hier und da kleinere wirtschaftliche Krisen entstehen, und die alten Reichen oft spürbar ärmer werden. Aber parallel dazu entwickelte sich der Kapitalismus derart stark, daß es heute mehr und reichere Reiche gibt als je zuvor, und daß sich der Handel mit Luxusartikeln ausgedehnt, statt verringert hat, wir daher *mehr* Arbeitsplätze haben, nicht weniger. Es hat sich gezeigt, daß man ohne Gefahr die Einkommen aus Vermögen bis zu einer gewissen Grenze konfiszieren kann, vorausgesetzt, daß das Geld sofort wieder an andere verteilt wird. Aber eine restlose Besteuerung auf einen Schlag wäre tödlich und unmöglich. Man muß immer äußerst vorsichtig erwägen, wie weit und wie schnell man vorgehen kann, ohne daß es zum Zusammenbruch kommt. Die Regel, daß eine Regierung keine Steuer erheben darf, wenn sie das Geld nicht sofort sinnvoll weiterverwenden kann, ist eine Grundregel: sie gilt in jedem Fall. Desgleichen die Regel, daß jede Regierung, wenn sie das Geld zur Verstaatlichung einer bereits etablierten kommerziellen Industrie- oder Dienstleistungsbranche verwendet, ein neues öffentliches Amt, das die Durchführung übernimmt, einrichten und außerdem die früheren Besitzer entschädigen *muß*. Wenn sie das Geld nicht zur Verstaatlichung verwendet, sondern zur einfachen Rückverteilung der Einkommen innerhalb des kapitalistischen Systems, indem sie die Kaufkraft von einer Gruppe auf eine andere überträgt – gewöhnlich von einer reicheren auf eine ärmere, so daß die Nachfrage im Handel von vergleichsweise luxuriösen Artikeln auf billigere Notwendigkeiten verlagert wird –, dann darf der Prozeß

nicht rascher vorangehen, als die kapitalistischen Geschäfte sich dieser Veränderung anpassen können. Ansonsten gibt es so viel Bankrotterklärungen, daß die Regierung bei der nächsten Wahl sehr unpopulär würde.
Wir wollen ein sensationelles Beispiel studieren, wo wir durch die unverdienten Einkommen einer so schweren zusätzlichen Belastung ausgesetzt waren, daß die Masse des Volkes aufs heftigste aufbegehrte und unsere Regierenden, ob sie nun aus Arbeitern oder Konservativen bestanden, kaum länger in der Lage waren, sich der Forderung nach einer Umverteilung zu widersetzen.

Wie der Krieg finanziert wurde

Im Jahr 1914 gingen wir in den Krieg. Ein Krieg ist schrecklich teuer und schrecklich zerstörerisch. Er führt, was das Geld angeht, immer zum reinen Verlust. Und doch muß alles sofort bezahlt werden; denn Sie können ja den Feind nicht mit Schuldscheinen oder Hypotheken oder Nationalschulden töten: Sie brauchen richtige Lebensmittelvorräte, Kleider, Waffen, Munition, Männer, die kämpfen, und Frauen, die die Verwundeten pflegen, Dinge transportieren und Munition in den Fabriken herstellen. Wenn die Armee alle Uniformen abgetragen, alle Lebensmittel aufgegessen, alle Munition verfeuert und ihr eigenes Blut in Strömen vergossen hat, dann bleibt nichts Eßbares, Trinkbares, Anziehbares oder Bewohnbares zum Vorzeigen mehr übrig, das heißt nichts Sichtbares oder Greifbares, nur Zerstörung und Verzweiflung. Für den größten Teil dieser militärischen Vorräte machte unsere Regierung von 1914 bis 1918 hohe Schulden. Zwar nahm sie Blut und Arbeitskraft der jungen Männer wie eine Selbstverständlichkeit in Anspruch und zwang sie zum Militärdienst, ob sie wollten oder nicht, ruinierte ihre Geschäfte, wenn sie welche hatten, und gab ihnen dafür nicht die geringste Entschädigung. Den Kapitalisten aber nahm sie, da sie eine kapitalistische Regierung war, nicht alles erforderliche Bargeld auf die gleiche Weise ab. Sie nahm einen Teil durch Besteuerung. Vor allem aber durch Anleihen.

Natürlich erhob die Arbeiter-Partei dagegen starken Einspruch, weil die Reichen von finanziellen Verpflichtungen ausgenommen wurden, während man Leben, Existenzminimum und Arbeitskraft der Armen erbarmungslos in Anspruch nahm. Ihre Proteste aber wurden nicht beachtet. Das Bargeld, das man für Soldaten und Arbeiter benötigte (denn die Arbeiter produzierten ja Nahrung und Munition für die Soldaten) wurde weiterhin zum größten Teil von den Kapitalisten geliehen, statt daß man es ihnen einfach ohne Entschädigung wegsteuerte.

Grob geschätzt und auf runde Zahlen gebracht, geschah etwa Folgendes: Unsere Nationalschuld, die im Jahre 1914 aus früheren Kriegen bereits 660 Millionen betrug, erhöhte sich durch den neuen Krieg auf über 7000 Millionen. Bis wir in der Lage sein werden, diese voll zurückzuzahlen, müssen wir mehr als 350 Millionen pro Jahr an die Geldgeber zahlen, nur dafür, daß sie auf ihr Geld warten. Und da die laufenden Kosten unseres Verwaltungsdienstes (300 Millionen), dazu die unserer Armee, der Marine, Luftflotte und aller anderen gesellschaftlichen Einrichtungen mehr als noch einmal soviel betragen, muß unser Finanzminister jetzt mehr als 2 Millionen pro Tag mit seinem Budget verkraften. Er tut, was er kann, uns dieses Geld aus der Tasche zu holen. Weil es aber natürlich zwecklos ist, die Proletarier damit zu belasten, in einer Zeit, wo eine Million oder mehr von ihnen arbeitslos sind und mit Steuergeldern unterstützt werden müssen, statt welche zu zahlen, muß er die Besitzenden zur Kasse bitten in Form von Einkommen-, Mehrwert- und Vermögenssteuer, über 380 Millionen pro Jahr. Das ist die Rache, eine ganz schöne Konfiszierung!
Finden Sie vielleicht etwas Komisches an diesem Geschäft? Wir leihen uns den größten Teil der 7000 Millionen von unseren eigenen Kapitalisten und versprechen Ihnen dafür, sagen wir, etwa 325 Millionen pro Jahr, solange sie auf ihre Rückzahlung warten, besteuern sie aber gleichzeitig mit etwa 382 Millionen pro Jahr, so daß sie nicht nur ihr eigenes Wartegeld sondern auch das der ausländischen Geldgeber finanzieren. Mit der einen Hand zahlt ihnen die Regierung etwas, mit der anderen nimmt sie es ihnen wieder weg. Warum lassen sie sich das eigentlich gefallen, ohne aufzumucken?
Die Erklärung ist einfach. – Nur ein Teil der Besitzenden hat Kriegsanleihen, aber *alle* Besitzenden müssen Einkommen- und Erbschaftssteuern bezahlen und ab einer gewissen Höhe noch Konjunkturzuschlag.
Ich will Ihnen ein Beispiel geben. Meine Frau und ich sind Kapitalisten. Ich selbst habe ein paar Aktien Kriegsanleihe, meine Frau hat alles Geld in Bank-, Eisenbahn- und ande-

ren Aktien angelegt. Wir müssen beide gleich hohe Steuern zahlen, damit ich meine Zinsen für die Kriegsanleihen bekommen kann. Aber da die Regierung *mir* diese Zinsen zahlt und meiner Frau nichts, verdiene ich bei dieser Transaktion und zwar auf Kosten meiner Frau; so daß wir, wenn wir nicht zufällig in ehelicher Gemeinschaft als Mann und Frau zusammenleben würden, uns hierüber niemals vertragen könnten. Die meisten Kapitalisten verstehen diesen Handel nicht und werden in Wirklichkeit dabei an der Nase herumgeführt.

Die öffentlichen Gelder, die aufgebracht werden durch Anleihen bei den Kapitalisten (statt einer Konfiskation durch direkte Besteuerung), nennt man Staatsanleihen. Und wer der Regierung Geld leiht, legt es – wie man früher sagte – in Staatspapieren an. Da nun die Bedingungen dieser Leihgaben darin bestehen, daß der Verleiher so lange ein Gratiseinkommen erhält, bis ihm sein Geld zurückbezahlt wird, entsteht das seltsame Phänomen, daß die Leute, anstatt eifrig darauf bedacht zu sein, ihr Geld zurückzubekommen, nichts so sehr fürchten. Die Regierung muß, um die Anleihen überhaupt zu erhalten, in der Tat versprechen, das Geld nicht vor einem gewissen Termin zurückzuzahlen, je später, desto besser. – Nach der kapitalistischen Moral nämlich sind die Leute, die von ihrem Kapital und nicht von ihren Zinsen (wie die Bezahlung für das Warten genannt wird) leben, reine Verschwender. Der Kapitalist darf niemals seine Rücklage selbst angreifen, auch nicht, wenn sie so beschaffen wäre, daß er sie essen könnte, sobald er wieder Hunger hat. Er muß sie benutzen, um sich ein Einkommen zu erkaufen; und wenn der Käufer ein solches Einkommen nicht mehr zahlt und die geliehene Summe zurückgibt, darf der Geldgeber diese Summe nicht ausgeben, sondern muß sich damit sofort ein neues Einkommen kaufen, oder, wie wir das nennen: investieren.

Das ist nicht nur eine Sache der Vorsicht, es ist eine Notwendigkeit. Denn die Investition von Kapital heißt ja, es zu verleihen, ehe es nichts mehr wert ist; Kapital kann also dem Investierenden niemals wirklich zurückerstattet werden. – Der Krieg allerdings verwandelte unser erspartes

Geld nicht für eine produktive Unternehmung, sondern für eine zerstörerische. Tatsache ist, daß er einen ungeheuren Kapitalverbrauch auslöste; und dieser Verbrauch hat keine zusätzlichen Industrien, Verkehrsmittel oder sonstige Einrichtungen zur Erhöhung der Gesamtproduktion hinterlassen, er hat vielmehr die völlige Zerstörung dieser Einrichtungen bewirkt und die Welt mit weniger aufteilbarem Einkommen als zuvor zurückgelassen. Er hat drei Weltreiche hinweggefegt und Monarchien durch Republiken ersetzt, die jetzt vorherrschende Regierungsform in Europa. Allein diese Tatsache, nämlich Europa als republikanischen Kontinent auf einer Stufe mit Amerika zu sehen, mag Ihnen das Geld wert erscheinen lassen. Sie können es aber auch als skandalöses Unglück ansehen, weil dies alles nicht im mindesten von der britischen oder den anderen kriegführenden Mächten beabsichtigt war. Doch wäre das Sache des Gefühls, nicht der Volkswirtschaft. Gleichgültig, ob Sie das politische Resultat mit Befriedigung oder Abscheu betrachten, die Kriegskosten bleiben dieselben, ebenso wie die Auswirkungen unseres Zahlungssystems auf die Verteilung unseres Nationaleinkommens. Wir alle werden hoch besteuert, damit jene Gruppe aus der kapitalistischen Klasse, die in fünfprozentigen Kriegsanleihen investiert hat, seitdem jeden Tag eine Million ausgezahlt bekommen kann vom Ertrag unserer täglichen Arbeit, ohne selbst etwas dazu beizutragen.

Gesetzt den Fall, die Regierung sähe sich gezwungen, unsere Nationalschuld oder einen Teil davon löschen zu müssen, entweder weil die zur Zinszahlung notwendige Besteuerung weitere kapitalistische Initiativen hemmen würde (das wäre die Begründung bei einer konservativen Regierung), oder weil man das Einkommen gleichmäßiger aufteilen wollte (was die Begründung einer sozialistischen Regierung wäre). Um das abzuzahlen, was wir Amerika oder irgendeiner sonstigen Nation schulden, brauchten wir Bargeld; und deshalb könnte dieser Teil unserer Nationalschuld nicht einfach gelöscht werden, es sei denn durch glatte Zahlungsverweigerung, die unseren Kredit im Ausland zerstören und uns wahrscheinlich in einen Pfändungs-

krieg verwickeln würde. Aber der Teil des Geldes, den wir unserem eigenen Land schulden, könnte ohne einen Heller Bargeld gelöscht werden, durch eine als »Kapitalsteuer« erklärte und veranschlagte Steuer oder besser als »Kapitalabgabe« (womit angedeutet wäre, daß es sich nicht um eine jährliche Steuer, sondern um eine einmalige Zahlung handelte).
Durch eine solche »Kapitalabgabe« könnte die Regierung die bis dahin auferlegten Steuern, die sie zur Zahlung der Zinsen inländischer Kriegsanleihen benötigte, abschaffen und die Dividende der konfiszierten Wertpapiere benutzen, um damit die Zinsen unserer Kriegsschuld an Amerika zu zahlen, wobei sie auch jene Steuer aufheben könnte, die jetzt noch diese Zinsen bezahlt. Eine konservative Regierung täte das in Form einer Herabsetzung der Einkommens- und Mehrwertsteuer, der Konjunkturabgabe (falls es sie gäbe), der Erbschaftssteuer und anderer Abgaben für Eigentum und Großunternehmen. Eine Arbeiter-Regierung würde diese Arten der Steuern unangetastet lassen und dafür die Lebensmittelsteuer abschaffen oder die Beiträge für die Arbeitslosenunterstützung erhöhen sowie die Zuschüsse an die Gemeinden für öffentliche Arbeit oder sonst etwas, was dem Proletariat zugute käme und auf die Einkommensgleichheit hinzielte. Die »Kapitalabgabe« könnte also ebenso leicht dafür verwendet werden, um die Reichen noch reicher zu machen, wie auch dafür, um den allgemeinen Wohlstand anzuheben.
Der spezielle Einwand gegen solche praktikablen Abgaben ist, daß sie Beutezüge auf das Privateigentum darstellen, aber keinen ordnungsgemäßen und allmählichen Übergang desselben in öffentliches Eigentum. Und der Einwand gegen die Beutezüge: daß sie das Gefühl der Sicherheit zerstören würden, das die Besitzenden ja anspornt, ihr überschüssiges Geld zu investieren, statt sich ein schönes Leben damit zu machen. Unsicherheit entmutigt diejenigen, die genug Geld haben, um überhaupt sparen zu können, und fördert unüberlegtes Geldausgeben. Die Stimmung der Unsicherheit durch Übergriffe des Staates ist demoralisierend. Sie werden das verstehen, wenn Sie die

Beschreibung des Thukydides über die Pestplage in Athen lesen; sie paßt auf alle Plagen, pathologische wie auch finanzielle. Jede ansteckende Krankheit zerstört das Gefühl der Sicherheit: die Leute befürchten schließlich, Ende der Woche wahrscheinlich sterben zu müssen, und werfen ihren Charakter weg für einen Tag Vergnügen, geradeso wie die Kapitalisten ihr Geld zum Fenster hinauswerfen, wenn es nicht mehr sicher ist. Und ein Übergriff auf das Eigentum ist – im Unterschied zu einer regulären jährlichen Einkommenssteuer – in dieser Hinsicht wie eine Pestplage. Auch bildet er einen schlechten Präzedenzfall und macht Beutezüge zur Gewohnheit. Deshalb sind Schuldtilgungs-Abgaben im eigenen Land, wenn auch praktisch durchführbar, dennoch höchst unklug.

Die Lösung des Aufbauproblems

Sie dürfen jetzt eine Atempause machen, weil Sie mittlerweile nicht nur das Ziel des Sozialismus kennen, das ganz einfach Einkommensgleichheit ist, sondern auch die Methoden, durch die dieses Ziel erreicht werden kann. Sie wissen, warum Bergwerke und Banken nationalisiert werden sollten und wie die Enteignung der Kohlegrubenbesitzer und Bankiers wettgemacht werden kann; wie man Ungerechtigkeiten dem Einzelnen gegenüber vermeidet oder auch seine Erschütterung des Sicherheitsgefühls; denn Sicherheit ist notwendig, damit die kontinuierlichen Investitionen des überschüssigen Geldes als Kapital nicht verhindert werden. Wenn Sie nun die Formel für diese beiden Verstaatlichungen gefunden haben, d. h. eine für die Rohstoff-Industrie mit viel und schwerer physischer Arbeit, die andere für Dienstleistungsbetriebe mit sitzender und kopfbetonter Arbeit, dann haben Sie zugleich die Formel für alle Verstaatlichungen.

Wir haben diese Formel nicht nur gefunden, sondern sie bereits in unseren bestehenden Institutionen genügend praktiziert, um keine größeren Zweifel mehr zu haben, daß sie auch weiter funktionieren, als daran, daß unser Staatsbudget im nächsten Jahr ausreicht. Wir müssen uns deshalb nicht länger mit Forderungen herumplagen, welche die Leute »konstruktives Programm« nennen. Wir haben das Programm ja schon! Und was sie am meisten überraschen wird, ist, daß es nicht einen einzigen neuen Punkt enthält. Die Schwierigkeiten und Erneuerungen liegen nämlich nicht, wie die Leute meinen, im praktischen Teil der Angelegenheit, der sich ja als durchführbar erwiesen hat, sondern im metaphysischen Teil: das heißt, im *Willen* zur Gleichheit. Wir wissen heute zwar, wie man die Verteilung des Nationaleinkommens den Privatbesitzern aus den Händen nehmen und sie der Kontrolle der Regierung unterstellen kann. Aber die Regierung kann das Nationaleinkommen dennoch ungleich verteilen, wenn sie will. Statt die bestehende Ungleichheit zu zerstören, kann sie sie noch intensivieren. Sie kann eine privilegierte Klasse von Müßiggängern mit riesigen Einkommen aufrechterhalten und ihnen eine staatliche Sicherheit für kontinuierliche Einkommen geben.

Der Weg zum Sozialismus kann, wenn wir ihn unwissend verfolgen, sogar im Staatskapitalismus landen. Beide müssen sich auf der gleichen Bahn bewegen; und gerade das ist es, was Lenin – darin weniger hellsichtig als Bunyan – nicht erkennen konnte, als der das Programm der Fabier als Staatskapitalismus denunzierte. Mehr noch, Staatskapitalismus und kapitalistische Diktatur (Faschismus) werden miteinander in einen Wettstreit um Anerkennung treten und eine unserer häßlichsten gegenwärtigen Bedingungen abschaffen: sie werden beide die Löhne erhöhen, die Erbschaftssteuern herabsetzen, den »Tüchtigen freie Bahn« öffnen und die weniger Tüchtigen rücksichtslos ausstoßen – bis sie schließlich dem Fluch der Ungleichheit unterliegen werden, gegen den sich keine Zivilisation auf die Dauer behaupten kann.

Aus diesem Grund haben Sie immer noch -zig Seiten bis zum Ende dieses Buches vor sich, auch wenn Sie schon allen denjenigen Leuten eine hieb- und stichfeste Antwort geben können, die von den Sozialisten nur konstruktive Pläne, praktische Programme, eine verfassungsmäßige Parlamentsordnung usw. fordern. Wir müssen uns nämlich noch mit dem Pseudo-Sozialismus auseinandersetzen, vor dem ich Sie gerade gewarnt habe, und mit einigen anderen Punkten, die ich nicht übergehen kann, wenn ich Sie nicht mehr oder weniger hilflos Ihrer Verteidigung gegen jene Angstmacher überlassen will, die, statt sich um ein genaues Verständnis der Aufbaumethoden zu bemühen, restlos überzeugt sind, daß die Welt an einem einzigen Tag auf den Kopf gestellt werden könne von einem ungewaschenen Russen mit roter Halsbinde oder einer ungekämmten Frau mit einer Kanne voll Petroleum, wenn sie nur niederträchtig genug wären. Diese armen verscheuchten Geschöpfe werden Sie fragen: Und die Revolution? Und was ist mit der Ehe? Und was geschieht mit den Kindern? Und wie steht's mit den geschlechtlichen Beziehungen?, wenn der Sozialismus alle unsere Institutionen – wie sie annehmen – gestürzt haben wird und an die Stelle unserer heutigen lammfrommen Menschen eine wilde Meute tollwütiger Hunde setzt. Natürlich können Sie den Leuten sagen, daß sie Sie in Ruhe lassen oder nur über Dinge reden sollen, die nicht über ihren Verstand hinausgehen. Aber Sie werden erfahren, daß diese Argumente nur die Extreme einer Anschauung sind, die weit verbreitet ist. – Wir wollen uns deshalb auch vorbereiten auf eine generelle Konversation über unser Thema und die damit zusammenhängenden Dinge.

Der Scheinsozialismus

Das Beispiel des Krieges hat uns gezeigt, wie leicht es für eine Regierung ist, das Einkommen einer Gruppe von Staatsbürgern zu konfiszieren und es einer anderen Gruppe zu übergeben, ohne damit eine ausgleichende Verteilung zu beabsichtigen oder im geringsten die Verstaatlichung von Industrie und Dienstleistungsbetrieben zu fördern. Jede Klasse, Branche oder Clique, die es schafft, das Parlament zu kontrollieren, kann ihre Macht benutzen, um alle anderen Klassen, Branchen und Cliquen, ganz zu schweigen von dem Land als Gesamtheit, auszubeuten und selbst Vorteil daraus zu ziehen. Solche Vorgänge werden natürlich immer als »Reform« der einen oder anderen Art maskiert oder als »politische Notwendigkeit«; aber es sind tatsächlich Intrigen, um den Staat für egoistische Zwecke zu mißbrauchen. Das allein wäre noch kein hinreichender Grund, sie als schädlich abzulehnen: denn jede Reform ist für irgendjemanden einträglich. Zum Beispiel können die Grundbesitzer einer Stadt die wärmsten Befürworter des Straßenausbaus sein, weil sie hoffen, den ganzen Geldwert solcher Verbesserungen durch Mieterhöhungen zu ernten. Auch wenn irgendwo eine Grünanlage entsteht, steigen die Mieten in all denjenigen Häusern, deren Fenster zur Anlage liegen. – Doch sind die Verbesserungen nichtsdestoweniger Verbesserungen. Als Faust den Mephisto fragte, wer er sei, antwortete dieser: Ich bin ein Teil von jener Kraft, die stets das Böse will und stets das Gute schafft! Und obwohl unsere Grundbesitzer und Kapitalisten nicht immer das Böse wollen, noch das Gute tun, hat sich der Kapitalismus doch gerechtfertigt und wurde als ökonomisches Prinzip ausdrücklich deshalb bejaht, weil er den Egoisten anspornte, Gutes zu tun, und weil die Menschen angeblich nichts tun, es sei denn zu ihrem eigenen Vorteil. Die besten Dinge müssen zwar, wie manche von uns sagen, zum Ruhm Gottes getan werden oder zur Lebensbereicherung und Verbreitung der Humanität, wie andere sagen, doch entspricht es durchaus der Wahrheit, daß, wer eine philantropische Richtlinie mithilfe irgendeiner öffentlichen, parlamentarischen oder städtischen Körperschaft durchsetzen will, wohl schneller ans Ziel gelangt, wenn er allen Schuften persönliche Vorteile davon verspricht, als wenn er die Philanthropen aufrüttelt, gegen die Schlechtigkeit der Menschen zu predigen. Mit »Schufte«, diesem vielleicht etwas abfälligen Namen, bezeichne ich jene Leute, die nichts tun, wenn es nicht in ihrem eigenen Interesse ist, aber oft höchst effektive Tatmenschen sind im Gegensatz zu gewissen Idealisten, die lediglich viel Wind machen und es der nächsten Generation von Tatmenschen überlassen, mit dem Sturm dann zurechtzukommen.

Es ist bereits zu einer feststehenden Methode des Kapitalismus geworden, von der Regierung die Unterstützung gewisser Privatunternehmen zu fordern, wenn sie auch für die Öffentlichkeit von Nutzen sind. Auf diesem Weg ist manches Gute getan worden. Nur mögen die Kapitalisten durchaus nicht, wenn man ihre kapitalistischen Methoden auf sie selbst überträgt bei ihren Geschäften mit dem Staat. Warum auch sollten etwa die glücklichen Besitzer ertragreicher Kohlegruben die Besitzer der nicht ertragreichen unterstützen? Wenn eine Regierung es für richtig hält, die schlechten Gruben zu unterstützen, so sollte sie zufrieden sein mit der Sicherheit, die sie ihnen geben kann. Bei uns ging das so weit, daß die Regierung den Besitzern schlechter Gruben ein Geschenk von zehn Millionen machte. Und die Besitzer mußten es schließlich an die Bergleute weitergeben in Form von Löhnen: so jedenfalls war es gedacht; und mehr oder weniger wurde es auch in die Tat umgesetzt. Aber ob wir das nun als Unterstützung der Bergleute oder der Besitzer oder auch beider ansehen, das Geld wurde nichtsdestoweniger konfisziert vom einfachen Steuerzahler und an die bevorzugten Personen als Almosen ausgehändigt.

Die Leute nun, die behaupten, solche Unterstützungsgelder seien sozialistisch – egal, ob sie das abschätzig oder anerkennend meinen – reden Unsinn. Es handelt sich dabei um offene Ausbeutung des Steuerzahlers durch den banke-

rotten Kapitalismus und seine von ihm abhängigen Proletarier –. Die sozialistischen Agitatoren, weit entfernt davon, solche Zuschüsse gutzuheißen, werden Ihnen laut und deutlich zu verstehen geben, daß *Sie* einen Teil der Bergarbeiterlöhne zahlen, während die Grubenbesitzer den ganzen Profit einstreichen; daß, wenn Sie sich das gefallen lassen, Sie sich alles gefallen lassen; daß Sie etwas für eine Verstaatlichung zahlen, diese aber nicht bekommen; daß Sie ein gigantisches System äußerlicher Unterstützung aufgehalst bekommen zugunsten der Reichen, die sowieso noch Zinsen, Dividenden und jene Zuschüsse erhalten, die Sie für die Arbeitslosen laufend bezahlen müssen; daß die Kapitalisten, nachdem sie alles andere – Land, Kapital und Arbeit – ausgeplündert haben, nun auch noch die Staatsfinanzen ausplündern; daß sie nicht zufrieden sind, von jedem Artikel, den man einkauft, einen Aufpreis einzukassieren, sondern Sie jetzt auch noch über das Finanzamt besteuern; und daß die Gewerkschaften, weil jeder Kapitalist ja einen Teil des von Ihnen genommenen Geldes als Lohnzahlung weitergeben muß, sehr darauf bedacht sind, daß die Arbeiter-Partei diese Zuschüsse im Parlament befürwortet.
All dies ist, auch nach Abzug der entsprechenden rhetorischen Künste dieser Gewerkschaftler, wahr. Der Versuch, ein scheiterndes System durch Zuschüsse einerseits und Wohlfahrtsgelder andererseits aufrechtzuerhalten, heißt, die Kerze an beiden Enden anzünden, und steuert geradewegs auf den industriellen Bankrott zu. Aber Sie werden, wenn Sie weise sind, Ihre Kräfte nicht in emotionaler Entrüstung vergeuden. Die Kapitalisten haben es auch nicht bewußt darauf abgesehen, Sie zu berauben. Sie sind nur die Schwungräder am Wagen ihres eigenen Systems, und sie verstehen das Ganze ebensowenig wie Sie es verstanden, bevor wir uns so gründlich damit beschäftigten. Sie wissen lediglich, daß die Gewerkschaften ihr eigenes Spiel gegen die Kapitalisten mit solch großem Erfolg betreiben, daß immer mehr aus den Aufpreisen (die *Sie* tragen) jetzt in die Löhne geht, anstatt, wie früher, in ihre eigene Kasse. Sie beschwören die Regierung, sie zu retten,

und sie tut es (auf *Ihre* Kosten), teils, weil sie einen Generalstreik fürchtet, teils, weil sie die Alternative der Verstaatlichung so lange wie möglich hinausschieben möchte, teils weil sie auch an die proletarischen Stimmen bei der nächsten Wahl denken muß, vor allem aber deshalb, weil ihr einfach nichts Besseres einfällt in jenen seltenen Augenblicken, in denen eine Regierung überhaupt Zeit hat, nachzudenken. Die britischen Arbeitgeber, die britischen Gewerkschaftler und die britische Regierung haben keine tiefgründigen Absichten: bis jetzt haben sie immer von der Hand in den Mund gelebt; und Sie brauchen sich deshalb auch nicht moralisch darüber zu entrüsten, es wäre Verschwendung. Aber beachten Sie bitte das Beiwort »britisch«, das ich im letzten Satz dreimal wiederholt habe und auch die Worte »bis jetzt«. Die amerikanischen Arbeitgeber und Geldleute sind weitaus selbstbewußter als unsere Geschäftsleute und Arbeiter. Und von ihnen lernen unsere Leute die amerikanische Methode. Die modernen wissenschaftlichen Entdeckungen lassen sie von einem ungeheuren Anwachsen der Produktion träumen; und sie haben, weil die Welt von arbeitenden Menschen abhängt, seien es nun Hand- oder Kopfarbeiter, auch herausgefunden, daß sie durch Zusammenschlüsse die müßigen und unfähigen Grund- und Kapitalbesitzer daran hindern können, zu viel von dieser Produktionssteigerung zu bekommen. Sie wissen aber: weder diesen Traum, noch die richtigen Zusammenschlüsse können sie mit ihren eigenen Köpfen realisieren, und deshalb zahlen sie heute hohe Gehälter an kluge Leute, deren einzige Aufgabe es ist, für andere zu denken.

In Amerika ist es tatsächlich so, daß die Gewerkschaften hochqualifizierte Köpfe anstellen, die für sie denken müssen, und sich nicht weigern, Gehälter zu zahlen, die dem Lohn von zwölf Arbeitern entsprechen. Sobald die englischen Gewerkschaften ebenso amerikanisiert werden wie die englischen Großunternehmen es bereits sind, werden sie dasselbe tun. Unsere großen Betriebe holen sich jetzt schon die klügsten Köpfe von den Universitäten und aus dem Staatsdienst für ebendiese Tätigkeit. Sowohl die

Großbetriebe als auch die ausgebildeten Facharbeiter werden bald ihre Arbeit wissenschaftlich durchführen, statt schwerfällig und phantasielos auf den eingefahrenen Gleisen weiter zu trotten. Und wenn sie das erreicht haben, werden sie ebenso das nicht-ausgebildete, nicht-organisierte Proletariat versklaven wie jene Leute aus der Mittelklasse, die kein Talent zum Geldverdienen haben. Sie werden auch die Regierung versklaven. Und sie werden das hauptsächlich mit den Methoden des Sozialismus tun, wobei sie solche sichtbaren Verbesserungen für die Lebensbedingungen der Massen schaffen, daß es unmenschlich wäre, ihnen Einhalt zu gebieten. Die organisierten Arbeiter werden nicht mehr in Elendsvierteln wohnen. Und der altbekannte Schrei der Gemeinden nach hohen Steuern und hygienischen Wohnverhältnissen wird abgelöst werden vom Ausruf des Herrn Ford: Hohe Löhne und kollosale Gewinne! Diese Gewinne sind wie Blockaden, die den Strom der Wohlfahrt am Fließen hindern. Wenn sie ungleich verteilt werden, müssen sie das ganze System, das sie hervorgebracht hat, zerstören und das Land in eine Katastrophe hineinreißen. Deswegen werden die Sozialisten, trotz aller augenscheinlichen Triumphe der anwachsenden Geschäftstüchtigkeit, weiterhin darauf bestehen, daß die Verteilung und Angleichung der Einkommen einer öffentlichen Kontrolle unterstehen soll. Ohne diese nämlich werden die kapitalistischen Großunternehmen im Verein mit der »Aristokratie« der Gewerkschaften die Regierung zugunsten ihrer privaten Interessen immer mehr unter Kontrolle bringen; und für Sie als Wähler könnte es sehr schwierig werden, zu unterscheiden zwischen dem echten Sozialismus, der unsere Industrie aus Privatbesitz in öffentlichen Besitz überführen will, und dem Scheinsozialismus, der von einem Teil unserer Bürger Geld konfisziert, ohne jede Entschädigung, und dieses lediglich einem anderen Teil der Bürger aushändigt – nicht um unsere Einkommen mehr aneinander anzugleichen, sondern um denen, die ohnehin schon zu viel haben, noch mehr zu geben.

Der Kapitalismus in ständiger Bewegung

Und nun, gelehrte Leserin (denn inzwischen wissen Sie mehr über die lebendige Geschichte und die gegenwärtigen sozialen Probleme Ihres Landes und der ganzen Welt als ein durchschnittlicher kapitalistischer Premierminister), haben Sie wohl gemerkt, daß bei diesen ununterbrochenen Aktivitäten, die uns allen Essen, Kleidung und Wohnung erhalten, manche von uns sogar besonders verhätscheln, *nichts so bleibt, wie es ist!* Die menschliche Gesellschaft ist wie ein Gletscher: er sieht aus wie ein unbewegliches und ewiges Feld aus Eis, ist aber in Wirklichkeit ein fließender Strom, und das einzige, was seine eisige Starre bewirkt, ist, daß die immerwährende Bewegung in ihm selbst Spalten aufreißt, die es schrecklich gefährlich machen, auf ihm herumzulaufen, um so mehr, weil sie wunderbar verdeckt sind von einer natürlichen Beschönigung – in diesem Fall dem Schnee. Der Bankrott Ihres Vaters, Ihres Mannes oder Ihr eigener kann Sie jeden Augenblick in eine kleine Gletscherspalte hinabstürzen. Eine große kann auf einen Schlag ein ganzes Reich verschlucken, so wie im Jahre 1918 gleich drei verschluckt wurden. Wenn Sie, was sehr wahrscheinlich ist, in dem Glauben erzogen sind, daß die Welt ein Ort sei mit dauerhaften Regierungen, feststehenden Institutionen und unveränderlichen Glaubensbekenntnissen, die alle respektablen Leute teilen, über die sie alle ein und derselben Meinung sind und an denen nicht zu rütteln ist, weil sie sich auf die Alleingültigkeit der Magna Charta,* der Habeas-Corpus-Akte,** der Apostelworte und der Zehn Gebote gründen, jetzt aber von ständigen und unerwarteten Veränderungen und Entwicklungen hören, die unsere Gesellschaftsordnung auf den Kopf stellen,

* Magna Charta (libertatum): das wichtigste altenglische Grundgesetz (von König Johann 1215 erzwungen).

** Habeas-Corpus-Akte: das englische Staatsgrundgesetz von 1679, das den Schutz der persönlichen Freiheit als verfassungsmäßig garantiertes Recht gesetzlich festlegt.

die Macht der einen Klasse auf eine andere übertragen, die Meinungen verändern, so daß, was zu Beginn des neunzehnten Jahrhunderts als Wohlstand, Ehre und Frömmigkeit anerkannt war, am Ende des Jahrhunderts als habgierige Schurkerei verschrien wurde – dann fragen Sie sich vielleicht, warum wir uns mit all diesen Beschreibungen und Erklärungen abplagen, wenn doch alles wieder anders sein wird, bis Sie das Buch fertig gelesen haben! Dazu kann ich Ihnen nur sagen, daß der Weg zum Verständnis der gegenwärtigen Veränderungen über das Verständnis der vorangegangenen Veränderungen führt – soviel ist sicher; und ich möchte Sie warnend darauf hinweisen, daß viele Frauen sich ihr eigenes Leben verdorben und ihre Kinder verhängnisvoll falsch erzogen haben, weil sie diese Veränderungen nicht verstanden.

Außerdem gehören die Dinge, die ich beschrieben habe, noch nicht ganz und gar der Vergangenheit an. Es gibt noch immer altmodische Edelleute, die auf dem Land die Herren spielen, wie es ihre Vorfahren jahrhundertelang getan haben, manchmal wohltätig, manchmal aber auf Kosten der Landbewohner, die sie fortjagen, weil sie den Platz lieber für ihre Schafe und ihr Rotwild verwenden. Es gibt noch immer die großen Gutsbesitzer und die kleinen Bauern. Es gibt noch immer viele kleine Arbeitgeber, die ihre kleinen Betriebe allein oder mit zwei bis drei Geschäftsteilhabern führen. Es gibt noch immer Aktiengesellschaften, die nicht in einen Konzern aufgenommen sind. Es gibt noch immer viele Arbeiter, die keiner Gewerkschaft angehören und ausgebeutet werden. Es gibt noch immer Kinder und Jugendliche, die grausam ausgebeutet werden, trotz der Parlamentsbeschlüsse, die ja nur in die Fabriken und Handwerksbetriebe gelangen. Die große, weite Welt hat zwar ein London, ein Paris und ein New York, aber auch noch primitive Siedlungen, wo man kein Gas, kein elektrisches Licht, kein fließend Wasser und keine Kanalisation kennt. – In Ihrer unmittelbaren Umgebung können Sie durchaus lebende Beispiele für alle Stadien des kapitalistischen Systems entdecken, wie ich sie beschrieben habe.

Neben dem sich Verändernden und dem bereits Veränder-

ten steht das noch nicht Veränderte; und wir haben mit allen dreien täglich zu tun. Wenn wir nicht verstehen, was aus dem bereits Veränderten geworden ist, können wir auch nicht verstehen, was aus dem Noch-Nicht-Veränderten einmal werden wird, und setzen uns vielleicht mit den besten Absichten für schädliche Veränderungen ein oder bekämpfen und verhindern die positiven. Wer aber gar nach Richtlinien in den Artikeln unserer parteilichen Zeitungen sucht (die alle von den Anzeigen der Profitmacher leben) oder wer sich von den Reden unserer Parteipolitiker führen läßt, bzw. von dem Geschwätz unserer politisch ignoranten Nachbarn und Verwandten mit ihrem Klassenvorurteil, – was wir leider fast alle tun –, der wird mit Sicherheit entweder irregeführt und korrumpiert oder völlig verbittert werden.
Lassen Sie sich jene kapitalistischen Abenteuer auf der Jagd nach Profit, wie ich sie in Kapitel 24 angedeutet habe, als Warnung dienen. In Büchern und Zeitungen werden sie immer als Ruhmesgeschichte der englischen Rasse geschildert, oder (in Frankreich) als Geschichte der französischen Nation, oder (in Deutschland und Italien) als Geschichte des großen alten Stammes der Germanen bzw. Römer; und immer haben Menschen unerschrocken ihre herrlichen Tugenden und Begabungen eingesetzt, um ihr Land auf eine höhere Kulturstufe zu erheben und diese auch bei den Heiden im Ausland zu etablieren. Auf dem Papier kann der Kapitalismus einen sehr guten Eindruck machen. Aber geben Sie acht, daß Ihre Desillusionierung Sie nicht lähmt und zum Abscheu und grundsätzlichen Zynismus der immer Mißtrauischen treibt. Unsere aufregenden Zeitungsmeldungen mit ihrem nationalen Selbstlob und der gegenseitigen Beweihräucherung dürfen nicht nur als Humbug abgetan werden. Ohne die großen Entdecker und Erfinder und Forscher, Organisatoren und Techniker und Soldaten, kühnen und waghalsigen Seeleute, ohne die großen Chemiker und Mathematiker, die hingebungsvollen Missionare und verzweifelten Abenteurer ginge es heute unseren Kapitalisten nicht besser, als wenn sie in Grönland oder Tibet leben würden. Aber jene außergewöhnlichen Menschen,

deren große Taten die Kapitalisten reich gemacht haben, waren selbst keine Kapitalisten. Die Besten unter ihnen wurden nur wenig oder gar nicht ermutigt von kapitalistischer Seite, weil ihre Arbeit und Abenteuer selten einen unmittelbaren Profit in Aussicht stellen konnten. Viele von ihnen waren und sind nicht nur arm, sondern auch Verfolgte. Und wenn die Zeit kommt (meistens, nachdem sie gestorben sind), wo ihre Entdeckungen und Errungenschaften in den Alltagsgebrauch übergehen, wird die Arbeit daran von hungrigen Leuten verrichtet: die Kapitalisten sorgen nur für deren Essen, das sie weder gesät noch geerntet, weder gebraten noch gebraut, sondern lediglich von anderen hungrigen Leuten als Miete oder Zinsen einkassiert und sich angeeignet haben unter Gesetzen, die von kapitalistischen Gesetzgebern zu eben diesem Zweck gemacht worden sind. Der Verstand der Briten, ihre Genialität, ihr Mut und ihre Entschlußkraft haben Großbritannien viel Ruhm eingebracht, wie dieselben Eigenschaften in anderen Ländern diesen viel Ruhm eingebracht haben; aber die Kapitalisten als solche hatten niemals Verstand, Genie, Mut oder Entschlußkraft. Ihr Beitrag war der Nahrungsüberschuß, von dem die Genies lebten und den die Kapitalisten selbst gar nicht produzierten.

Bitte beachten Sie, daß ich sage, die Kapitalisten *als solche;* denn der Zufall kann ebenso leicht einen Menschen zum Kapitalisten und Genie machen, wie ein anderer zufällig ein Genie und arm ist. Die Natur kümmert sich nicht um das Geld. Zwar ist es nicht sehr wahrscheinlich, daß ein geborener Kapitalist (also einer, der ein Vermögen erbt) ein Genie wird, einfach weil es nicht sehr wahrscheinlich ist, daß überhaupt irgendjemand als Genie geboren wird, da eine solche Erscheinung in der Natur eben selten ist; aber es kann einem Kapitalisten schon einmal passieren, wie es auch beim Adel manchmal vorgekommen ist. Wenn ein geborener Kapitalist jedoch zufällig ein Genie ist und ein anderer ein Verschwender, so produziert nicht das Kapital die positive oder negative Eigenschaft. Wenn man ihnen das Geld wegnimmt, bleiben sie doch, was sie sind: wenn man es verdoppelt, verdoppeln Sie damit nicht die

Eigenschaften. Der Dümmste im Land kann der Reichste sein: der Klügste und Größte weiß vielleicht nicht einmal, wo er morgen etwas zu essen herbekommen soll. Ich wiederhole, die Kapitalisten als solche brauchen keine besondere Begabung und verlieren auch nichts, wenn sie gar keine haben.

Sie können deshalb sowohl die kapitalistischen Schriften unbeachtet lassen, die alle Ruhmestaten unserer Geschichte als Frucht der kapitalistischen Tugend und Begabung für sich in Anspruch nehmen, als auch die anti-kapitalistischen, die alle Schmach und Schandtaten unserer Geschichte nur der Gier der Kapitalisten zuschreiben. Verschwenden Sie daran weder Ihre Bewunderung noch Ihre Entrüstung. Je besser Sie das System verstehen, desto mehr werden Sie einsehen, daß selbst der persönlich Rechtschaffenste ihm nicht entgehen kann, es sei denn durch eine politische Veränderung, die das ganze Land davor retten wird.

Obwohl aber der Kapitalist als solcher nichts tut, als Geld zu investieren, tut der Kapitalismus doch sehr viel mehr. Wenn er den heimischen Markt mit allen Gebrauchsgegenständen, die sich die Leute von ihrem Lohn leisten können, überfüllt hat, wenn er all die luxuriösen und modischen Prestigeartikel, die die Reichen kaufen, zur Verfügung hat, dann muß er das neu angehäufte, überschüssige Geld in gewöhnlichere und riskantere Unternehmen stecken. An diesem Punkt wird der Kapitalismus abenteuerlustig und geht auf Experimente aus, zeigt Aufmerksamkeit für die Pläne hungriger Leute, wenn sie große Erfinder oder Chemiker oder Techniker sind, und richtet neue Industrie- und Dienstleistungszweige ein wie Telefon, Buslinien, Luftfahrt, Radio, Konzerte usw. Dann auch beginnt er sich etwa mit Hafenplänen zu beschäftigen, die er – wie wir gesehen haben – gar nicht wahrnehmen würde, solange es noch Plätze gäbe für neue Schnapsbrennereien.

Nun sind die Kapitalisten zwar sehr ärgerlich, wenn hungrige Leute die Regierung um irgend eine Art von Unterstützung angehen, haben aber keine Skrupel, für sich selbst um Unterstützung zu bitten. Die Eisenbahnen fordern von der

Regierung eine Garantie für ihre Dividenden, die Fluglinien große Summen für die Instandhaltung ihrer Flugzeuge, damit sie weiter Geld daran verdienen können, die Grubenbesitzer und Bergleute Unterstützungen unter Androhung eines Streiks, wenn sie keine erhalten; und die Regierung bürgt, aufgrund der Handelsgesetze, für Darlehen an Privatkapitalisten, ohne dem Land einen Anteil an deren Unternehmen zu sichern, so daß die Steuerzahler für billiges Kapital sorgen, selbst aber die Preise der Profitmacher für Waren und Dienstleistungen nichtsdestoweniger voll bezahlen müssen. Eigentlich kann man sich kaum noch ein Unternehmen denken, das Dividenden abwirft und im Kapitalismus keine Chance hätte, solange man nur genug flüssiges Geld auftreiben kann; wenn das nicht geht, so wird es der Regierung abgepreßt, das heißt dem Volk gewaltsam durch Steuern abgenommen, mit der Versicherung, daß die Regierung allein nichts für die Staatsbürger zu tun in der Lage sei und diese sich deshalb immer an die Kapitalisten wenden müßten. Die kapitalistischen Operationen sind so ungeheuerlich, daß sie den Umfang und Sinn dessen, was wir »unser Land« nennen, sprengen. Die Handelsgesellschaften der Kapitalisten haben unsere Regierung getrieben, ihnen Vorrechte zu gewähren, mit denen sie große und bevölkerungsstarke Inseln besetzen konnten, ganze Reiche wie etwa Indien und weite Landstriche wie Rhodesien, in denen sie nun regieren und Armeen erhalten, nur, um so viel Geld wie möglich herauszuholen. Aber sie haben wohlweislich dabei die britische Flagge gehißt und, direkt oder indirekt, die britische Armee und Marine benutzt, auf Kosten des britischen Steuerzahlers, um damit ihre eigenen Eroberungen zu verteidigen. Und am Ende hat das britische Commonwealth die Verantwortung übernehmen und die Inseln und Länder dem sogenannten britischen Empire angliedern müssen, was seltsamerweise zur Folge hatte, daß das Zentrum des britischen Empires, völlig unbeabsichtigt vom englischen Volk, nun im Orient statt in Großbritannien liegt, und daß von hundert unserer Mituntertanen nur elf Weiße oder Christen sind. Der Kapitalismus führt uns also in alle möglichen Unternehmungen, hierzulande wie im Ausland, über die wir keinerlei Kontrolle haben, und nach denen wir uns durchaus nicht sehnen. Die Unternehmungen sind zwar nicht unbedingt schlecht: manche haben sich als positiv erwiesen, aber der entscheidende Punkt ist, daß sich die Kapitalisten nicht darum kümmern, ob sie gut oder schlecht für uns sind, wenn sie nur den Aktionären Geld einzubringen versprechen. Wir können auch nie wissen, was der Kapitalismus uns als Nächstes bescheren wird, und wir können niemals nur ein Wort glauben, das die kapitalistischen Zeitungen uns über diese Vorgänge erzählen, weil die Wahrheit höchstwahrscheinlich unpopulär wäre.

Sie brauchen aber jetzt nicht gleich Ihre Koffer zu packen. Was Sie wirklich tun müssen, ist: sich von der Vorstellung freimachen, daß allein der Konservatismus – in seiner üblichen Bedeutung, nämlich als Liebe zur Tradition und den alten Einrichtungen, mit denen Sie aufgewachsen sind – irgendetwas gegen den Kapitalismus ausrichten könne. Der Kapitalismus mit seiner unablässigen Suche nach Investitionen, seiner absoluten Notwendigkeit, hungrige Leute zu finden für den Nahrungsüberschuß, der sonst verderben würde, durchbricht alle Schranken, sprengt jede Grenze, schluckt sämtliche Religionen, zwingt alle Institutionen, die sich ihm entgegenstellen, zur Anpassung und stellt einen Sittenkodex auf, der ihm dies alles erleichtert, so seelenlos, wie er Banken einrichtet und Kabel legt. Und Sie müssen es gutheißen und sich konform verhalten, sonst werden Sie ruiniert und kommen vielleicht ins Gefängnis oder werden gar hingerichtet.

Wenn der Karren durchgeht

Der Kapitalismus hält uns also in ständiger Bewegung. Nun ist Bewegung ja nichts Schlechtes: sie ist das Lebendige als Gegensatz zu Stagnation, Lähmung und Tod. Sie ist Abwechslung im Gegensatz zur Monotonie; und Abwechslung ist so notwendig für uns, daß Sie selbst das Beste, was Sie erlangen können (etwa das beste Essen, die beste Musik, das beste Buch, die beste Gemütsverfassung oder sonst das Beste von irgend etwas, was sich immer gleich bleibt), eines Tages, wenn Sie es lange genug haben, verabscheuen werden. Launische Frauen zum Beispiel sind immer noch erträglicher als langweilige, egal wie unangenehm manche ihrer Launen sein mögen: deshalb werden sie zwar manchmal umgebracht, aber sie bleiben selten sitzen. Und auch im Eheleben ist es das Auf und Ab, das die ganze Sache erträglich macht. Wenn die Leute den Kopf schütteln, weil wir in einem so ruhelosen Zeitalter leben, fragen Sie diese Leute doch mal, wie sie im Stillstand, in einem Zeitalter ohne jede Veränderung, leben könnten. Niemand kauft sich ein Auto und sagt: je langsamer, desto besser. Bewegung ist etwas Herrliches, solange wir sie in der Hand haben, sie kontrollieren und stoppen können, sobald sie uns in Gefahr bringt.

Unkontrollierte Bewegung aber ist etwas Schreckliches. Stellen Sie sich vor, Sie säßen in einem Auto, könnten es nicht steuern und nicht zum Stillstand bringen, hätten einen unerschöpflichen Benzinvorrat im Tank und würden damit auf einer Insel voller Felsen und steil abfallender Klippen herumrasen! Genau das ist das Gefühl, das man hat, wenn man unter dem Kapitalismus lebt und ihn plötzlich durchschaut. Das Kapital geht mit uns durch. Alle Regierungen stehen heute dem verzweifelt dringlichen Problem gegenüber, wie sie Herr dieser Bewegung werden, sie in sichere Bahnen lenken und dann auf diesen Bahnen steuern können. Wenn wir sie nur anhalten könnten, während wir sitzen und darüber nachdenken! Aber nein, der Karren steht nicht still, im Gegenteil, er wird schneller und immer schneller, das Kapital häuft sich in immer größeren Mengen an, und wir vermehren uns beständig. Ein Staatsmann nach dem anderen greift in die Räder und versucht sein Bestes. Könige versuchen es, Diktatoren versuchen es, demokratische Premierminister versuchen es, Parteien und Sowjets versuchen es, und wir sehen voller Hoffnung auf sie und bilden uns einen Augenblick lang ein, sie bekämen die Kontrolle darüber, weil sie es mit einer Aura von Autorität tun und uns versichern, daß alles gut werde, wenn wir nur schön ruhig sitzen blieben. Aber das Kapital rennt mit ihnen allen davon. Wir atmen auf vor Erleichterung, wenn unser nicht zu steuernder Karren in ein glückliches Tal rumpelt, und zittern vor Verzweiflung, wenn wir das Rollen der Wogen da unten an den Klippen lauter und lauter werden hören, anstatt in weiter Ferne und immer schwächer. Selig dann, die nichts wissen und nicht denken können: für sie ist das Leben eine reine Vergnügungsfahrt mit ein paar unangenehmen Zwischenfällen, die man halt in Kauf nehmen muß. Manchmal geben sie sogar die besten Staatsoberhäupter ab; wie der beste Stellwärter bei der Eisenbahn derjenige ist, der seine Verantwortung nicht so stark empfindet, daß er vor Angst die Übersicht verliert. Aber auf lange Sicht hängen alle Kulturstaaten davon ab, ob unsere Regierungen die Kräfte klug zu beherrschen lernen, die der Kapitalismus entfesselt, und dazu muß man sie notwendigerweise verstehen. Charakterstärke und Tatkraft allein, so sehr wir sie bewundern, sind ausgesprochen verhängnisvoll ohne Einsicht und Wissen.

Unsere derzeitige Schwierigkeit besteht darin, daß keiner diese Kräfte versteht, außer ein paar politischen Beobachtern, deren Bücher sonst niemand liest, oder hier und da einem Propheten, gleich einem Rufer in der Wüste, der von der Presse entweder ignoriert oder als Narr lächerlich gemacht wird. Unsere Regierenden sind voller Illusionen über den Geldmarkt und zählen 5 Pfund als 100 Pfund. Unsere Wähler sind noch nicht einmal dahin gelangt, weil neun von zehn, seien es nun Frauen oder Männer, mit dem Kapital nicht mehr Erfahrung haben als ein Schaf mit der

Wollspinnerei, obwohl ihm die Wolle vom eigenen Rücken abgeschoren wird.
Aber zwischen der Regierung und den Regierten gibt es einen sehr wichtigen Unterschied. Zwar wissen die Regierungen nicht, wie man regiert, aber sie wissen wohl, daß eine Regierung notwendig ist und dafür bezahlt werden muß. Die Wähler betrachten die Regierung als tyrannische Einmischung in ihre persönliche Freiheit und die Steuern als offizielle Beraubung der Bürger in einem tyrannischen Staat. Früher spielte das keine große Rolle, weil die Leute kein Stimmrecht besaßen.
Die Ausdehnung der politischen Macht aber auf die Allgemeinheit (Demokratie, wie man das nennt) hat eine Verstärkung des Widerstandes im Volk gegenüber der Regierung und den Steuern ausgelöst und das in einem Moment, wo allein eine große Ausdehnung der Regierung und Besteuerung noch hoffen läßt, über die blinde Fahrt des Kapitalismus zum Abgrund hin Kontrolle zu gewinnen. Und daraus ist eine Tendenz entstanden, die die alten Stimmrechtler und Suffragetten noch im Traum weit von sich weggeschoben hätten, oder wenn sie davon träumten, nie befürwortet haben würden, nämlich das Verlangen nach Abschaffung des Parlamentarismus und Einsetzung despotischer starker Männer, die das Volk von den räuberischen Kapitalisten, den inflationsfördernden Finanziers und den korrupten, nachlässigen, arroganten Bürokraten befreien sollen. Desillusionierte Demokraten schreien laut nach Disziplin. Unsere Unfähigkeit, uns selbst zu regieren, landet also in einem solchen Durcheinander, daß wir diese Arbeit *jedem* übergeben, der stark genug ist, sie anzunehmen. Dann aber wendet sich unser Unmut darüber, daß wir überhaupt regiert werden, gegen den starken Mann, den Cromwell oder Mussolini, als einen unerträglichen Tyrannen. Wir schreien aus der Notlage unserer Anarchie nach despotischer Disziplin, und sobald wir diese haben, schreien wir aus der strengen Zucht von Gesetz und Ordnung nach dem, was wir Freiheit nennen. Bei jeder blinden Jagd von einem Extrem zum anderen schütten wir das Kind mit dem Bad aus, lernen nichts aus der Erfahrung und

liefern Beispiele für den Mißbrauch von Macht wie für die Schrecken der Freiheit, ohne zu wissen, wo für beides die Grenzen liegen.

Wir wollen einmal sehen, ob wir nicht diese Angelegenheit: Regierung gegen Freiheit, klarer durchschauen können, ehe wir die menschliche Spezies als hoffnungslos unpolitisch aufgeben.

Die natürlichen Grenzen der Freiheit

Ein für allemal: wir werden nicht frei geboren und können niemals frei sein. Wenn alle »menschlichen« Tyrannen umgebracht oder abgesetzt würden, so bliebe immer noch der oberste Tyrann übrig, den wir weder umbringen noch absetzen können, und dieser Tyrann ist die Natur. Wie gut die Natur es vielleicht in den Südseeinseln meinen mag, in unseren Breiten ist sie ein harter Zuchtmeister. Unter primitiven Lebensbedingungen konnten wir uns nur durch rastlose Arbeit von früh bis spät ernähren, kleiden und ein Obdach bauen, um ausreichend geschützt in unserem frostigen Klima überleben zu können. Wir waren oft von Hungersnot und Überschwemmungen, Wölfen, unerwarteten Regengüssen und Stürmen heimgesucht; und selbst im besten Fall mußten die Frauen viele Kinder gebären, um einen Ausgleich zur Kindersterblichkeit zu schaffen. Sie mußten die Kleider für ihre Familien machen, Brot für sie backen und die Mahlzeiten kochen. So viel freie Zeit zur Verfügung zu haben wie die Frau von heute, war früher nicht nur sträflich, es war unmöglich.

Die Entwicklung der kommerziellen Zivilisation nun war im Grunde nichts weiter als die Erfindung von Möglichkeiten, mit denen man die Aufgaben der Natur unter weniger Arbeitsaufwand erfüllen konnte. Die Männer der Wissenschaft erfinden zwar immer Neues, weil sie die Geheimnisse der Natur entdecken wollen, aber so populäre Erfindungen wie Pfeil und Bogen, Spaten, Pflug und Rad haben ihre Ursache im Wunsch nach Erleichterung der außerhäuslichen Arbeit. Im Haus selbst machen Spinnrad und Webstuhl, Bratpfanne und Schürhaken, Schrubber und Seife, Nadel und Sicherheitsnadel die Arbeit leichter. Manche Erfindungen erschweren die Arbeit auch, verkürzen aber dafür die Arbeitszeit und erfordern mehr Intelligenz oder ermöglichen Arbeiten, die es vorher gar nicht gab: zum Beispiel das Alphabet, die arabischen Ziffern, Rechentabellen, Logarithmen und Algebra. Wenn man statt den eigenen Rücken den eines Pferdes oder Ochsen unter das Joch spannte und später Dampf, Brennstoffe und Elektrizität einsetzte, um die geplagten Rücken zu entlasten, dann war damit ein Zustand erreicht, der es dem Menschen ermöglichte, weniger Arbeit zu haben, als gut für ihn war, statt mehr, als er verkraften konnte. Die Nadel wurde zur Nähmaschine, der Besen zum Staubsauger, und beide werden über eine Steckdose in der Wand von einer kilometerweit entfernten Energiequelle angetrieben, statt mit der Hand oder dem Fuß getreten oder geschwenkt zu werden. In Kapitel 26 sind wir kurz darauf eingegangen, wie uns die frühere handwerkliche Geschicklichkeit und die Kenntnis des Rohmaterials sowie des An- und Verkaufs verlorenging, zuerst durch Arbeitsteilung (eine sehr wichtige Erfindung) und dann durch Maschinen. – Aber wir wollen uns hier mit den Auswirkungen all dessen auf den Lieblingsgegenstand der müßigen Klassen beschränken: auf unsere persönliche Freiheit.

Was ist Freiheit? Verfügbare Zeit, Muße. Und was ist Muße? Freiheit. Wenn Sie zu irgendeinem Zeitpunkt des Tages sagen können: jetzt kann ich eine Stunde lang tun, was ich will – dann sind Sie für diese Stunde frei. Wenn Sie aber sagen: ich muß in der nächsten Stunde das und das tun, ob ich will oder nicht – dann sind Sie in dieser Stunde nicht frei, trotz der Magna Charta, der Menschenrechts- (oder Unabhängigkeits-)erklärung und aller anderen politischen Zugeständnisse an Ihre sogenannte Freiheit.

Darf ich, ohne aufdringlich zu sein, Sie einmal bei Ihrer täglichen Routinearbeit begleiten? Am Morgen werden Sie geweckt, ob Sie wollen oder nicht, entweder von einem Dienstmädchen oder von jenem nervenzerreißenden Apparat, dem grausamen Wecker. Sie müssen aufstehen und Feuer machen, sich waschen und anziehen, Ihr Frühstück zubereiten und es essen. Soweit also keine Freiheit. Sie müssen einfach. Dann müssen Sie Ihr Bett machen, das Frühstücksgeschirr spülen, die Wohnung kehren und putzen, sich selbst putzen, was heißt, daß Sie sich mehr oder weniger gründlich noch einmal waschen und dann umziehen müssen, um sich vor anderen zeigen zu können, wenn

Sie einkaufen gehen und frische Lebensmittel oder andere notwendige Dinge heimholen. Jede Mahlzeit, die Sie einnehmen, muß zubereitet und gekocht werden, und dann kommt noch das Spülen. Solange Sie damit beschäftigt sind, müssen Sie ständig hin- und herlaufen. Ab und zu müssen Sie sich auch ein wenig ausruhen. Und schließlich müssen Sie ins Bett gehen und acht Stunden schlafen.
Zusätzlich zu alledem müssen Sie auch noch Geld verdienen, um einkaufen zu können und Ihre Miete und Steuern zu zahlen.
Dafür stehen Ihnen vor allem zwei Wege offen. Sie können entweder in irgendeinem Betrieb täglich mindestens acht Stunden lang arbeiten, müssen allerdings noch den Weg zum Arbeitsplatz und zurück mitrechnen. Oder Sie können heiraten und müssen in diesem Fall auch für Ihren Mann und die Kinder all jene Arbeiten tun, die Sie für sich selbst bereits tun müssen, Essen kochen, einkaufen, die Kinder anziehen und waschen, bis sie groß genug sind, es selbst zu tun, und außerdem noch die vielen anderen Dinge, die zum Beruf der Ehefrau und Mutter gehören, einschließlich der Verwaltung des Haushaltsgeldes, also des größten Teiles Ihres Familieneinkommens. Wenn Sie alle die Stunden zusammenzählen, die Sie gezwungenermaßen auf diese Weise verbringen und sie von den vierundzwanzig Stunden abziehen, die Ihnen die Natur dafür einräumt, bleibt das übrig, was Sie täglich an freier Zeit zur Verfügung haben: das heißt, Ihre Freiheit.
Sie sehen also, daß der weitverbreitete Trick, von Freiheit zu reden, als seien wir alle entweder frei oder Sklaven, einfach dumm ist. Die Natur erlaubt keinem von uns, völlig frei zu sein. Was Essen, Trinken, Waschen, Anziehen, Schlafen und alle anderen Notwendigkeiten unserer physischen Existenz angeht, ist selbst der unverbesserlichste Landstreicher, der seiner Freiheit zuliebe jede Wohlanständigkeit opfert, für mindestens zehn oder elf Stunden pro Tag ebenso sehr ein Sklave wie ein konstitutioneller König, der fast sein ganzes Leben vordiktiert bekommt. Eine Negersklavin, die sechs Stunden am Tag für sich hat, ist freier als eine »freie« weiße Frau, die nur drei Stunden

frei hat. Zwar kann die weiße Frau streiken, wenn sie will, und die Negerin nicht; doch kann die Negerin sich damit trösten, daß sie immer noch die Freiheit hat, sich umzubringen (was im wesentlichen dasselbe ist wie die Ausbruchschance der weißen Frau), und die Weiße bemitleiden, weil sie so wenig Freiheit hat und zum weißen Bettelvolk gehört.

Bei unserer Sehnsucht nach Freiheit nun sympathisieren wir alle mit dem Landstreicher. Was uns von ihm jedoch unterscheidet, wenn überhaupt etwas, ist der Wunsch mancher Leute, freie Zeit zu haben, um etwas arbeiten zu können, was ihnen Spaß macht. Der Landstreicher tut nichts in seiner Freizeit und fühlt sich elend: wir aber wollen unsere freie Zeit nützen und glücklich dabei sein. Denn, vergessen Sie nicht, Muße ist nicht gleich Ruhe. Ausruhen, wie Schlafen, ist ein Muß. Echte Muße aber ist die Freiheit zu tun, was wir wollen.

Das wird deutlich an der Frage des Besitzes. Frauen möchten gerne wohlhabend sein, weil ihnen ihr Besitz die Sicherheit geben kann für ein Maximum an frei verfügbarer Zeit. Die wohlhabende Frau muß nicht morgens um sechs Uhr aufstehen, um Feuer zu machen. Sie muß nicht das Frühstück für ihren Mann, noch das für sich selbst zubereiten. Sie muß weder spülen, noch den Abfall ausleeren, noch Betten machen. Sie muß nicht auf den Markt gehen und braucht nur die Besorgungen zu machen, an denen sie Spaß hat. Um ihre Kinder muß sie sich nicht mehr kümmern, als sie von sich aus möchte. Sie muß sich nicht einmal selbst die Haare bürsten; und wenn sie auch immer noch selbst essen und schlafen und sich waschen und hier- oder dorthin laufen muß, so macht sie sich diese Tätigkeiten doch so angenehm wie möglich. Sie hat zusammengenommen mindestens zwölf Stunden täglich zu ihrer freien Verfügung. Zwar arbeitet sie beim Anprobieren neuer Kleider, auf Jagdpartien, Tanzveranstaltungen, bei Besuchen, Empfängen, Bridge, Tennis, Bergsteigen oder irgendeinem anderen Hobby vielleicht härter als die Frau eines Arbeiters im Haushalt, aber doch hat sie immer etwas, was ihr Spaß macht, und nicht etwas, was sie tun muß. Und weil sie so viel Freiheit hat, ist sie normalerweise auch eine eifrige Befürworterin all der politischen Bewegungen, die ihre Privilegien schützen. Sie klammert sich an ihre gesellschaftliche Position, weil diese ihr die größtmögliche Freiheit schenkt.

Desgleichen die Männer. Aber Sie müssen daraus nicht folgern, daß jede Frau und jeder Mann die Freiheit mehr als alles andere lieben. Manche Leute haben sogar große Angst vor ihr. Sie sind sich bewußt, daß sie mit Fleiß und Moral nicht alleine zurechtkommen und halten eine Bevormundung für die einzig sichere Bedingung, d. h. sie wollen immer jemanden haben, der ihnen nicht nur sagt, was sie tun sollen, sondern auch, wie sie sich zu benehmen haben. Frauen mit einer solchen Natur suchen Dienststellungen im Haushalt, Männer beim Militär, und zwar nicht *trotz* ihres Freiheitsverlustes, sondern gerade deswegen. Dennoch ist das Ideal des Dienstmädchens und des Soldaten nicht ständige Bevormundung und ununterbrochener Dienst: vielmehr eine durch gelegentliche Ablenkungen unterbrochene Bevormundung. Sie wollen beide so frei sein, wie sie es wagen. Das Letzte, woran der gewöhnliche Industriearbeiter denken will, ist seine eigene Arbeit. Das ist Sache des Managers. Gerne aber denkt er an seine Freizeitbeschäftigung. Um dieser nachzugehen, möchte er eine möglichst kurze Arbeitszeit und einen möglichst langen Feierabend. Frauen denken normalerweise mehr über ihre Arbeit nach als Männer, weil es im Haushalt einfach notwendig ist und sie sich daran gewöhnt haben; denn eine Hausfrau ist Arbeiter und Manager in einer Person; aber auch sie ist froh, wenn sie ihre Arbeit hinter sich hat.

Das große Problem der Verteilung unseres Nationaleinkommens wird also auch zum Problem der Verteilung von notwendiger Arbeit und Muße bzw. Freiheit. Diese frei verfügbare Zeit – oder Freiheit – ist es, nach der wir alle uns sehnen: sie ist die Sphäre der Träume und der unbegrenzten Möglichkeiten, während die Arbeitszeit eine Sphäre der abgeschnittenen und dürren Wirklichkeit voller Zwang ist. Alle Erfindungen und Hilfsmittel zur Steigerung der Arbeitsproduktion werden enthusiastisch begrüßt und

als Fortschritt bezeichnet, weil sie uns mehr Freiheit ermöglichen. Leider verteilen wir aber die freie Zeit, die wir durch die Erfindung neuer Maschinen gewinnen, auf die absurdeste Weise, die man sich vorstellen kann. Nehmen wir nochmal als Beispiel die wohlhabende Frau, von der wir gerade gesprochen haben, mit etwa fünfzehn Stunden von vierundzwanzig zur freien Verfügung. Wie kommt sie zu soviel Freizeit? Nicht dadurch, daß sie etwas erfindet, sondern dadurch, daß sie etwa im Besitz gewisser Maschinen ist, die jemand anders erfunden hat, und daß sie die hieraus gewonnene Freizeit für sich in Anspruch nimmt; den Leuten aber, die wirklich an der Maschine arbeiten, bleibt genau so wenig freie Zeit übrig wie vorher. Schimpfen Sie nun nicht auf die Dame: sie kann nicht anders, die Arme! Das ist eine kapitalistische Gesetzmäßigkeit.
Betrachten Sie den Fall lieber in seiner größeren Reichweite, übertragen auf das Land als Ganzes. Die modernen Produktionsmittel ermöglichen es jedem einzelnen Staatsbürger, mehr zu produzieren, als er verbrauchen muß, um sich selbst und seine Nachkommen am Leben zu erhalten. Das heißt, daß diese modernen Mittel nicht nur einen nationalen Vorrat an Reichtum produzieren, sondern auch einen Vorrat an Muße oder Freiheit. Aber wie man den Reichtum so aufteilen kann, daß einige wenige Leute entsetzlich reich werden und alle anderen so arm wie zuvor bleiben, kann man auch die Freizeit so aufteilen, daß einige wenige Leute fünfzehn Stunden pro Tag zur Verfügung haben und alle anderen soviel wie vorher, also kaum vier Stunden, um etwas zu tun, was ihnen Spaß macht. Genau das aber hat die Etablierung des Privateigentums hervorgerufen, und aus eben diesem Grund hat sich unter dem Zeichen des Sozialismus die Forderung nach Abschaffung des Privateigentums und gleicher Aufteilung der freien Zeit oder Freiheit für alle erhoben.
Wir wollen einmal versuchen, uns eine grobe Vorstellung dessen zu machen, was passieren würde, wenn man Freizeit und produktive Arbeit gleichmäßig verteilen würde. Nehmen wir an, daß jeder von uns – bei einer Arbeitszeit von täglich vier Stunden über fünfunddreißig Jahre hinweg – so

gut leben könnte wie derzeit Leute mit einem Einkommen von mindestens tausend Pfund pro Jahr. Nehmen wir weiter an, daß diese Regelung durch allgemeine Übereinstimmung gesetzlich festgelegt worden wäre, und man einen Kompromiß gefunden hätte zwischen den Leuten, die nur zwei Stunden pro Tag arbeiten wollen und mit einem Lebensstandard von fünfhundert Pfund zufrieden wären, und denen, die vier Stunden arbeiten und doppelt soviel zum Leben verbrauchen wollen.

Dann ergibt sich immer noch die Schwierigkeit, daß manche Arbeiten nicht mit einem Vierstundentag geleistet werden können. Angenommen zum Beispiel, Sie wären verheiratet. Bei Ihrem Mann wäre es kein Problem, wenn er irgendwohin zur Arbeit ginge. Er würde dann jeden Tag das tun, was er zur Zeit Samstags tut: also um neun Uhr anfangen und um ein Uhr aufhören. Aber wie stünde es um Ihre Arbeit? Die allerwichtigste Arbeit auf der Welt ist das Gebären und Großziehen der Kinder – denn ohne sie würde die Menschheit sofort aussterben. Alle Privilegien der Frauen basieren auf dieser Tatsache. Nun kann aber eine Frau nicht gut vier Stunden täglich schwanger sein und die andere Zeit davon befreit werden. Noch kann sie ihr Kind vier Stunden lang betreuen und es dann bis um neun Uhr am nächsten Morgen vernachlässigen.

Ein Vierstunden-Arbeitstag also bedeutet nicht, daß jeder um neun Uhr beginnen und um ein Uhr aufhören kann. Schwangerschaft und Kinderbetreuung sind nur Einzelbeispiele einer langen Reihe von lebenswichtigen Arbeiten, die nicht mit einem Gongschlag unterbrochen und wieder aufgenommen werden können. Zwar ist es in einer Fabrik möglich, den Arbeitsprozeß kontinuierlich aufrechtzuerhalten, indem man sechs Schichten einrichtet und die Arbeiter hintereinander die ganzen vierundzwanzig Stunden beschäftigt, so daß jede einzelne Schicht nicht mehr als vier Stunden arbeiten muß. Auf einem Schiff aber, das sowohl Wohn- als auch Arbeitsplatz ist, könnten sechs Mannschaften gar nicht untergebracht werden. – Dann gibt es noch Arbeiten, die man grundsätzlich nicht auf Schichten verteilen kann, weil sie von Anfang bis Ende von ein und dersel-

ben Person geleistet werden müssen und zwar mit einer Ausdauer, die das menschliche Durchhaltevermögen bis zur äußersten Grenze anspannt. Ein Chemiker oder Physiker bei der Beobachtung eines Experiments, ein Astronom bei der Beobachtung einer Verfinsterung, ein Arzt oder eine Krankenschwester bei der Beobachtung eines schwierigen Falles, ein Minister bei der Verfolgung der Frontnachrichten im Krieg, ein Bauer bei der Rettung seiner Heuernte vor einem angekündigten Unwetter, die Straßenkehrer bei Räumungsarbeiten nach einem Schneefall, sie alle müssen weiterarbeiten, wenn nötig, bis sie umfallen – ob nun vier Stunden Arbeitszeit oder nicht. Wenn Händel ein Oratorium komponierte, so arbeitete er gewöhnlich Tag und Nacht hindurch, bis er fertig war, und hielt sich dabei, so gut er konnte, wach. Und Forschungsreisende können von Glück sagen, wenn sie nicht den Erschöpfungstod sterben, wie es so vielen ergangen ist nach überlanger körperlicher Anstrengung und Entbehrung.
Der Vierstunden-Arbeitstag stellt daher in der Praxis – obwohl er ebenso durchführbar wäre wie der Achtstundentag heute oder die Fünftagewoche, derzeit der letzte Schrei – nur eine Kalkulationsbasis dar. In Fabriken und bei der Büroarbeit, auch bei ähnlich geordneten Berufen außer Haus, kann er – wie auf dem Papier – genauestens durchgeführt werden. Das könnte bedeuten: kurze, aber mehr Urlaubstage oder lange und dafür seltenere. Ich weiß nicht, wie es Ihnen in dieser Hinsicht geht, aber was mich betrifft, so bin ich gewöhnlich gezwungen, mich bis an die Grenze der totalen Erschöpfung zu überarbeiten und dann viele Wochen lang zur Erholung wegzugehen (obwohl ich immer die inbrünstigsten Vorsätze habe, mir meine Arbeit sinnvoller einzuteilen, und auch weiß, daß sich die Arbeit eines Schriftstellers in der Regel ganz gut in begrenzte Tagesportionen einteilen läßt). Acht oder neun Monate überarbeiten und drei oder vier Monate Abwechslung und völlige Freiheit – das ist sehr häufig in den sogenannten »freien« Berufen.
Es gibt auch einen vitalen Unterschied zwischen der Routinearbeit und dem, was man kreatives, schöpferisches Ar-

beiten nennt. Wenn Sie hören, daß jemand es zu Ruhm und Ehre gebracht hat, weil er dreißig Jahre lang sechzehn Stunden pro Tag arbeitete, dann können Sie zwar diese offenbar unnatürliche Leistung bewundern; aber Sie müssen nicht daraus schließen, daß er noch irgendwelche anderen Begabungen besitzt: ja, Sie dürfen ihn getrost für völlig unfähig halten, irgendetwas zu tun, was vorher noch nicht ein anderer getan hat. Er wird es genau so nachmachen. Er muß weder nachdenken, noch etwas erfinden. Seine heutige Arbeit ist für ihn nur die Wiederholung der gestrigen Arbeit. Vergleichen Sie einen solchen Menschen zum Beispiel mit Napoleon. Wenn Sie sich für das Leben großer Leute interessieren, wissen Sie wahrscheinlich schon in- und auswendig, daß Napoleon noch wild entschlossen weiterarbeiten konnte, wenn alle seine Berater schon so erschöpft waren, daß sie nicht einmal mehr so tun konnten, als seien sie noch wach. Aber wenn Sie die weniger oft zitierten Memoiren seines Sekretärs Bourienne studieren, dann werden Sie auch erfahren, daß Napoleon öfters eine ganze Woche lang herumlungerte und nichts tat, als mit Kindern zu spielen oder dummes Zeug zu lesen oder hilflos seine Zeit zu verschwenden. Während der ihm zwangsweise verordneten »Mußezeit« auf St. Helena, die er ganz und gar nicht genoß, wurde er einmal gefragt, wie lange jemand General sein könne. Er antwortete: sechs Jahre. Von einem amerikanischen Präsidenten erwartet niemand, daß er länger als vier Jahre aushält. – Aber steigen wir hinunter zu mehr alltäglichen Beispielen: einen Wirtschaftsprüfer können Sie nicht genauso lange arbeiten lassen wie einen Buchhalter, einen Historiker nicht genauso ununterbrochen wie seinen Schreiber, obwohl beide dieselben arithmetischen bzw. schriftlichen Arbeiten tun. Der eine wird in drei Stunden erschöpft sein: der andere kann acht Stunden durchhalten, ohne daß es ihm etwas ausmacht, wenn er nur einen kleinen Imbiß oder eine Tasse Tee zur Unterbrechung der Langeweile einnehmen kann. Angesichts solcher Unterschiede ist es unmöglich, Arbeit gleichmäßig in zeitlich gemessene Quantitäten aufzuteilen. Man kann aber den Arbeitern generell ein Äquivalent an Freizeit geben.

Der langen Rede kurzer Sinn ist, daß die große, allgemeine und restlose Freiheit in der Natur keinen Platz hat. In der Praxis entstehen daraus die Fragen: erstens, wieviel Muße wir uns leisten können, und zweitens, wie weit wir in unserer freien Zeit das tun dürfen, was wir wollen. Vieles, was uns früher freistand, ist heute nicht mehr erlaubt. Wenn eine Frau heiratete, so ging in England bis vor kurzem – in Italien noch heute – ihr gesamter Besitz auf ihren Mann über; und wenn sie das Pech hatte, einen Trinker zu heiraten, so konnte dieser sie einfach sitzen lassen, um abzuwarten, bis sie durch eigene Arbeit sich und die Kinder wieder gut versorgt hatte, und dann zurückkommen, ihr alles abnehmen und es für Alkohol oder sonstige Gelüste ausgeben. Er konnte das nicht nur einmal, sondern immer wieder tun – was wirklich vorkam. Bemühungen, hier Abhilfe zu schaffen, wurden von glücklich verheirateten, frommen Leuten als Angriffe auf die heiligen Bande der Ehe verschrien, und Frauen, die eine Veränderung befürworteten, nannte man »unweiblich«. Aber schließlich siegten doch der gesunde Menschenverstand und das Gefühl für Menschenwürde; und in England ist eine verheiratete Frau inzwischen so gut vor Ausbeutung und Diebstahl ihres eigenen Mannes geschützt, daß bereits eine Bewegung für die Rechte der Männer begonnen hat.
Außerhalb seiner Familie konnte etwa ein Fabrikbesitzer kleine Kinder zu Tode schinden, ohne daß er bestraft wurde – und er tat es auch. In seiner Firma konnte er ebenfalls tun und lassen, was er wollte. Heute kann er das nicht mehr, so wie auch Sie in einer Kirche nicht alles tun können, was Sie vielleicht wollen. Das Gesetz zwingt ihn, an einer gut sichtbaren Stelle eine lange Liste jener Verordnungen aufzuhängen, die ihm vorschreiben, was er tun muß, und was er nicht tun darf, ob ihm das paßt oder nicht. Und noch in seiner Freizeit untersteht er Gesetzen, die seinen freien Willen einschränken und ihm Pflichten und Verhaltensregeln auferlegen. Er darf mit seinem Wagen nicht schneller als vorgeschrieben fahren (obwohl er es immer tut), muß in England auf der linken Straßenseite fahren und rechts überholen, in Frankreich auf der rechten

Straßenseite fahren und links überholen. In der Öffentlichkeit muß er zumindest halbwegs bekleidet sein, auch noch beim Sonnenbad. Er darf keine wilden Vögel schießen oder Fische fangen, wenn es ihm Spaß macht – außer zu bestimmten Jahreszeiten; auf Kinder gar darf er überhaupt nie zum Spaß schießen. Und die Freiheit der Frauen ist in dieser Hinsicht ebenso beschränkt wie die der Männer.
Ich brauche Sie hier nicht mit weiteren Beispielen zu langweilen: es werden Ihnen selbst Dutzende einfallen. Uns genügt, daß es ohne frei verfügbare Zeit keine Freiheit gibt und ohne Gesetz keine Garantie auf frei verfügbare Zeit. In einem idealen freien Staat würde jeder Bürger von einem Polizeibeamten beziehungsweise einer -beamtin zurechtgewiesen werden, sobald er oder sie den Versuch unternehmen würde, etwas zu tun, was die anderen Bürger als Unrecht empfänden, sei es nun gegen sich selbst oder gegen Fremde. Voraussetzung dafür wäre aber auch, daß jeder Bürger ein unantastbares Recht hätte, zu tun, was er will, egal, wie exzentrisch es aussähe, solange sein Verhalten nur anderen nicht schadete. Verbote sind zwar eine Anwendung von Macht; und wir alle haben den Willen zur persönlichen Macht, der mit unserem Willen nach sozialer Freiheit in Konflikt gerät. Es ist auch richtig, daß man gegen Verbote heftigen Widerstand leisten muß, sobald sie zu unverantwortlich tyrannischen Taten führen. Letzten Endes jedoch stehen die Leute, die laut nach Freiheit schreien, ohne deren Grenzen zu verstehen, und die den Sozialismus oder irgendeine andere kulturelle Weiterentwicklung als Versklavung ansehen, weil sie neue Gesetze ebenso wie neue Freiheiten mit sich bringt, der Erweiterung von Muße und Freiheit ebenso hindernd im Wege wie die noch zahlreicheren Opfer der Strafgesetzordnung, die, wenn sie könnten, lieber jedem Staatsbürger Handschellen anlegen würden, als sich dem Risiko auszusetzen, daß ihnen einer eins auf die Nase gibt.

Die Begabten-Rente

Nachdem wir die Freiheitsfrage über ein (vielleicht als willkommene Abwechslung empfundenes) Abschweifen von der Betrachtung des mit uns durchgehenden Kapitals erhellt haben, mag eine weitere Abschweifung über ein ebenso verzwicktes Problem nicht unangebracht sein, nämlich das der verschiedenen Begabungen einzelner Menschen. Denn dieselben Leute, die in ständiger Angst vor dem Verlust einer Freiheit leben, die sie gar nicht besitzen, sind in der Regel am meisten über diese natürlichen Verschiedenheiten beunruhigt.

Beginnen wir vorerst mit einigen Beispielen, die uns besonders begeistern und blenden, das heißt mit den Leuten, die irgendein spezifisches und lukratives Talent besitzen. Eine Dame mit einer wunderbaren Stimme etwa kann sich zum Vorsingen einen Konzertsaal mieten und nur die Leute hineinlassen, die etwas bezahlen. Oder ein Herr mit der Gabe, populäre Bilder zu malen, kann diese in einer Galerie aufhängen, durch deren Eingang man nicht ohne Bezahlung hineinkommt. Ein Chirurg, der eine gefährliche Operation besonders gut ausführen kann, könnte allen Ernstes zu seinem Patienten sagen: Geld her, oder du mußt sterben! Riesen, Zwerge, siamesische Zwillinge und Sänger mit zwei Köpfen stellen sich gar selbst zur Schau als Sehenswürdigkeiten, für die man zahlen muß. Attraktive Damen erhalten so viel Geschenke, daß sie reicher als andere werden können, die unscheinbar und mit mehr Skrupeln belastet sind. Desgleichen jene Beaus, die sich als Tanzpartner verkaufen. Manche beliebten Schauspielerinnen möchten unbedingt verwöhnt werden und sich alle möglichen Dummheiten und Extravaganzen leisten dürfen, nur weil sie glauben, ihren ganz besonderen, persönlichen Charme sonst nicht spielen lassen zu können. Und das Publikum billigt solche Mätzchen mit Vergnügen.

Doch brauchen wir uns über diese Fälle keine Sorgen zu machen. Sie sind sehr selten: ja, wenn sie häufiger vorkämen, würde auch die Macht, Geld damit zu verdienen, verschwinden. Sie haben aber weder industrielle Macht, noch politische Vorrechte. Die Welt wird nicht so sehr von Primadonnen und Malern, zweiköpfigen Nachtigallen und Chirurgen-Baronen regiert wie von Finanziers und den Organisatoren der Industrie. Genies und Mißgeburten können vielleicht sehr viel Geld verdienen, aber sie müssen dafür auch arbeiten. Ich selbst – durch Zufall im Besitz einer einträglichen Begabung – habe manchmal mehr als das Hundertfache in einem Jahr verdient als mein Vater sein Leben lang; aber er, als ein Arbeitgeber, hatte doch mehr Macht über die Existenz anderer Menschen als ich. Wenn ich mir eine politische Laufbahn vornähme, wäre meine Laufbahn als Schriftsteller sofort unterbrochen. Zwar ist es ganz richtig, daß ich wie jeder andere mit einer lukrativen Begabung, bzw. dem nötigen Charme, Land und Aktien kaufen kann von dem Geld, das mir übrig bleibt, und auf diese Weise Grundbesitzer und Kapitalist werde. Aber selbst wenn uns diese Möglichkeit abgeschnitten wäre, durch den Sozialismus oder irgendeine andere Veränderung der Gesellschaftsstruktur, würde ich bezweifeln, ob uns die Leute eine finanzielle Bevorzugung mißgönnen würden. Ein Versuch vonseiten der Regierung, uns so hoch zu besteuern, daß wir auf der Einkommensstufe gewöhnlicher Sterblicher stünden, wäre wahrscheinlich höchst unpopulär, weil das Vergnügen, das wir bereiten, sehr viele Leute erfreut, während unsere negativen Einflüsse, etwa unsere Eitelkeit, unsere Reizbarkeit, unsere Eifersüchteleien und Launen, nur auf die wenigen Unglücklichen beschränkt bleiben, die mit uns in persönlichem Kontakt stehen.

Aber wenn wir nun auf jenes ganz besondere Talent zu sprechen kommen, das sein Geld durch die Zurschaustellung von anderer Leute Begabung macht, wird der Fall wesentlich anders. Wenn eine Cleopatra Geld verdient, indem sie ihren eigenen Charme spielen läßt, so ist das eine Sache, eine ganz andere aber, wenn ein Händler ungeheuer reich werden kann, indem er fünfhundert Cleopatras für zehn Pfund pro Woche, oder auch weniger, engagiert und sie dann für zehn Pfund pro Tag, oder auch mehr, vermietet. Einem Einbrecher können wir vielleicht noch verzeihen aus lauter Bewunderung für seine Geschicklichkeit und guten Nerven, niemals aber werden wir Sympathie empfinden für den Hehler, der sein Geld verdient, indem er die Beute des Einbrechers nur für ein Zehntel ihres Wertes ankauft. Auch anständige Frauen und Männer werden in derselben Weise ausgebeutet – wir müssen nur etwas genauer hinsehen. Hinsichtlich dieser Zustände ist die Zivilisation eine Verschlimmerung, weil sie Arbeitsteilung bedeutet. Erinnern Sie sich nur an die Nadelmacher und die Nadelmaschinen. Unter primitiven Gesellschaftsbedingungen spart der Hersteller einer Ware sein Geld, um neues Rohmaterial zu kaufen, wählt dieses dann selbst aus, stellt den Artikel her und verkauft ihn an den Benutzer oder Verbraucher. Heute ist das Aufbringen des Geldes zum Kauf der Rohmaterialien ein separates Geschäft, auch Auswahl und Ankauf sind ein separates Geschäft, die Herstellung ist aufgeteilt auf mehrere Arbeiter oder wird von einer Maschine besorgt, die eine einzige, jüngere Arbeitskraft bedient, und das Marketing ist wieder ein separates Geschäft. Ja, die Dinge liegen sogar noch viel komplizierter, weil die verschiedenen Geschäftszweige für den Ankauf des Materials und das Auf-den-Markt-Bringen der Produkte ebenfalls untereinander in jeweils separate Einzelgeschäfte aufgeteilt sind, so daß zwischen dem Ursprung eines Produktes, also dem Rohmaterial, wie wir es von der Natur erhalten, und dem Verkauf im Laden schließlich Dutzende von Mittelsleuten stehen, über die Sie sich dann beklagen, weil jeder etwas daran verdienen will, der Preis folglich in die Höhe geht und Sie unmöglich herausfinden können, wie viele dieser Zwischenhändler wirklich notwendige Agenten und wieviele nur Mitläufer und Schmarotzer sind.

Auf dieselbe Komplikation trifft man in jenem großen Teilgebiet der Arbeit, wo nicht Produkte hergestellt, sondern Dienstleistungen angeboten werden. Die Frau, die früher die Wolle bekam, nachdem ihr Mann sie den eigenen Schafen abgeschoren hatte, und daraus selbst ein Kleid

herstellte, um dieses an den Kunden zu verkaufen oder ihre eigene Familie damit einzukleiden, wird heute ersetzt durch einen Finanzier, einen Transporteur, einen Wollhändler, eine Textilfabrik, einen Großhändler, einen Ladenbesitzer, einen Verkäufer und weiß der Himmel wen sonst noch – und sie alle können zwar ihren eigenen kleinen Anteil zum Prozeß beisteuern, haben aber keine Ahnung von den Arbeitsgängen der anderen, ja können nicht einmal selbst etwas tun, solange nicht alle anderen zur gleichen Zeit auch arbeiten. Jeder einzelne von ihnen wäre ohne die anderen wie ein Artillerist ohne Kanone oder ein Verkäufer ohne Ware.
Wenn Sie nun alle diese unerläßlichen Gruppen eines jeden Industrie- oder Dienstleistungszweiges genau betrachten, werden Sie auf unsere Frage, nämlich die der außergewöhnlichen Begabung, in ihrer akutesten und gefährlichsten Form stoßen. Sie entdecken dann zum Beispiel, daß man jede körperlich und geistig gesunde Frau zu einer guten Verkäuferin ausbilden kann oder zu einer Stenotypistin oder Fakturistin (denn Rechnungen werden heute mit der Maschine geschrieben) oder Fabrikarbeiterin oder Lehrerin, daß aber unter hundert kaum fünf lernen, ein Geschäft zu führen oder ein Grundstück zu verwalten oder mit einem großen Kapital umzugehen. Die Anzahl der Menschen, die etwas tun können, wenn man es ihnen erklärt, ist immer weitaus größer als die Anzahl derer, die anderen erklären können, was sie tun sollen. Wenn eine ausgebildete Frau im Geschäftsleben mehr als vier oder fünf Pfund pro Woche verlangt, fragt keiner danach, ob sie eine gute Frau ist oder eine schlechte. Die Frage lautet: gibt es einen Posten für sie, in dem sie Entscheidungen zu fällen hat, und wenn ja, kann man ihr die selbständige Arbeit auch zutrauen? In diesem letzteren Fall wird man ihr mehr zahlen, als sie zum Leben braucht, andernfalls nicht.
Aber auch wenn kein Raum für selbständige Entscheidungen bleibt, und man nur andere Leute bei der ihnen zugeteilten Arbeit streng beaufsichtigen muß, das heißt: ganz allgemein für Disziplin zu sorgen hat, ist eine solche Bega-

bung außergewöhnlich und wird hoch bezahlt. Es mag nichts Bewundernswertes daran sein als eine gelungene Kombination aus brutaler Tatkraft und gar nicht liebenswürdiger Gleichgültigkeit gegenüber anderen Menschen – aber der finanzielle Nutzen dieser Kombination ist unbestreitbar: wer sie besitzt, wird Vorarbeiterin (oder Vorarbeiter) in einer Fabrik, Aufseherin in einem Gefängnis, Leiterin einer Institution, Feldwebel in einer Armee, Oberlehrer in einer Schule und ähnliches. Sowohl die Manager als auch die Aufseher können sehr unangenehme Menschen sein und werden auch oft von ganzem Herzen gehaßt. Aber sie sind so notwendig, daß jede Gruppe von Durchschnittsmenschen, wenn man sie ohne sogenannte Vorgesetzte läßt, sofort selbst welche wählen wird. Noch eine Piratenmannschaft, die sich keinem Gesetz außer dem der Natur unterwirft, wird einen Schiffsmaat wählen, der sie herumkommandieren, und einen Kapitän, der sie und das Schiff führen wird, auch wenn der eine das unerträglichste Großmaul und der andere der tyrannischste Schuft an Bord wäre. In der revolutionären Armee Napoleons bestand ein Expeditionstrupp von Dragonern unter dem Kommando eines Offiziers, der Angst bekam und Krankheit vorschützte, darauf, daß das Kommando dem Jüngsten unter ihnen, einem Knaben von sechzehn Jahren, übertragen werde, weil dieser adelig war und sie gewohnt waren, Adlige für sich denken zu lassen. Es war der spätere General Marbot: und Sie können diesen Vorfall in seinen Memoiren nachlesen. Jede Frau weiß, daß die eigensinnigste weibliche Person in einer Familie ohne weiteres eine Haustyrannei aufrichten kann, die manchmal einer Schrekkensherrschaft gleicht. Ohne Vorgesetzte wären die meisten von uns wie Pferde ohne Reiter auf einer belebten Straße. Der Philosoph Herbert Spencer, obgleich ein sehr kluger Mann, hatte den liebenswerten Charakterzug einer tiefen Abneigung gegen jeden Zwang. Nicht einmal sein Pferd konnte er zu etwas zwingen, so daß er es schließlich verkaufen und zu Fuß gehen mußte, weil es nur stillstand und Gras fressen wollte, wenn man keinen Zwang auf es ausübte. Tolstoi dagegen, ein ebenso berufener Humanist,

konnte die wildesten Pferde zähmen und dirigieren; allerdings erreichte er das durch die gewöhnliche Methode, indem er dem Pferd das Leben so lange unangenehm machte, bis es gehorchte.
Pferde und Menschen nun gleichen sich insofern, als daß sie sehr selten etwas gegen Vorschriften haben: normalerweise sind sie nur allzu froh, wenn jemand ihnen die Mühe des Nachdenkens und Planens abnimmt. Unlenkbare Menschen bilden die Ausnahme, nicht die Regel. Nur wenn Autorität mißbraucht und Gehorsam zur Demütigung wird, wird beides als ärgerlich empfunden und hat alle möglichen Reaktionen von Meuterei bis zur Revolution zur Folge. Aber es gibt kein Beispiel dafür, daß eine wohltätig und rücksichtsvoll ausgeübte Autorität irgend etwas Derartiges provoziert hätte. Unsere geistige Trägheit ist die Garantie für unsere Fügsamkeit.
Ich selbst bin von Berufs wegen jemand, der selbst denkt. Alle bestehenden Glaubensbekenntnisse und Richtlinien stelle ich in Frage und prüfe, inwieweit sie noch gültig bzw. abgenutzt und überholt sind, ja, ich entwerfe sogar neue. Aber Glaubensbekenntnisse und Richtlinien sind nur zwei von hunderten von nützlichen Dingen, die das Leben angenehm machen. Die anderen muß ich alle hinnehmen, so wie sie mir von zuständigen Autoritäten dargestellt werden, weil diese etwas von der Sache verstehen. Ich muß also, obwohl viele Leute es nicht ertragen können, wenn ihre etablierten Glaubensbekenntnisse und Verhaltensregeln in Frage gestellt werden und mich deshalb als einen gefährlich revolutionären und höchst ungehörigen Kerl ansehen, doch eine so fügsame Kreatur sein, wie man sie sich nur wünschen kann. Wenn mich ein Eisenbahnschaffner auf Bahnsteig zehn verweist, schlage ich ihn nicht zu Boden und schreie »Nieder mit der Tyrannei!« und rase auf Bahnsteig eins los. Ich nehme seine Weisung an, weil ich sie haben möchte und in den richtigen Zug einsteigen will. Wenn der Schaffner mich allerdings anschreien und schlecht behandeln würde und ich, nachdem ich mir das hätte gefallen lassen, noch herausfände, daß mein Zug von Gleis sieben abgefahren ist, der Zug von Gleis zehn mich aber nach

Portsmouth bringt, während ich eigentlich nach Birmingham wollte – dann würde ich mich zweifellos gegen diesen Schaffner wehren und alles tun, um ihn zu stürzen. Ansonsten aber brauche ich jemanden, der mir den Haushalt führt, muß, wenn ich krank bin, gepflegt und von einem Arzt betreut werden und in allen möglichen anderen Situationen, wo ich nicht weiß, was ich zu tun habe, mich wie ein Kind behandeln lassen. Als ich zum ersten Mal in einem jener elektrisch betriebenen Aufzüge fuhr, die man selbst bedienen muß, wo also kein Fahrstuhlführer mehr an einem Seil zog, um mich nach oben oder unten zu befördern, war ich nahe daran, loszuheulen und unendlich erleichtert, daß ich wieder lebendig herauskam.
Sie denken vielleicht, ich schweife vom Thema ab, doch weiß ich aus eigener Erfahrung nur zu gut, daß Sie, wahrscheinlich ganz versteckt, noch die Vorstellung hegen, wir seien von Natur aus *gegen* Autorität und Unterordnung und könnten diese nur durch unerbittlichen Zwang aufrechterhalten. – Sie müssen aber unterscheiden. Es stimmt zwar, daß wir uns nicht gerne etwas sagen lassen und lieber nach eigenem Gutdünken handeln, wenn wir wissen, was zu tun ist, oder doch glauben, es zu wissen. Aber wenn etwas ganz offensichtlich getan werden muß, und nur fünf von hundert Menschen wissen, wie man es macht, dann werden sich die restlichen fünfundneunzig nicht nur von den fünfen leiten lassen: sie werden es sogar laut fordern und, wenn notwendig, jeden töten, der sich den Anordnungen ihres Führers widersetzt. Deshalb haben es auch ehrgeizige Schwindler so leicht, als Führer anerkannt zu werden. Sie können sich darauf verlassen, daß Autorität und Unterordnung als solche immer populär sind und sicher wieder hergestellt werden, auch nach heftigsten sozialen Umwälzungen.
Was wir zu befürchten haben, ist weniger ihren Sturz, als die Vergötzung derer, die Autorität erfolgreich ausgeübt haben. Nelson wurde von seinen Seeleuten angebetet, Lenin wie ein Heiliger von den revolutionären Russen begraben, Mussolini wird in Italien von Adoranten als »Der Führer« verehrt, – nur jene Anarchisten, die Widerstand

gegen jegliche Autorität predigen, sind niemals populär gewesen und werden es auch nie sein.
Nun ist leider eines der schlimmsten Laster des kapitalistischen Systems die Tatsache, daß es die soziale Gleichheit zerstört, die zur natürlichen Autorität und Unterordnung notwendig ist. Schon das Wort Unterordnung im Sinne von Unterwerfung, das eigentlich Ko-ordination oder Zusammenarbeit heißen sollte, verrät die ganze Pervertierung. Wenn man dem Leiter eines Betriebs mehr zahlt als den von ihm Geleiteten, entsteht ein Klassenunterschied zwischen den beiden Gruppen. Und der Klassenunterschied ändert eine Anweisung bzw. einen Befehl, der normalerweise nicht nur nicht abgelehnt, sondern sogar erwünscht und erbeten wäre, sofort in die Anmaßung einer Klassenüberlegenheit, die aufs heftigste abgelehnt wird.
Das schlimmste aber ist, daß der Kapitalismus eine Klasse von Menschen hervorbringt, die durch ihre elenden Umstände derart erniedrigt sind, daß sie gar nicht mehr die Fähigkeit haben, auf einen höflich erteilten Auftrag zu reagieren und deshalb heftig angefahren, beschimpft oder gar bedroht werden müssen, daß sie überhaupt etwas arbeiten. Und umgekehrt bringen diese armen Teufel wieder eine Klasse von Sklaventreibern hervor, die zur Erhaltung der Disziplin gar keine anderen als solche Methoden kennen. Das einzige Heilmittel dagegen ist, derartige Menschen gar nicht entstehen zu lassen. Es sind von der Armut hervorgebrachte Unmenschen, und sie werden mit ihr verschwinden.
Eine ernsthaftere Schwierigkeit ist die Abneigung gegen das Befehlen. Wenn zwei Soldaten zu einer Dienstausübung geschickt werden, muß einer von beiden zum Korporal ernannt werden, weil jemand da sein muß, der die Entscheidungen trifft und dafür verantwortlich zeichnet. Gewöhnlich weigern sich alle beide: denn jeder versucht, die Last auf den anderen abzuwälzen. Sind sie sich aber diesbezüglich nicht einig, dann gilt als platonische Regel, den Zögernden zu wählen, weil der Ehrgeizige mit großer Wahrscheinlichkeit ein eingebildeter Narr ist, der die Verantwortung nur deshalb nicht spürt, weil er sie nicht kennt.

Den Zögernden kann man allerdings nicht mit einer Sonderzahlung locken, man kann ihn höchstens moralisch zwingen, wie das auch bei den Schöffen der Fall ist. Man wird dafür nicht bezahlt, sondern muß es ehrenamtlich und gezwungenermaßen tun, so wie früher Männer zum Marinedienst oder ins Parlament gezwungen wurden gegen ihren eigenen Willen und den ihrer Wähler.
Doch wenn auch solche Zwangsmaßnahmen als letzte Zuflucht bleiben, um Staatsbürger zur Ausübung von Pflichten zu bringen, vor denen sie sonst zurückschrecken, hat die Praxis erwiesen, daß die Veranlagung für eine bestimmte Arbeit auch den Wunsch mit sich bringt, diese zu leisten, selbst noch bei ernstlich materiellen Nachteilen. Mozart hätte als Kammerdiener viel mehr Geld verdienen können, als er als der größte Komponist seiner Zeit, ja aller Zeiten, tatsächlich verdiente; trotzdem entschied er sich fürs Komponieren und nicht für den Posten eines Kammerdieners. Er wußte, daß er ein schlechter Kammerdiener gewesen wäre, war aber überzeugt, gute Musik schreiben zu können, und das überwog alle materiellen Erwägungen. Als Napoleon noch Subalternoffizier war, hatte er keineswegs Erfolg. Nelson als Kapitän war so ungenügend, daß man ihn ohne Schiff mehrere Jahre lang auf halben Sold setzte. Doch war Napoleon ein großer General und Nelson ein großer Admiral; und ich hege nicht den geringsten Zweifel – Sie wahrscheinlich auch nicht –, daß Napoleon und Nelson, hätte man sie gezwungen zu wählen, für dieselbe Bezahlung entweder Tambour bzw. Kajütenjunge oder General bzw. Admiral zu sein, sie beide die Arbeit gewählt haben würden, bei der sich ihr Genie voll entfalten konnte. Ja, sie hätten sogar weniger Geld angenommen, wenn sie anders die ihnen angemessene Tätigkeit nicht hätten ausüben können.
Wir brauchen also nicht zu befürchten, daß Menschen von außergewöhnlicher Begabung besondere Anreize benötigen, um ihre Fähigkeiten bis zum äußersten einzusetzen. Die Erfahrung zeigt, daß selbst schwerste Entmutigung und Bestrafung sie nicht davon abhalten können. Kehren wir also zu dem realen gesellschaftlichen Problem zurück, dem

Problem nämlich, daß sie die vitale Notwendigkeit und relative Seltenheit ihrer besonderen Begabungen nicht benutzen sollten, um damit übertrieben hohe Einkommen für sich herauszuschlagen.
Im öffentlichen Dienst gibt es keine solche Schwierigkeit. Der Beamte, der Richter, der Marinekapitän, der Feldmarschall, der Erzbischof bekommt – wie ungewöhnlich begabt er auch sein mag – in seinem Beruf nicht mehr als jeder Routinier seines Dienstranges und -alters. Einem echten Gentleman traut man nicht zu, daß er sich an den Meistbietenden verkauft: er fordert ausreichende Bezahlung und eine seiner würdige Stellung und leistet dafür die bestmögliche Arbeit. Eine wirkliche Dame kann auch nichts anderes verlangen. Aber in der kapitalistischen Handelsgesellschaft sind sie beide gezwungen, gemein zu werden, das heißt, von denjenigen ein Lösegeld zu verlangen, die ihre Dienste unbedingt in Anspruch nehmen müssen, und auf deren Kosten reich zu werden. Der einfache Pedant kann dabei nicht viel herausholen, weil Pedanten aller Art nicht sehr selten sind. Aber der Organisator und der Finanzier ist in einer Machtposition. Der Inhaber eines Großunternehmens kann, wenn seine Angestellten ihn um mehr als den Mindestlohn angehen und Teilhaber an der Produktion sein wollen, ihnen immer sagen: Wenn ihr nicht zufrieden seid, könnt ihr ja das Geschäft übernehmen und sehen, wie ihr ohne mich zurechtkommt! Das aber können sie nicht. Die Gewerkschaft, der die Arbeitnehmer angehören, könnte zwar versucht sein, das Angebot beim Wort zu nehmen, wird aber bald merken, daß sie nicht weiterkommt, weil diese Art des Managements nicht zu ihrem Arbeitsbereich gehört. So wird der Arbeitgeber – und oft mit eben diesen Worten – zur Antwort geben: Ohne mich könnt ihr gar nichts machen, also müßt ihr zu meinen Bedingungen arbeiten! Und die Arbeitnehmer wiederum werden darauf zurecht sagen: Auch Sie können ohne uns nichts machen, wir wollen doch mal sehen, wie Sie etwas organisieren würden, wenn Sie keine Arbeiter dazu hätten! – Aber dennoch werden die Arbeitnehmer den kürzeren ziehen, weil sie ohne Land und Kapital eben nicht produ-

zieren können. Auf diese Weise entstehen unter dem Kapitalismus nicht nur zusätzliche Einnahmen für Land und Kapital (die sogenannten Mieten und Zinsen), sondern auch für Begabungen (die sogenannten Profite). Ebenso notwendig wie die Verstaatlichung von Land und Kapital zur Sicherung der Einkommensgleichheit ist daher auch die Verstaatlichung der Begabung. Teilweise setzen wir diese bereits in die Praxis um durch die Besteuerung der Profite. Aber voll und ganz geht es nur, wenn wir, wie im öffentlichen Dienst, auch direkte staatliche oder städtische Arbeitsmöglichkeiten dafür anbieten.

Beachten Sie bitte, daß die Rente aus Begabung eine Form der Rente aus Arbeit ist. Das wirtschaftstheoretische Wort »Rente« richtig zu verstehen, ist äußerst notwendig. Sehr wenige Leute verstehen es. Technisch gesehen ist diese Rente ein Preis, der immer dann entsteht, wenn es unterschiedliche Erträge aus einer bestimmten Reichtumsquelle gibt. Wo immer natürliche Unterschiede zwischen dem einen und dem anderen Gebiet existieren, zwischen der einen Kohlengrube und der anderen, oder dem einen vorteilhaften Bauplatz und dem anderen, wird man für das Bessere mehr zahlen als für das Schlechtere, und diese Differenz ist eine Rente. Wir können sie nicht abschaffen, weil wir die natürlichen Unterschiede zwischen einem Getreideacker und einem anderen, zwischen einer Kohlengrube und einer anderen, zwischen einer Person und einer anderen nicht abschaffen können, aber wir können sie verstaatlichen durch eine Verstaatlichung von Grund und Boden, Bergwerken und nationaler Arbeit, entweder direkt oder durch staatliche Aneignung der Produktion mithilfe von Steuern – wobei die letzte Methode, wie wir gesehen haben, ihre Grenzen hat.

Warum aber sollte der Organisator und Geldgeber eigentlich besser bezahlt werden für den Einsatz seiner besonderen Fähigkeiten, als wir, die wir mit ihm zusammen arbeiten müssen durch den Einsatz unserer besonderen Fähigkeiten, zumal er andernfalls weder einen Laib Brot noch ein Glas Milch produzieren könnte? Hier ist es keine naturgegebene Notwendigkeit, sondern das kapitalistische System, das ihm ermöglicht, sich mehr aus dem Durcheinander des kommerziellen Wettbewerbs herauszufischen als seine Mitarbeiter; und so lange dies dauert, werden wir auch die Tochter eines Geldgebers zu einer Tochter eines Straßenkehrers sagen hören: »Was würde denn dein gewöhnlicher und schmutziger Vater ohne den meinen tun?«, und die schlagfertige Antwort der Straßenkehrerstochter: »Und wie weit käme dein geldgieriger Ausbeuter von Vater, wenn meiner nicht die Straßen für ihn sauber machen würde?« Natürlich haben wir niemals eine Dame oder ein junges Mädchen wirklich so reden hören. Und wahrscheinlich werden Sie es auch nie hören. Die Töchter wären zu höflich und zu gedankenlos, um solcherart über die Positionen ihrer Väter zu sprechen. Außerdem reden sie sowieso niemals miteinander. Aber wenn sie es täten und durch irgendetwas aufgebracht wären, dann würden sie, ehe sie sich gegenseitig schlagen, genauso reagieren, wie ich es hier konstruiert habe. Wenn Sie daran zweifeln, lesen Sie doch mal, was die kapitalistischen Zeitungen über Gewerkschaftler und Sozialisten, und umgekehrt, was die proletarischen Blätter über Grundbesitzer, Kapitalisten und Unternehmer schreiben!

Private Renten-Einnahmen aus Eigentum an Grund und Boden, Kapital oder Begabung schaffen böses Blut. Und an eben diesem bösen Blut sterben die Kulturstaaten. Deswegen müssen wir uns vor allem darum bemühen, daß ein Lord Billionham nicht mehr kriegt als ein Einstein und diese beiden nicht mehr als eine Putzfrau. Ihre Begabungen kann man nicht gleich machen, aber glücklicherweise ihre Einkünfte. Haben wir erst einmal Gleichheit in dieser Hinsicht, so können auch ihre Söhne und Töchter untereinander heiraten. Das wird ihnen allen gut tun und zu einer enormen Verbesserung der Menschheit führen, also zu einer Qualität, die das Wichtigste auf der Welt ist.

Parteipolitik

Sie verfügen nun über genügend Kenntnisse von Sozialismus und Kapitalismus, um verstehen zu können, was in der Welt industriell und politisch vor sich geht. Ich würde Ihnen nicht raten, über diese Dinge mit Ihren Freundinnen zu reden. Sie werden Ihnen verstört und schweigend zuhören und dann der ganzen Nachbarschaft erzählen, daß Sie genau das sind, was sie sich unter einem Bolschewiken vorstellen.
Es ist aber möglich, daß Sie selbst sich für Parteipolitik interessieren, sogar so weit, daß Sie Parteiversammlungen besuchen, den Parteikandidaten Beifall klatschen, Wähler für Ihre Partei werben und allen emotionalen Parteienthusiasmus, alle Parteiloyalität besitzen, also der Überzeugung sind, die Gegenpartei und ihre Kandidaten seien Feinde der Menschheit. In diesem Fall müßte ich Sie warnen. Verfallen Sie nicht allzu rasch der Schlußfolgerung, daß der Sozialismus von einer sozialistischen Partei eingeführt und von einer antisozialistischen bekämpft würde. Im Lauf meines Lebens habe ich die Konservativen, wenn sie in der Opposition waren, eine Maßnahme heftig bekämpfen und denunzieren gesehen, sobald sie von den Liberalen vorgeschlagen wurde, und später, als die Liberalen besiegt und die Konservativen an der Macht waren, erlebt, daß sie dasselbe Gesetz in eher noch fortschrittlicherer Form passieren ließen. Und ich habe Gleiches bei den Liberalen erlebt. Derzeit ist bei uns eine kapitalistische Partei an der Regierung und eine Arbeiterpartei in der Opposition; aber es ist durchaus möglich, daß alle legislativen Schritte zum Sozialismus gerade dann unternommen werden, wenn eine anti-sozialistische Partei an der Macht ist, und wo nicht alle, so doch mit ziemlicher Sicherheit zumindest die Hälfte. Wenn sie von einer kapitalistischen Regierung vorgeschlagen werden, wird zwar die Arbeiter-Opposition dagegen sein, und wenn eine Arbeiterregierung dafür ist, wird die kapitalistische Opposition dagegen sein – aber nur

deshalb, weil es eben Aufgabe der Opposition ist, immer dagegen zu sein.
Und es besteht noch eine weitere Möglichkeit, die Ihre Erwartungen enttäuschen könnte. Die Arbeiter-Partei wächst sehr rasch. Vor zwanzig Jahren war sie offiziell noch gar nicht im Parlament vertreten. Heute ist sie die offizielle Opposition. Wenn sie weiter so schnell anwächst, wird es nicht mehr lange dauern, bis sie praktisch das ganze Unterhaus für sich hat. Die übrig bleibenden Konservativen und Liberalen werden, selbst noch als Koalition, zahlenmäßig zu gering sein, um eine effektive Opposition zu bilden, noch viel weniger eine Regierung. Aber glauben Sie nur nicht, daß wir als Ergebnis dann ein einmütiges Unterhaus bekämen mit einer Arbeiter-Regierung ohne Opposition, die alles durchsetzen kann. Ja, nicht einmal an eine Spaltung der Arbeiter-Partei in zwei Gruppen, einer konservativen und einer progressiven, wäre zu denken. Das liefe noch auf die glücklichste der Möglichkeiten hinaus. Die Gefahr liegt vielmehr darin, daß sie sich in ein halbes Dutzend und noch mehr unversöhnlicher Gruppen spaltet und auf diese Weise eine parlamentarische Regierung unmöglich macht. Genau das geschah während des sogenannten »Langen Parlaments« im siebzehnten Jahrhundert, denn damals waren die Leute nicht anders als heute auch, nur daß sie noch kein Telefon und keine Flugzeuge hatten. Das »Lange Parlament« war sich anfangs einig in der Opposition zum König (Karl I.). Als es diesen aber köpfen ließ, war es sofort aus mit der Einigkeit, und Cromwell mußte die Dissidenten schließlich – wie heute Signor Mussolini – mit Militärgewalt unterdrücken, so daß er despotischer regierte, als der König es je gewagt hätte. Bei Cromwells Tod trat das Parlament wieder zusammen, aber nur, um sich noch stärker zu zersplittern und die Regierung in eine derart hoffnungslose Sackgasse zu bringen, daß es aus dem ganzen Durcheinander keinen anderen Ausweg gab, als nach dem Sohn des toten Königs zu rufen und ihn unter dem Titel seines Vaters als Repräsentativfigur einer plutokratischen Oligarchie einzusetzen, die alle frühere königliche Macht ausübte und sie sogar noch erweiterte.

Wenn bei der nächsten Wahl sechshundert Mitglieder der Arbeiter-Partei Abgeordnete werden, könnte sich die Geschichte wiederholen. Die Sozialisten, die Gewerkschaftler (die keine Sozialisten sind), die Kommunisten, die nicht wirkliche Kommunisten, sondern nur Pseudo-Bolschewisten sind, die Republikaner, die konstitutionellen Monarchisten, die alten Parlamentarier (die reine Opportunisten sind) und die kompromißlosen Idealisten, ganz zu schweigen von den Klerikalen und Antiklerikalen, den Episkopalen und Separatisten, den Deisten und Atheisten – sie alle lägen sich sofort wieder in den Haaren. Soweit ich es beurteilen kann, würden die Wiederholung jener Katastrophe aus dem siebzehnten Jahrhundert oder die modernen italienischen und spanischen Katastrophen nur dann verhindert werden können, wenn es eine solide sozialistische Mehrheit von Abgeordneten gäbe, die auch wissen, was Sozialismus bedeutet, und bereit wären, dafür all ihre traditionell politischen und religiösen Meinungsverschiedenheiten unterzuordnen. Leider aber wissen die meisten, die sich heute Sozialisten nennen, gar nicht, was Sozialismus bedeutet, und bringen seinen Namen mit allen möglichen Schrullen und Glaubenssätzen und Ressentiments und Spinnereien in Verbindung, die überhaupt nichts damit zu tun haben. Ein Wahltriumph der Arbeiter-Partei wird entweder wieder bei einem Cromwell oder einem Napoleon III. oder Mussolini oder General Primo de Rivera enden, wenn gerade einer da ist, oder aber in der Machtübergabe an irgendeine Partei, die nur stark genug sein muß, um zusammenzuhalten und zusammen zu stimmen – wobei ihre Solidarität nichts anderes als dummer Herdentrieb oder panischer Angstausbruch zu sein braucht. Dummheit und Feigheit verlieren diesen Vorteil niemals. Sie haben sicher schon bei Ihren Bekannten beobachtet, daß die sehr Konventionellen alle die gleichen alten Ansichten haben und den neuen gegenüber ganz unzugänglich sind, während die Unkonventionellen an allen Ecken und Enden alle nur möglichen Ansichten haben, untereinander nie einig sind und sich gegenseitig maßlos verachten. Deshalb auch haben sie, obwohl jeder Fortschritt von den

unkonventionellen Leuten abhängt, die das Bestehende verändern wollen, politisch so wenig Einfluß. Sie ziehen schwer, aber nicht an ein und demselben Strang und außerdem noch in verschiedenen Richtungen. Die anderen aber in ihrer Dumpfheit, die Sie, wenn Ihnen die Geduld reißt, Schlafmützen nennen, ziehen alle gemeinsam und in derselben Richtung (normalerweise rückwärts), oder sie halten, und das ist noch schlimmer, fest und unerschütterlich zusammen und weigern sich grundsätzlich, überhaupt in Bewegung zu kommen. Gegen die Dummheit, so sagte Schiller, kämpfen selbst Götter vergebens. Und lange vor Schiller sagte schon Salomo, es sei besser einer Bärin zu begegnen, der die Jungen geraubt wurden, als einem Dummen in seiner Dummheit. Sie hatten beide recht.
Es ist aber ein Fehler, die Dummheit nur deshalb zu wählen, weil dumme Leute untereinander nicht streiten. Innerhalb der Grenzen ihres Konservatismus' sind sie nämlich noch unversöhnlicher, weil unvernünftiger, als vergleichsweise kluge Leute. Aus diesem Grunde nennen wir sie auch sture Dickschädel. Wenn bei der nächsten allgemeinen Wahl sechshundert von ihnen gewählt würden, wenn also von Arbeitern und Liberalen und jeder anderen Sektion nichts mehr zu befürchten wäre, so könnte man sie genauso wenig zusammenhalten wie die Proletarier. Im Jahre 1924 wurde unser Land durch eine lächerliche antirussische Panik so geduckt, daß die Mehrheit wieder auf die Anti-Sozialisten zurückfiel und zwar im Verhältnis von mehr als zwei zu eins. Das Ergebnis aber war nicht eine krisenfeste Regierung, sondern eine sehr brüchige. Bald schon bildeten sich Splitterparteien, weiß der Himmel wie viele, die zerrten unsere Regierung hin und her, lähmten sie und machten sich gegenseitig unwirksam, während der kapitalistische Karren immer weiter mit ihnen durchging und sie fortwährend in neue und gefährliche Situationen brachte.
In meiner ersten Lebenshälfte, das heißt in der zweiten Hälfte des neunzehnten Jahrhunderts, waren die konservativen und liberalen Parteien viel mehr im Gleichgewicht als heute. Die Regierungen legten Wert auf gutes Benehmen,

weil die Mehrheit immer eine knappe war. Das Unterhaus war damals geachtet und mächtig. Mit dem Krieg in Südafrika setzte dann eine Periode der überwiegenden Mehrheiten ein. Das Unterhaus sank in seinem Ruf sofort auf eine Stufe, die der Verachtung sehr nahe kam, wenigstens im Vergleich zu seiner früheren Stellung. Die Mehrheit war jeweils so groß, daß jede Regierung das Gefühl hatte, tun zu können, was sie wollte. Jene seltsame Art von Gewissen, die englische Staatsmänner erfunden hatten, um selbst ehrenhaft zu bleiben, und die das Volk »öffentliche Meinung« nannte, wurde als Idol gestürzt. Mit Ignoranz, Vergeßlichkeit und Verblendung der Wählerschaft trieb man so lange seinen zynischen Handel, bis einige wenige Denker, die die Reden der politischen Führer lasen und sich länger als eine Woche an die Versprechungen und Behauptungen erinnern konnten, erschreckt und aufs höchste beunruhigt waren über die Unverschämtheit, mit der das Volk an der Nase herumgeführt wurde. Die besonderen Vorbereitungen zum Krieg mit Deutschland wurden geheimgehalten, und als der Verdacht trotzdem durchsikkerte, abgeleugnet. Und als wir schließlich in das Grauen von 1914/18 hineingerissen wurden, das die englische Kirche entwürdigt und die großen europäischen Reiche zertrümmert und als schwache Republiken hinterließ (einen Zustand, den die Kriegsanstifter am allerwenigsten beabsichtigt hatten), da hatte die Welt auch den Glauben in die parlamentarischen Regierungen so weit verloren, daß diese in Italien, Spanien und Rußland aufgehoben und durch Diktaturen ersetzt wurden, ohne einen allgemeinen demokratischen Protest hervorzurufen, der über ein müdes Achselzucken hinausgegangen wäre. Die alten parlamentarischen Demokraten waren vollendete, aber endlose Redner, und ihre wirklichkeitsfremde Theorie, daß politisch nicht gehandelt werden dürfe, ehe nicht die Mehrheit des Volkes es verstehe und fordere (was genaugenommen hieß, daß politisch überhaupt nie etwas geschehen durfte), hatte diese Männer unfähig zur Tat gemacht; und als dann zusammengewürfelte Gruppen ungeduldiger und unverantwortlicher proletarischer Tatmenschen den Kapitalis-

mus zu stürzen versuchten, ohne zu wissen, wie man das macht, und ohne die natürliche Notwendigkeit einer Regierung anzuerkennen, da verbreitete sich eine Stimmung, die es einem Mussolini ermöglichte, absoluter Generaldirektor (Diktator oder Duce) der italienischen Nation zu werden – als ihr Retter von der parlamentarischen Ohnmacht und der demokratischen Disziplinlosigkeit.
Der Sozialismus aber kann in solchen politischen Stürmen und Veränderungen nicht untergehen. Die Sozialisten haben die Demokratie ins allgemeine Bewußtsein erhoben und den Sozialismus sogar Sozialdemokratie genannt, um dadurch zu bekunden, daß beides unzertrennlich ist. Sie könnten aber genauso plausibel argumentieren, daß beides unvereinbar sei. Der Sozialismus ist nach keiner Seite hin festgelegt. Er stellt sich Cäsaren und Sowjets, Präsidenten und Patriarchen, dem britischen Kabinett und dem italienischen Diktator oder Papst, den patrizischen Oligarchen und den plebejischen Demagogen nur als unerschütterliche Beweisführung, daß sie alle keine Stabilität und keinen Wohlstand in ihrem Staat haben können ohne Einkommensgleichheit. Sie müssen diese Gleichheit verwirklichen oder untergehen. Der Despot, der seinen eigenen Kopf für den wichtigsten hält, und die Menge, die um ihre Freiheit fürchtet, sind beide gleichermaßen davon betroffen. Ich würde den Sozialismus nicht demokratisch, sondern einfach katholisch nennen, wenn diese Bezeichnung nicht schon so oft und so fälschlich von derart vielen Kirchen mißbraucht worden wäre, daß mich niemand verstehen könnte.

Das Parteiensystem

Unser Parteiensystem bedeutet nicht, wie viele Leute annehmen, daß Meinungsverschiedenheiten die Menschen immer in Parteien aufteilen. Solche Verschiedenheiten gab es schon Jahrhunderte, bevor man an ein Parteiensystem überhaupt dachte.

Es bedeutet vielmehr, daß unsere Monarchen, anstatt zu wählen, wen sie selbst gerne als Berater, d. h. im Kabinett als Minister haben würden (um eine Regierung zu bilden, wie wir das nennen), diese Berater alle aus derjenigen Partei nehmen müssen, die gerade die Mehrheit im Unterhaus hat, egal wie sehr diese Männer ihnen auch mißfallen mögen, oder wie wenig sie ihnen zutrauen, oder wie offensichtlich es auch sein mag, daß ein viel besseres Kabinett gebildet werden könne, wenn man die fähigsten Köpfe aus *beiden* Parteien auswählen würde.

Dieses System bringt einige seltsame Konsequenzen mit sich. Auch wenn Sie nur Wähler sind, geraten Sie schon in die Klemme. Vielleicht sind Sie sich völlig klar darüber, daß der Kandidat Ihrer Partei politisch ein Schwachkopf ist, ein angeberischer Snob, ein vulgärer Schwätzer, ein eingebildeter Egoist oder sonst irgendetwas, was Ihnen mißfällt, und sein Gegner ein ehrlicher, intelligenter und politisch bewußter Kopf. Aber wie dem auch sei: Sie müssen für den Kandidaten Ihrer Partei stimmen, weil diese andernfalls unterliegen könnte, und die andere Partei an die Macht käme. Und wie unangenehm Ihr Kandidat rein persönlich auch sein mag, wird er, wenn er ins Parlament kommt, doch so stimmen müssen, wie es ihm die Parteigeißel vorschreibt. Seine persönlichen Eigenschaften spielen also gar keine Rolle.

Gibt es nun aber irgendeine praktikable Alternative zu dem Parteiensystem? Nehmen wir zum Beispiel an, es entstünde eine allgemeine Revolte, man hätte es satt, gezwungen zu sein, nur Statisten und Trottel wählen zu können, und die parteiunabhängigen Kandidaten würden so beliebt, daß sie alle Parteikandidaten schlügen. Oder wenn Sie glauben, dies ginge zu weit, nehmen wir an, es würden so viele unabhängige Kandidaten gewählt, daß sie jede Regierung besiegen könnten, wenn sie im Parlament dagegen stimmten, wie im Fall der alten irischen Nationalistenpartei! Solche Revolten gibt es bereits, und es wird sie immer geben. Den Ausgang einer allgemeinen Wahl entscheiden nicht die Wähler, die immer für ihre Partei stimmen – ob sie nun recht hat oder nicht –, sondern jene unbeständige Gruppe von Wechselwählern, die sich nach ihren eigenen Interessen und Vorlieben richten und oft bei der einen Wahl diese und bei der nächsten die Gegenpartei unterstützen. Es sind diese nicht festgelegten Wähler, die den entscheidenden Ausschlag geben, welche Partei an die Regierung gelangt. Sie wissen entweder nichts vom Parteiensystem oder aber machen sich darüber lustig und wählen, wie sie gerade Lust haben. Möglicherweise übertreffen sie zahlenmäßig sogar die Parteianhänger und wählen nur deshalb überhaupt Parteikandidaten als Abgeordnete, weil keine anderen von der Parteiorganisation aufgestellt werden, es also selten einen unabhängigen Kandidaten gibt, den man überhaupt wählen könnte.

Es wäre denkbar, daß unser König sich eines Tages einem Unterhaus gegenüber sähe, in dem keine der beiden Parteien die Mehrheit hätte, so daß die entscheidenden Beschlüsse von jenen Mitgliedern abhingen, die keiner Partei angehören. In diesem Fall wird Seine Majestät vergeblich an die Parteiführer appellieren, doch eine Regierung zu bilden. Eine solche Situation hat sich in letzter Zeit in Frankreich mehrmals ergeben, weil in der französischen Kammer schließlich so viele Parteien vertreten waren, daß keine von ihnen die absolute Mehrheit hatte. Eine Regierung konnte also nur gebildet werden, indem man mehrere dieser Parteien dazu überredete, für kurze Zeit eine Koalition einzugehen und einen sogenannten Block zu stellen. Aber das ist nicht immer einfach; und selbst wenn es gelingt und eine Regierung zustandekommt, ist es so schwierig, den Block zusammenzuhalten, daß niemand eine Dauer von fünf Jahren erwartet, wie das unsere Parteiregierungen tun: die

Lebensdauer schwankt vielmehr zwischen einer Woche und sechs Monaten. In letzter Zeit gab es Momente, wo wir nicht wußten, wer in Frankreich am nächsten Tag Premierminister sein würde, Monsieur Briand, Monsieur Herriot, Monsieur Painlevé oder Monsieur Poincaré. Und was in Frankreich passiert ist, kann hier genauso passieren. Sie werden mich daher zurecht und ziemlich besorgt fragen, ob das Parlament nicht auch mit einem anderen als dem Parteiensystem funktionieren kann.

Tatsächlich haben wir in diesem Land neben dem Unterhaus überall Parlamente. Wir haben die Magistrate in großen Städten, die Landratsämter, die Bezirksräte, die Kreisausschüsse und so fort bis hinunter zu den Gemeindeversammlungen in den Dörfern. Und nicht eine dieser Behörden arbeitet auf der Basis des Parteiensystems. Sie kommen ganz gut ohne es zurecht. Wenn Sie dies allerdings erwähnen, wird man Ihnen sofort widersprechen, denn viele dieser Körperschaften haben ein sehr starkes Parteibewußtsein. Die Mitglieder halten Parteiversammlungen ab. Die Wahlen werden mit Parteislogans durchgefochten. Man stimmt ab nach Parteirichtlinien, und die Mitglieder der Minoritätspartei sind mitunter vom Vorsitz in den Komitees ausgeschlossen. – Aber all das ist mit dem Parteiensystem des Staates nicht enger verbunden, als ein Topf Marmelade mit einem Pfund Mehl, auch wenn sie zusammen einen Pudding ergeben können. Es gibt dort keinen Premierminister und kein Kabinett. Und auch der König mischt sich nicht ein.

Die Starrheit des Parteiensystems ist, wie wir gesehen haben, abhängig von der Konvention, daß die Regierung jedesmal, wenn sie von einer Spaltung des Parlaments besiegt wird, das ganze Land »aufrufen« muß, das heißt, daß die Minister zurücktreten und der König das Parlament auflösen und ein neues wählen lassen muß. Dies wiederum führt zu derart absurden Konsequenzen, wenn etwa bei der Entscheidung einer unwichtigen Frage in Abwesenheit vieler Mitglieder dennoch abgestimmt wird, und die Mehrheit der Parteimitglieder fühlt sich so sehr auf die Stufe von Abstimmungsmaschinen erniedrigt, daß die Beteiligten genaugenommen ebensogut zu Hause bleiben und ihre Stimme stellvertretend per Postkarte an die Parteibonzen schicken könnten – wie das die Aktionäre bei den Generalversammlungen tun. Eine solche Versklavung jedoch übersteigt sogar das physische Durchhaltevermögen eines Parlamentariers, ganz zu schweigen von dem seines Gehirns. Deshalb sehen sich die Regierungen genötigt, ihren Anhängern mehr Freiheit zuzugestehen und gelegentlich zu erklären, daß die zur Debatte stehende Maßnahme »keine Parteifrage« darstelle und den »Parteizwang« aufhebe, was bedeutet, daß die Mitglieder nach ihrem *eigenen* Gutdünken abstimmen können, ohne fürchten zu müssen, ihre Partei dadurch aus dem Amt zu verdrängen und eine Neuwahl auszulösen. Diese Praxis ist notgedrungen um so verbreiteter, je unabhängiger und deshalb geneigter zur Aufsplitterung in Gruppen ihre Mitglieder sind. Die Tendenz geht schon jetzt dahin, daß Regierungen nur abdanken, wenn ein ausdrückliches Mißtrauensvotum gegen sie entscheidet. Zweifellos wird also die Parteigeißel ihren willensschwachen Mitgliedern auch weiterhin damit drohen, daß der geringste Ansatz zur Unabhängigkeit die Regierung zu Fall bringen müsse. Diejenigen, die ihre Wahlkampfgelder aus der Parteikasse bekommen, werden schnell herausfinden, daß die Einpeitscher immer die erste Flöte spielen, wenn die Partei das Konzert bezahlt. Aber ich glaube, daß Sie (falls Sie vorhaben, ins Parlament zu gehen), doch davon ausgehen dürfen, daß das Unterhaus nach und nach immer weniger einer solchen Bühne gleichen wird, wo ein ganzer Opernchor um ein paar eingebildete Solisten herumhüpft und seine hundert Stimmen nur als Echo dieser Hauptpersonen erhebt bzw., um ihnen Zeit zum Atemholen zu geben. Man kann schon jetzt erkennen, daß das Unterhaus, je mehr Frauen hineingelangen, sich um so aufsässiger gegen die logischen Extreme dieser Parteidisziplin zeigen und um so früher die Parteifragen zur Ausnahme und die offenen Fragen zur Regel machen wird. An dieser Stelle jedoch muß ich Sie noch vor einer weiteren Möglichkeit warnen. Die beiden Häuser in unserem Parlament (Oberhaus und Unterhaus) sind als Instrumente zur Durchführung der öffentlichen Aufgaben in einer modernen Gesellschaft so überholt wie die Pferde vor den Omnibussen. Im Jahr 1920 haben zwei berühmte sozialistische Professoren der politischen Wissenschaften, Sidney und Beatrice Webb, eine »Verfassung für das sozialistische Gemeinwesen Großbritanniens« veröffentlicht. In dieser »Verfassung« wird der Gedanke, man könne in Westminster weiter mit unserer alten politischen Maschinerie zurechtkommen, als nicht praktizierbar fallen gelassen und der gegenwärtige Zustand als der einer schleichenden Lähmung beschrieben. Statt dessen machen sie den Vorschlag, daß wir zwei Parlamente haben müßten, ein politisches und ein industrielles, wobei das politische als Kabinettsystem und das industrielle als ein lokales Verwaltungssystem aufrecht erhalten werden sollte. Ich kann jetzt nicht auf die Einzelheiten einer solchen Veränderung eingehen: Sie finden das alles in jenem Buch. Ich erwähne es nur, um Sie auf dergleichen Ereignisse vorzubereiten. Sicher ist aber, daß unsere alte Westminstermaschine, wenn sie sich unverändert mit der Entwicklung des modernen Kapitalismus messen will, von diesem zerbrochen werden wird. Und dann muß etwas Adäquateres gedacht und eingerichtet werden, ob es uns paßt oder nicht.

Dem Unterhaus allerdings würden zwei Parteien nichts ausmachen, weil es ja gerade mit der Teilung seiner Mitglieder in zwei Gruppen arbeitet: die eine an der Regierung und die andere immer kritisierend bzw. darauf aus, den Gegner zu stürzen und selbst an die Regierung zu gelangen. Dieses System der Zweiteilung ist nicht wirklich ein Zwei-Parteien-System in dem Sinn, daß die beiden Gruppen eine getrennte Politik verträten: es trennt sie möglicherweise nichts als ihr Wunsch zur Macht. Vom proletarischen Gesichtspunkt aus war der Unterschied zwischen Liberalen und Konservativen seit 1832 nicht größer als der zwischen Max und Moritz. Aber das spielte auch gar keine Rolle, weil es bei diesem Arrangement im wesentlichen darauf ankam, daß die Gegenpartei jede schwache Stelle der Regierungspolitik entdeckte und sie schonungslos und ununterbrochen kritisierte. Regierung und Opposition könnte man auch als Theater und Kritik bezeichnen, wobei die Schauspieler und Kritiker immer dann ihre Plätze vertauschen, wenn das Land überzeugt davon ist, daß die Kritiker recht und die Darsteller unrecht haben.

Die Teilung des Unterhauses in zwei Parteien mit verschiedener Taktik entspricht dieser Situation sehr genau. Aber eine Teilung in ein halbes Dutzend Parteien entspricht ihr ganz und gar nicht mehr; sie kann, wie wir wissen, die parlamentarische Regierung sogar völlig blockieren. Nun hat aber das britische Proletariat reichlich Material für ein Dutzend Parteien. Nehmen wir nur mal das Thema Religion, das unlösbar mit der parlamentarischen Frage der Erziehung in staatlichen Grundschulen verbunden ist. Es ist sehr unwahrscheinlich, daß ein proletarisches Unterhaus unsere Kinder weiterhin in der kapitalistischen und imperialistischen Moral, und das unter dem Deckmantel der Religion, unterrichten lassen würde; aber in was für ein Wespennest sticht man, sowie dieses Thema angeschnitten wird! Die Eltern sind von einem unverbesserlichen Bekehrungseifer: für sie ist es selbstverständlich, daß sie ein Recht haben, ihren Kindern die Religion vorzuschreiben, und dieses Recht blieb bisher praktisch unangetastet, es sei denn, die Eltern waren überzeugte Atheisten. Alle Kinder hierzulande gingen, wenn sie überhaupt zur Schule gingen, entweder in die privaten Bibelschulen oder aber in Internate und Universitäten, wo die Staatsreligion vorherrschte. Heute können Eltern und Erzieher (nicht aber die Kinder selbst) zwischen Unitarier-, Quäker-, Römisch-Katholischen-, Methodisten-, Theosophisten- und sogar kommunistischen Schulen wählen, je nach ihren eigenen religiösen Überspanntheiten.

Wenn aber die Schule zu einer staatlichen Einrichtung gemacht wird, wenn die Regierung im ganzen Land Schulen gründet und der überwiegenden Mehrheit der Kinder den täglichen Schulbesuch als Pflicht auferlegt, dann entstehen, falls die Eltern es sich nicht leisten können, ihre Kinder auf eine andere als eine staatliche Schule zu schikken, Konflikte über das Seelenheil der Schüler. Welche Religion soll an einer staatlichen Schule gelehrt werden? Die Katholiken versuchen ja, ihre Kinder aus den staatlichen Schulen herauszuhalten, aber in irgendeine Schule müssen sie sie schicken. Deshalb zahlen sie selbst genügend Geld, um neben den staatlichen auch römisch-katholische Schulen unterhalten zu können; und die anderen Konfessionen, einschließlich der Church of England, tun dasselbe. Aber wenn sie keine Unterstützung vonseiten des Staates erhalten würden, das heißt: Geld aus den Steuern und Abgaben *aller* Staatsbürger – ganz unabhängig von deren Religion –, könnten sie gar nicht all ihre Schüler aufnehmen oder auch nur denen, die sie aufnehmen, einen anständigen Lehrplan anbieten. Und im Moment, wo der Vorschlag laut wird, ihnen Geld aus den Steuereinnahmen zu geben, beginnt schon die Schwierigkeit. Unsere nonkonformistisch-protestantischen Steuerzahler lassen sich eher vor die Behörde schleppen und ihre Möbel verpfänden, als daß sie Steuergelder zahlten, mit deren Hilfe man kleine Engländer zu römisch- oder gar anglo-katholischen Menschen erzieht. Denn nicht nur in Irland glauben Protestanten und

Katholiken, daß jeweils der andere die Ewigkeit im Schwefelgestank der Hölle zubringen muß.
Die Ansichten der Einzelgruppen sind derart unversöhnlich und ihre Feindseligkeit so leidenschaftlich, daß die Regierung, wenn sie einmal die allgemeine Schulpflicht einführt, in ihren eigenen bzw. den von ihr unterstützten Schulen entweder gezwungen sein wird, sich eine Art neutraler Religion auszudenken, mit der jeder einverstanden ist, oder aber die Erwähnung dieses Themas in der Schule ganz zu verbieten. Ein solcher Notbehelf ist bekannt unter dem Namen »weltliche Erziehung« und wurde in Australien schon ausführlich versucht.
Nun müssen aber unsere Kinder, wenn sie etwas mehr als Lesen, Schreiben und Rechnen lernen sollen, auch mit der kopernikanischen Astronomie, der elektronischen Physik und der Evolution vertraut werden. Es ist aber wohl nicht ratsam, ein Kind um zehn Uhr von der Wichtigkeit des religiösen Glaubens zu überzeugen, daß die Erde flach und unbeweglich sei, der Himmel sich darüber wie eine Decke wölbe und danach eine Art himmelsköniglicher Palast käme, und dann um elf Uhr die Erde als eine Kugel zu erklären, die sich um ihre eigene Achse dreht und mit zahllosen anderen Kugeln in einem grenzenlosen Raum die Sonne umkreist. Noch wäre es vernünftig, den Kindern in der Religionsstunde beizubringen, daß alles Leben in sechs Tagen geschaffen wurde, einschließlich der Herstellung einer erwachsenen Frau aus der Rippe eines Mannes, und dann, wenn es geklingelt hat, ihnen erklären zu wollen, daß Experimentierepochen von Jahrmillionen vergehen mußten, ehe die verschiedenen Formen des Lebens entstanden, die ungeheuren Riesen wie die unsichtbar kleinen Kreaturen, und daß die Entwicklung schließlich in einer sehr komplizierten, aber keineswegs restlos zufriedenstellenden Form gipfelte, der man den Namen »Frau« gab und die eine Abart ihrer Spezies hervorbrachte, eine in mancher Hinsicht noch weniger zufriedenstellende, den sogenannten »Mann«. Das wäre nun nicht weiter schlimm, wenn der Lehrer erklären würde, daß Astronomie und Biologie der Bibel heute überholt sind und wir glaubten, es inzwischen

besser zu wissen. Aber eine solche Erklärung wäre mit unseren Erziehungsparagraphen unvereinbar, nach denen es den Kindern selbst überlassen bleiben sollte, die Widersprüche zwischen religiöser und weltlicher Instruktion so gut sie können zu verarbeiten. Sie lösen diese normalerweise, indem sie überhaupt nicht darüber nachdenken (vorausgesetzt, daß ihre Eltern sie damit in Ruhe lassen, was nicht immer der Fall ist).

Was nun die Alternative betrifft, nämlich gar keine religiöse Anleitung zu geben und die schulische Ausbildung auf das sogenannte säkulare oder Tatsachenwissen zu beschränken, so ist auch dieser Plan nicht wirklich durchführbar, weil man den Kindern ethische Maßstäbe ebenso beibringen muß wie Arithmetik, und weil die Bestätigungen dieser Maßstäbe letztlich metaphysischer Natur sind. Mit dieser etwas großspurigen Behauptung meine ich, daß es vom reinen Tatsachenstandpunkt keinen Unterschied gäbe zwischen dem Arbeitstag eines Diebes und dem eines ehrlichen Arbeiters, zwischen genügsamer Ignoranz und dem Streben nach Bildung um ihrer selbst willen, zwischen jemandem, der immer lügt, und einem der immer die Wahrheit sagt; denn all das sind menschliche Aktivitäten bzw. Inaktivitäten, die je nach Annehmlichkeit oder um materieller Vorteile willen eingesetzt und aus keinem anderen Grund bevorzugt werden. Wenn Sie erleben, daß Ihre Kinder sich reichlich »weltlich« benehmen und (ganz wie die Erwachsenen auch) lügen, stehlen oder faulenzen, so müssen Sie ihnen entweder einen sachlichen oder aber einen religiösen Grund geben, warum sie die schlechten Eigenschaften ablegen und die guten lernen sollten. Der sachliche Grund ist verführerisch einfach zu handhaben. Sie können sagen: Wenn ich dich noch einmal dabei erwische, werde ich dir eins über die Ohren oder auf den Hintern geben oder dich ohne Essen ins Bett schicken oder dich sonst irgendwie bestrafen, wo es dich empfindlich trifft. – Leider aber sind diese »weltlichen« Gründe zwar leicht zu finden und anzuwenden und ganz gut zum Abreagieren, wenn Sie in diese Richtung tendieren, aber die Kinder können der Strafe auch immer entgehen, indem sie

nur etwas listiger vertuschen oder ein bißchen mehr lügen. – Sie wissen, was aus der durch Einschüchterung hervorgerufenen Pseudomoral wird, sobald Sie sich nur umdrehen. Und was ist Ihr eigenes Leben schon wert, wenn Sie Ihren Kindern immer mit dem Stock in der Hand nachspionieren müssen? Wohl kaum lebenswert, würde ich sagen, es sei denn, Sie gehörten zu jenen Leuten, die Prügel lieben wie andere unnatürliche Sensationen lieben. In diesem Fall allerdings könnten Sie es mit der Gesellschaft gegen Kindesmißhandlung zu tun bekommen, und die würde mit Ihrer Scheinmoral kurzen Prozeß machen. Aber wie dem auch sei, Sie werden, falls Sie so veranlagt sind, immer in die Versuchung geraten, Ihre Kinder einmal richtig durchzuhauen, nicht um sie dadurch zu einem guten Benehmen, also zu ihrem eigenen Besten anzuhalten, sondern um sie zu zwingen, sich so zu benehmen, wie es für *Sie* am angenehmsten ist, was nicht immer, ja sogar selten, das Gleiche ist.
Schließlich jedoch werden Sie, falls Sie nicht egoistisch und grausam sind, herausfinden, daß Sie Ihren Kindern irgendeinen Grund geben müssen, sich gut zu benehmen, auch wenn niemand zusieht und keine Gefahr besteht, entdeckt zu werden, oder wenn sie das Verbotene lieber tun würden, selbst um den Preis einer Tracht Prügel, als es zu unterlassen und straffrei auszugehen. Sie können ihnen erzählen, daß der liebe Gott alles sieht und sie dafür sicher nach dem Tod bestrafen wird. Aber dann werden Sie bald merken, daß posthume Strafen weder unmittelbar noch real genug sind, um ein mutiges Kind abzuschrecken. Letztlich werden Sie ihm mit einem Schaden an seiner Seele drohen müssen, jenem Bereich, dessen Existenz Sie ihm körperlich bzw. greifbar niemals beweisen können. Sie brauchen dabei das Wort »Seele« gar nicht zu nennen, Sie können das Kind auch »bei seiner Ehre« packen. Doch ist diese Ehre ebenfalls ein Organ, das bis jetzt noch kein Anatom heraussezieren und den Kleinen zur Belehrung in Spiritusflaschen konservieren konnte. Bei Ungehorsam werden Sie vielleicht losschimpfen und Ihr Kind ein böses, schmutziges, selbstsüchtiges kleines Ding nennen. Oder Sie können ihm

eine Strafpredigt halten und feierlich erklären, daß es Sünde sei, etwa eine Stecknadel zu stehlen und so fort. Aber wenn es wirklich ein so schreckliches Wesen wie ein ganz und gar sachliches Kind gäbe, dann würde es wahrscheinlich auch Schelte und Strafpredigt ungerührt hinnehmen und Sie fragen: Um was geht es eigentlich? Was ist Sünde? Was meinst du mit böse und selbstsüchtig? Schmutzig, das verstehe ich ja, aber warum soll ich mir denn die Hände sauber waschen, wenn ich mich mit den schmutzigen ganz wohl fühle? Ach so, selbstsüchtig! Ja, aber wenn mir die Schokolade doch so gut schmeckt, warum soll ich sie dann mit Jane teilen?

Darauf können Sie antworten: Kind, du hast überhaupt kein Gewissen! Aber die sachliche Entgegnung wird heißen: Was ist das, Gewissen? Angesichts solch nüchterner Skepsis müssen Sie schließlich auf das rein Metaphysische übergehen und Ihrem Kind beibringen, daß gutes Benehmen nicht sachlich begründbar, sondern vielmehr eine religiöse Pflicht sei. Ja, es ist sogar eine Wertachtung, die Sie sich selbst indirekt schulden; und man kann mit anderen Leuten um so besser zurechtkommen, je mehr Selbstachtung diese Leute besitzen. Bei einer Auseinandersetzung mit einem Erwachsenen sagt man: Haben Sie denn überhaupt keine Selbstachtung? Aber zu einem Kind sagt man das eben nicht. Wenn es lügt, so erklären Sie ihm nicht, daß es vor sich selbst dazu verpflichtet sei, die Wahrheit zu sagen, einfach weil das kleine Tierchen eine solche Verpflichtung noch gar nicht spürt. Das wird erst später kommen. Sagen Sie: du darfst nicht lügen, weil dir sonst niemand etwas glaubt!, dann wissen Sie nur allzu gut, daß das selbst eine faustdicke Lüge ist, zumal fast alle Lügen zum Erfolg führen, und die menschliche Gesellschaft gar nicht existieren könnte ohne einen gut Teil harmloser Lügen. Sagen Sie aber: du darfst nicht lügen, weil du dann selbst nichts mehr glauben kannst, was dir *andere* erzählen!, dann kommen Sie der Wahrheit viel näher. Allerdings ist es eine Wahrheit, die das Kind nicht verstehen kann: Sie könnten ihm genausogut gleich die endgültige Wahrheit der Sache erzählen, nämlich, daß wir ein geheimnisvolles Etwas in

uns haben, die sogenannte Seele, die durch mutwillige Bosheit abgetötet wird und ohne die aller materielle Gewinn das Leben nicht erträglich machen kann. Glauben Sie aber, daß ein unartiges Kind das begreifen wird? – Wenn Sie sagen: du darfst nicht lügen, weil deine lieben Eltern sonst betrübt sind!, so hängt die Wirkung davon ab, wieviel dem Kind daran liegt, ob es seinen Eltern Kummer macht oder nicht. Jedenfalls sind die Eltern für fast alle kleinen Kinder wie Götter, d. h. über jeglichem Kummer stehend, solange Eltern diese Vorstellung von sich selbst mitmachen. Da es aber nicht leicht ist, zugleich geliebt und gefürchtet zu werden, dürfen Eltern, die ihren Kindern gegenüber die Majestät von Göttern an den Tag legen, ihnen auch keine vertraulich-familiäre Zuneigung gestatten und können von Glück sagen, wenn ihre Kinder sie nicht ausgesprochen hassen. Es ist sicherer und angenehmer, einen Vater zu erfinden, einen großen starken Papa für alle, einen Papa sogar für den eigenen Papa, und diesem dem Kind als Gott vorzustellen. Und es muß ein Gott sein, von dem sich die Kinder ein Bild machen können, keine Abstraktion, kein Prinzip, kein vitaler Impuls, keine Urkraft, auch nicht der Gott der Church of England, der körperlos, unbeweglich und ohne Leidenschaft ist. Es sollte vielmehr, wie der wirkliche Papa, ein Erwachsener in Sonntagskleidern sein, sehr, sehr gut, schrecklich mächtig und allessehend, das heißt: er sollte auch das sehen können, was man tut, wenn gar niemand zusieht. Auf diese Weise erhält das Kind, das noch zu jung ist, um eine ausreichend entwickelte Selbstachtung und Vorstellung des Ehrbegriffes zu haben, kurz: ein Gewissen, vorläufig ein künstliches, provisorisches und weitgehend fiktives Gewissen, das ihm über die Unmündigkeit hinweghilft, so lange, bis es alt genug ist, selbst der Idee Gottes eine ernsthafte Bedeutung beizumessen.
Im Umgang mit kleinen Kindern hat man also schon lange vor Voltaire entdeckt, daß man Gott erfinden müsse, wenn es ihn nicht gäbe. Nach dem Tode Voltaires warf die französische Revolution die Regierung des Landes in die Hände von Intellektuellen und Geschäftsleuten, die auf

diesem Gebiet keinerlei Erfahrung hatten. Sie begannen mit dem Versuch, ohne Gott zu regieren, weil offenbar die meisten Geschichten, die man Kindern vom lieben Gott erzählt, nicht stimmten, und weil die Kirche, oder vielmehr der Klerus, gegen die Revolution gewesen war. Es endete damit, daß sie sich gegenseitig die Köpfe abschlugen, nachdem sie erst vergeblich versucht hatten, (aus Prinzip) allen Andersdenkenden die Köpfe abzuschlagen; und ihre Nachfolger wurden schließlich von einem militärischen Abenteurer namens Napoleon, der einigermaßen gesunden Menschenverstand besaß, zum alten Eisen gefegt. Zwar war ihr wichtigster Wortführer, Robespierre, für Gott sehr eingenommen und standhaft, aber auch ihm schlugen sie den Kopf ab, denn im Tempel der Raison war eine attraktive junge Dame, die Vernunft, als Freiheitssymbol eingesetzt worden, weil man dachte, das Volk könne, wenn es schon etwas zum Anbeten brauche, geradesogut sie anbeten. Aber sie versagte, diese Vernunft, nicht etwa weil sie eine Göttin war (die römisch-katholischen Kinder haben neben dem großen Papa auch ihre große Mama, die Mama der eigentlichen Mama und aller anderen Menschen, mit der die Knäblein leichter erzogen werden können), sondern weil menschliches Verhalten nicht von der Vernunft diktiert wird, vielmehr von einem göttlichen Instinkt, jenseits der Vernunft. Die Vernunft findet nur den kürzesten Weg: das Ziel entdeckt sie nicht. Es wäre ganz vernünftig, wenn Sie Ihrer Nachbarin das Portemonnaie wegnähmen, falls Sie überzeugt sind, daß Sie mit dem Geld besser umgehen könnten; aber es wäre eben nicht ehrenhaft. Und Ehre ist ein Teil des Göttlichen, sie ist Metaphysik, sie ist Religion. Eines Tages nennt man das vielleicht wissenschaftliche Psychologie. Aber bis jetzt steckt die Psychologie noch in den allerersten Kinderschuhen, und wenn sie einmal wächst, wird sie nicht nur für Kinder sondern auch für viele Erwachsene wahrscheinlich viel zu kompliziert werden, wie alle anderen, tiefgründigen Wissenschaften.

Bis dahin müssen wir uns immer vergegenwärtigen, daß alle Gebiete unseres Glaubens unaufhaltsam aus dem metaphysischen und legendären Stadium in ein wissenschaftliches übergehen. Die englische Nation nun besteht aus vielen Millionen Eltern und Kindern, von denen kaum zwei auf genau derselben Glaubensstufe stehen – was die Richtlinien menschenwürdigen Verhaltens angeht. Viele dieser Eltern sind noch im Stadium des Kleinkindes, viele der Kinder auf einem vergleichsweise wissenschaftlichen Niveau. Die meisten machen sich nicht viel Gedanken darüber, sie tun genau das, was ihre Nachbarn tun und behaupten, dasselbe zu glauben, was ihre Nachbarn zu glauben behaupten. Aber die sich Gedanken machen, gehen in ihren Ansichten sehr weit und sehr leidenschaftlich auseinander. Voltaire hat uns einmal als ein Volk mit dreißig Religionen, aber nur einem Kochtopf beschrieben. Und obwohl das ein großes Kompliment an die Beweglichkeit und Unabhängigkeit unserer Köpfe war, ließ es doch keine Hoffnung durchblicken, daß wir über die Frage der Religion jemals einer Meinung würden.

Aber auch wenn wir den Religionsunterricht an den Schulen auf Themen beschränkten, von denen wir annehmen können, daß sie aus dem metaphysischen in das wissenschaftliche Stadium übergegangen sind (eben das, was die Fürsprecher der weltlichen Erziehung beabsichtigen), kämen wir dadurch der Verständigung nicht näher. Denn nicht nur gehen die Meinungsverschiedenheiten unserer blindgläubigen Wissenschaftler ebenso leidenschaftlich auseinander wie die der Sekten und Kirchen, nicht nur versuchen die Wissenschaftsfanatiker von der Regierung Machtbefugnisse zu rücksichtsloser Verfolgung Andersdenkender zu erlangen, sondern auch ihre angeblichen »Fortschritte« aus dem Metaphysischen ins Wissenschaftliche sind oft nur maskierte Rückfälle in das prämetaphysische Stadium von Hexerei, Wahrsagerei und afrikanischer »Medizin«.

Ganz allgemein müssen alle Regierungen, wenn sie die Erziehung des Volkes durchsetzen wollen, mit drei Arten von Fanatikern zurechtkommen: erstens mit denen, die an einen Gott des Zornes glauben und in jedem Erdbeben, jeder Epidemie, jedem Krieg, kurz in jeder sehr eindrucksvollen oder sehr schrecklichen Katastrophe einen Beweis der furchtbaren Macht Gottes und eine Warnung an die Sünder sehen; zweitens mit denen, die an einen Gott der Liebe glauben und seinen Konflikt mit der als Teufel personifizierten Macht des Bösen; und drittens mit jenen Magiern und ihren Opfern, die weder an Gott noch an den Teufel glauben, dafür aber verkünden, das Streben nach Wissen sei absolut frei von moralischen Gesetzen, egal wie gräßlich die angewandten Methoden auch seien, und die uns vormachen wollen, sie könnten Wunder wirken (die sogenannten »Wunder der Wissenschaft«), mit denen sie den Schlüssel zu Leben und Tod in Händen hielten und die Menschheit immun gegen Krankheit machen würden, wenn wir ihnen nur absolute Kontrolle über unsere körperliche Existenz gäben.

Ziemlich viele Frauen sind in religiösen Dingen noch so naiv, daß sie sich, sobald jemand überhaupt darüber debattiert, sofort zu der Erklärung veranlaßt fühlen, daß ihr eigener Glaube der einzig wahre Glaube sei, selbstverständlich auch für alle anderen. Für sie sind Jehova, Allah, Brahma nicht nur verschiedene Namen ein und desselben Gottes. Sie schicken gleich Missionare aus, um die anderen zu bekehren. Aber diese kindische Selbsteingenommenheit würde unser britisches Weltreich zugrunde richten, wenn die Staatsmänner ihr nachgeben würden. Nur etwa elf Prozent aller britischen Untertanen sind Christen. Die weitaus überwiegende Mehrheit nennt Gott Allah oder Brahma und sieht in Jesus nichts anderes als in jedem anderen Propheten, ja kennt ihn sogar nicht einmal. Deshalb sollte eine Frau, wenn sie in die Regierung oder ein Lokalparlament geht, ihre religiöse Sekte daheim lassen und nur den Teil ihrer Religion im Auge behalten, der allen Sekten und Kirchen gemeinsam ist, wie unterschiedlich auch ihre Namen sein mögen. Leider ist dies das Allerletzte, woran die meisten Gewählten je denken. Sie trachten vielmehr alle danach, ihre eigenen lokalen Gewohnheiten, Namen, Institutionen und sogar Sprachen den Schulkindern durch höhere Gewalt aufzuzwingen.

Zu diesen Bemühungen wäre zu sagen, daß jeder echte Fortschritt darin besteht, die Kinder in einem menschlicheren Glauben und besseren Institutionen zu erziehen, als die gegenwärtig eingefahrenen und etablierten es sind. Wenn eine Sozialistin zum Beispiel ins Parlament kommt, wird sie – da ja alle Sozialisten glauben, der Kommunismus sei in der Praxis besser und entspringe edleren Überlegungen als Privateigentum und Wettbewerb – bemüht sein, diesen Glauben im ganzen Land zu verbreiten, und ihn den Kindern in der Schule beibringen zu lassen, so daß sie möglichst schon damit aufwachsen, den Sozialismus als offensichtlich wahr anzusehen und den Kapitalismus als unheilvolle Götzenanbeterei zu verabscheuen. Im Augenblick hätte sie dabei alle jene Staatsmänner gegen sich, die kürzlich erst hundert Millionen aus den öffentlichen Geldern Englands zur Unterstützung militärischer Aktionen *gegen* die russische Regierung ausgegeben haben, weil diese eine sozialistische ist. Für diese Staatsmänner sind die Namen Sozialist, Kommunist und Bolschewist gleichbedeutend mit Schuft, Dieb und Mörder. Die Sozialisten dagegen vergleichen den von Grundbesitzern und Kapitalisten ausgebeuteten Arbeiter mit einem, zwischen zwei Verbrechern »gekreuzigten Christus«. Beide Parteien behaupten, wir würden Andersdenkende nicht mehr im Namen der Religion verfolgen; aber das bedeutet lediglich, daß sie die Glaubensbekenntnisse, die sie verfolgen, einfach nicht mehr zu den Religionen zählen, während ihnen andere Glaubensrichtungen, die sie weiterhin als Religionen bezeichnen, vergleichsweise gleichgültig geworden sind. Lassen Sie sich nur nicht täuschen von unseren heutigen Toleranzkundgebungen. Die Frauen sind noch genau so, wie sie waren, als die Tudor-Schwestern Protestanten zum Scheiterhaufen und Juden zu Folter und Galgen verurteilten; als in Rom die Verteidiger von Privateigentum und Sklaverei entlang den öffentlichen Straßen Kreuze aufstellen ließen, die Anhänger des rebellischen Gladiatorensklaven Spartacus darannagelten und Tausende auf schreckliche Weise sterben mußten; und als der »heilige« Torquemada jeden Juden, den er zu fassen kriegte, lebendigen

Leibes verbrannte, genauso »fromm«, wie er seinen Rosenkranz betete. Der Unterschied zwischen der sozialistisch-kapitalistischen Kontroverse und der jüdisch-christlichen Kontroverse oder katholisch-protestantischen liegt nicht darin, daß der moderne Fanatiker auch nur geringfügig toleranter oder weniger grausam ist, als seine bzw. ihre Vorgänger, auch nicht einmal darin, daß es zu viele Proletarier gibt oder daß die Besitzenden zuviel Macht haben, um jeweils verfolgt zu werden. Wenn ihre Streitigkeiten beigelegt werden könnten, indem jeweils eine Gruppe die andere vernichtete, so würden beide bis zum Äußersten gehen, um auf diese Weise zur Lösung zu gelangen. Die Geschichte läßt uns über diesen Punkt keine gutartigen Illusionen. Von den Großschlächtereien nach der Unterdrückung der Pariser Commune von 1871 bis hin zu der ungeheuren und ganz willkürlichen Verfolgung der Russen in den USA nach dem ersten Weltkrieg, bei der Mädchen zu schrecklichen Gefängnisstrafen verurteilt wurden für eine Bemerkung, die in jeder Sonntagsschule hätte fallen können, – überall gibt es mehr als genug Beispiele dafür, daß die modernen Reaktionäre nicht besser sind als die mittelalterlichen Eiferer und daß, wenn man sie überhaupt davor abhalten kann, die Welt nach alter Art mit Blut und Folter zu überschwemmen, dies nicht durch irgendeinen eingebildeten Fortschritt in Toleranz oder Humanität geschehen wird. Im Augenblick (1927) scheinen sich unsere besitzenden Klassen unter der Regierung Sowjetrußlands nichts anderes vorstellen zu können als eine Art Ungeziefer, das erbarmungslos ausgerottet werden muß; und wenn die russischen Kommunisten und ihre Nachahmer im Westen von den Besitzenden und ihren politischen Anhängern als der Bourgeoisie sprechen, so machen auch sie keinen Hehl daraus, daß sie den Bourgeois als Feind der Menschheit betrachten.

Es ist daher dringend und notwendig, daß ich Ihnen erkläre, warum eine Arbeiterpartei den Sozialismus nicht herbeiführen kann, indem sie einfach die Gegner ausrottet, wie auch die Gegner dem Sozialismus nicht entkommen können, indem sie die Sozialisten ausrotten.

Revolutionen

Zuerst einmal gilt es, den Unterschied zwischen Revolutionen und gesellschaftlichen Veränderungen zu begreifen. Eine Revolution überträgt die politische Macht von einer Partei auf eine andere, oder von einer Klasse auf eine andere, oder gar von einer Person auf eine andere – so wie eine Eroberung sie von einer Nation oder Rasse auf eine andere überträgt. Sie kann – und oft ist es auch geschehen – ausgelöst werden durch Gewalt oder Androhung von Gewalt. Die erste der beiden Revolutionen im siebzehnten Jahrhundert, durch welche die politische Macht in England vom Thron auf das Unterhaus übertragen wurde, kostete einen Bürgerkrieg, und die zweite lief nur deshalb ohne Blutvergießen ab, weil der König die Flucht ergriff. Im Jahre 1832 genügte bereits die Androhung von Gewalt, um die Jahrhundertrevolution durchzusetzen, bei der die politische Macht von den Großgrundbesitzern auf die städtischen Industriellen überging. Die Revolutionen in Südamerika, bei denen eine Partei bzw. ein Präsident durch einen anderen ersetzt wird, sind eine Art allgemeiner Wahlen, die durch Schießereien statt durch Abstimmen entschieden werden.

Nun hat die Übertragung der politischen Macht unserer Kapitalisten auf unsere Proletarier – ohne welche jede sozialistische Propaganda vonseiten der Regierung als aufrührerisch unterdrückt würde und eine sozialistische Gesetzgebung unmöglich wäre – ja formal bereits stattgefunden. Die Proletarier können die Kapitalisten mit überwältigender Mehrheit überstimmen, wann immer sie wollen. Wenn bei der Streitfrage: Sozialismus oder Kapitalismus alle Proletarier für den Sozialismus und alle Kapitalisten für den Kapitalismus wären, dann hätte der Kapitalismus schon lange kapitulieren müssen vor der überwiegenden Stimmzahl der anderen. Aber die Proletarier, die vom Einkommen der Kapitalisten leben, nämlich als deren Diener, Lieferanten und Arbeitgeber der Luxusbranchen, als

Rechtsanwälte und Ärzte usw. (ganz zu schweigen von den Truppen, die zur Verteidigung des Eigentums aufmarschieren und die von den Kapitalisten ausstaffiert und bezahlt werden – in Amerika gibt es ganze Privatarmeen solcher Art), diese Proletarier sind viel konservativer als die Kapitalisten selbst, von denen viele, wie etwa Robert Owen und William Morris, mich selbst brauche ich gar nicht zu erwähnen, seit langem glühende Sozialisten sind. Die Gräfin von Warwick ist eine bekannte Sozialistin: Sie haben also schon einmal eine sozialistische Gräfin (oder zumindest ein Bild von ihr) gesehen. Haben Sie aber jemals eine für Gräfinnen nähende Schneiderin gesehen, die Sozialistin war? Wenn sich die Kapitalisten weigern würden, eine parlamentarische Entscheidung gegen sich zu akzeptieren, und zu den Waffen griffen, wie Karl I., dann hätten sie an vielen Orten die Mehrheit des Proletariats auf ihrer Seite.

Für den Fall, daß Sie diese Denkmöglichkeit, nämlich ein derart verfassungswidriges Vorgehen unserer Kapitalisten schockiert, denken Sie nur an Irland, wo nach dreißig Jahren parlamentarischen Vorgehens und einer, wie es aussah, endgültigen Lösung der Regierungsfrage durch parlamentarischen Gesetzesbeschluß die Errichtung des irischen Freistaates doch mit Feuer und Mord durchgesetzt wurde, wobei schließlich die Seite gewann, die es schaffte, mehr Häuser ihrer Gegner zu verbrennen.

Die parlamentarische Verfassung bewährt sich lediglich bis zu einem gewissen Punkt: nämlich nur so lange, wie die im Parlament Überstimmten ihre Niederlage akzeptieren. Bei vielen Fragen aber reagieren die Leute so emotional oder können so viel verlieren, daß sie die Entscheidung nur dann dem Parlament überlassen, wenn sie glauben zu gewinnen. Wenn das Parlament gegen sie entscheidet und sie irgendeine Möglichkeit zu erfolgreichem Widerstand sehen, machen sie kurzen Prozeß mit dem Parlament und werfen es hinaus. In den dreißig Jahren parlamentarischer Kampagnen für die Selbstverwaltung Irlands gab es immer wieder Männer, die für eine direkte Aktion waren und sagten: es hat keinen Sinn, ins englische Parlament zu gehen, die Unionisten werden niemals auf ihre Herrschaft über Irland verzichten, wenn man sie nicht dazu zwingt: und deshalb können wir auch schon jetzt, nicht erst später, dafür kämpfen! – Diese Männer sollten recht behalten, obwohl sie damals als mutwillige Volkshetzer verschrien waren. In Frankreich mußte man sowohl den König als auch die Königin köpfen, weil der König seine Frau nicht beruhigen konnte und sie nicht bereit war, eine konstitutionelle Revolution anzuerkennen, ja sogar immer wieder versuchte, andere europäische Monarchen zu überreden, ihre Armeen in Frankreich einmarschieren zu lassen und die Liberalen für die französische Königin abzuschlachten. In England haben wir unseren König geköpft, weil er dem liberalen Parlament nicht die Treue halten wollte, auch nicht, nachdem er es bekämpft und verloren hatte. In Spanien halten König und Militär zur Zeit das Parlament unter Druck und regieren mit Waffengewalt auf der Basis ihres »göttlichen Vorrechts«, tun also genau dasselbe wie Cromwell seinerzeit in England, nachdem er König Charles geköpft hatte. Signor Mussolini, ein Sozialist, hat das italienische Parlament über den Haufen geworfen und seine Gefolgsmannschaft durch offene Gewalt das errichtet, was man eine Schreckensherrschaft nennt. Diese Verstöße gegen die Verfassungen in Spanien und Italien wurden begangen, nicht um irgendeine bestimmte gesellschaftliche Veränderung zu erreichen, sondern weil die Ohnmacht der spanischen und italienischen Regierung derart unerträglich geworden war, daß der kürzeste Weg zur Wiederherstellung der öffentlichen Ordnung nach Ansicht einiger entsprechend tatkräftiger Leute darin lag, das Gesetz selbst in die Hand zu nehmen und allen, die sich nicht benehmen wollten, einfach die Köpfe einzuschlagen. Und es kann durchaus passieren, daß auch in unserem Land die Kapitalisten, selbst wenn wir die perfektesten »fabianischen« Parlamentsakte zur verfassungsmäßigen Komplettierung des Sozialismus verabschieden, das Parlament dennoch – wie Signor Mussolini – als vaterlandsschädigend, verderblich und korrupt denunzieren und mit Gewalt die Ausübung der »fabianischen« Gesetzesakte zu verhindern trachten. Dann hätten wir den Status eines Bürgerkrieges: die kapi-

talistischen Streitkräfte würden, daran ist kein Zweifel, alle genossenschaftlichen Lager verbrennen und die proletarischen alle Landsitze der Reichen, ganz wie in Irland, und das noch zusätzlich zu den üblichen Kriegsgewohnheiten wie Zerstörung und Blutvergießen.
Wir wissen inzwischen, daß die Kapitalisten in diesem Fall keinen Mangel an proletarischen Truppen haben. Ein solcher Krieg wäre anders als die marxistischen Pedanten des Klassenkampfes ihn sich vorzustellen scheinen. Als wir die Auswirkungen der ungleichen Einkommensverteilung untersucht haben, konnten wir sehen, daß eben nicht nur die Reichen von den Armen leben, sondern umgekehrt auch Angestellte und kleinere Geschäftsleute, die wiederum ihre eigenen Dienst- und Geschäftsleute haben, vom Geld der Reichen. In den reichen Vororten, in den vornehmen Vierteln der großen Städte, in ganz Südengland, wo die anmutigsten Landhäuser über die anmutigsten Gegenden des Landes verstreut sind, ist es ebenso schwer, einen Arbeiterkandidaten ins Parlament zu bekommen wie auf die Oxford-Universität. – Sie werden auf Anhieb erkennen: die Trennungslinie zwischen den Leuten, die von den Reichen, und denen, die von den Armen leben, also die Trennungslinie zwischen der Gruppe, die an der Aufrechterhaltung des Kapitalismus interessiert ist und der anderen, die ihn durch den Sozialismus ersetzen will, verläuft nicht zwischen Arm und Reich, zwischen Proletariern und Kapitalisten, sondern quer durch das mittlere Proletariat und hinunter bis zur Schicht der allerärmsten. In einem Bürgerkrieg zur Aufrechterhaltung des Kapitalismus würden die Kapitalisten daher ganze Anhängermassen in allen gesellschaftlichen Schichten finden; und weil sie das wissen, sind die Wortführer der Arbeiter-Partei so ungehalten über die Extremisten, die von einem solchen Krieg reden, als ob es sich um einen Klassenkampf handle.
Aber einerlei, wie die Regierung unseres Landes aus den Händen der Kapitalisten in die des sozialistischen Proletariats übergehen mag, ob durch friedlich-parlamentarisches Vorgehen oder durch den blutigsten Bürgerkrieg, den man sich nur vorstellen kann, die Überlebenden werden am

Ende, was den *praktischen* Kommunismus betrifft, genau an derselben Stelle stehen, wo sie begonnen haben. Wenn man eine Mehrheit sozialistischer Abgeordneter ins Parlament schickt, wird dadurch noch nicht das ganze ökonomische System eines Landes so umstrukturiert, daß die Einkommensgleichheit automatisch entsteht. Noch weniger wird es helfen, wenn man Gebäude ansteckt und zerstört, wenn man ein paar Gegner des Sozialismus tötet und danach ein paar Sozialisten, weil sie das getan haben. Man kann nicht mit einem Zauberstöckchen über das Land wedeln und sagen: Es werde Sozialismus! Oder zumindest wird nichts geschehen, wenn man es tut.

Das beweist der Fall Rußlands. Nach der großen politischen Revolution im Jahr 1917 hatten die marxistischen Kommunisten dort so restlos gesiegt, daß sie eine Regierung bilden konnten mit weitaus mehr Macht, als sie der Zar jemals wirklich besessen hatte. Aber da der Zar nicht zugelassen hatte, daß sich in Rußland Gesellschaften wie unsere »Fabian Society« bildeten, um den Sozialismus auf ein rechtsstaatliches System festzulegen, wußte die neue russische Regierung nicht, was sie machen sollte. Erst versuchte sie alle möglichen Amateurexperimente, mit denen nichts erreicht wurde als der Anschein, kommunistisch zu sein, obwohl lediglich das kapitalistische Wrack da war; dann übergab sie das Land den Bauern, die sofort wieder Privateigentum daraus machen wollten, und schließlich mußte sie ganz schnell von ihrem Podest heruntersteigen und die Industrie ihres Landes den Privatunternehmern überlassen.

Das bedeutet aber nicht, daß die russische Revolution gescheitert wäre. In Rußland weiß man jetzt immerhin, daß das Kapital für den Menschen, nicht aber der Mensch für den Kapitalismus gemacht wurde. Die Kinder lernen die christliche Moral des Kommunismus und nicht die Mammon-Moral des Kapitalismus. Die Paläste und schönen Villen der Plutokraten werden nun als Erholungsheime für Arbeiter gebraucht, statt zur Verweichlichung extravaganter Verschwender. Damen und Herren, die nicht arbeiten, werden mit höflicher Verachtung behandelt, während der blaue Kittel des Arbeiters gebührend verehrt wird. Die Kunstschätze sind jedermann zugänglich und werden geachtet und mit einem Kulturbewußtsein gepflegt, das uns die Schamröte ins Gesicht treiben sollte, wenn wir an unsere Plünderungen in China und unsere Bilderstürmer und Vandalen im eigenen Land denken. Die griechisch-orthodoxe Kirche wird geduldet (die Bolschewisten haben ihrem Popen nicht den Kopf abgeschlagen wie wir unserem Erzbischof Land), nur darf sie nicht, wie die *Church of England,* den kleinen Kindern unwidersprochen Lügen über die Bibel erzählen und das unter dem Vorwand, Religionsunterricht zu geben, noch darf sie ihnen beibringen, die Nur-Reichen als bessere Menschen zu verehren. Diese Art religiöser Doktrin wird dort offiziell und ganz zu Recht als »Opium fürs Volk« abgelehnt.

All dies scheint nur zu schön, um wahr zu sein. Es rückt die sowjetische Regierung in die vorderste Reihe der Kulturstaaten, soweit es den guten Willen betrifft. Aber Sozialismus ist es nicht. Noch immer gibt es dort genügend Ungleichheit der Einkommen, um auf lange Sicht so viele positive Errungenschaften wieder hinfällig zu machen, daß die kommunistische Republik auf die Stufe der alten kapitalistischen Republiken Frankreichs und Amerikas herabsinkt. Kurz: Rußland hat zwar eine jener Verschiebungen der politischen Macht erreicht, die das Ziel aller Revolutionen darstellen und mit Gewalt, also einfach durch Töten und Terror, erzwungen werden können, aber es hat dennoch – obwohl die politische Verlagerung die Selbstachtung Rußlands stärken und die moralische Einstellung des russischen Staates von einer pro-kapitalistischen zu einer antikapitalistischen verändern konnte – nicht soviel tatsächlichen Kommunismus etabliert wie wir in England, ja nicht einmal die russischen Löhne auf die Stufe der englischen Löhne anheben können.

Die Erklärung dafür ist, daß sich der Kommunismus nur auf dieselbe Weise ausbreiten kann wie der Kapitalismus, das heißt: als eine Weiterentwicklung der bereits existierenden ökonomischen Grundlagen und nicht durch einen plötzlichen, totalen Umsturz. Denn er will ja nicht die

Zerstörung aller vom Kapitalismus überkommenen materiell nützlichen Dinge, sondern eine neue Methode, diese zu organisieren und den durch sie produzierten Reichtum zu verteilen. Diese Weiterentwicklung des Kapitalismus in einen Zustand, der ihn reif für die Sozialisierung gemacht hätte, war aber in Rußland noch nicht erreicht, weshalb die siegreichen kommunistischen Bolschewisten im Jahre 1917 auch keine durchorganisierte kapitalistische Industrie vorfanden, die sie hätten weiterausbauen können. Sie hatten riesige Flächen von Agrarland zur Verfügung und eine Bevölkerung aus unzivilisierten Bauern, die Analphabeten, ungebildet, abergläubisch, grausam und hungrig auf Grund und Boden waren. Mit Recht kann Herr Trotzki behaupten, daß das ganze Geheimnis, warum die russische Proletarierrevolution so restlos über das russische Kapitalistensystem gesiegt hat, nur darin lag, daß es überhaupt keine kapitalistische Zivilisation gab, über die man hätte triumphieren können, und daß das russische Volk noch nicht von den Idealen der Bourgeoisie verdorben war – nicht, weil es den berühmten dialektischen Materialismus, den Marx von Hegel übernahm, gekannt hätte, sondern aufgrund der Tatsache, daß es noch unzivilisiert genug war, um die Ideale der Mittelklasse überhaupt nicht zu begreifen. Wenn sich der Sozialismus einmal in England durchsetzen wird, kann er die rote Fahne gleich auf die Spitze einer schon gebauten Pyramide setzen, die Russen aber mußten noch auf bloßem Sand bauen. Wir müssen erst den Kapitalismus aufbauen, ehe wir ihn zum Sozialismus umwandeln können. Aber bis dahin müssen wir auch lernen, ihn zu kontrollieren, und ihm keine Möglichkeit geben, daß er uns demoralisiert, zerstört und regelrecht ruiniert, wie wir das bis jetzt aus Unwissenheit haben geschehen lassen.
Die Tatsache also, daß sich die Sowjetunion in einen staatlich überwachten Kapitalismus flüchten und auf bürgerliche Unternehmer zurückgreifen mußte – nachdem sie diese während der Zarenherrschaft mit denselben leidenschaftlichen Worten bekämpft hatte, mit denen Marx die englischen Kapitalisten beschimpfte –, bedeutet noch nicht, daß auch wir in gleicher Weise widerrufen müßten, wenn

wir es eines Tages schafften, die politische Macht von der besitzenden Klasse und ihren Anhängern auf das sozialistische Proletariat zu übertragen. Der Kapitalismus, wie ihn die russische Regierung nicht nur toleriert, sondern sogar ermutigt, wäre für uns, selbst unter dem jetzigen Kapitalismus, nur ein Versuch, die Uhr zurückzustellen. Wir könnten gar nicht dorthin zurückgehen (auch wenn wir wollten), ohne alle unsere Maschinen zusammenzuschlagen, unsere industriellen Organisationen zu brechen und sämtliche Pläne und Dokumente, nach denen man sie wieder rekonstruieren könnte, zu verbrennen; aber selbst dann müßten wir noch die Menschen des zwanzigsten Jahrhunderts durch Menschen aus dem achtzehnten ersetzen.

Die Moral aus alledem ist, daß eine politische Revolution zwar notwendig sein mag, um die Macht der Gegner des Sozialismus zu brechen (falls sie sich weigern, ihn als eine parlamentarische Reform zu akzeptieren, und gewaltsam Widerstand leisten, indem sie das organisieren, was wir heute Faschismus oder *coup d'état* nennen, um damit die Diktatur der Kapitalisten zu errichten) – daß aber weder eine gewaltsame Revolution, noch eine ganze Reihe friedlich durchgesetzter parlamentarischer Reformen aus sich selbst heraus zum Sozialismus führen. Denn Sozialismus ist weder ein Schlachtruf noch ein Wahlslogan, sondern vielmehr eine äußerst genau durchdachte Verteilung der Produktion und unseres Reichtums, die das Einkommen aller Staatsbürger angleichen soll. Aus diesem Grund sind Sozialisten, die etwas von der Sache verstehen, auch gegen jegliches Blutvergießen. Sie sind nicht gutmütiger als andere Leute, sie wissen nur, daß sie durch Blutvergießen nicht das Gewünschte erreichen, und daß jede blinde Zerstörung, wie ein Bürgerkrieg sie automatisch mit sich bringt, den Sozialismus nur verzögern kann. Am Ende aller Kriege werden wir allenfalls ärmer sein, nicht weiser, und ein paar von uns noch toter als jetzt. Wenn die Sozialisten dabei gewinnen, kann der Weg zum Sozialismus zwar frei werden, aber die Bahn wird beschädigt und das Ziel genau soweit entfernt sein wie je.

Alle historischen Präzedenzfälle beweisen das. Eine Mon-

archie kann in eine Republik oder eine Oligarchie in eine Demokratie oder auch in eine andere Oligarchie umgewandelt werden, wenn die Leute, die eine solche Änderung herbeiwünschen, nur genügend ihrer Gegner umbringen, um alle anderen zu verängstigen. Aber soviel sie auch kämpfen und töten, sie können damit nicht die Verteilung des Reichtums oder die Produktionsmittel ändern. Durch die viertausend zur Guillotine geführten Menschen in den ersten achtzehn Monaten der Französischen Revolution wurde das Volk noch ärmer als zuvor; der Staatsanwalt, der die meisten dieser viertausend aufs Schafott geschickt hatte und dann selbst diesen Weg gehen mußte, sagte daher zurecht, als das Volk ihm auf seinem Todesgang noch Flüche zurief: Meint ihr denn, euer Brot sei morgen billiger, ihr Narren? Aber das berührte die kapitalistischen Macher der Französischen Revolution nicht weiter. Sie wollten ja das Brot für die Armen gar nicht billiger machen, sie wollten vielmehr die Regierungsgewalt Frankreichs vom König und dem Adel auf die Bürgerklasse übertragen. Wären sie aber Sozialisten gewesen, mit dem Ziel, alles, nur nicht die Würde des menschlichen Lebens, billiger zu machen, dann hätten sie zugeben müssen, daß der öffentliche Ankläger, der Bürger Fouquier-Tinville, die Lacher ganz auf seiner Seite hatte.
Wann immer unser städtisches Proletariat in den Zeiten vor der Arbeitslosenhilfe (also zum Beispiel vor 1885 in England) von denen, die keine Arbeit hatten, angestachelt wurde, den Reichen mit einer Brandlegung ihrer Häuser zu drohen, sagten die Sozialisten: »Nein! Wenn ihr aber schon so dumm seid und glaubt, daß mit Brandstiftungen der Arbeitslosigkeit ein Ende gemacht werden könne, dann legt wenigstens an die richtigen Stellen Feuer und verbrennt eure eigenen Häuser in den Slums. In denen kann ein Mensch ja sowieso kaum wohnen. Die Häuser der Reichen aber sind *gute* Häuser, und davon haben wir viel zu wenig!«
Der Kapitalismus hat nicht nur Elendsviertel sondern auch Paläste und schöne Villen hervorgebracht, nicht nur dunkle Ausbeuterhöhlen, sondern auch erstklassige Fabriken,

Schiffswerften, Dampfer, Überseekabel, Dienstleistungsbetriebe, die nicht nur national sondern international sind, und was nicht alles mehr. Er hat auch einen gut Teil Kommunismus hervorgebracht, ohne den er nicht einen einzigen Tag lang existieren könnte (wir brauchen die bereits erwähnten Beispiele nicht alle noch mal durchzugehen, wie Straßen und Brücken und so weiter). Welchem Sozialisten, der bei Sinnen ist, könnte also ein Bürgerkrieg willkommen sein, der dies alles, oder auch nur teilweise, zerstören würde und der sozialistischen Partei, selbst wenn sie siegreich wäre, doch nur das Erbe verkohlter Ruinen und moderner Massengräber hinterließe? Der Kapitalismus hat zum Sozialismus emporgeführt, indem er die Industrie des Landes umgewandelt hat. Aus Kleinunternehmen unter der Leitung von Kleinbesitzern wurden riesige Konzerne unter der Leitung von angestellten Proletariern, die ganze Arbeiterarmeen dirigieren und die mit einem Millionenkapital auf riesigen Landflächen arbeiten können. Kurz, der Kapitalismus hat immer eine Tendenz, die Industrien so weit zu entwickeln, bis sie auf einer Stufe mit den öffentlichen Angelegenheiten stehen und reif sind, in die öffentliche Hand überzugehen. Sie zu zerstören, hieße, uns alle Aussichten auf den Sozialismus zu nehmen. Selbst diejenigen Privateigentümer, die eine solche Übergabe für Raub halten, haben zumindest den Trost zu wissen, daß ein Dieb nicht das Eigentum des Mannes zerstört, den er bestehlen will, weil er daran ja genauso interessiert ist wie der andere. Was nun die leitenden Personen betrifft, so wird der Sozialismus viel mehr von ihnen brauchen als wir derzeit haben, und er wird ihnen eine viel größere Sicherung des Arbeitsplatzes und mehr Würde ihrer sozialen Stellung geben, als die meisten unter dem Kapitalismus auch nur erhoffen können.

Und nun, denke ich, können wir die Frage, ob die Anordnung einer entscheidenden Mehrheit der Sozialisten im Parlament von den Kapitalisten und ihren Förderern nicht als eine verfassungswidrige Gewalttat aufgenommen würde, als erledigt betrachten. Ob es dahin kommt oder nicht, kann sehr wichtig werden für jene Unglücklichen, die

sowohl ihren Besitz als auch ihr Leben in diesem Kampf verlieren, wenn es einen Kampf gibt. Aber sobald das Geschrei und Morden und Häuserverbrennen vorüber ist, müssen sich die Überlebenden auf irgendeine stabile Regierungsform einigen. Die Unordnung muß vielleicht durch eine Diktatur aufgeräumt werden wie diejenige Napoleons III., König Alfonsos, Cromwells, Napoleons, Mussolinis oder Lenins. Doch sterben solche starken Männer früh oder verlieren ihre Kräfte, und alle Könige, Generäle und proletarischen Diktatoren werden erkennen, daß sie auf lange Sicht ohne irgendeine Form von Ratsversammlung oder Parlament nicht zurechtkommen können, und daß diese nur dann funktionieren, wenn sie in gewisser Hinsicht repräsentativ für die Öffentlichkeit sind (sobald nämlich die Staatsbürger nicht mit der Polizei kooperieren, bricht auch die stärkste Regierung zusammen, wie es der englischen Regierung in Irland passierte).
Langfristig, und das ist heute eine sehr kurze Frist, muß man wieder zum Parlament und einer festen Verfassung zurückkehren und die Aufstände und faschistischen *coups d'état* mit all ihrem Blutvergießen und ihren Brandstiftungen und Hinrichtungen könnte man sich von vornherein ersparen, soweit man um eine wirklich konstruktive Arbeit am Sozialismus bemüht ist. Wir können also auf sämtliche gewalttätigen Auseinandersetzungen verzichten, ob sie in Wirklichkeit stattfinden werden oder nicht, und weitergehen mit unseren Überlegungen.

Die Notwendigkeit einer parlamentarischen Veränderung

Wir wollen einmal annehmen, wir hätten uns damit abgefunden, daß der Streit zwischen Kapitalisten und Sozialisten parlamentarisch geschlichtet werden muß, worum wir früher oder später ohnehin nicht herumkommen. Wohlbemerkt: ich kann Ihnen, da Frauen und Männer nun einmal so sind wie sie sind, keinerlei Bürgschaft dafür geben, daß all dies ohne die üblichen Teufeleien ablaufen wird. Es ist möglich, daß man erst jeden nur denkbar falschen und schlechten Weg probiert, ehe uns die Erschöpfung auf den richtigen Weg zurücktreibt. Versucht man es mit einem Generalstreik, einer Form des nationalen Selbstmords, dem sich alle gesunden Leute unbedingt und äußerstenfalls gewaltsam widersetzen sollten, so kann das zu einer Proklamierung des Kriegsrechts vonseiten der Regierung führen, ganz gleich, ob es eine Arbeiter- oder Kapitalistenregierung ist, und die Folgen wären Massenmorde, terroristische Stadtkriege mit Bombenanschlägen (wie im Fall Dublins), Brandstiftung und Plünderung der vornehmen Landsitze. Man würde schon beim bloßen Anblick auf Polizisten schießen, weil sie als uniformierte Feinde des Volkes gälten, und für alle diejenigen, die Haß und Kampf und Mord als einen herrlichen Sport betrachten, der das Leben erst lebenswert und den Tod sterbenswert macht, würde eine hektisch betriebsame Zeit anbrechen. Aber auch wenn die modernen Maschinengewehre, die Bomber und Giftgasgranaten militärisch bezwungen werden könnten, wenn man in die Streikenden soviel Vernunft hineinschießen würde, daß sie »einsähen«, warum Blockaden und Boykotte keine guten Taktiken für das arbeitende Proletariat sind (denn dieses ist notwendigerweise das erste Opfer), selbst dann noch könnte sich das Parlament in so viele zerstrittene Gruppen aufsplittern, daß es nicht mehr arbeitsfähig wäre und das Land sich gezwungen sähe, in eine Diktatur zurückzufallen. Der Diktator könnte ein neuer

Bismarck sein, Regent im Namen eines Königs, oder ein starker, aus der Masse emporsteigender Einzelner, wie Mohammed oder Brigham Young oder Mussolini, oder aber ein General wie Cäsar, Napoleon oder Primo de Rivera.

Im Verlauf dieser sozialen Umwälzungen können Sie und ich und jeder andere vergewaltigt, erschossen, vergast, obdachlos und vertrieben und finanziell ruiniert werden. Solchen Epidemien menschlicher Streitsucht und menschlichen Egoismus' sind wir ausgeliefert, wie wir einer Masernepidemie ausgeliefert sein können. Die Masern empfinden wir nur nicht so bitter, weil wir zumindest niemals etwas dazu tun, um sie zum Ausbruch zu bringen, während wir im anderen Fall gewissenlos unsere Kinder erziehen, den Kampfgeist zu verherrlichen und Sanftmut wie auch Ehrfurcht vor dem anderen gleichzusetzen mit Unterdrückung der Armen und der Hochachtung vor den Reichen. Auf diese Weise erzeugen wir einen heillosen Zustand der öffentlichen Moral, der periodische Epidemien von Gewalt und Klassenhaß unvermeidbar macht.

Aber früher oder später werden sich die Unversöhnlichen gegenseitig vernichten, wie die Katzen von Kilkenny.* Denn wenn die zäheste Partei alle anderen zugrundegerichtet hat, wird sie sich schließlich auch selbst zugrunderichten. Die Diktatoren sterben, wie Cromwell starb, oder sie werden alt und von ehrgeizigen jungen Monarchen zum alten Eisen geschoben, wie es mit Bismarck geschah. Beide aber, Diktatoren und ehrgeizige Monarchen, werden alsbald erkennen, daß die Autokratie heutzutage keine praktizierbare Regierungsform mehr ist, außer in kleinen Stämmen, etwa bei den »Heiligen der letzten Tage«** – aber selbst da nicht immer. Was ihr am nächsten kommt und auch heute standhält, ist die Präsidentschaft der USA, wobei der Präsident, so autokratisch er in den vier Jahren seiner Amtszeit ist, dennoch mit einem Kabinett zusammenarbeiten, mit einem Kongreß und einem Senat verhan-

* Irische Legende, nach der zwei Katzen so lange miteinander gekämpft haben sollen, bis von beiden nur noch der Schwanz übrigbleib.

** Beiname der von Brigham Young geführten Sekte der Mormonen.

deln und sich dem Ausgang der allgemeinen Wahlen unterwerfen muß. Schließlich und endlich müssen wir alle diesen parlamentarischen Charakter annehmen. Denn jeder aufgeblasene Trottel hält sich zwar für einen geborenen Herrscher über die ganze Menschheit; jeder Snob ist der Meinung, das einfache Volk müsse auf seinem derzeitigen Stand gehalten oder aber erschossen werden, wenn unsere Gesellschaft weiterbestehen soll; jeder Proletarier, der mit seiner Lage unzufrieden ist, möchte gern gegen etwas oder jemanden streiken und dabei mehr als nur das abstrakte kapitalistische System verletzen. Wenn sie alle aber möglichst viel Schlimmes getan haben, müssen die von ihnen erschlagenen Toten begraben werden, müssen die Häuser, die sie verbrannt, wieder aufgebaut und die hundert anderen Schweinereien, die sie hinterlassen, in Ordnung gebracht werden und zwar von Frauen und Männern, die vernünftig und besonnen genug sind, um gemeinsam zu beratschlagen, ohne gleich in die Luft zu gehen, und die genügend Organisationstalent besitzen, um die anfallende kommunale Arbeit bewältigen zu können. Diese Besonnenen waren möglicherweise nicht immer so besonnen, vielleicht haben einige ihren vollen Anteil zu jenem Unheil beigetragen, ehe ihnen die notwendige Vernunft eingebrannt wurde durch bittere Erfahrung oder durch die Schreckensvorstellungen von den Konsequenzen des Anarchismus. Doch werden die von Natur aus Besonnenen und die zur Besonnenheit Getriebenen am Ende gemeinsam irgendeine Form von Parlament bilden, um die Staatsgeschäfte in die Hand zu nehmen, es sei denn, daß die Kulturstaaten bei den vorangegangenen Streitereien so restlos zusammengebrochen wären, daß kein zivilisiertes Land mehr übrig bliebe und also auch keine Staatsgeschäfte mehr anfallen würden. Das hat es schon oft gegeben.
Für den Augenblick aber wollen wir an all diese unangenehmen Möglichkeiten nicht denken und uns statt dessen überlegen, auf welche Weise der Sozialismus höchstwahrscheinlich avancieren wird innerhalb eines Parlamentes, das von zwei großen etablierten Parteien im Wettbewerb um Amt und Macht getragen wird: einer, die sich program-

matisch gegen die sozialistische Weiterentwicklung stellt, und einer anderen, die sie unterstützt, wobei jedoch beide, von der Not getrieben, irgendeine Art der Kontrolle über den immer weiter rasenden Kapitalismus gewinnen müssen und sich deshalb, sobald sie an der Macht sind, zu vielen Schritten gezwungen sehen, die sie vorher, als sie noch in der Opposition waren, heftig bekämpften. Auf lange Sicht werden beide Parteien etwa gleich viel dazu beitragen, (wie es bisher auch war), das nationale Einkommen umzuverteilen und aus dem Privateigentum an Land und industrieller Organisation öffentliches Eigentum zu machen.

Haben Sie keine Angst, daß ich Ihnen jetzt ein vollständiges Programm hierzu vorlege. Selbst wenn ich es vorhersagen könnte, hätte ich Besseres zu tun, als Sie damit zu langweilen. Ich möchte Ihnen nur einen Begriff geben von der Art der Gesetzgebung, die man wahrscheinlich durchsetzen, und der Art der Opposition, die sie wahrscheinlich provozieren wird, so daß Sie besser beurteilen können, für welche Seite Sie stimmen sollten, wenn Sie bei der nächsten Wahl dazu Gelegenheit erhalten, oder wenn Sie von irgendeinem parlamentarischen Ausschuß, sei er nun lokal oder überregional, zu einem direkteren Einsatz aufgefordert werden. Sie müssen wissen, daß meine hier vorgelegten Entwürfe nicht das miteinbeziehen, was Sie brauchen, um als sogenanntes zuverlässiges Parteimitglied zu gelten. Vielmehr geht es mir darum, Sie in den ständig wechselnden Kreis der wachsamen Wähler zu bekommen, die durchaus heute diese Partei und morgen die Opposition zu wählen bereit sind, wenn sie merken, daß sich das Gleichgewicht zwischen guter Absicht und praktischer Fähigkeit verändert, etwa weil die führenden Personen alt geworden sind oder weil ihre frühere Entscheidung sich als falsch erwiesen hat, wo es um Ermessensfragen von grundlegender Bedeutung ging. Für ein »gutes Parteimitglied« gilt diese Wachsamkeit als illoyal; aber in der Politik sollte es keine andere Loyalität geben als die des öffentlichen Wohles. Sollten Sie allerdings vorziehen, immer wieder, durch dick und dünn dieselbe Partei zu wählen, dann finden Sie sicher auch jemanden, der genauso entschlossen ist, immer die Gegenpartei zu unterstützen. Sie beide könnten sich dann, wie es im Parlament heißt, gegenseitig »die Waage halten«, das heißt, ein Übereinkommen treffen und überhaupt nicht mehr wählen. Der Effekt wäre derselbe, wie wenn Sie immer gegeneinander wählten. Der Mühe, zur nächsten Wahl zu gehen, brauchten Sie sich also nie mehr zu unterziehen.

Wir stimmen aber, wie ich annehme, darin überein, daß der praktische Sozialismus nur voranschreiten kann, wenn die Regierung unsere Industrie nach und nach durch eine Reihe angemessen entschädigter Enteignungen nationalisiert, wenn sie außerdem genau ausgearbeitete Vorkehrungen für die Administration getroffen hat und einen Stab öffentlicher Beamter zur Verfügung stellt, der größtenteils aus den alten Arbeitnehmern besteht, aber kontrolliert und finanziert wird von Ministerien mit öffentlichen Beamten, die den kommerziellen Profitmachern und Spekulanten, von deren Gnade wir heute so restlos abhängen, an Fähigkeiten, Ausbildung und gesellschaftlichem Bewußtsein haushoch überlegen sind.

Nun wird diese Vorbereitung und Nationalisierung aber kaum möglich sein, wenn die Wähler nicht zumindest eine grobe Vorstellung haben von dem, was die Regierung tut, und damit einverstanden sind. Sie mögen den Sozialismus als Ganzes nicht verstehen, aber die Verstaatlichung einer Kohlengrube können sie so gut verstehen, daß sie sie selbst wünschen und dafür stimmen, wenn schon nicht zum Wohl des ganzen Landes, so doch zumindest, weil sie dann ihre Kohle billiger kriegen. Mit Eisenbahnen und Verkehrsmitteln im allgemeinen ist es dasselbe. Noch die Konservativsten unter den Konservativen könnten für deren Verstaatlichung stimmen, wenn sie die Vorteile ganz isoliert betrachten würden, einfach, weil man dann billiger reisen und inländische Produkte preiswert befördern kann. Mit ein paar großen Verstaatlichungen, die solcherart unterstützt von der Allgemeinheit durchgeführt würden, wären Verstaatlichungen schon ein regelrechtes Teilgebiet unserer Sozialpolitik, wie es heute die Altersrenten sind, die, so scheint es uns, doch erst gestern noch als »schlimmster

Kommunismus« verschrien waren; was sie tatsächlich auch sind.
Der Kapitalismus kann also nicht darauf hoffen, daß er auf dieselben Schwierigkeiten stieße wie die Sowjets bei ihrer Bodenverteilung. Das russische Volk war nicht kommunistisch und hatte das kommunistische System nicht von sich aus angenommen, sondern erst unter Zwang. Diesen in genügend großem Ausmaß anzuwenden, war aber unmöglich. Denn wenn sich ein System nur so aufrecht erhalten läßt, daß man die Hälfte aller zurechnungsfähigen Staatsbürger dafür bezahlt, daß sie nichts tun, als mit dem Gewehr in der Hand die andere Hälfte zu bewachen, dann ist das kein praktizierbares System und sollte lieber sofort aufgegeben werden. Eine Reihe gut vorbereiteter Verstaatlichungen aber würde nicht nur verstanden und selbst von solchen Leuten gewählt, die ziemlich schockiert wären, wenn man sie als Sozialisten bezeichnete, sondern sie würde auch bestens den Gewohnheiten der Massen entsprechen, die ihr Brot nehmen, wie es kommt, und niemals an die anderen denken. Für sie wäre die Veränderung lediglich ein Austausch der befehlenden Herren, und an diese sind sie so gewöhnt, daß sie es gar nicht als Veränderung empfänden; dabei aber würden sich gleichzeitig Bezahlung, Angesehenheit und Sicherheit des Arbeitsplatzes ändern, also genau das, was sie immer so lautstark fordern. Dies hilft mit bei der ansonsten allen Reformatoren vertrauten Schwierigkeit, nämlich der, daß es viel leichter ist, die Leute für etwas zu gewinnen, was sie bereits zu tun gewohnt sind, auch wenn es widerlich und schlecht für sie ist, als ein neues System auszuprobieren, auch wenn es ihnen das Paradies auf Erden verspricht.
Die sozialistische Gesetzgebung wird folglich nicht einfach darin bestehen, daß man den Leuten verbietet, reich zu sein, und gleich die Polizei ruft, wenn einer gegen das Gesetz verstößt. Sie bedeutet vielmehr ein aktives Einschalten in die Produktion und die Verteilung des Nationaleinkommens; und mit jedem Schritt in dieser Richtung wird eine neue Abteilung bzw. Erweiterung des öffentlichen Dienstes erforderlich, die ihn ausübt und verwaltet.

Wenn wir vernünftig genug wären und ein Gesetz erließen, nach dem jedes kleine Kind, egal ob Härtefall oder nicht, Brot und Milch in Fülle und ein ordentliches Dach über dem Kopf bekommen sollte, so wäre dieses Gesetz doch nichts als ein Stück Papier, wenn wir nicht auch die notwendigen Bäckereien, Molkereien und Bauunternehmen zur Verfügung stellten. Wenn wir ein Gesetz erließen, nach dem jeder zurechnungsfähige Erwachsene jeden Tag sein Arbeitspensum für das ganze Land leisten müßte, so könnten wir auch dieses Gesetz nicht befolgen, wenn wir nicht für jeden einen Arbeitsplatz zur Verfügung stellten. Alle konstruktive und produktive Gesetzgebung ist etwas ganz anderes als die Zehn Gebote. Sie bedeutet: Arbeitsplätze für die Massen, Einrichtung von Ämtern und Aufgaben, Bereitstellung großer Geldsummen für den Start und die Dienstleistung von dafür besonders geeigneten Leuten, die das Ganze dirigieren. Ohne diese Voraussetzungen bleiben alle Proklamationen von Königen und Diktatoren, alle Gebote und alle kommunistischen Manifeste nur leeres Papier und werden den praktischen Sozialismus niemals einführen.
Sie können deshalb davon ausgehen, daß die Änderung von der Ungleichheit zur Gleichheit aller Einkommen zwar kraft des Gesetzes geschehen wird und auf keine andere Weise geschehen kann, daß sie aber nicht einfach mit der Verabschiedung einer einzigen Parlamentsakte erledigt ist, wonach mit arithmetischer Exaktheit jedem ein gleich hohes Einkommen zugeordert würde. Erst Dutzende von Erweiterungen im öffentlichen Dienst, Dutzende von schrittweisen Verstaatlichungen, Dutzende von Jahresbudgets, die alle aus diesem oder jenem Grund leidenschaftlich umstritten sein werden, können uns nach und nach der Einkommensgleichheit näher bringen, bis wir diese so weit erreicht haben, daß vielleicht noch übrigbleibende Ungleichheiten sich kaum negativ auswirken und also keiner ernsten Auseinandersetzung mehr wert sind. Heute, wo dem einen Kleinkind hunderttausend Pfund pro Jahr zufließen, und hundert andere Kinder an Unterernährung sterben, ist die Einkommensgleichheit etwas, wofür man

kämpfen und notfalls zu sterben bereit sein sollte. Wenn aber jedes Kind genug zu essen hätte, so würde es keine Rolle spielen, wenn sich hier und da ein Vater oder eine Mutter fünf Schilling oder gar fünf Pfund zusätzlich verschafften. Keiner ginge deswegen auf die Straße und würde demonstrieren.

Jede soziale Reform hört an einem gewissen Punkt auf und zwar nicht, wenn sie absolut und logisch oder mathematisch genau erreicht ist, sondern sobald sie ihren Zweck ausreichend erfüllt hat. Bei einer armen Frau fällt der Unterschied, ob sie pro Woche 1 Pfund (= 20 Schilling) oder ein Guinea (= 21 Schilling) hat ernstlich ins Gewicht, weil ein Schilling viel Geld für sie ist. Aber eine arme Frau mit 20 Pfund pro Woche würde sich nicht in einem Bürgerkrieg engagieren, weil eine andere 20 Guineas hat. Sie würde den Unterschied gar nicht spüren. Wir brauchen uns deshalb einen gesellschaftlichen Zustand, in dem jemand die Polizei rufen würde, sobald ein anderer sich mit Singen oder dem Verkauf prämierter Chrysanthemen etwas mehr Geld dazu verdiente, gar nicht erst vorzustellen; auch wenn wir vielleicht dahin kämen, ein solches Verhalten als gewinnsüchtig und gar nicht damenhaft anzusehen, so daß selbst die unverschämteste Frau nicht wagen würde, es öffentlich zu tun. Solange es uns allen gleich gut geht, solange also jedermanns Tochter den Sohn von jedermann heiraten kann, ohne daß dabei die Frage aufkommt, ob sie über oder unter ihrem Stand heiratet, sollten wir damit zufrieden sein und nicht über einen halben Penny bei der Verteilung des Nationaleinkommens noch feilschen. Bei alledem aber sollte die Angleichung der Einkommen als zugrundeliegendes Prinzip weiter bestehen bleiben und jede spürbare Abweichung davon aufmerksam beobachtet und, wenn überhaupt, dann nur mit *offenen* Augen toleriert werden. Die Möglichkeiten, das durchzusetzen, sind unbegrenzt.

Das bedeutet aber nicht, daß es keine Grenzen gäbe für irgendeine der sozialistischen Ideen: etwa für den Prozeß der Verstaatlichung in der Industrie und die Übernahme privater Arbeitnehmer in den Staatsdienst. Wir könnten gar nicht alles verstaatlichen, auch wenn wir ganz versessen darauf wären und es wollten. Sehr viel wahrscheinlicher ist, daß man, sobald die Nationalisierung zur Regel und die Privatunternehmen zur Ausnahme geworden sind, vom Sozialismus (diesem wirklich schlechten Wort zur Bezeichnung der Sache), wenn überhaupt, dann nur als von einer verrückten Religion sprechen werden, einer Sekte für Fanatiker im dunkelsten aller Zeitalter, jenem neunzehnten Jahrhundert. Tatsächlich bekomme ich ja schon heute zu hören, daß die Zeit für den Sozialismus vorbei ist, daß wir, je eher, desto besser, aufhören sollten, Unsinn darüber zu schwätzen, und uns an die Arbeit machen müßten, wo wir doch so praktisch veranlagt seien, damit endlich die Kohlengruben verstaatlicht und unser Elektrizitätsnetz im ganzen Land ausgebaut würde. Und ich, der ich bereits vor vierzig Jahren behauptet habe, daß wir den Sozialismus längst hätten, wenn es keine Sozialisten gäbe, bin gerne bereit, auf die Bezeichnung zu verzichten, wenn ich dafür die Sache bekomme.

Mit meiner Anspielung auf die Sozialisten der achtzehnhundertachtziger Jahre wollte ich nur sagen, daß Leute, die nicht einsehen, warum man nicht alles auf einmal haben kann, überhaupt nichts erreichen werden, wohl aber vieles verhindern.

Während wir Großindustrie und Großhandel verstaatlichen können, müssen wir wohl ziemlich viele nichtoffizielle Einzelhändler ihre Arbeit der Kleindistribution größtenteils weitermachen lassen, so wie sie es gegenwärtig tun, nur daß wir ihnen vielleicht bei der Festlegung der Preise auf die Finger schauen, wie das bei großen Konzernen geschieht, ihnen aber dabei einen höheren Lebensstandard einräumen als die Grundbesitzer und Kapitalisten und sie von der ständigen Angst, bankrott zu machen, befreien, die ja von unserem gegenwärtigen System gar nicht zu trennen ist. Wir werden die Kohlengruben sehr viel eher verstaatlichen als wir die Dorfschmiede verstaatlichen und den Dorfschmied zum Staatsbeamten machen können. Wir werden die staatliche oder städtische Versorgung mit Elektrizität von Haus zu Haus sehr viel eher haben, als wir uns den Einzelnen, den Künstlern und Handwerkern und wissenschaftlichen Arbeitern zuwenden können, die diese Elektrizitätsenergie benützen, ganz zu schweigen von den Hausangestellten, die den Staubsauger gebrauchen. Wir werden den Boden und die landwirtschaftlichen Großbetriebe verstaatlichen, ohne dabei Liebhabereien wie die Obstzucht oder die Kräutergärten anzutasten. Noch lange, nachdem der Kapitalismus weiter hinter uns liegen wird als heute der Feudalismus, gibt es möglicherweise mehr Männer und Frauen, die in ihren eigenen Privatunternehmen arbeiten, als das unter den jetzigen sklavischen Bedingungen möglich ist.

Die Verstaatlichung der Banken wird es den Privatunternehmen sehr einfach machen, auch unter dem Sozialismus in beliebigem Ausmaß weitergeführt zu werden und sie in der Tat sogar stark anspornen. Um das daraus fließende Einkommen auf die allgemeine Stufe zu reduzieren, könnte man die Unternehmen entsprechend besteuern, falls sie übermäßig viel verdienten. Aber wahrscheinlich wird die Schwierigkeit gerade umgekehrt sein, das heißt, die Leute in den Privatunternehmen werden vielleicht ärmer dran sein, wie schon jetzt, als wenn sie im öffentlichen Dienst arbeiteten. Die ungeheuren Vermögen, die heute in Privatunternehmen gemacht werden, beruhen auf der Beschäftigung von Arbeitern, die, weil sie ja ohne den Zugang zur Produktion aus Grundbesitz und Kapital nicht leben könnten, entweder verhungern müssen oder aber einverstanden sind, bei den Grundbesitzern und Kapitalisten für viel weniger zu arbeiten, als ihre Arbeit einbringt. Wenn aber jeder eine Anstellung in einer der verstaatlichten Industrien finden könnte und ein Einkommen hätte, in dem sein bzw. ihr Anteil aus den Einnahmen des verstaatlichten Bodens plus die Zinsen aus dem verstaatlichten Kapital enthalten wäre, so könnte kein Privatunternehmen mehr einen Lohnarbeiter anlocken, zu ihm zu kommen, es sei denn mit so hohen Löhnen, daß damit ein Äquivalent zu den Vorteilen der öffentlichen Anstellung gewährleistet wäre. Deshalb könnte man als Privatunternehmer keine Armut mehr verschulden, ja man wird selbst bankrott machen, sobald man nicht entweder gewitzt und geschäftstüchtig genug ist, um die Öffentlichkeit für seine Produkte oder Dienstleistungen ganz schön zur Kasse zu bitten, oder aber sich zufrieden gibt mit weniger, als man in einer staatlichen Niederlassung um die nächste Ecke verdienen könnte, weil man lieber sein eigener Herr sein möchte. Um sein Einkommen auf dem nationalen Niveau zu halten, muß der eine oder andere Privatunternehmer vielleicht sogar die Unterstützung des Staates fordern und sie auch bekommen. Nehmen wir ein sehr einfaches Beispiel: in einem abseits gelegenen Dorf oder Tal, wo es nicht genügend Geschäftsniederlassungen gäbe, um ein Transportunternehmen zu tragen, wird die Regierung oder die Gemeindeverwaltung vielleicht herausfinden, daß es ökonomisch und vernünftigerweise am besten ist, wenn man einem Bauern, Ladenbesitzer oder Gastwirt am Ort einen Zuschuß zahlt zur Haltung eines Lastwagens, unter der Bedingung, daß er die Zustellungen in seinem Umkreis mitübernimmt.

Im Big Business hat dieser Prozeß, wie wir wissen, ja

tatsächlich schon begonnen. Als die Gewerkschaft die Löhne der Bergwerksarbeiter zu einem Punkt hochgetrieben hatten, an dem die Gruben mit geringem Ertrag nicht mehr weiterarbeiten konnten, forderten die Grubenbesitzer, obgleich sie leidenschaftliche Gegner des Sozialismus waren, von der konservativen Regierung einen Zuschuß von 10 Millionen Pfund, den sie auch bekamen, und mit dessen Hilfe sie sich über Wasser halten konnten. Aber es war einfach lächerlich, den Steuerzahler für ein paar schlecht gehende Gruben heranzuziehen und damit auch noch die Wucherpreise für Kohle oben zu halten, wo die Gruben im großen und ganzen sehr wohl anständige Löhne zahlen konnten (mehr wollten die Gewerkschaften ja nicht). Die Zuschüsse wurden also abgebrochen, und die Folge war eine schreckliche Aussperrung. All das hätte durch eine Verstaatlichung der Kohlengruben vermieden werden können; dann nämlich wäre es möglich gewesen, die Löhne hoch und die Kohlenpreise für die Verbraucher gleichzeitig niedrig zu halten. Aber darum geht es im Moment gar nicht. Was uns an der Sache interessiert, ist, daß die Kapitalisten selbst die sozialistische Praxis der Zuschüsse zu Privatbetrieben einführen, sobald diese nicht genügend Profit abwerfen, um ihre Beschäftigten zu unterhalten, andererseits aber doch so sehr gebraucht werden, daß man nicht auf sie verzichten kann. Neu daran ist übrigens nur die Unterstützung der *allgemeinen* Industriezweige. Die wissenschaftliche Forschung, das Schulwesen, die Kirchen, der Zugang zu seltenen Büchern und Gemälden für jedermann, Entdeckungsprojekte, die Beförderung der Post nach Übersee und ähnliches sind zum Teil schon lange abhängig von Regierungsbeihilfen, das heißt, sie erhalten staatliche Zuschüsse, nur unter einem anderen Namen.

Noch wichtiger aber ist, daß die Kapitalisten nun offen staatliche Zuschüsse fordern, um ihre Privatunternehmen überhaupt starten zu können. Die Luftfahrtgesellschaften sahen es zum Beispiel als eine Selbstverständlichkeit an, daß die Regierung ihnen half, zumal sie vorher auch der Farbenindustrie geholfen (und es nachher bereut) hatte.

Ich lenke Ihre Aufmerksamkeit besonders auf diese neue kapitalistische Methode, weil Sie dadurch nicht nur ermuntert werden, den kapitalistischen Grundsatz, nämlich das Vertrauen auf die selbständige, private Wettbewerbswirtschaft zur Erhaltung unserer Industrie über Bord zu werfen, sondern weil Sie auch noch für all diese Risikounternehmen Steuern bezahlen müssen, während die Kapitalisten den ganzen Profit einstreichen und die Preise so hoch wie möglich halten, also gegen Sie arbeiten und Sie an beiden Enden schröpfen. Konsequenterweise dürften diese Unternehmer nichts dagegen haben (sie haben aber etwas dagegen), wenn die Arbeiter von der Regierung verlangen, daß diese einen Mindestlohn garantiert, wie sie den Arbeitgebern die Profite und hohen Preise garantiert.
Wenn der Sozialismus einmal an die Tagesordnung kommt, werden diese kapitalistischen Ausbeutungen des Steuerzahlers viele Präzedenzfälle zur Unterstützung von experimentellen Privatinitiativen in neuen Industrien, oder bei Erfindungen und neuen Methoden geschaffen haben, oder sie werden, wie im Fall des Dorfspediteurs, dem einen oder anderen Anreiz sein, eine notwendige Dienstleistung zu übernehmen, die im Augenblick noch nicht lohnt, verstaatlicht zu werden. Ja, das wird für kluge Geschäftsleute überhaupt der interessanteste Teil am ganzen Sozialismus sein. Direkte und völlige Verstaatlichungen dagegen werden vor allem auf gut eingeführte, routinemäßig ablaufende Dienstleistungsbetriebe beschränkt bleiben.
Es gibt sozialistische Doktrinäre, die schockiert sind bei der Vorstellung, daß eine sozialistische Regierung privatunternehmerische Initiativen nicht nur tolerieren, sondern sogar finanzieren sollen. Aber es ist nicht Sache der sozialistischen Staatsoberhäupter, die Privatunternehmen als solche zu unterdrücken, sie müssen vielmehr die Gleichheit der Einkommen erreichen und aufrechterhalten. Öffentliche Unternehmen an die Stelle von privaten zu setzen, ist nur eines von mehreren Mitteln, die zu diesem Ziel führen; und wenn für den Augenblick durch irgendeinen besonderen Umstand dem Ziel am besten mit Privatunternehmen gedient ist, wird auch eine sozialistische Regierung Privatun-

ternehmen dulden, sie mit Zuschüssen unterstützen, ja sogar ihre Neugründung ermutigen. In der Tat wird der Sozialismus elastischer und toleranter sein als der Kapitalismus, der überhaupt nichts irgendwohin befördern würde, wenn es sich für den Privatspediteur nicht lohnte.

Aber wohlbemerkt: wenn ein privatunternehmerisches Experiment vom Staat finanziert worden ist und einen neuen Industriezweig, eine Herstellungsmethode oder Erfindung als Teil der bereits laufenden Gesamtproduktion und Dienstleistung eines Landes erfolgreich etablieren konnte, wird es später nationalisiert und muß den privatunternehmerischen Geist an seiner eigentlichen Aufgabe weiterarbeiten lassen, also an der Durchführung neuer Experimente und der Entdeckung neuer Dienstleistungen, so daß er nicht, wie es heutzutage der Fall ist, sich schwelgerisch im Profit von Firmen wälzen kann, die über das experimentelle Stadium hinaus sind. Zum Beispiel ist es seit vielen Jahren eine ausgesprochene Dummheit, die Eisenbahnen in der Hand von Privatgesellschaften zu lassen, anstatt sie zu verstaatlichen, zumal selbst der allerengstirnigste Bürokrat nicht noch reaktionärer, ideenloser und verbohrter sein könnte, als sich einige unserer so eingebildeten Eisenbahnvorsitzenden gezeigt haben. Alles was man über das Bahnwesen wissen muß, um es verstaatlichen zu können, ist bekannt. Die Luftfahrt dagegen ist noch im Stadium des Experimentes und kann daher so lange als ein vom Staat unterstütztes Privatunternehmen behandelt werden, bis sie ebenso gut etabliert ist und glatt abläuft wie der Eisenbahnbetrieb.

Leider aber begreift man das nicht. Die Kapitalisten überreden mit Hilfe ihrer Agenten, den Arbeitgebern und Geldleuten, heute unsere konservative Regierung, sie auf Kosten des Steuerzahlers zu finanzieren, ohne jedoch die Interessen des Steuerzahlers bei einem solchen Risikounternehmen im Auge zu behalten. – Für jeden Hundert-Pfund-Schein, den die Regierung einem Privatunternehmen gewährt, sollte sie eigentlich einen Aktienbrief verlangen. Andernfalls muß sie, wenn sie das Unternehmen später einmal verstaatlicht, die Eigentümer noch für die

Konfiskation des eigenen Kapitals entschädigen; und obwohl dies, wie wir bei unserer Betrachtung der Konfiskation gesehen haben, eigentlich keine große Rolle spielt, ist es doch von entscheidender Bedeutung, daß der Staat nicht einmal soviel Rechte hat wie ein Aktienbesitzer. Privaten Abenteurern ein bedingungsloses Geschenk aus öffentlichen Geldern zu machen, heißt die Staatsfinanzen ausbeuten und den Steuerzahler plündern.
Sie sehen also, daß der Unterschied zwischen einer kapitalistischen und einer sozialistischen Regierung nicht im Tolerieren von Verstaatlichungen besteht. Denn beide könnten ohne sie keinen einzigen Tag auskommen. Der Unterschied besteht nur darin, wie weit sie ausgeführt und wie schnell sie durchgesetzt werden sollten. Die kapitalistischen Regierungen betrachten Verstaatlichungen bzw. städtische Betriebsübernahmen als Übel und möchten sie auf kommerziell unrentable Einrichtungen beschränkt sehen, so daß alles, was rentabel ist, den Profitmachern überlassen bleibt. Wenn sie für irgendein vorübergehendes öffentliches Projekt Land erwerben, verkaufen sie es später, wenn es nicht mehr gebraucht wird, wieder an eine Privatperson und setzen den Preis noch an der Einkommensteuer ab. Auf diese Weise kann ein Stück Land, das dem Staat gehörte, Privateigentum werden, und die nichtverdienten Einkommen der Einkommensteuerzahler werden noch durch die Steuererleichterung angehoben. – Die sozialistischen Regierungen hingegen betreiben den Ankauf von Grund und Boden für die Allgemeinheit so nachdrücklich und rasch sie nur können auf Kosten der Kapitalisten vorwärts und wenden sich wild entschlossen gegen jeden Rückkauf vonseiten privater Einzelpersonen. Doch werden sie oft davon abgehalten und sogar zurückgeworfen, ganz wie es den russischen Sowjets erging, weil es bitter notwendig ist, Land und Kapital beständig und tatkräftig zu nutzen. Wenn eine Regierung einen Acker fruchtbaren Bodens oder eine Tonne überschüssiger Lebensmittel (Kapital) übernimmt und diese nicht sofort bebauen bzw. zur Produktion verwenden kann, dann muß sie beides, ob sie will oder nicht, an Privatleute verkaufen und

also den Schritt in Richtung Sozialismus wieder zurückgehen, nur weil sie ihn getan hat, ohne genügend darauf vorbereitet zu sein. Als während des Krieges die Privatunternehmen hoffnungslos zusammenbrachen und dadurch ein schreckliches Gemetzel unserer jungen Soldaten in Flandern entstand – denn die Armee mußte nun ohne Granaten zurechtkommen –, wurde die Munition notgedrungen in staatlichen Fabriken hergestellt. Nachdem der Krieg zu Ende war, verkaufte die kapitalistische Regierung von 1918 diese Fabriken dann, so schnell sie konnte, für einen Pappenstiel, trotz der Proteste vonseiten der Labour Party. Ein paar Fabriken waren unverkäuflich, teils weil sie an so entlegenen Ortschaften standen (damit sie nicht bombardiert werden konnten), daß die Privatunternehmer dachten, sie könnten woanders besser vorwärtskommen, teils auch, weil die Privatunternehmer selbst erbärmlich wenig Unternehmungsgeist hatten. Aber selbst als später eine Arbeiterregierung ins Amt einzog, mußte sie noch versuchen, die übriggebliebenen Fabriken zu verkaufen, weil sie nicht genügend neue öffentliche Unternehmen organisieren konnte, um sie für friedliche Zwecke einzuarbeiten.

Das war eine neue, rein objektive Lektion über die Unmöglichkeit, Land von den Grundbesitzern und Kapital von den Kapitalisten zu übernehmen, einfach weil man es für »sozialistisch« hält, obwohl man noch gar nicht darauf vorbereitet ist, es in die Gesamtproduktion einzubeziehen. Wenn man es trotzdem tut, wird man es wieder zurückgeben müssen, wie die Sowjets in Moskau es mußten. Sähe sich eine kapitalistische Regierung aufgrund einer Welle von erfolgreicher sozialistischer Propaganda gezwungen, mehr Eigentum zu konfiszieren, als sie verwalten könnte, so wäre sie vielleicht auch sehr schnell gezwungen, es wieder an die Privatunternehmer zurückzugeben, und zwar zu viel schlechteren Bedingungen für die Gesamtheit des Volkes, als die gegenwärtigen es sind (was sie natürlich nur allzu gern tun wird, um triumphierend ausrufen zu können: Wir haben es ja gleich gesagt!).

Wie lange wird es noch dauern?

Nun also etwas zum Tempo, mit dem die Veränderung stattfinden kann. Wird sie zu lange hinausgeschoben oder auch zu langsam durchgeführt, so kann es zu einer gewaltsamen Revolution kommen, die nur eine schaurige Art von Gleichheit herstellt, weil sie jeden, der nicht umgebracht wird, doch zugrunde richtet. Aber eine auf diese Weise hergestellte Gleichheit ist nicht von Dauer. Nur in einer geordneten und im höchsten Maße zivilisierten Gesellschaft mit starker Regierung und genau ausgearbeitetem Gesetzbuch kann die Einkommensgleichheit erreicht und aufrechterhalten werden. Nun ist eine starke Regierung aber nicht eine, die überwältigende Streitkräfte bezahlt. Das wäre eher das Zeichen einer Regierung in Panikstimmung. Die starke Regierung hat vielmehr den moralischen Rückhalt einer überwiegenden Mehrheit des Volkes hinter sich. Genauer gesagt, unter ihr können Polizei und andere Vollzugsbeamte des Staates immer auf die Sympathie der Bürger und, falls notwendig, auch auf deren Mitarbeit zählen. Eine moralisch abstoßende Regierung jedoch kann nicht lange dauern und deshalb auch nicht Veränderungen durchführen wie diejenige von unserem gegenwärtigen System zum Sozialismus, denn das sind Angelegenheiten, die von langer Hand geplant und im öffentlichen Dienst weit ausgebaut werden müssen. Es gilt dabei, wohlüberlegt vorzugehen, Schritt für Schritt. Und die Veränderungen müssen so populär sein, daß sie sich fest genug etablieren können, um nicht von einem Wechsel der Regierung erschüttert zu werden, so wie unser Postwesen fest etabliert ist oder unser Kommunismus bei Straßen, Brücken, der Polizei, der Kanalisation und der Straßenbeleuchtung.
Sehr schade ist es, daß die Veränderung nicht schneller durchgesetzt werden kann. Aber wir sollten uns daran erinnern: auch Moses mußte, als er die Israeliten aus der Knechtschaft Ägyptens befreite, feststellen, daß sie noch unfähig zur Freiheit waren, und deshalb vierzig Jahre mit

ihnen in der Wüste herumwandern, bis die meisten, die in Ägyptens Knechtschaft gelebt hatten, tot waren. Die Schwierigkeit lag nicht in der räumlichen Entfernung zwischen Ägypten und dem gelobten Land, die hätte man zu Fuß gut in vierzig Wochen geschafft, sondern in den veränderten Bedingungen, Gewohnheiten, psychischen Voraussetzungen und dem Widerstand derjenigen, die als Sklaven in Sicherheit gelebt hatten und gut behandelt worden waren, jetzt aber den Gefahren und Entbehrungen des freien Abenteurerlebens ausgesetzt wurden. Wir hätten genau dieselben Schwierigkeiten, wenn wir versuchen wollten, den Sozialismus bei einem Volk, das nicht dazu erzogen ist, mit einem Schlag durchzusetzen. Es würde ihn zerstören, sowohl, weil es ihn nicht begreifen könnte, als auch, weil es mit seinen Institutionen nicht umzugehen wüßte; und manche würden ihn geradezu hassen. In Wahrheit wandern wir heute durch die Wüste zwischen dem alten Kapitalismus und dem neuen Sozialismus. Unsere Industrien und unsere persönlichen Einstellungen, unsere Gesetze und unsere Religionen sind teils kommerzialisiert, teils nationalisiert, teils magistratisch, teils kommunistisch. Und die Vervollständigung der Änderung wird stattfinden wie ihr Anfang: das heißt, eine intelligente Frau wird nicht wissen, was vor sich geht, und auch nichts spüren, außer daß manche Lebensbereiche schwieriger, manche einfacher werden, daß die Leute entweder ausrufen: »wo soll denn das nur hinführen« oder »heute ist es doch einfacher als früher«. Mark Twain sagte einmal, zur Verbesserung sei es niemals zu spät, man brauche sich also nicht zu beeilen. Wer die Veränderung fürchtet, kann sich daher mit der Versicherung trösten, daß die Gefahr einer zu langsamen Veränderung größer ist als die einer zu schnellen, obwohl wir um so mehr leiden müssen, je träger wir sind. Es ist ganz gut, daß wir, die wir durch unsere Erziehung hoffnungslos ungeeignet für den Sozialismus sind, nicht ewig leben werden. Wenn es uns nur möglich wäre, unsere Kinder nicht weiter zu verderben, so würden unser politischer Aberglaube und unsere Vorurteile mit uns sterben, und die nächste Generation könnte die Mauern von Jericho zum Einstürzen brin-

gen. Zum Glück aber kann man sich darauf verlassen, daß die Vorteile, die das Proletariat aus dem Sozialismus gewinnt und die Tatsache, daß die proletarischen Eltern die überwiegende Mehrheit der Wählerschaft bilden, unsere Erziehungsmoral mehr und mehr zugunsten der sozialistischen Bewegung beeinflussen werden.
Ganz bewußt vermeide ich es, irgendeinen moralischen Druck von seiten der öffentlichen Meinung gegen den ökonomischen Egoismus vorwegzunehmen. Zweifellos wird aber dieser moralische Druck unter dem Sozialismus ein Teil des allgemeinen Bewußtseins werden, genauso, wie man unter dem Kapitalismus die Kinder dahingehend erzieht, daß sie Erfolg im Leben gleichsetzen mit dem Besitz von mehr Geld als alle anderen, ohne dafür arbeiten zu müssen. Allerdings weiß ich, wie schwer es Ihnen fällt zu glauben, die öffentliche Meinung könnte sich so vollkommen ändern. Vielleicht haben Sie bemerkt, daß die Leute heutzutage zwar nicht immer den Beruf wählen, in dem sie das meiste Geld verdienen können, ja sogar auf lukrative Jobs verzichten und lieber hungern, bis sie eine ihnen zusagende Arbeit finden, daß sie aber, sobald sie ihre Wahl getroffen haben, dann doch soviel wie möglich verdienen wollen. Und je mehr sie kriegen, desto höher werden sie von anderen eingeschätzt. Daher gehe ich von der Annahme aus, daß sie es auch weiter so machen, wenn man sie läßt (nur wenige sind ja tatsächlich frei in dieser Beziehung), kann mir aber gut vorstellen, daß in einer sozialistischen Zukunft vielleicht jeder Versuch, wirtschaftliche Vorteile über einen Mitmenschen zu erlangen, d. h. dem wirtschaftlichen Vorteil aller entgegenzuwirken, als derart grober Verstoß angesehen würde, daß niemand es sich erlauben könnte oder aber seine gesellschaftliche Stellung verlöre, so wie es heute einem Falschspieler ergeht, dem man auf die Schliche gekommen ist.

Sozialismus und Freiheit

Die Angst nervöser Leute vor dem Sozialismus, die ihn nicht verstehen und befürchten, er würde zu viele gesetzliche Vorschriften mit sich bringen und jeden unserer Schritte durch die Polizei regulieren, ist begreiflicher als die Schreckensvorstellung jener Ignoranten, die glauben, der Sozialismus sei gleichbedeutend mit der Aufhebung aller Gesetze. Unter dem Kapitalismus sind wir ja alle gezwungen, uns Einschränkungen aufzuerlegen, die in einem sozialisierten Land sinnlos wären, jetzt aber das Proletariat vor dem völligen Zugrunderichten oder zumindest vor Auswüchsen, die es zu einer Rebellion provozierten, beschützen. Hier ein kleines Beispiel. Einer meiner Freunde, der ein paar Mädchen in seinem kunstgewerblichen Betrieb beschäftigte und nicht so sehr unter dem Wettbewerbszwang stand, daß er sie hätte auf übelste Art ausbeuten müssen, kaufte ein hübsches altes Haus am Fluß, verschönerte es sehr geschmackvoll mit Tapeten von Morris und möblierte es so gemütlich, daß die Mädchen an ihrem Arbeitsplatz auch ihre Teepause machen konnten, weil sie sich ganz wie zu Hause fühlten. Alles ging gut, bis eines Tages ein vornehmer Herr kam und sich meinem Freund als Gewerbeinspektor vorstellte. Er sah sich, offensichtlich sehr verwirrt, um und fragte, wo die Frauen denn arbeiteten. »Hier«, antwortete mein Freund, zurecht voller Stolz und überzeugt, daß der Inspektor noch nie zuvor einen so löblich eingerichteten Arbeitsplatz gesehen habe. Der Inspektor sagte jedoch: »Wo haben Sie denn die Betriebsvorschriften? Das Gesetz schreibt Ihnen doch vor, sie an einer für alle Arbeitnehmer gut sichtbaren Stelle aufzuhängen!« »Sie glauben doch nicht, daß ich ein so häßliches Ding hier an die Wand hänge, wo ich den Raum ganz wie ein Wohnzimmer eingerichtet habe«, entgegnete mein Freund, »immerhin ist das an der Wand eine Morris-Tapete. Die kann ich doch nicht verunstalten und ein großes Plakat drüberkleben!« »Das wird Sie teuer zu stehen kommen«, gab der

Inspektor zurück, »nicht nur haben Sie versäumt, die Vorschriften aufzuhängen, sondern Sie haben auch noch die Wände tapeziert, anstatt sie regelmäßig überstreichen zu lassen, wie das Gesetz es vorschreibt.« »Zum Teufel nochmal«, konterte mein Freund, »ich möchte es hier gemütlich und schön haben. Sie vergessen, daß die Mädchen nicht ununterbrochen arbeiten. Sie trinken auch ihren Tee hier!« »Lassen Sie also zu, daß Ihre Leute im selben Raum essen, wo sie arbeiten? Dann müssen Sie noch mehr zahlen«, sagte der Inspektor, »das ist nämlich ein ganz grober Verstoß gegen die Fabrikgesetze!« Worauf er wegging und meinen Freund beschämt wie einen auf frischer Tat ertappten Verbrecher zurückließ.

Der Zufall wollte es, daß der Inspektor ein vernünftiger Mann war. Er kam nicht zurück, und es gab auch keine Strafgelder. Die Morris-Tapeten blieben hängen, und der illegale Tee wurde weiter getrunken. Aber der Vorfall zeigt, wie weit die individuelle Freiheit im Kapitalismus beschnitten worden ist, sei es nun im guten oder schlechten Sinn. Bei Frauen geht man davon aus, daß sie eines größeren Schutzes bedürfen, als es bei Männern nötig ist (als ob die Männer in einer Fabrik freier wären!). Folglich sind auch die Vorschriften soviel strenger, daß Frauen oft gar nicht zu Arbeiten zugelassen werden, bei denen man Männer gerne annimmt.

Außer dem Fabrikinspektor haben wir noch den Steuerprüfer, der Ihr Einkommen überprüft und Ihnen einen großen Teil davon abknöpft; die Schulaufsichtsbehörde, die Ihnen die Kinder abholt; die Inspektoren vom Magistrat, die Ihnen vorschreiben, wie Sie Ihr Haus zu bauen und zu kanalisieren haben, nämlich nicht, wie Sie wollen, sondern so, wie man Ihnen befiehlt; des weiteren die Fürsorger, die Beamten der Arbeitslosenversicherung, die Leute vom Gesundheitsamt und andere mehr, die mir im Moment nicht alle einfallen. Und die Tendenz geht dahin, immer mehr solcher Aufsichtsbehörden zu haben, weil wir den Mißbrauch unseres kapitalistischen Systems immer weniger dulden werden. Wenn Sie aber diese Eingriffe in unsere persönliche Freiheit näher betrachten, so sehen Sie, daß sie in der Praxis immer dann ungültig werden, wo die Leute reich genug sind, um für sich selbst sorgen zu können: zum Beispiel erscheint der Schulaufsichtsbeamte niemals in Häusern, die einen gewissen Wert übersteigen, obwohl die Erziehung der Kinder dort oft schändlich vernachlässigt oder falsch ausgeübt wird. Sozialfürsorger würden gar nicht existieren, wenn wir keine Armen hätten, noch gäbe es die Beamten von der Arbeitslosenversicherung, wenn wir alle unser Geld bekämen, ob wir nun Arbeit hätten oder nicht. Wenn keiner profitieren könnte, indem er andere ausbeutet, und uns dazu zwingen könnte, in unangenehmen, unsicheren, unhygienischen Fabriken und Werkstätten zu arbeiten, dann wäre ein großer Teil unserer Betriebsvorschriften nicht nur überflüssig, sondern auch unerträglich hinderlich.

Denken Sie nur an die Polizei: »Freund und Helfer« jeder ehrlichen Frau, aber Feind und Verfolger aller Diebe, Landstreicher, Schwindler, Aufrührer, Betrüger, Trunkenbolde und Prostituierten. – Schaffen wir die Armut ab! Dann werden wir auch frei sein vom Unglück und dem Kummer, den sie verursacht. Um sich dagegen zu schützen, fliehen Männer und Frauen in ein künstliches Glück, so wie sie sich künstlich betäuben lassen, wenn sie sich einer schmerzhaften Operation unterziehen müssen. Der Alkohol schafft künstliches Glücklichsein, künstlichen Mut, künstliche Fröhlichkeit, künstliche Selbstzufriedenheit und macht das Leben auf diese Weise für Millionen erträglich, die es sonst nicht mehr aushalten könnten. Für sie ist der Alkohol ein Segen. Nur wirkt er sich leider zerstörend auf das Bewußtsein aus, auf die Selbstbeherrschung und die normalen Körperfunktionen, so daß er von neuem Kriminalität, Krankheit und soziale Demütigungen auslöst.

Immerhin ist der Alkohol noch eine sehr milde Droge im Vergleich zu anderen höchst wirkungsvollen Auslösern des modernen Glückserlebens. Diese nämlich schenken dir nicht nur aufgeblasene Selbstzufriedenheit und Selbstbetrug: sie schenken dir gleich die Ekstase. Und auf die folgt dann der Katzenjammer, den man nur heilen kann, indem man immer größere Dosen einnimmt, bis man erst eine

lebendige, später eine tote Schreckensgestalt wird, zur großen Erleichterung der Umwelt.
Das Verbot der härteren Drogen nun hat wenigstens die Unterstützung von Seiten der öffentlichen Meinung. Ein Alkoholverbot dagegen stößt auf derart heftigen Widerstand, daß selbst die stärkste Regierung davor zurückschreckt. Außerdem fühlt sich die weitaus größte Mehrheit unserer Trinker dabei nicht schlechter, zumal sie die ansonsten zur Verfügung stehende Energie, die sie als Abstinenzler hätten, ja nicht vermissen. Sehr wenige Leute werden in ihrem Beruf bis zur äußersten Grenze ihrer Leistungskraft gefordert. Und wer kümmert sich schon darum, ob die Gärtnerin, die Buchhalterin, die Maschinenschreiberin oder Verkäuferin Antialkoholikerin ist oder nicht, vorausgesetzt, daß sie nur immer rechtzeitig zu trinken aufhört, und man ihr die Trunkenheit nicht ansieht? Nur für den Kraftfahrer oder Piloten etwa kann ein einziges Glas irgendeines berauschenden Getränks den Unterschied zwischen Leben und Tod bedeuten. Sobald jemand in einer Lage ist, in der er seine körperliche Fitness, wie das heute heißt, bis zum äußersten entwickeln muß, egal ob bei der Arbeit oder beim Spiel, beginnt er sich noch über das kleinste Bißchen Energie zu ärgern, das ihm der Alkohol nimmt und das bei wirklich guter Arbeit den Unterschied zwischen erstklassiger und mittelmäßiger Leistung ausmacht. Wenn das vorliegende Buch in irgendeiner qualitativen Hinsicht dem Alkohol oder einer anderen Droge zu verdanken wäre, so würde es Ihnen vielleicht unterhaltsamer vorkommen, aber es wäre dann auch auf einer viel niedrigeren intellektuellen Bewußtseinsstufe und folglich sehr viel gefährlicher für Sie.
Wenn Sie all dies zusammenfassen, werden Sie erkennen, daß jede soziale Veränderung, die den Zustand der Armut abschaffen und den Routineberufen mehr Freizeit zugestehen will, das Bedürfnis nach künstlichem Glück nicht mehr aufkommen läßt, dafür aber die Möglichkeiten für jene Arten der Aktivität vergrößert, bei denen die Leute eifersüchtig darauf achtgeben, ihre Kräfte nicht durch Stimulantia zu reduzieren. Schon jetzt halten wir es für richtig, daß

der Berufssportler während des Trainings nicht trinken darf. Und je mehr wir uns einer Welt nähern, in der sich jeder dauernd im »Training« befindet, desto näher werden wir auch dem allgemeinen Antialkoholismus rücken und der Möglichkeit, alle diese Einschränkungen der persönlichen Freiheit aufgeben zu können, denen wir jetzt aus dem weitverbreiteten Mangel an Glück und der darauffolgenden Flucht in gefährliche künstliche Ersatzmittel noch so zwanghaft ausgesetzt sind.
Was die große Masse der unterdrückenden und ungerechten Gesetze betrifft, die das Eigentum auf Kosten der Humanität schützen, so haben wir dazu schon genug gesagt. Natürlich werden wir auch von diesen Gesetzen erlöst sein, sobald wir kein solches Privateigentum mehr haben.
Jetzt aber muß ich auf einen Punkt zu sprechen kommen, bei dem die offizielle Einmischung in unsere persönliche Freiheit unter dem Sozialismus ein Ausmaß erreichen wird, das wir uns heute nicht mal im Traum vorstellen können. Solange wir Geld in der Tasche haben, können wir heutzutage ruhig so faul sein, wie wir nur wollen; und je mehr wir danach aussehen, als hätten wir zeit unseres Lebens nicht einen einzigen Tag gearbeitet und dächten auch nicht daran, je zu arbeiten, desto mehr werden wir von unseren Behörden respektiert, wenn wir mit ihnen zu tun haben, und von allen unseren Mitmenschen beneidet, hofiert und umworben. Wenn wir in eine Dorfschule kommen, stehen die Kinder alle auf und verharren vor uns voller Respekt, während sie beim Eintritt eines Spenglers oder Schreiners sitzen bleiben. Die Mutter, die für ihre Tochter einen reichen Müßiggänger zum Mann ergattert, ist stolz darauf; der Vater, der eine Million verdient, benutzt das Geld, um aus seinen Kindern reiche Müßiggänger zu machen. Daß Arbeit ein Fluch sei, ist ein Teil unserer Religion, daß sie uns erniedrigt, der erste Paragraph unseres Gesellschaftskodex. Ein Paket auf offener Straße zu schleppen, ist nicht nur beschwerlich, sondern auch von Nachteil für unsere soziale Anerkennung. Wo es Schwarze gibt, die als Träger arbeiten, wie in Südafrika, darf sich ein Weißer praktisch nicht sehen lassen, wenn er etwas dergleichen selbst täte. In

London verurteilen wir diese kolonialen Auswüchse des Snobismus. Aber wie viele unserer vornehmen Damen könnten wir wohl dazu bringen, daß sie, und sei es auch nur für eine Wette, an einem Nachmittag im Mai mit einer Milchkanne die Bond Street in London hinuntergingen?

Nun ist es, faul wie die Menschen einmal sind, nicht sehr wahrscheinlich, daß unter dem Sozialismus irgendeine Dame ein Paket oder ihre Milchkanne selbst tragen wird, wenn sie jemand anderen (etwa ihren Ehemann) überreden könnte, es für sie zu tun. Aber doch würde niemand etwas Erniedrigendes daran finden, ein Paket zu schleppen, einfach, weil es Arbeit ist. Der Müßiggänger dagegen würde nicht nur als Schuft und Herumlungerer behandelt, sondern auch wie der gemeinste Dieb, weil er sich nämlich einer Unterschlagung des Nationalvermögens schuldig machte, und der Polizei fiele es nicht schwer, solche Vergehen zu fahnden. Von allen Seiten würde man sie anzeigen, weil jeder ausgesprochen eifersüchtig auf jene Faulenzer wäre, die ihren Anteil nehmen, ohne selbst etwas dafür zu tun. Die wahre Dame wäre dann die Frau, die mehr als ihren Pflichtteil beiträgt und das Land dadurch bereichert. Heute weiß niemand, was eine wahre Dame ist; die Würde aber, eine Dame zu sein, maßen sich mit ungebrochenem Selbstverständnis gerade jene Frauen an, die ostentativ soviel wie möglich nehmen und so wenig wie möglich dafür geben.

Auch die Arroganz, die heute unter den Arbeitern selbst herrscht, wird verschwinden. Unsere lächerliche soziale Unterscheidung zwischen manueller und intellektueller Arbeit, zwischen Großhandel und Einzelhandel, sind in Wahrheit Klassenunterscheidungen. Wenn ein Arzt es unter seiner Würde findet, einen Eimer voll Kohlen ins nächste Zimmer zu tragen, andererseits aber stolz ist auf sein Können bei einer auch nicht gerade sauberen Operation, so nicht deshalb, weil das mehr oder weniger manuell wäre, sondern nur, weil chirurgische Operationen mit einer Abstammung aus der besitzenden Klasse assoziiert werden und Kohleschleppen mit proletarischer Herkunft. Sobald es keine Reichen und Armen mehr gibt, und die Abstammung aus der besitzenden Klasse der »kriminellen Vorfahren« wegen gar als Makel gilt, werden die Menschen auch wieder von ihrer Hände Arbeit leben wollen, ja sogar gegen jede Art der Arbeitsteilung rebellieren, die ihnen keine körperliche Bewegung mehr erlaubt. Durch meine eigene, bis zum Übermaß sitzende Tätigkeit bekomme ich große Lust, halbtags als Straßenarbeiter zu arbeiten, und es kommt vor, daß ich bei meinem Gärtner, einem geradezu Arbeitsbesessenen, bettle, er möge mir doch ein bißchen Dreckarbeit übriglassen. Die tue ich dann, wenn ich am Schreibtisch einen toten Punkt erreicht habe. Denn ich kann ja nicht hingehen und den Straßenarbeitern helfen, weil ich damit irgendeinem armen Mann das Brot vom Mund wegschnappen würde, abgesehen davon, daß wir auch nicht besonders gut miteinander auskämen mit unserer unterschiedlichen Lebensweise, Sprache und Erziehung, die alle vom Unterschied unserer elterlichen Einkommen und Klassen herrühren. Aber wenn diese Hindernisse durch den Sozialismus beiseitegeräumt würden, könnte ich bei jeder Arbeit zupacken und mithelfen, soweit meine Kraft und Geschicklichkeit ausreichten, und die anderen unterstützen, statt sie zu benachteiligen. Außerdem würde ich dann mit ihnen genauso gut zurechtkommen wie jetzt mit den Intellektuellen oder den reichen Leuten.

Schon unter den jetzigen Umständen arbeiten viele etwa bei der Heuernte mit, einfach weil es Spaß macht; und ich glaube fast (denn Gott sei Dank habe ich etwas Phantasie), daß unter dem Sozialismus die Leute, die im Freien arbeiten, reichlich Hilfe von Freiwilligen bekommen werden, von Frauen wie von Männern, ohne daß sie erst darum bitten müßten. Vielleicht wird man sogar Gesetze erlassen müssen gegen den übergroßen Andrang. Alles würde nach Aktivität drängen und gegen die Faulheit kämpfen, ja es wäre wahrscheinlich viel schwerer, ein Müßiggänger zu sein, als heutzutage ein Taschendieb. Jedenfalls wäre die Arbeitsscheu nicht nur ein kriminelles Vergehen, sie wäre auch im höchsten Grad unziemlich für wahrhafte Damen und Herren, so daß keiner etwas gegen

diese Gesetze hätte und sie nicht als Einschränkungen der natürlichen Freiheit empfände.
Damit an diesem Punkt nicht etwa einer versucht, Sie mit dem üblichen Irrtum durcheinander zu bringen, nämlich daß man, weil Kapital den Reichtum vermehre, auch ohne zu arbeiten vom Kapital leben könne, lassen Sie mich nur einen Augenblick zurückblicken auf den Weg, den das Kapital nehmen muß, um produktiv zu werden.
Wir wollen dabei jene Fälle wählen, in denen Kapital nicht, wie im Krieg, zu destruktiven Zwecken eingesetzt wird, sondern zur Vermehrung der Produktion, das heißt zur Ersparnis von Zeit und zukünftiger Arbeitsmühe.
Wenn alle Waren eines Landes vom Erzeuger zum Verbraucher gebracht werden – auf Packpferden oder Wagen und über schlechte Straßen –, dann können die Kosten an Zeit, Mühe und menschlicher wie tierischer Arbeitskraft so hoch steigen, daß die meisten Artikel an ein und demselben Ort hergestellt und verbraucht werden müssen. So kann in einem Dorf eine Hungersnot herrschen und in einem anderen, das hundert Meilen entfernt liegt, der Überfluß, nur weil es vielleicht zu schwierig ist, Lebensmittel von hier nach dort zu befördern. Wenn nun aber ausreichend überschüssige Unterhaltsmittel (Kapital) vorhanden sind, um ganze Trupps von Straßenarbeitern, Ingenieuren usw. so lange unterstützen zu können, daß sie in der Zwischenzeit das Land mit Eisenbahnen, Kanälen und befahrbaren Straßen versorgen, daß sie Maschinen und Züge, Lastkähne und Autos bauen können, also Transportmittel – wobei ich die Flugzeuge nicht mal erwähne –, dann kann man auch alle möglichen Waren schnell und billig über weite Strekken hin verschicken. Unser Dorf, das früher nicht einmal eine Wagenladung Brot und ein paar Kannen Milch aus hundert Meilen Entfernung hätte bekommen können, um damit zu überleben, ist nun also in der Lage, ziemlich billig etwa Getreide aus Rußland oder Amerika zu kaufen und Haushaltsbedarf aus Deutschland oder Japan. Der Überschuß an Lebensmitteln wird bei diesem Vorgang allerdings restlos aufgebraucht: es bleibt so wenig davon übrig wie von dem Kapital der Kriegsanleihen. Was jedoch

bleibt, das sind ausgebaute Straßen und Wasserwege und technische Einrichtungen, mit deren Hilfe sehr viel mehr Arbeit innerhalb derselben Zeit geleistet werden kann als vorher ohne sie. Eine Zerstörung dieser Arbeitserleichterungen wäre etwas ganz anderes als die jährliche Konfiszierung der Nationalschuld in Form von Steuern. Denn danach wären wir viel ärmer und weniger kultiviert: ja, die meisten von uns würden sogar verhungern, weil die heutigen großen Bevölkerungen sich nicht mehr selbst versorgen können ohne die Hilfe komplizierter technischer Errungenschaften und Eisenbahnen und dergleichen.
Doch können Verkehrswege und Maschinen selbst nichts produzieren. Sie können nur eine Hilfe für die Arbeitenden sein. Und sie müssen ständig von Arbeitern repariert und überholt werden. Ein Land voller Fabriken und Maschinen, mit ausgebauten Straßen in sämtliche Richtungen, mit Tram- und Eisenbahnen, mit Flughäfen, Hallen und Garagen überall, die selbst wieder voller Flugzeuge und Autos stünden, könnte absolut nichts produzieren, wenn die Bewohner zu arbeiten aufhörten, außer Zerfall und Rost und Zusammenbruch. Inmitten aller zivilisatorischen Triumphe würden wir verhungern, weil wir den Sand unserer Bahndämme nicht frühstücken, die Flugzeuge nicht als Mittagessen kochen und die Dampfhämmer nicht zum Abend toasten können. Die Natur verweigert uns erbarmungslos jede Möglichkeit zu leben, wenn wir nicht arbeiten und die wichtigsten Lebensmittel auf Vorrat anlegen. Eine Arbeit aus der Vergangenheit mag vielleicht hilfreich sein, aber leben müssen wir von der gegenwärtigen. Wir können unsere Arbeitszeit auf zwei Stunden pro Tag reduzieren oder unser Einkommen verzehnfachen oder sogar beides zugleich tun. Aber keine Macht der Welt kann aus irgendeinem von uns mit ehrlichen Mitteln einen Müßiggänger machen. Wenn Sie jemanden sehen, der weder in der Produktion noch im Dienstleistungsbereich arbeitet, so dürfen Sie mit absoluter Sicherheit daraus schließen, daß er bzw. sie als Schmarotzer von anderer Leute Arbeit leben. Es mag nun ratsam sein, oder auch nicht, gewissen Personen dieses Privileg eine Zeitlang einzuräumen: manchmal

ist es wirklich besser, manchmal nicht. Ich habe an anderer Stelle schon gesagt, daß wir zur Zeit jedem, der eine arbeitsersparende Maschine erfindet, ein sogenanntes Patent anbieten, das heißt: das Recht auf einen Anteil aus der Produktion, die mit Hilfe seiner Maschine erarbeitet worden ist (im Augenblick erstreckt es sich über vierzehn Jahre). Wenn jemand ein Buch oder ein Theaterstück schreibt, geben wir ihm durch das sogenannte »Copyright« die Macht, sich und seinen Erben von allen, die sein Buch kaufen oder sein Stück sehen, etwas bezahlen zu lassen und zwar bis fünfzig Jahre nach seinem Tod. Auf diese Weise wollen wir die Leute anspornen, technische Hilfsmittel zu erfinden und Bücher oder Theaterstücke zu schreiben, statt sich zufrieden zu geben mit dem alten Handwerk und der Bibel und Shakespeare. Und weil wir das mit offenen Augen und einer festen Absicht tun, weil das Privileg auch nicht länger gilt, als bis sein Zweck erfüllt ist, spricht vieles dafür. Aber den Nachfahren eines Mannes, der unter der Regierung von James I ein paar hundert Pfund in ein neues Wasserwerk investiert hat, zu erlauben, daß sie, ohne etwas zu arbeiten, in alle Ewigkeit auf Kosten der rastlos arbeitenden Londoner Steuerzahler leben können, das ist sinnlos und von Nachteil. Wer überhaupt nichts arbeitet, hat dafür nicht einmal den Schatten einer Rechtfertigung. Und wer den Sozialismus für eine Tyrannei hält, weil dann alle gezwungen sein werden, ihren Anteil an der Tagesarbeit dieser Welt zu leisten, der gibt damit zu, daß er das Gehirn eines Schwachsinnigen und den Instinkt eines Arbeitsscheuen besitzt.

Ganz allgemein gesagt, ist es falsch, wenn man annimmt, daß, wo keine Gesetze sind, auch keine Tyrannei existieren könne. Nehmen Sie zum Beispiel die Tyrannei der Mode. Alles, was uns das Gesetz in dieser Hinsicht vorschreibt, ist, daß wir in der Öffentlichkeit irgendetwas anziehen müssen: es sagt nicht, *was* die Frauen anziehen sollen, sondern lediglich, *daß* sie sich auf der Straße etwas umhängen müssen und nicht nackt herumlaufen dürfen. Aber heißt das auch: eine Frau kann tragen, was sie will? Gesetzlich gesehen, ja! Aber gesellschaftlich gesehen, rückt sie der völligen Versklavung viel näher als durch irgendein nur denkbares Gesetz. Als Kellnerin oder Stubenmädchen, das steht außer Frage, muß sie einfach eine bestimmte Arbeitskleidung tragen – sonst verliert sie ihre Stellung und verhungert. Auch als Herzogin muß sie mit der Mode gehen, sonst lacht man über sie (in ihrem Fall gibt es keine schlimmere Strafe, als ausgelacht zu werden, wenn man altmodisch aussieht). Aber darüberhinaus müssen auch alle anderen Frauen, wenn sie ihren Lebensunterhalt außer Haus verdienen und ihren Arbeitsplatz behalten wollen, die Erfahrung machen, daß sich ihre äußere Erscheinung bezahlt macht, das heißt, daß sie sich modisch anziehen müssen, selbst wenn es ihnen gar nicht steht und sie zu Hause noch Kleider haben, die es auch täten, allerdings schon ein paar Jahre alt sind. Und je höher ihre Berufsklasse, desto enger werden diese Fesseln. Eine Lumpensammlerin hat das traurige Privileg, sich weniger um ihre Arbeitskleidung kümmern zu müssen als die Chefin eines Hotels; doch würde sie diese Freiheit nur zu gern eintauschen gegen die Verpflichtung der Chefin, immer gut gekleidet zu sein. Ja, eigentlich sind die beneidenswertesten Frauen in dieser Hinsicht die Nonnen und die Polizistinnen, weil sie wie die feinen Herren bei Abendgesellschaften und die Militäroffiziere bei der Parade sich niemals Gedanken darüber machen müssen, was sie denn anziehen sollen, da Vorschrift und Tradition ihnen das alles schon abgenommen haben.

Die Kleiderfrage ist nur ein bekanntes Beispiel, wie weit der Arbeitnehmer einer Privatfirma heute Verhaltensmaßregeln unterworfen ist, die ganz außerhalb des Gesetzes liegen, uns aber nichtsdestoweniger von Seiten der Arbeitgeber aufgezwungen werden, weil wir andernfalls völlig verarmen müßten. Die Ehemänner, die im öffentlichen Dienst arbeiten, also die sozialisierten Ehemänner, sind viel freier als die nichtsozialisierten in den Privatbetrieben. Sie können dritter Klasse fahren, einen bequemen Anzug und einfachen Hut tragen, irgendwo außerhalb wohnen und ihre Sonntage verbringen, wie es ihnen gefällt. Die anderen aber müssen erster Klasse fahren, einen Gehrock

und Zylinder tragen, in vornehmen Vierteln wohnen und sonntags immer in die Kirche gehen. Und ihre Frauen müssen es genauso machen.
Solchen Tyranneien sind wir ausgeliefert, weil die Leute, die uns einen Arbeitsplatz verweigern oder die Benutzung ihres Grundstücks verbieten können, bei uns Macht über Leben und Tod haben. Sie können uns also nach ihrem Willen zwingen, egal ob mit oder ohne Gesetz. Der Sozialismus nun würde diese Macht über Leben und Tod aus den Händen der Privatleute nehmen und sie auf verfassungsmäßige Autoritäten übertragen, so daß sie der öffentlichen Hand, dem Gesetz, unterstünden. Die Folge wäre eine starke Erweiterung der Unabhängigkeit, der Selbstachtung, der Unangefochtenheit in Fragen des Geschmacks und der Lebensgewohnheiten und überhaupt der Freiheiten, an denen uns in Wahrheit gelegen ist.
Unreife Menschen hätten gerne, wie wir wissen, ihr ganzes Leben von außen geregelt und würden nur gelegentlich an Feiertagen ihren Bosheitsausbrüchen nachgeben, um ein wenig Abwechslung in der Monotonie zu haben. Die physisch Gesunden unter ihnen, das müssen wir zugestehen, geben immerhin gute Soldaten und zuverlässige, brave Arbeitnehmer ab. Sich selbst überlassen, machen solche Leute sich eigene Gesetze in Mode, Gewohnheiten, gutem Benehmen und dem, »was die Leute dazu sagen!« Kaum wagen sie ihre Seelen ihr eigen zu nennen, auch wenn sie vielleicht reich genug sind, zu tun, was sie wollen. Geld als ein Mittel zur Freiheit ist an diese Leute daher verschwendet. Lustig, wenn man gerade sie behaupten hört, was sie oft tun, daß der Sozialismus unerträglich wäre, weil er ihnen Essen und Trinken und Kleider diktieren würde, und sie also nicht mehr frei entscheiden könnten, wo sie sich jetzt schon einer gesellschaftlichen Tyrannei beugen, die ihre Mahlzeiten, Kleider, Tageseinteilung, Religion und Politik so rücksichtslos vorschreibt, daß sie sich nicht mehr trauen, auf einer eleganten Straße in einem altmodischen Hut zu promenieren – obwohl kein Gesetz sie daran hindern würde. Denn nur wenn sie nackt wären, würde ja die Polizei eingreifen. Solche Leute sehen mit Schrecken und

Abscheu auf die emanzipierten Geister, die sich innerhalb der Grenzen von Illegalität, Sauberkeit und Bequemlichkeit um Kleider gar keine Gedanken machen und es wagen, ihre Freizeit so zu verbringen, wie es ihre eigene Phantasie ihnen »diktiert«.

Unterschätzen Sie aber nicht die Herdenweisheit der Konventionellen. Niemand kann innerhalb einer Gesellschaft ganz ohne Konventionen leben. Der Grund, warum sensible Leute so konventionell sind wie nur möglich, ist der, daß sie sich durch konventionelles Verhalten viel Zeit und Nachdenken, Schwierigkeiten und gesellschaftliche Spannungen dieser oder jener Art ersparen können und ihnen dadurch mehr freie Zeit zur eigenen Verfügung bleibt, als wenn sie unkonventionell wären. Glauben Sie mir: falls Sie nicht gerade vorhaben, Ihr ganzes Leben daran zu hängen und unkonventionelles Verhalten zu predigen, dieses also zu Ihrem Beruf machen, wird Ihr Leben, wenn Sie nicht gerade dumm oder sklavisch oder irgendwie bemitleidenswert sind, um so einfacher sein, je konventioneller Sie sich verhalten. Selbst als professionelle Reformerin tun Sie gut daran, wenn Sie sich jeweils mit nur *einer* Abweichung von der Konvention zufrieden geben. Wenn Sie zum Beispiel gegen Stöckelschuhe demonstrieren, so sollten Sie darauf achten, einen besonders gefälligen und eleganten Hut dabei zu tragen!

Der Sozialismus und die Ehe

Wenn sie neue Freiheiten versprechen, so vergessen die Sozialisten leicht, daß sich die Leute noch heftiger gegen neue Freiheiten wehren als gegen neue Gesetze. Eine Frau, die ihr Leben lang daran gewöhnt war, angebunden zu sein, und die sieht, daß es allen anderen Frauen ebenso geht, wird entsetzt sein über den Vorschlag, diese Fesseln abzuschütteln. Sie wird sich ohne sie entblößt fühlen und ein lautes Geschrei machen, daß sie jedes schamlose Frauenzimmer, also jede Frau, die nicht ganz genauso denkt wie sie, der Polizei übergäbe. In China wagten nur die Manchu-Damen der Mode zu trotzen und ihre Füße *nicht* zu verkrüppeln. Es ist leichter, den Leuten Fesseln anzulegen, vorausgesetzt, daß sie respektabel aussehen, als sie ihnen abzunehmen.

Im Rußland der Zarenherrschaft war die Ehe ein unzerreißbares Band. Es gab keine Scheidung; aber andererseits gab es, wie heute bei uns, die weitverbreitete Praxis der illegalen Polygamie. Eine Frau konnte mit einem Mann zusammenleben, ohne ihn zu heiraten. Ein Mann mit einer Frau, ohne sie zu heiraten. Ja, beide konnten sie mehrere Partner haben. Unter den kommunistischen Sowjets wurde dieser Zustand in Rußland gerade umgekehrt. Wenn zwei Verheiratete sich nicht einigen können, haben sie die Möglichkeit, sich scheiden zu lassen, ohne deswegen so zu tun, als sei es eine Schande, wie im protestantischen England. Das schockiert viele verheiratete oder unverheiratete englische Damen, die ihr anglikanisches Gebetbuch wortwörtlich nehmen. Doch duldet die Sowjetregierung dafür keine illegalen Beziehungen. Wenn ein Mann und eine Frau wie ein Ehepaar zusammenleben, so muß der Mann die Frau heiraten, auch dann, wenn er sich dazu erst von einer anderen scheiden lassen muß. Die Frau hat das Recht auf den Status der Ehefrau und muß sich darauf berufen. Dies wiederum erscheint vielen englischen Herren als unerträgliche Tyrannisierung: sie betrachten die sowjetischen Ge-

setzgeber als wahre Ungeheuer, weil sie sich solcherart in die männliche Freiheit einmischen, und haben dabei viele weibliche Sympathisanten.
In Ländern und Sekten, wo Polygamie legal ist, machen die Gesetze, die einem Ehemann vorschreiben, allen seinen Frauen gegenüber gleichmäßig aufmerksam zu sein, einen Engländer ganz schön stutzig, zumal er weder heute noch früher gesetzlich verpflichtet war, seiner Ehefrau überhaupt irgendwelche Aufmerksamkeit zu schenken, wie auch sie ihm keine schenken muß. Nun ist aber die eheliche Institution nicht Teil des Sozialismus. Die Ehe, von der wir reden, als sei sie überall auf der Welt ein und dasselbe, unterscheidet sich so sehr von Sekte zu Sekte und von Land zu Land, daß ein römischer Katholik oder ein Bürger Süd-Carolinas darunter strengste Monogamie versteht, ohne die Möglichkeit einer Scheidung, während sie bei unseren Mit-Untertanen in Indien, sofern sie einer hohen Kaste angehören, als unbegrenzte Polygamie verstanden wird, ganz so wie bei den »Heiligen der letzten Tage« in Salt Lake City, wenn ich mich recht erinnere. Zwischen diesen beiden Extremen gibt es zahlreiche Abstufungen. Es gibt Ehen, die durch nichts getrennt werden können, außer durch den Tod oder eine Ungültigkeitserklärung des Papstes, und es gibt Scheidungen, die man sich im Hotel bestellen kann wie eine Flasche Champagner oder ein Auto. Es gibt die englische Ehe, die schottische Ehe und die irische Ehe, jede ganz anders. Es gibt die kirchliche Ehe und die zivile Ehe, wobei letztere erst eine neuere Einrichtung ist, die nur nach heftigen Kämpfen mit der Kirche gewonnen werden konnte und auch jetzt noch von vielen frommen Leuten für ungültig und für eine große Sünde gehalten wird. Es gibt den etablierten Zölibat, d. h. die Verneinung der Ehe, bei Nonnen, Priestern und gewissen kommunistischen Sekten. Mit alledem hat der Sozialismus nicht direkt etwas zu tun. Die Einkommensangleichung geschieht unparteiisch in allen Sekten, allen Staaten und allen Gemeinden, sie trifft Monogamisten, Polygamisten und Junggesellen, Kinder, die noch nicht, und Hundertjährige, die nicht mehr heiraten können.

Warum also ist der Glaube so tief verwurzelt, daß die Ehe unter dem Sozialismus irgendwie anders wäre, wenn nicht gar abgeschafft würde? Warum haben ganz respektable englische Zeitungen nach der russischen Revolution von 1917 allen Ernstes behauptet, die Sowjets hätten nicht nur ihr Land und Kapital verstaatlicht, sondern würden jetzt auch, als Teil der sozialistischen Logik, ihre Frauen verstaatlichen? Kein Zweifel, die einfachste Erklärung für diese so übertriebene Behauptung liegt darin, daß jene höchst achtbaren Blätter die Frauen immer noch als Besitztum betrachten, das man verstaatlichen kann wie jeden anderen Besitz, und folglich nicht verstehen konnten, daß ein Kommunist diese sehr maskuline Ansicht gar nicht begreift. Aber die Wahrheit hinter all diesem Unfug ist dennoch, daß der Sozialismus eine ungeheure Auswirkung auf Ehe und Familie haben muß. Heute ist die verheiratete Frau ein weiblicher Sklave, der an einen männlichen gefesselt ist, das Mädchen eine Gefangene im Haus und in der Hand ihrer Eltern. Wenn die persönliche Beziehung zwischen den beiden Parteien die der Zuneigung ist und ihre Machtpositionen nicht mißbraucht werden, dann funktioniert das Arrangement wenigstens gut genug, um von Leuten, die erzogen worden sind, es als Selbstverständlichkeit zu betrachten, auch ertragen werden zu können. Aber sobald die Parteien egoistisch, tyrannisch, eifersüchtig, grausam und neidisch sind, sobald sie einen verschiedenen oder entgegengesetzten Geschmack oder Glauben haben, einer den anderen nicht verstehen kann, kurz: sobald sie sich nicht mehr leiden können und unverträglich werden, entsteht daraus unsagbar viel menschliches Unglück.

Warum aber halten die Leute dieses Unglück aus, wenn die Tür doch gar nicht abgeschlossen ist und die Opfer jederzeit weglaufen könnten? Offensichtlich weil sie auf der anderen Seite der Haustür verhungern würden. Gelöbnisse und eingeimpftes Pflichtgefühl erweisen sich vielleicht als wirkungsvoll, um unglückliche Ehefrauen und rebellierende Töchter im Haus festzuhalten, zumal sie keine Alternative haben. Aber sicher wäre die Zahl der Fälle, in denen Frauen und Männer, Töchter und Söhne von zu Hause

wegliefen – wie Nora Helmer in Ibsens berühmten Stück – ungeheuer groß, wenn sie dadurch nicht ihr Essen, Nachtquartier und Obdach verlieren würden oder ihren sozialen Status verringern müßten.
Da nun der Sozialismus ihnen diese Bedingungen böte, würde er garantiert die Auflösung unglücklicher Ehen und Familien zur Folge haben. Dies ist aber eher wünschenswert, und deshalb brauchen wir nicht so zu tun, als seien wir besonders traurig darüber. Dennoch brauchen wir auch nicht mehr Familienauflösungen als wahrscheinlich zu erwarten. Die Eltern würden ihre Kinder nicht mehr so tyrannisieren, wie sie es heute teilweise tun, weil sie ja wüßten, daß die Kinder dann sofort daheim weggingen; es sei denn, sie könnten ihre Kinder nicht leiden und würden sich diese Reaktion also wünschen, was die Angelegenheit nur erleichtern würde. Durchschnittliche Eltern aber, die ja lediglich einmal ungeduldig aufbrausen, würden die Ausreißer unter Entschuldigungen, Wiedergutmachungsversprechen oder gar mit lockenden Ködern wieder heimholen und sie mehr ihrer eigenen Kontrolle überlassen als der elterlichen.
Auch Männer und Frauen müßten im Bewußtsein, daß ihre Ehe nur dann von Dauer sein kann, wenn *beide* einigermaßen glücklich sind, sehr viel freundlicher zueinander werden, als sie es sich heute anscheinend vorstellen können. Überall gäbe es eine so erstaunliche Verbesserung der häuslichen Manieren, daß man mit ziemlicher Sicherheit erwarten dürfte, daß sich sogar viel weniger Ehen und Familien unter dem Sozialismus auflösen würden als heute. Doch wird es einen Unterschied geben, obgleich überwiegend zum Guten. Wenn nämlich erst einmal eine Frau ihren Mann verlassen könnte – und zwar nicht nur für ein paar Tage oder Wochen nach einer Meinungsverschiedenheit und weil sie sich gerade satt haben, sondern ohne die Absicht, überhaupt je wieder zurückzukommen –, dann müßten sich die beiden auch sofort und fast automatisch scheiden lassen, ob sie nun wollen oder nicht. Gegenwärtig kann eine verlassene Ehefrau oder der Mann durch die einfache Weigerung, sich scheiden zu lassen, den Ausbre-

chenden aus reiner Rache oder Eifersucht oder aus kirchlichen Gründen daran hindern, sich wieder zu verheiraten. Wir sollten jedoch dem guten Bespiel Rußlands folgen und eine solche Situation nicht mehr tolerieren. Beide Partner müssen entweder verheiratet oder unverheiratet sein. Ein Zwischenstadium, in dem jeder zum anderen sagen könnte »Also gut, wenn ich dich nicht haben kann, soll dich auch kein anderer kriegen«, ist eindeutig gegen die allgemeine Moral.

Gerade in Sachen Ehe wird wahrscheinlich der säkularisierte Staat am heftigsten mit den Kirchen zusammenprallen, zumal die Kirchen aus der Ehe eine metaphysische Angelegenheit machen, die absolutem Recht bzw. Unrecht untersteht und ihnen von Gott offenbart wurde, so daß der Staat sie folglich auch ohne Rücksicht auf die Umstände durchzusetzen habe. Aber dieser Forderung wird der Staat niemals zustimmen, oder nur, soweit sich die klerikalen Vorstellungen gerade als günstig erweisen und mit dem staatlichen Regiment ineinandergehen. Für den Staat ist die Ehe lediglich eine Lizenz an zwei seiner Bürger, Kinder zu zeugen. Zu sagen, der Staat sollte sich nicht darum kümmern, aus wie vielen Leuten sein Gemeinwesen bestehe und, wenn eine Veränderung wünschenswert ist, wie hoch oder niedrig die Zahl der Bevölkerung sein solle, hieße, das eigene Land so zu behandeln, wie kein vernünftiger Mensch irgend einen Fährmann behandeln würde. Wenn die Fähre nur zehn Passagiere tragen kann, Sie aber dem Fährmann sagen, Gott hätte Ihnen offenbart, daß er alle Passagiere aufnehmen müsse, die übersetzen wollen, auch wenn es tausend sind, dann würde der Fährmann gar nicht lange mit Ihnen verhandeln, sondern sich einfach weigern, mehr als zehn Passagiere aufzunehmen und Ihnen mit dem Ruder eins übergeben, sobald Sie versuchten, sein Boot zurückzuhalten, um noch ein paar weitere Passagiere hineinzuschieben. Und gewiß werden ihm die zehn, die schon an Bord sind, noch dabei um ihrer selbst willen helfen.

Sobald der Sozialismus mit der künstlichen Übervölkerung Schluß macht, die der Kapitalismus, wie wir wissen, hervorbringt, weil er Arbeiter aus produktiven Arbeitsverhältnissen in unnütze drängt, wird der Staat sich endlich der eigentlichen Bevölkerungsfrage gegenübersehen: der Frage nämlich, wie viele Leute bestenfalls in einem Land leben sollten. Um die Millionen Menschen loszuwerden, für die der Kapitalismus keinen Arbeitsplatz finden kann, braucht der Staat heute noch eine hohe Sterblichkeitsrate, besonders bei Säuglingen, und Kriege oder schwarmweise Auswanderungen nach Art der Bienen. Afrika, Amerika und Australien haben Millionen unserer Leute in solchen Schwärmen aufgenommen. Aber mittlerweile werden Orte, die angenehm genug sind, um Menschen zum Auswandern zu verführen, immer überfüllter, und die Bewohner schließen ihre Tore vor weiteren Einwanderern, wie es heute schon die Amerikaner und Australier machen. Wenn daher unsere Bevölkerungszahl immer noch anwachsen wird, müssen wir uns vielleicht überlegen, ob wir sie niedrig halten, so wie wir die Zahl der Katzen niedrig halten und die überflüssigen Jungen ins Wasser werfen, was übrigens nicht boshafter ist als die vermeidbare Kindersterblichkeit und die Abtreibungen, mit denen wir uns heute zu helfen versuchen. Die Alternative wäre, verheiratete Paare gesetzlich strengstens zu verfolgen, wenn sie mehr als die vorgeschriebene Anzahl von Kindern bekämen. Aber durch eine Bestrafung der Eltern wären die unerwünschten Kinder noch nicht versorgt. Selbst die härteste Verfolgung lediger Mütter konnte nicht verhindern, daß uneheliche Kinder geboren wurden, wohl aber hat sie die meisten dieser Kinder noch unerwünschter gemacht, indem sie ihnen die Laster und Unsicherheiten der Erniedrigung und Armut anhing. Jeder Staat nun, der die Anzahl der Kinder innerhalb einer Familie begrenzen würde, sähe sich gezwungen, nicht nur Schwangerschaftsverhütungsmittel zu tolerieren, sondern sogar für sie zu werben und die Frauen darüber aufzuklären. Hier aber geriete er sofort in Konflikt mit den Kirchen. Ob der Staat unter diesen Umständen die Kirchen einfach ignorieren würde, oder aber ein Gesetz erließe, das ihre Prediger wegen Volksverdummung strafbar machen könnte, hängt allein vom Dringlichkeitsgrad

der Notlage ab und nicht von den Grundsätzen der Freiheit, der Toleranz, der uneingeschränkten Gewissensentscheidung und so fort, die im England des achtzehnten Jahrhunderts so laut hinaustrompetet wurden, nur weil damals der Schuh am anderen Fuß drückte.
In Frankreich bemüht sich der Staat zur Zeit, die Bevölkerungsziffer zu steigern. Er ist also in der gleichen Situation wie die Israeliten im gelobten Land und wie Joseph Smith mit seinen Mormonen im Staate Illinois 1843, die sich nur durch rapiden Zuwachs ihrer Mitglieder aus der Lage einer zahlenmäßig gefährdeten Minderheit vor ihren Feinden retten konnten. Joseph Smith tat dasselbe wie Abraham: er half sich mit der Polygamie. Wir, die wir in keiner dieser Gefahren schweben, haben darin nichts anderes gesehen als eine willkommene Gelegenheit für dumme und geschmacklose Witze.
Obschon es sicher ist, daß die westliche Zivilisation für Polygamie genauso empfänglich wäre wie die östliche, sobald die Notwendigkeit dazu aufkäme, hat es die französische Regierung aus guten Gründen doch nicht gewagt, die Polygamie als ein Heilmittel gegen die Unterbevölkerung Frankreichs vorzuschlagen. Dafür gibt es dort aber Preise und Orden für die Eltern großer Familien (fünfzehnköpfige Familien kommen mit einem Gruppenfoto in die Illustrierten und werden für ihren Patriotismus in den höchsten Tönen gelobt), es gibt Prämien, Steuervergünstigungen, energische Kampagnen gegen die Schwangerschaftsverhütung, die als unmoralisch verfolgt wird, Erleichterung der Scheidung (was im Unterschied zur simultanen Polygamie nur auf eine sukzessive Polygamie hinausläuft) – und all das tendiert in Richtung einer staatlichen Elternschaftsförderung, wie sie dem Anschein nach wahrscheinlich in allen Ländern zu einer Selbstverständlichkeit wird, natürlich parallel zur Förderung erwünschter Einwanderer. Diesen Maßnahmen wird sich wohl auch keine Kirche widersetzen, es sei denn, sie hielte den Zölibat für eine Bedingung des Seelenheils – was jedoch als Doktrin in der Praxis noch niemals genügend Anhänger gefunden hat, um eine moderne Nation der Gefahr der Unfruchtbarkeit auszusetzen.

Der staatliche Zwang zur Elternschaft ist ebenso im Bereich der Möglichkeiten wie der Zwang zum Militärdienst; doch kann man von einer Frau, die zur Mutterschaft *gezwungen* würde, kaum erwarten, daß sie dies auf eigene finanzielle Kosten tut, ebenso wie auch der Soldat, den man zum Wehrdienst verpflichtet, vom Staat dafür bezahlt werden muß.
Zur Aufrechterhaltung der Monogamie bedarf es praktisch immer der zahlenmäßigen Gleichheit zwischen Männern und Frauen als Basis. Wenn ein Krieg die männliche Bevölkerung um, sagen wir mal, siebzig Prozent reduzierte und die weibliche nur um ein Prozent, könnte auch die Polygamie sofort institutionalisiert werden und die Bevölkerung zur Elternschaft gezwungen werden, wobei alle populären Kirchen das noch wärmstens unterstützen würden.
Es scheint also, daß doch der Staat, ob kapitalistisch oder sozialistisch, am Ende festsetzen wird, was man als Ehe zu verstehen habe, egal was die Kirchen dazu sagen. Nur wird ein sozialistischer Staat sich wahrscheinlich mehr darum kümmern als ein kapitalistischer, weil der Sozialismus die Bevölkerungsfrage aus der Konfusion befreien will, in die der Kapitalismus sie gebracht hat. Der sozialistische Staat wird dann, wie ich bereits erwähnt habe, der eigentlichen Bevölkerungsfrage gegenüberstehen. Noch allerdings weiß niemand, wie diese aussehen wird, weil heute noch keiner festlegen kann, wie viele Personen pro Hektar Land mit der höchsten Lebenserwartung rechnen könnten. Es gibt das Ideal der Buren, außer Sichtweite des nachbarlichen Schornsteins zu leben. Es gibt das Bass-Rock*-Ideal, so viele Leute auf der Erde zusammenzupferchen, wie sie nur ernähren kann. Dann gibt es das Bungalow-Ideal und das Monster-Hotel-Ideal. Weder Sie noch ich können uns aber die geringste Vorstellung davon machen, für was die Nachwelt sich entscheiden wird, sobald unsere Gesellschaft gut genug organisiert ist, um das eigentliche Problem zu handhaben und die wesentlichen Punkte klarzulegen.

* Bass-Rock (in der Bass Straße) = 300 km lange und 250-350 km breite Meerenge zwischen Australien und Tasmanien.

Der Sozialismus und die Kinder

Was die kleineren Kinder betrifft, so sind wir schon jetzt sehr weit gegangen mit unserer Einmischung in das altrömische Elternrecht. Neun lange Jahre wird das Kind fast ganztags der Obhut seiner Eltern entzogen und auf diese Weise eher ein Staatsschulkind als ein Privatfamilienkind. Die Dokumente der »Gesellschaft zur Verhütung von Kindesmißhandlung« sind aber noch immer erschütternd genug, um zu beweisen, wie notwendig es ist, Kinder vor ihren Eltern zu schützen. Die schlimmen Fälle jedoch sind selten. Sie beweisen nur, wie schwer sich heute auch die schlechtesten Eltern vor Schulbehörde, Lehrer und Polizei drücken können. Leider führen die gerichtlichen Verfahren darüber zu nichts als der Bestrafung der Eltern, und wenn diese aus dem Gefängnis kommen, unterstehen ihnen auch die Kinder wieder. Erst schlagen wir die Katze, weil sie grausam war, dann geben wir ihr die Maus zurück. Inzwischen allerdings sind wir einen Schritt weitergekommen mit dem Erlaß einer Parlamentsverordnung, nach der auch Adoptiveltern alle Rechte der natürlichen Eltern erhalten. Sie können also heute ein Kind adoptieren und ganz sicher sein, daß die Eltern nicht kommen und das Kind zurückfordern dürfen, wenn sie gerade Lust haben. Durch die Adoption gehen alle ihre elterlichen Rechte auf Sie über. Schlechte natürliche Eltern können ganz durch Adoptiveltern ersetzt werden: die Sache bedarf, wo erforderlich, nur noch des gesetzlichen Zwanges. Die Zwangsadoption behördlicherseits ist übrigens, was die Armen betrifft, schon eine lange bestehende Einrichtung. Oliver Twist war ein solches zwangsweise adoptiertes Kind. Seine natürlichen Eltern wurden durch sehr unnatürliche ersetzt. Glücklicherweise gibt es zwar keinen Mister Bumble mehr. Aber doch müßte auch heute irgend jemand Oliver adoptieren. Wenn die Gleichheit der Einkommen mit den sozialen Benachteiligungen aufräumen würde, dann gäbe es allerdings hierfür keinen Mangel an kinderlosen Freiwilligen.

Immer deutlicher drängt sich uns heute dagegen die Tatsache vor Augen, daß in unserem Schulsystem die Ausbildung nur ein Vorwand ist, unter welchem sich Eltern die Mühe mit ihren Kindern vom Hals laden. Sie stecken sie in ein Gefängnis oder eine Aufbewahrungsanstalt, die man mit dem höflichen Namen »Schule« bezeichnet. Auch wissen wir, oder sollten es doch wissen, daß die institutionelle Behandlung in Heimen für kleinere Kinder geradezu mörderisch und für alle Kinder schlecht ist. Zwar können heimatlose Kleinkinder durch Adoption davor gerettet werden. Aber die älteren Kinder zwingen uns doch dazu, das Problem einer organisierten Kindheit als solcher ins Auge zu fassen, den Kindern verfassungsmäßige Rechte zu gewähren (wie wir sie auch den Frauen geben mußten) und uns nicht länger vor dieser Pflicht dadurch zu drücken, daß wir sie scharenweise in Kerker abschieben, die wir Schulen nennen, oder die Kinder zum »Eigentum« der Väter machen (bei unehelichen Kindern zum Eigentum der Mütter); genauso wie wir uns nicht mehr vor der Pflicht der Frauenrechte drücken können, indem wir die Frauen zum Eigentum ihrer Ehemänner machen. Die Anfänge einer solchen Organisation werden bereits bei den Pfadfindergruppen für Jungen und Mädchen sichtbar. Aber die Grenzen der Freiheit, die der Staat zu setzen hat, und die Verpflichtungen, die er auferlegen muß, sind dann gleichermaßen verbindlich für Kinder wie für Erwachsene. Die Pfadfinder können nicht immer nur Pfade finden. Sie müssen gewisse Eigenschaften und Leistungen erwerben, wie sie auch für erwachsene Staatsbürger gelten, ob es ihnen paßt oder nicht. Unsere Entschuldigung für die Schule ist also, daß sie ausgebildet werden müssen.

Ausbildung nun ist ein Wort, das wir leicht im Munde führen, das aber sehr viel beinhaltet. Inzwischen machen wir uns, wenn auch nur langsam und wie gewöhnlich zögernd und widerwillig, frei von unseren dümmsten Vorstellungen darüber. Eine davon ist, daß Ausbildung gleichbedeutend sei mit Schulwissen, und daß diese schulische Ausbildung nur etwas für Kinder sei, was aufhört, sobald sie ein gewisses Alter erreicht haben. Ich als Siebzigjähri-

ger kann Ihnen jedoch im Vertrauen versichern, daß wir niemals aufhören zu lernen, soweit unsere Auffassungsgabe reicht, sondern erst dann, wenn unsere Fähigkeiten nicht mehr mitmachen. Was die Dinge betrifft, die man uns in Schule und Universität beibringt, so muß ich ganz allgemein dazu sagen, daß wir ein ganzes Leben lang brauchen, um das Wenige, das wahr daran ist, herauszufinden, und das Viele, das daran falsch ist, als Irrtum zu erkennen. Es ist daher nicht verwunderlich, daß diejenigen, die am wenigsten »gebildet« sind, am meisten wissen. Für Kinder wie für Erwachsene bedeutet es nämlich eine schwerwiegende Schädigung, wenn man sie zwingt, irgendetwas lernen zu müssen, für das sie keinerlei natürliche Veranlagung haben, es sei denn, ein darüber hinausreichendes Ziel, das ihnen am Herzen liegt, gäbe ihnen den übernatürlichen Eifer, auch das andere zu meistern. Die geistige Unfähigkeit, wie sie ansonsten ausgelöst wird, ist an unseren durchschnittlichen Schulabgängern zu sehen. Mr. Toots bei Dikkens ist nicht nur eine komische Figur, er ist auch ein authentisches Beispiel für jene Art von Schwachsinn, die unter unseren Schul- und Universitätsabgängern bedenklich überwiegt. Toots ist kein Witz.
Aber selbst wo eine natürliche Veranlagung vorhanden ist, kann diese durch den Widerwillen gegen den Zwangsunterricht unterdrückt werden. Wenn ein Mädchen unmusikalisch ist, wird zwar jeder Versuch, sie zum Einüben einer Beethoven-Sonate zu zwingen, für sie selbst wie für ihre Lehrer eine Tortur sein; ganz zu schweigen von den Qualen der Zuhörer, wenn die Eltern der Tochter befehlen, das Gelernte vor Besuchern zum besten zu geben. Aber völlig unmusikalische Mädchen sind etwas so Seltenes wie völlig taube Mädchen. Der Normalfall ist vielmehr der, daß ein durchschnittlich musikalisches Mädchen, das noch nie eine Sonate gehört hat oder sonst irgend ein halbwegs gut gespieltes Stück, um Musik als schön empfinden zu können, durch den Zwang allmählich eine innere Wut auf die ganze Musik entwickelt und schließlich rachsüchtig darauf hofft, Beethoven möge für seine Boshaftigkeit in ewigem Fegefeuer büßen – und das nur, weil dieses Mädchen in

einem kalten Zimmer Tonleitern einüben muß, weil es bei jeder falschen Note eins auf die Finger kriegt und weil es die Pathétique Takt für Takt so lange mit Schlägen und Schelten und Tadeln eingebläut bekommt, bis es sie einigermaßen fehlerlos herunterklimpern kann. Genau das aber bedeutet der Musikunterricht für viele bedauernswerte junge Mädchen, deren Eltern gern sähen, daß sie musikalisch ausgebildet werden, und folglich jemanden dafür bezahlen, der dieselbe Tortur hinter sich hat, um anderen eben diese Fertigkeiten einzupauken. Wenn diese unglücklichen Opfer nun annehmen müßten, daß unter dem Sozialismus die Musik zu einem staatlichen Pflichtfach würde, so würden sie wohl noch im letzten Schützengraben dagegen kämpfen. Und sie hätten ganz recht.
Wäre dieses Buch für Männer geschrieben, so würde ich nicht die Musik als Beispiel nehmen: ich müßte dann von Versen in literarischem Latein reden (womit ich ein Latein meine, das nie jemand gesprochen hat), von Griechisch und von Algebra. Mancher unglückliche Junge, der freiwillig genug Latein und Griechisch gelernt hätte, um seinen Vergil, Horaz und Homer lesen zu können, verabscheut später jede Seite bedruckten Papiers, außer Zeitungen und Kriminalgeschichten, und schreckt vor einem algebraischen Symbol oder der graphischen Darstellung eines Parallelogramms nicht weniger zurück als ein Verbrecher vor dem Gefängnis. Das ist das Resultat unserer Bildungsmanie!
Und doch hat dieser Wahnsinn Methode. Ich habe bereits angedeutet, daß (was Sie selbst nur zu gut wissen) Kinder, wenn sie nicht gerade zu einem ruhigen, seßhaften, laut- und bewegungslosen, also völlig unnatürlichen Zusammenleben mit Erwachsenen gezwungen werden, so lästig zu Hause sind, daß sogar humane Eltern, die eher in einem Bärenzwinger oder Affenhaus leben würden, als irgend einen grausamen Druck auf ihre Kinder auszuüben, nur allzu froh sind, wenn sie ihre Sprößlinge irgend jemandem übergeben können, der ihnen verspricht, sie zu erziehen. Und gleichzeitig bringt der verzweifelte Lebenskampf der Mittelklasse, d. h. der finanzschwächeren jüngeren Söhne und unverheirateten Töchter, eine Anzahl Personen her-

vor, die bereit sind, unter demselben höchst einleuchtenden Vorwand die Zucht der Kinder zu ihrem Beruf zu machen.
Unter dem Sozialismus gäbe es diese Klasse nicht mehr, weil er den Menschen weniger verhaßte, aber genauso respektable Arbeitsmöglichkeiten anböte. Niemand, der nicht eine echte Berufung zum Lehrer verspürte, würde dann noch Lehrer werden. Die Sadisten, weibliche wie männliche, die jetzt die Kinder in ihre Gewalt bekommen und sie ungestraft quälen können, und jene besonderen Kinder»liebhaber« (mitunter die gleichen Leute), die heutzutage private Waisenhäuser aufmachen, weil sie genauso närrisch auf Kinder sind wie manche Leute auf Pferde und Hunde, obwohl sie diese oft schändlich behandeln – sie alle hätten ausgespielt, wenn die Kinder noch irgend eine andere Zufluchtsstätte besäßen außer ihrem »Zuhause«, aus dem man sie ja praktisch hinauswirft.
Nur wenige Tage nach der Niederschrift dieser Zeilen habe ich unter den aktuellen Tagesnachrichten in der Zeitung von dem Fall einer Mutter gelesen, die einen Schullehrer verklagt hat, weil er zuerst ihren Sohn wegen eines Schluckaufs (der ja nicht dem freien Willen unterliegt) mit dem Stock verprügelte und dann, als der Junge die Sache erklären wollte, wütend über ihn herfiel und so lange auf ihn einschlug, bis das Kind dicke Striemen bekam, die man noch acht Tage später sehen konnte. Die Behörden sind normalerweise in der Behandlung solcher Gewalttätigkeiten ebenso nachsichtig wie mit ähnlichen Gewalttaten von Ehemännern gegen ihre Frauen (über Gewalttaten von Frauen gegen ihre Ehemänner lacht man nur bei Gericht): ja, gewöhnlich lassen sie die Anklage einfach fallen und werfen dem Opfer noch vor, es sei ein unmännlicher, kleiner Feigling und wolle sich nur vor der wohlverdienten Prügelstrafe drücken. Aber in jenem speziellen Fall räumte die Behörde doch ein, daß die Strafe, wie sie es nannten, zu hart gewesen sei, und der Lehrer hatte die Kosten für die Mutter mitzutragen, obwohl ihm niemand nur den leisesten Vorwurf über seine Unfähigkeit bezüglich seiner eigentlichen Verpflichtungen machte. Wenn wir je-

doch fair sein wollen, dürfen wir jetzt auch nicht schlußfolgern, der Mann sei ein Wilder oder Sadist gewesen, wie wir nicht schlußfolgern dürfen, daß manche verheirateten Leute, die gegenseitig wütend aufeinander losgehen, von Natur aus mörderisch veranlagt seien. Denn tatsächlich ist das Eheleben in einer Einzimmerwohnung, selbst wenn keine Kinder da sind, die es noch komplizierter machen, der menschlichen Natur ebenso unerträglich wie das Leben in jener Art von Gefängnis, die wir Schule nennen, wo eine Lehrerin, die ihre Arbeit haßt, mit einem Haufen unwilliger, feindseliger, ruheloser Kinder eingesperrt ist. Es entsteht daraus eine Spannung und Abneigung, die einfach von Zeit zu Zeit in Anfällen von Prügelwut explodieren muß, und zwar nicht wegen eines Schluckaufs, nicht weil einer schwätzt, flüstert, aus dem Fenster sieht (mangelnde Aufmerksamkeit) oder weil er nicht stillsitzt. Die moderne Psychologie zwingt uns, auch wenn sie noch in ihren eher grotesken freudianischen Anfängen steckt, endlich wahrzunehmen, wie ernst der Dauerschaden sein kann, der aus einer solchen Atmosphäre von Irritation auf der einen und Unterdrückung, Angst und daraus folgender Auflehnung auf der anderen Seite entsteht. Auch diejenigen, die nicht Psychologie studieren, merken allmählich, daß Hunde, wenn man sie ankettet, gefährlich werden und daß dies eine grausame Art der Behandlung ist. Sicher kommen ihnen jetzt auch ahnungsvolle Bedenken über »angekettete« Kinder, so daß sie sich überlegen, ob Mißhandlung und stumpfsinniges Drauflosschlagen wirklich das richtige Gegenmittel ist.

Ganz allgemein und zusammenfassend können wir sagen, daß wir mit dem, was wir Erziehung nennen, gescheitert sind. Das Kind einer armen Frau wird neun Jahre lang in ein Gefängnis gesteckt, unter dem Vorwand, lesen, schreiben und seine Muttersprache beherrschen zu lernen. Ohne Schule könnte es dies alles innerhalb eines Jahres. Aber am Ende der neun Schuljahre kann der kleine Gefangene weder das eine noch das andere richtig. Die Knaben unserer Reichen werden sogar in drei aufeinanderfolgende Gefängnisse gesteckt: Vorschule, Internat und Universität,

also zwölf bis vierzehn Jahre lang eingesperrt und müssen dort klassische Sprachen, höhere Mathematik usw. lernen. Auch die »höheren« Töchter der Reichen, die früher unter der Obhut einer Wärterin, der sogenannten Gouvernante, im Schoß der Familie gefangen saßen, werden jetzt wie ihre Brüder hinausgeschickt. Das Ergebnis ist eine etwas größere Fertigkeit im Lesen und Schreiben, in den Gewohnheiten und der Sprache ihrer müßigen reichen Klasse, aber auch ein moralischer und intellektueller Stumpfsinn, der sie, politisch gesehen, der Gnade jedes großmäuligen Abenteurers und gerissenen Scharlatans ausliefert (wenn dieser sich nur ihre Lebensart aneignet und nicht die gleiche Schulbildung mitgemacht hat) und schließlich das ethische Niveau von mittelalterlichen Räuberbaronen und frühkapitalistischen Ausbeutern. Sind sie, trotz ihrer Dressur, noch tatkräftig und mutig, dann werden sie zu einer öffentlichen Gefahr. Sind sie aber nichts als Herdentiere, die alles tun, was ihre Klasse von ihnen erwartet, dann rennen sie jedem Leithammel hinterher, auch wenn sie sich dadurch selbst und den ganzen Staat zerstören. Zum Glück jedoch ist die Menschheit widerstandsfähig genug, daß sie durch kein System der Unterdrückung oder der Perversion ganz und gar aussterben wird. Was aber unsere Standardausbildung für die besseren Damen und Herren angeht, so kann man hierzu zumindest sagen, daß es den meisten ihrer Opfer ohne Schulbildung besser ginge.
Trotzdem aber hat auch diese Ausbildung ihre Vorteile. Wer zur Universität geht, erreicht, auch wenn er gar nichts studiert, schon durch den Umgang an einem solchen Ort einen sozialen Status, den ein anderer schmerzlich entbehren muß, wenn er nur in einer Mietskaserne unter Leuten mit schlechten Umgangsformen aufwächst. – Zwar stimmt es, daß die Universitätsmanieren nicht die besten sind, und für die Behauptung, Oxford und Cambridge seien die Brutstätten für elitäres Denken, gibt es viele gerechtfertigte Gründe, zumal der akademische Snob der vielleicht unkorrigierbarste aller Snobs ist. Trotz alledem aber bringt der akademische Snobismus auf die Dauer nicht so viele Nachteile mit sich wie der Mietskasernensnobismus. Eine

Akademikerin kann ohne Hemmung und selbstsicher mit allen möglichen Leuten, ob sie nun hoch oder niedrig gestellt sind, zurechtkommen, während die Frau aus der Mietskaserne einfach nicht weiß, wie sie mit anderen umgehen soll. Nur hat das Universitätsstudium selbst nichts damit zu tun. Im Gegenteil, gerade die Musterschülerin wird solche Umgangsformen nicht erreichen, aber der bewegliche Universitätsschmetterling, der die Prüfungen am Ende gerade noch mit Ach und Krach schafft, bringt es darin zur Perfektion. Auch können sich heute junge Menschen, die aus der Mietskaserne ausbrechen in das breitere soziale Spektrum der Clubs und inoffiziellen Kulturvereine aller Art, jene Gewandtheit aneignen und wesentliche Fortschritte darin machen. Die Umgangsformen der Vorstädte und Sommerschulen sind schon jetzt den Umgangsformen der Universitätsseminare ebenso überlegen, wie diese den Umgangsformen der Mietskaserne.

In unserer snobistischen Gesellschaft gibt es kein anderes Wort, das einen so unseligen und schrecklichen Beiklang besitzt, wie das Wort «Promiskuität«. Aber wenn Sie den speziellen und absurden Gebrauch einmal ausschließen, der nur auf den eingebildeten Zustand einer sexuellen Wahllosigkeit hindeutet, bei dem sich jeder Petticoat und jede Männerhose auf den ersten Blick sofort in die Arme fallen, dann werden Sie erkennen, daß die soziale Promiskuität das Geheimnis der guten Umgangsformen ausmacht. Und gerade weil die Promiskuität, also die Vermischung gesellschaftlicher Schichten, an der Universität größer ist als im Wohnblock oder in einem theosophischen oder sozialistischen Ferienkurs wiederum größer als in einem Hochschulseminar, lernt man dort auch die besseren Umgangsformen.

Der Sozialismus bringt eine vollständige soziale Vermischung mit sich. Sie ist bereits jetzt sehr weit fortgeschritten; z. B. kann heute in England jeder dritter Klasse reisen, ohne von schmutzigen Mitreisenden physisch abgestoßen zu werden. Ich erinnere mich aber noch an Zeiten, als die Wagen zweiter Klasse, die es heute nicht mehr gibt, für den Mittelstand geradezu eine Notwendigkeit waren.

Während der Sozialismus nun diese Art der gesellschaftlichen Promiskuität fördert, begünstigt er zugleich aber auch die Privatsphäre und Unantastbarkeit des anderen. Heute zeigt sich der Unterschied zwischen einem Milchmädchen und jeder einigermaßen anständigen Herzogin nicht an der verletzend unterschiedlichen Art, wie die Herzogin das Milchmädchen oder eine andere Herzogin anredet, sondern sehr deutlich an der Art, wie das Milchmädchen die Herzogin oder ein anderes Milchmädchen anredet. Im höflichen Verhalten macht eine anständige Herzogin keinen Unterschied mehr, nur noch bei ihren engsten Freunden und ihrer eigenen Gesellschaftsschicht. Höflichkeit ist eine Sache für sich, Vertraulichkeit eine ganz andere. Was der Herzogin heutzutage viel mehr Kummer macht, ist, daß ihre soziale und politische Stellung sie dazu verpflichtet, so viele Leute in ihr Haus und an ihren Tisch laden zu müssen, deren Geschmack und geistige Interessen ganz verschieden von ihren eigenen sind, so daß sie sich schrecklich mit ihnen langweilt. Andererseits bleibt sie durch ihre Einkommensstufe getrennt vom vertraulichen Umgang mit vielen armen Leuten, in deren Gesellschaft sie sich köstlich unterhalten würde, die sich aber wiederum die teuren Gewohnheiten der Herzogin nicht leisten können. Die Einkommensgleichheit würde die Herzogin in den segensreichen Zustand versetzen, ihre Freunde selbst wählen zu können, soweit diese darauf eingehen wollen. Sie müßte sich nicht mehr mit den Männern langweilen, die nur über Fuchsjagd oder Parteipolitik reden können, wenn sie über Wissenschaft oder Literatur, Kleider oder Gartenarbeit reden möchte, oder auch, falls sie etwas mehr auf Kurioses aus wäre, über Psychoanalyse. Der Sozialismus würde unsere Klassenunterschiede (die in Wahrheit Einkommensunterschiede sind) völlig ausbügeln, uns dafür aber in Interessengruppen, Cliquen und Einzelgänger aufspalten. Er würde also den allerbreitesten gesellschaftlichen Umgang und dabei äußerste Wahrung der Privatsphäre ermöglichen, so daß wir in der Öffentlichkeit viel weniger zeremoniell miteinander umgingen, zugleich aber viel anspruchsvoller wären, wenn wir uns privat miteinander einließen.

Nun sagen Sie vielleicht: was hat denn all das mit unserer Erziehung zu tun? Sind wir jetzt nicht ganz schön weit vom Thema abgekommen? Keineswegs! Ein Großteil unserer Erziehung beruht eben auf unserem gesellschaftlichen Umgang. Wir erziehen uns gegenseitig; allerdings können wir das nicht, wenn die Hälfte von uns die andere Hälfte nicht für gut genug hält, um überhaupt mit ihr zu reden. Doch nun genug zu diesem Aspekt. Lassen wir die gesellschaftlichen Qualifikationen, die Kinder wie auch Erwachsene von ihrer Umwelt und dem Umgang, den sie selbst pflegen, lernen, und kommen wir zurück auf die Ausbildung, die der Staat ihnen gesetzlich vorschreiben muß, wobei er Lehrer, Schulen und Lernmittel zur Verfügung zu stellen hat, den Unterrichtserfolg nachprüft und jedem, der diese Prüfungen bestanden hat, ein Eignungszeugnis ausstellt.

Allen zivilisierten Staaten ist es heute klar, daß es gewisse Dinge gibt, die man wissen *muß,* um seine Aufgaben als Staatsbürger wahrnehmen zu können. Es gibt technische Dinge, die man lernen, und geistige Begriffe, die man verstehen muß. Sie können z. B. nicht gut in einer modernen Stadt leben, wenn Sie das Einmaleins nicht beherrschen und sich nicht daran halten, daß man die staatlichen Gesetze nicht selbst in die Hand nehmen darf. Soviel technische und rechtsstaatliche Kenntnisse sind unerläßlich, einfach weil eine Frau, die nicht mal einen Fahrschein bezahlen und das Wechselgeld zählen könnte, oder auf andere, mit denen sie sich nicht verträgt, losginge, um sie umzubringen oder ihnen die Augen auszukratzen, für das Leben in einer Zivilisation ebenso ungeeignet wäre wie eine Wildkatze. In unseren Großstädten muß man notwendigerweise lesen können, zumal man sich dort nach gedruckten Wegweisern zu richten hat. Auf einem Dorf oder in einer kleinen, abgelegenen Siedlung kann man sich zurechtfinden, wenn man den Polizisten nach dem Weg fragt – oder den Eisenbahnschaffner oder den Stationsvorsteher oder die Postbeamtin. Aber in London würde das nach fünf Minuten Geschäfte und Verkehrsmittel zum Stillstand bringen: Polizei und Bahnbeamte, die ohnehin schon überlastet sind, weil sie immer auf Fragen von Ausländern und ortsfremden Besuchern vom Land antworten müssen, würden zum Wahnsinn getrieben, wenn sie jedem einzelnen alles erklären müßten. Für die Londoner Bürger sind die Zeitungen offizielle Führer und die zahllosen Anschlagtafeln und Wegweiser dasselbe wie der Dorfpolizist oder nächste Krämer auf dem Land, der übrigens gern Auskunft gibt, zumal ihm jedes Wort mit einem Fremden schon als ein fast aufregendes Ereignis erscheint, weil in seinem Dorf kaum etwas passiert, außer daß sich die Erde weiter dreht.

In den Tagen, da selbst die größten Städte nicht größer waren als unsere heutige Kleinstadt und das ganze kulturelle Leben vom dörflichen Alltag, wie wir es einmal nennen wollen, geregelt wurde, war Bildung oder die Fähigkeit, lesen und schreiben zu können, noch nicht notwendig. Sie war vielmehr ein Mittel, die Bildung des Einzelnen um seiner selbst willen zu erweitern und durchaus eine Ausnahme. Diese Vorstellung steckt uns noch immer in den Köpfen. Wenn wir ein Mädchen zwingen, lesen zu lernen, und als Entschuldigung anführen, daß wir es dazu in eine Schule einsperren müssen, dann tun wir das unter dem Vorwand, es geschähe zu seinem eigenen Besten und öffne ihm die Schätze der Literatur. Aus diesem Grund tun wir uns auch so schwer damit und brauchen so lange dazu. Aber wir haben kein eindeutiges Recht, ein Mädchen auf irgendeine Weise gegen seinen eigenen Willen zu »bilden«, selbst wenn wir zurecht behaupten könnten, daß es durch Stubenhocken auf einer harten Bank und durch das Verbot zu reden, zu zappeln oder sich für etwas anderes als den Lehrer zu interessieren, viel höher gebildet wird als durch eigene Initiative, von der sie durch diese Art von Schule gerade abgeschnitten wird. Der einzig triftige Grund, warum wir das Mädchen, koste es, was es wolle, zwingen müssen, sich die technischen Fähigkeiten zum Lesen, Schreiben und Rechnen anzueignen, um wenigstens im Alltag ein- und verkaufen zu können, ist der, daß es ansonsten in einer modernen Zivilisation gar nicht leben könnte. Man kann auch sagen, es habe ein natürliches Recht darauf, all diese Dinge zu lernen, geradeso, wie es

ein natürliches Recht darauf hat, gestillt und entwöhnt zu werden und später gehen zu lernen.
Soweit sind wir uns alle einig. Natürlich bringen wir dem Mädchen, indem wir es schreiben lernen, damit auch die Voraussetzungen bei, etwa einen Scheck zu fälschen oder gehässige anonyme Briefe zu verfassen; wir ermöglichen ihm, indem wir es lesen lernen, zugleich den Zugang zu Schundliteratur und schlechten Büchern und geben ihm die größten Zeitverschwender der Welt und aller Zeiten in die Hände, nämlich jene Art von Romane, die gar nicht wert sind, gelesen zu werden (das sind, sagen wir mal: neunundneunzig von hundert). Aber alle diese Einwände entfallen vor der unerbittlichen Notwendigkeit, gewisse Dinge zu beherrschen, die unser heutiges Leben erst ermöglichen. Jede technische Fertigkeit zu etwas Gutem ist zugleich die technische Fertigkeit zu etwas Bösem. Aber wir können unsere Staatsbürger unmöglich ohne jede technische Fertigkeiten lassen, wenn sie sich heute im Leben zurechtfinden sollen.
Dies allerdings ist noch keine Rechtfertigung dafür, daß wir unseren Kindern das rein Technische beibringen und dann die Konsequenzen verfluchen. Die Konsequenzen selbst würden uns verfluchen. Wenn wir einem Mädchen das Schießen beibringen, ohne ihm gleichzeitig zu erklären, daß man nicht töten darf, jagt es uns vielleicht eine Kugel durch den Kopf, wenn es das nächstemal die Nerven verliert; und wenn wir es dafür aufhängen wollten, so würde es vielleicht, wie so viele Frauen in schwierigen Situationen, fragen: Ja, warum hat mir das denn keiner gesagt? – Aus diesem Grund kann die Schulpflicht nicht allein auf technische Ausbildung beschränkt werden. Es gibt Gebiete im Bereich der freiheitlichen Erziehung, die für unser heutiges soziales Zusammenleben ebenso notwendig sind wie Lesen und Schreiben. Und gerade hier wird es so schwierig, eine Grenze zu ziehen, über die hinaus der Staat kein Recht mehr haben soll, sich um das geistige oder körperliche Wohl des Kindes, ohne dessen Einverständnis, zu kümmern.
Wir wollen hier überlegen, wie weit der Staat jeden zwin-

gen kann, das zu erlernen, was man als Minimum zum Leben in einem heutigen Kulturstaat braucht. Wenn eine Frau vonseiten der Regierung gezwungen wird, sich die Kunst der lateinischen Verskomposition anzueignen, zwingt man sie zu einer Leistung, die sie später niemals wird einsetzen können und übrigens innerhalb weniger Monate auf eigene Faust erlernen könnte, falls sie so ungewöhnlich veranlagt sein sollte, um daran Spaß zu haben. Dieselben Einwände gelten für die höhere Mathematik als Pflichtfach. Aber irgendwo zwischen dem Unterrichtszwang, zwei und zwei korrekt addieren zu lernen und einen epigonalen Horaz oder die Differenzialrechnung zu beherrschen, muß die Grenze gezogen werden. Und die Frage ist, wo man sie zu ziehen hat.

Auf dem Gebiet der politischen Bewußtseinsbildung ist es selbstverständlich, daß man auf gewisse Mindestkenntnisse über Recht, Verfassungsgeschichte und Volkswirtschaft nicht verzichten kann, um überhaupt die Qualifikation eines Wählers zu erhalten. Das gilt auch noch dann, wenn alles Ethische der eigenen inneren Erleuchtung überlassen wird. Für kleine Kinder sind dogmatische Gebote gegen Töten, Diebstahl und die anderen, leichter erkennbaren Möglichkeiten unkontrollierten sozialen Verhaltens einfach ein Muß. Und gerade hier müssen wir mit heftigen Gegenstimmen rechnen. Ich brauche nicht alles zu wiederholen, was wir bereits durchgegangen sind, daß es nämlich nicht möglich ist, diesen Teil der Erziehung zu ignorieren und unsere Nachlässigkeit dann »weltliche« Erziehung zu nennen. Wenn Sie es, eben weil die Angelegenheit so kontrovers ist, einem Kind selbst überlassen, herauszufinden, ob die Erde rund oder flach ist, wird es zum Ergebnis kommen, sie sei flach und – nach langem Herumstolpern in Irrtümern und Aberglauben – so wütend auf Sie werden, weil Sie ihm nicht gesagt haben, daß die Erde eine Kugel ist, daß es, sobald es erwachsen wird und wählen kann, bei den eigenen Kindern auf einer eindeutigen und klaren Information darüber bestehen wird.

Was in der Physik nicht geht, geht auch nicht in der Metaphysik. Keine einzige Regierung, sei sie nun soziali-

stisch, antisozialistisch oder neutral, könnte ein derart hochdifferenziertes künstliches Gebilde wie den modernen Staat regieren und verwalten, wenn nicht jeder Staatsbürger auch ein ebenso hochdifferenziertes modernes Gewissen hätte: das heißt, einen oder mehrere Glaubensgrundsätze, wie sie etwa einer primitiven Frau niemals in den Sinn kämen, und andererseits Grundsätze, die man ablehnt, also ein negatives Glaubensbekenntnis, wie es einer primitiven Frau als phantastische Blasphemie erscheinen müßte, so daß sie Angst hätte, der Zorn unsichtbarer Mächte ginge auf ihren Stamm nieder. Die modernen Regierungen müssen solchen Glauben bzw. Unglauben unterstützen oder zumindest darauf achten, daß er irgendwie gelehrt wird. Andernfalls kommen sie nicht weiter.
Wenn wir nun alle dieselben Dinge glauben bzw. nicht glauben würden, so könnten wir geradewegs auf das Ende der Menschheit oder das Tausendjährige Reich lossteuern. Aber die Konflikte zwischen den Glaubensgegensätzen und die fortschreitende Ablehnung gewisser Glaubensrichtungen – die so lange weitergehen wird, wie wir Menschen auf verschiedenen Stufen der Evolution stehen – werden zwangsläufig auch Meinungsverschiedenheiten und Spannungen auslösen über das, was an öffentlichen Schulen unter der Herrschaft des religiösen Dogmas oder der politischen Bewußtseinsbildung gelehrt werden soll.
Der Staat hat aber die Seelen seiner Kinder ebenso gut zu beschützen wie ihre Körper. Auch bestätigt die moderne Psychologie inzwischen, was alle Lehrer aus Erfahrung wissen, daß nämlich ein Kind für sein ganzes Leben grausam geschädigt wird, wenn man es mit Fegefeuergeschichten erschreckt, ihm also erzählt, es sei ein kleiner Teufel und könne dem Höllendasein nur entgehen, wenn es niemals sündige und tugendhafter selbst als alle Heiligen und Helden sei, ja daß man es dadurch sogar grausamer schädigt, als durch alle körperliche Gewaltanwendung, wie sie vielleicht nicht einmal der brutalste Schulmeister verordnen oder zu rechtfertigen wagte.
Eine kapitalistische Regierung nun muß jede Doktrin unterstützen, die ihr besonders geeignet erscheint, aus einfa-

chen Menschen gefügige Lohnsklaven zu machen. Umgekehrt muß eine sozialistische Regierung jede Doktrin unterstützen, die aus selbstbewußten Leuten gute Sozialisten machen kann. Keine Regierung, wie auch immer ihr Programm lauten mag, kann gleichgültig gegenüber der Formation eines solchen allgemeinen Glaubensbekenntnisses sein. Gesellschaftliches Zusammenleben ist unmöglich, wenn nicht die Einzelnen, die es zusammenhalten, denselben Glauben haben über richtige und falsche Verhaltensweisen in ihrem Alltagsleben. Sie brauchen ein gemeinsames Glaubensbekenntnis, das über allen anderen unterschiedlich religiösen Manifesten steht. Mary Tudor und Elisabeth I., James II. und William III. konnten nicht einer Meinung sein über die Verwandlung beim Abendmahl, aber sie waren doch einer Meinung darüber, daß man nicht rauben, morden oder das Haus seines Nachbarn in Brand setzen durfte. – Wir alle mißbilligen Vorurteile, könnten aber gleichwohl keine Gemeinschaft bilden, wie so viele Arten von Schlangen, wenn wir nicht alle lebendige Säcke voller Vorurteile wären und wenn nicht neun Zehntel eben dieser Vorurteile so tief in uns verwurzelt wären, daß wir sie gar nicht als solche erkennen, sondern sie »gesunden Menschenverstand« nennen.
Dieser gesunde Menschenverstand ist uns nicht ganz und gar angeboren. Nur zu einem Teil: Jede Frau zum Beispiel weiß, auch wenn es ihr keiner sagt, daß sie ihr Kind nicht aufessen darf, sondern es füttern und vor allen Gefahren schützen muß. Aber beim Bezahlen von Steuern und Abgaben hat sie nicht dasselbe sichere Gefühl, obwohl es für das gesellschaftliche Zusammenleben ebenso notwendig ist wie das Aufziehen kleiner Kinder für das Weiterbestehen der Menschheit. Eine gute Bekannte von mir, eine hochgebildete Frau und Leiterin einer berühmten Universität im Norden Londons, geriet einmal in heftigen Disput mit der Lokalbehörde, als diese das Recht in Anspruch nahm, die sanitären Einrichtungen der Universität von einem Inspektor des Gesundheitsministeriums überprüfen zu lassen. Ihr »Glaubensbekenntnis« war das einer wohlbehütet erzogenen Privatdame, und sie faßte es als eine Unverschämtheit

auf, daß ein Mann, mit dem sie gar keine Besuche tauschte, von Gesetzes wegen das Recht haben sollte, in die intimsten Räume ihrer Universität hineinzugehen, ohne sie vorher um höfliche Erlaubnis zu bitten. Dennoch hängt die Gesundheit einer Gemeinde davon ab, daß alle dieses Recht als vernünftig und notwendig anerkennen. Die Ausdehnung unseres sozialen Glaubensbekenntnisses bis in diesen Bereich ist der einzige Weg, uns von den Cholera-Epidemien zu befreien. Aber diese sehr begabte und hochgebildete Dame war, obwohl in den besten Jahren, bereits zu alt, um noch umzulernen.

Das soziale Glaubensbekenntnis muß uns anerzogen werden, solange wir noch Kinder sind. Denn es ist damit wie mit dem Reiten oder mit dem Vom-Blatt-Spielen in der Musik: denjenigen, die es erst als Erwachsene zu lernen versuchen, wird es niemals zur zweiten Natur. Und die sozialen Überzeugungen müssen uns, um wirklich effektiv zu sein, zur zweiten Natur werden. Es ist ganz leicht, den Menschen eine solche zweite Natur zu geben, egal, wie unnatürlich diese auch sei, wenn man nur früh genug damit anfängt. Jeden Glauben, selbst den groteskesten und bösartigsten, kann man zu einem Bestandteil der menschlichen Natur machen, wenn er uns in der Kindheit eingeprägt wird und man nichts anderes zu hören bekommt. Jetzt, da Sie erwachsen sind, lassen Sie sich nicht mehr überreden, es sei gut, alle Frauen auf Lebzeiten zu verkrüppeln, indem man kleinen Mädchen die Füße schmerzhaft zusammenschnürt, nur weil man glaubt, eine Dame dürfe sich nicht frei bewegen »wie ein Tier«. Hätte man Ihnen das jedoch von Anfang an erzählt, so hätten Sie es auch geglaubt und ebenso getan, wie die Chinesinnen. Vielleicht sagen Sie jetzt, das seien doch heidnische Orientalinnen, während Sie eine christliche Abendländerin sind. Aber ich kann mich noch an Zeiten erinnern, da Ihre Großmutter, auch als christliche Abendländerin, überzeugt war, daß sie für immer entehrt wäre, wenn jemand auf offener Straße ihre Waden gesehen hätte, oder wenn sie, (als »wirkliche Lady«) ganz alleine spazieren gegangen wäre.

Falls Sie jedoch immer noch Zweifel haben, betrachten Sie

nur einmal, wie die Männer in den Krieg ziehen und furchtbare Grausamkeiten begehen, nur weil sie glauben, das sei ihre Pflicht – aber auch, weil die Frauen ihnen ins Gesicht spucken würden, wenn sie sich weigerten – und das alles, weil es ihnen von Kindheit an eingebläut wurde, und man so eine öffentliche Meinung schaffen konnte, mithilfe derer die Regierung nicht nur ganze Armeen enthusiastischer Freiwilliger aufstellen, sondern auch die wenigen Leute unter Androhung schwerer Strafen zum Militärdienst zwingen konnte, die ihre eigene Meinung hatten und den Massenmord wie auch die Zerstörungswut nicht als patriotische Tugenden anerkennen wollten.
Es liegt auf der Hand, daß ein sozialistischer Staat unmöglich zustandekommen wird, wenn wir alle Mädchen so ausbilden, wie Königin Viktoria in ihrer Kindheit ausgebildet wurde. – Man wird den Kindern nicht mehr beibringen, daß sie Gott bitten, den Gutsherrn und seine Verwandten zu segnen und jedem Stand das Seine zu erhalten; noch wird man sie so erziehen, daß es ihnen natürlich erscheint, Gott auch dann zu loben, wenn nur sie selbst zu essen haben, während gleichzeitig andere hungern, oder zu singen, während andere wehklagen. Mit den Punkten, die zum Aufbau des sozialen Gebäudes notwendig sind, den Punkten also, die wir als verfassungsmäßige bezeichnen, wird man es an den Volksschulen sehr genau nehmen. Die zweite Natur des Kindes wird dann eine offizielle Natur sein, genauso wie die jetzt veraltete zweite Natur, die wir an unseren staatlichen Schulen und Universitäten erhalten.
Wenn das Kind sein soziales Glaubensbekenntnis und den dazugehörigen Katechismus gelernt hat, wenn es außerdem lesen, schreiben, rechnen und seine Hände praktisch gebrauchen kann, kurz: wenn es alle notwendigen Voraussetzungen erfüllt, um in einer heutigen Stadt zurechtzukommen und einer einfachen nützlichen Arbeit nachzugehen, dann sollte man ihm selbst überlassen, herauszufinden, was für seine weitere Bildung von Nutzen ist. Wenn es ein Newton ist oder ein Shakespeare, wird es die Differentialrechnung oder das Theater studieren, ohne damit bis zum Überdruß vollgestopft zu werden; alles, was es braucht, ist:

freien Zugang zu Büchern, Lehrern und zum Theater. Wenn aber sein Kopf keine Lust zur Weiterbildung hat, dann soll man das Kind in Ruhe lassen, aus dem einfachen Grund, weil es selbst am besten weiß, was ihm gut tut. Auf dem Gebiet des Geistigen ist das Brachliegen ebenso notwendig wie das Säen. Selbst Körper können durch Überkultivierung erschöpft werden. Wer versucht, alle Leute unterschiedslos zu Superathleten heranzubilden, ist genauso dumm wie einer, der sie alle zu Hochschulstipendiaten machen wollte. Es gibt aber keinen Grund anzunehmen, daß die sozialistische Regierung in dieser Hinsicht dümmer wäre als unsere derzeitige, die Eton und Harrow, Oxford, Cambridge und Sqeers hervorgebracht hat.

Der Sozialismus und die Kirchen

Wie weit ein sozialistischer Staat die Kirche in unserem Sinn tolerieren wird, ist eine ganz interessante Frage. Der Streit zwischen Kirche und Staat besteht schon lange. Wenn wir darüber nachdenken wollen, müssen wir unsere persönlichen Kirchgänge und Überzeugungen einen Augenblick beiseite lassen und versuchen, das Problem von außen zu betrachten, etwa so, wie wir eine orientalische Religion betrachten, oder, um es gescheit zu formulieren, wir müssen es objektiv, nicht subjektiv angehen.

Die weltlichen Regierungen oder Staaten werden sich auch in Zukunft, wie heute und in früheren Zeiten, immer wieder gegen Anmaßungen vonseiten der Kirchen wehren müssen, wenn diese, egal ob sie nun traditionell oder neugegründet sind, als Theokratien Macht und Vorrechte beanspruchen, wie sie keine weltliche Regierung je fordern würde. Besonders schwierig wird das, wenn eine neue Kirche versucht, neue politische oder soziale Institutionen einzuführen bzw. veraltete wieder zu beleben. Denn, sehen Sie, das Problem liegt darin, daß Staaten und Kirchen zwar immer um die Regierungsgewalt rivalisieren, die Staaten sich aber nicht ganz von den Kirchen loslösen, weil die Mitglieder der weltlichen Parlamente und Kabinette alle auch in dieser oder jener Kirche ihre Pöstchen haben. In England kann man dieses Durcheinander mit der lächerlichen Tatsache belegen, daß die Bischöfe der *Church of England* Sitze im Oberhaus haben, während die Geistlichen im Unterhaus grundsätzlich ausgeschlossen sind. Die Parlamente sind also die Rivalen der Kirchen und werden doch zu deren Instrument. Der Streit zwischen den beiden Gruppen geht folglich eher darum, ob die Kirchen ihre Macht direkt ausüben dürfen, um sich auf den weltlichen Zweig nur dann zu berufen, wenn sie ihre eigentlich schon entschiedenen Beschlüsse durchsetzen möchten, oder ob sie wie jede andere Bürgervereinigung nur wählen und die entscheidenden Beschlüsse dem Staat überlassen sollen.

Wenn aber irgendeine Kirche soviel Macht hat, um zur Bedingung machen zu können, daß jeder, der ins Parlament will oder auf den Thron oder Richterstuhl oder auch in den öffentlichen Dienst, ihr angehören *muß,* dann ist diese Kirche praktisch, auch wenn die Theorie anders lautet, stärker als eine unabhängig vom weltlichen Staat regierende Theokratie je sein könnte. Die Anglikanische Kirche, *Church of England,* hatte diese Macht tatsächlich erreicht; sie brach aber zusammen, weil nicht alle Engländer in ein und derselben Kirche bleiben wollten. Sie liefen aus der Anglikanischen Kirche weg in alle Richtungen und bildeten Sekten, sogenannte Freie Kirchen.
Wenn ein Parlament nicht allen Kirchen offensteht, einschließlich der atheistischen (denn die Positivisten, die ethischen Gesellschaften, die Agnostiker, die Materialisten, die darwinistischen Selektionsanhänger, die Evolutionsvitalisten und sogar die Pantheisten sind alle Ungläubige und Atheisten vom streng evangelistischen oder quellentreuen Standpunkt aus), dann ist es auch nicht möglich, religiöse Riten mit den staatlichen Institutionen untrennbar zu verbinden, einfach weil keine Kirche damit einverstanden wäre, irgendein Ritual außer ihrem eigenen als gesetzliche Verpflichtung anzunehmen. Das Parlament ist daher gezwungen, rein zivile Formalitäten als Ersatz für die kirchlichen Dienste anzubieten, so bei der Namensgebung der Kinder, bei Eheschließungen und in Sterbefällen. Heute kann ein Zivilbeamter Sie ebenso legal verheiraten und den Namen Ihres Kindes eintragen wie ein Erzbischof oder Kardinal.
Was nun die traditionelle Religion so mächtig werden ließ, war, daß sie in ihren besten Zeiten (das heißt in den Händen der besten Gläubigen) viel ausgesprochen Gutes an sich hatte und viel Trost für alle diejenigen, die die Grausamkeit der Natur nicht ertragen konnten, ohne irgendeinen Lebenssinn des Inhalts, daß Redlichkeit und Gnade ganz sicher das letzte Wort behalten würden. Hierin liegt auch die Macht der Wissenschaft. Auch sie hat im besten Fall enorm viel Gutes gebracht; auch sie gibt auf ihrer höchsten Ebene dem menschlichen Leben einen Sinn,

sie ermutigt, stärkt und intensiviert die Beobachtung. Vielleicht zerbrechen Sie selbst sich den Kopf darüber, ob nun die alte oder die neue Erklärung die wahre ist. Aber objektiv betrachtet, müssen Sie die Frage nach absoluter Wahrheit beiseite schieben und einfach die Tatsache wahrnehmen und anerkennen, daß unser Land sich zusammensetzt aus einer relativ kleinen Anzahl religiöser oder wissenschaftlicher Eiferer, dann einer großen Masse von Leuten, die sich um solche Sachen gar nicht kümmern und deren ganzer Begriff von Religion oder Moral darin besteht, alles genauso zu tun wie die anderen Leute ihrer Klasse, und schließlich aus den ziemlich vielen unschlüssig Dazwischenstehenden, den Sowohl-als-auch-Leuten. – Sobald es aber um die Frage geht (früher oder später wird es immer darum gehen), ob unsere Kirchen für die Predigten einer ganz bestimmten Glaubensrichtung reserviert werden können, wird man sich nicht einigen, indem man davon ausgeht, daß irgendeine Kirche ein Monopol auf die religiöse Wahrheit innehat. – Soviel zur objektiven Betrachtung. Und nun zur subjektiven.

Ein altes Sprichwort sagt: Je näher der Kirche, desto weiter von Gott. Aber in den nächsten ein bis zwei Absätzen müssen wir das einmal kurz ausstreichen. Nur eine lebendige Religion kann den Frauen so starke Nerven geben, daß sie ihre Angst vor jeder großen sozialen Veränderung zu überwinden fähig sind und sich von toten Religionen oder toten Teilen einer Religion trennen, was genauso notwendig ist, wie die Trennung von einem toten oder faulen Zahn. Aller Mut ist religiös: ohne Religion sind wir Feiglinge. Zwar haben die Männer, weil sie auf Kämpfen und Jagen spezialisiert waren – während die Frauen, als die Gebärenden, vor solchen Gefahren beschützt werden mußten –, sich daran gewöhnt, die Grausamkeiten des Krieges und die Waghalsigkeiten sportlicher Wettkämpfe als einen Ersatz für Mut anzunehmen und haben diesen Schwindel bis zu einem gewissen Grad auch auf die Frauen übertragen. Aber jede Frau weiß doch instinktiv, selbst wenn sie den Unsinn über die männlichen Ruhmestaten nachplappert, daß eine menschliche Gemeinschaft nicht durch Mor-

den und Herausforderung des Todes zusammengehalten wird, sondern nur durch die Erzeugung neuen Lebens und dessen Schutz, damit sich alles Lebendige voll entwickeln kann. Als Ibsen sagte, die Hoffnung der Welt liege in den Frauen und Arbeitern, war er weder sentimental noch ein Demagoge. Zwar können Sie nicht bis hierher gelesen haben (es sei denn, Sie haben manches nur überflogen), ohne zu bemerken, daß ich, ebensogut wie Ibsen oder wie Sie selbst, weiß, daß Frauen keine Engel sind. Sie sind in vieler Hinsicht ebenso unklug wie Männer. Aber sie haben sich in den Dienst des Lebens stellen müssen, während die Männer sich in den Dienst des Todes stellten, und deshalb unterscheiden sich die männliche und die weibliche Religion so vital voneinander.
Die Frauen waren gezwungen, in Sorge zu leben, während die Männer gezwungen waren, sich Wagnissen auszusetzen: der Heroismus einer Frau besteht im Nähren und Beschützen des Lebens, der eines Mannes im Zerstören desselben und im Spiel mit dem Tod. Aber die menschentötenden Helden sind oft jämmerliche Feiglinge angesichts neuer Ideen und ausgesprochen faul, wenn sie nachdenken sollen. Ihr Heroismus ist politisch schädlich und nutzlos. Weil sie instinktiv wissen, daß sie beim Nachdenken über ihr eigenes Tun vielleicht unfähig werden, so weiterzumachen, haben sie Angst, überhaupt nachzudenken. Deshalb muß die heldenhafte Frau für sie mitdenken, manchmal sogar bis zu einem Ausmaß, das ihr oft keine Zeit läßt, noch für sich selbst zu denken. Sie braucht mehr, nicht weniger Mut als der Mann. Und diesen Mut muß ihr ein Glaube geben, der nicht unglaubwürdig wird, sobald sie über ihn nachdenkt.
Lassen Sie mich also annehmen, daß Sie eine Religion haben, und daß für Sie die wichtigste Frage im Zusammenhang mit dem Sozialismus darin liegt, ob er gegen oder für diese Religion sein wird. Die Antwort ist ganz einfach. Wenn Ihre Religion die Ungleichheit der Einkommen fordert, dann werden die Sozialisten ihr Möglichstes tun, damit sie nicht mehr existiert, und mit Ihnen selbst etwa so umgehen, wie die Regierung in Britisch-Indien 1830 mit

den Thugs* umging. Wenn Ihre Religion sich aber mit der Gleichheit der Einkommen verträgt, gibt es absolut keinen Grund, warum eine sozialistische Regierung sie oder ihre Anhänger schlechter behandeln sollte, als jede andere Regierung es täte.
Es gibt jedoch eine Gefahr, vor der Sie auf der Hut sein sollten. Auch der Sozialismus wird manchmal nicht nur als eine weitreichende ökonomische Reform gepredigt, sondern so, als sei er eine neue Religion und müsse auf der Basis neuer Offenbarungen des göttlichen Willens von einem neuen Propheten verkündet werden. Heute wird er ja tatsächlich so verkündet. Lassen Sie sich aber nicht von der Tatsache irreführen, daß die Missionare der sozialistischen Kirche nicht das Wort »Gott« gebrauchen, auch ihre Organisation nicht als eine Kirche bezeichnen und die Orte ihrer Zusammenkunft nicht mit Glockentürmen dekorieren. Sie predigen trotzdem eine unvermeidliche, endgültige und höchste Kategorie in der Ordnung des Universums, in der alle Widersprüche der vorangehenden und niedrigeren Kategorien aufgehoben sein werden. Sie sprechen zwar nicht vom Heiligen Geist, außer im Spott. Aber sie predigen die hegelianische Dialektik. Ihr Prophet heißt nicht Jesus oder Mohammed (noch Luther, Augustinus usw.), aber Karl Marx. Sich selbst bezeichnen sie auch nicht als katholische Kirche, aber als »Dritte Internationale«. Ihre metaphysische Literatur beginnt bei den deutschen Philosophen Hegel und Feuerbach und gipfelt im »Kapital«, dem literarischen Meisterwerk von Marx, der sogenannten »Bibel der Arbeiterklasse«, einer für sie unfehlbaren und allwissenden Erleuchtung. Zwei dieser biblischen Thesen widersprechen einander so auffällig wie die beiden ersten Paragraphen im Artikel 28 der *Church of England*. Die eine behauptet, es sei prädestiniert, daß die Evolution des Kapitalismus in den Sozialismus münde, wir eigentlich also nur zu sitzen und zu warten brauchten, bis es soweit ist. Das

* Thugs = indische Raubmörderkaste (seit dem 12. Jahrhundert); verehrte die blutdürstige Göttin Kali und führte präzise geplante Raubmorde aus in der festen Überzeugung, ein frommes Werk zu tun; 1829-36 von den Briten unter Druck gesetzt, 306 von ihnen wurden exekutiert.

ist die marxistische Version der Erlösung durch den Glauben. Die andere meint, der Sozialismus müsse durch eine Revolution und den Einsatz der »Diktatur des Proletariats« verwirklicht werden. Das ist die Version der Erlösung durch »gute Werke«.
Der Erfolg der russischen Revolution beruhte darauf, daß sie von solchen marxistischen Fanatikern geführt wurde. Aber die nachfolgenden Fehler hatten dieselbe Ursache. Der Marxismus ist nicht allein nutzlos, sondern sogar verheerend als Anleitung zur Regierungs*praxis*. Er kommt der Definition des Sozialismus nicht näher, als daß er ihn mit einer hegelianischen Synthese gleichsetzt, welche die Widersprüche des Kapitalismus aufheben und die politische Macht auf das Proletariat übertragen soll. Deutsche und reinrassige Schotten finden in solchen Abstraktionen einen geistigen Trost. Aber auf Engländerinnen wirken sie unverständlich und abstoßend und würden, isoliert betrachtet, praktisch niemandem, sei er nun Engländer, Schotte oder Deutscher, helfen, auch nur einen Kiosk zu führen, geschweige denn, einen modernen Staat zu regieren, was Lenin ja sehr bald herausfand und ganz offen zugab.
Aber Lenin und seine Nachfolger waren nicht in der Lage, den neuen von ihnen errichteten russischen Nationalstaat frei zu machen von der neuen russisch-internationalen (katholizistischen) »Kirche«. Keiner kann heute voraussehen, ob sich die Politik Rußlands, sobald sie in eine Krise gerät, auf die weltliche und nationale Basis der Sowjets oder auf die marxistische Religion der Dritten Internationalen festlegen wird. Wir stehen den Sowjets gegenüber, wie Elisabeth I. Phillip von Spanien gegenüberstand, guten Willens zwar, mit ihm wie mit einem irdischen König zu verhandeln, nicht aber wie mit dem Agenten einer katholischen Theokratie. In Rußland wird der Staat früher oder später die derzeitige Macht der marxistischen »Kirche« brechen und ihr die politischen Entscheidungen aus der Hand nehmen müssen, genauso wie seinerzeit der britische Staat oder auch andere protestantische Staaten die Macht der römisch-katholischen Kirche gebrochen haben. Aber bis dahin wird uns die Marxsche »Kirche«, die Dritte

Internationale, ebenso viele Schwierigkeiten machen, wie früher die Päpste. Sie wird das im Namen des Kommunismus und Sozialismus tun und auf Widerstand nicht nur bei den Kapitalisten stoßen, sondern auch bei jenen Kommunisten und Sozialisten, die begriffen haben, daß sowohl der Kommunismus als auch der Sozialismus Angelegenheiten des Staates und nicht der Kirche sind. König Johann war nicht weniger christlich als der Papst, wenn er sagte, daß in seinem Reich kein italienischer Priester Gelder einkassieren dürfe. Und die Köpfe unserer Arbeiterpartei können überzeugte Sozialisten und Kommunisten bleiben, auch wenn sie sich weigern, irgendwelche fremde oder einheimische Vorschriften vonseiten der Dritten Internationalen zu dulden oder Marx als einen Gott anzuerkennen.

Doch soll unsere protestantische Abneigung gegen die Autorität der neuen marxistischen »Kirche« uns nicht vergessen lassen, daß die marxistische Bibel zwar nicht als Anleitung für parlamentarische Taktik genommen werden kann, daß man diesen Anspruch aber auch nicht einmal an jene besonders revolutionären Dokumente, die Evangelien, legen darf. Deswegen verbrennen wir aber die Evangelien nicht und schlußfolgern auch nicht, daß die Bergpredigt uns heute nichts mehr zu sagen hätte. Ebensowenig sollten wir »Das Kapital« verbrennen und Karl Marx als einen wertlosen Autor verbannen, den keiner mehr lesen müßte. Marx hat seinen großen Namen nicht umsonst erlangt: er war ein sehr guter Lehrmeister; und die Leute, die seine Lektionen noch nicht gelernt haben, geben äußerst gefährliche Politiker und Politikerinnen ab. Aber wer wirklich etwas von ihm gelernt hat und ihm nicht blindlings als einem unfehlbaren Propheten huldigt, ist nicht *mehr* Marxist als Marx selber einer war. Ich selbst bin durch »Das Kapital« zum Sozialismus bekehrt worden; und obwohl ich seitdem ziemlich viel Zeit verwenden mußte, um auf seine Fehler in der abstrakten Ökonomie hinzuweisen, auf seinen völligen Mangel an Erfahrung bei der verantwortlichen Handhabung öffentlicher Angelegenheiten und auf die, wenn man genauer hinsieht, Diskrepanz zwischen seiner Beschreibung des typischen Proletariats und einer »irdischen Arbeiterin«, bzw. seiner Bourgeoisie und irgend einer realen Dame aus der besitzenden Klasse, so können Sie doch mit gutem Gewissen jeden, der von Karl Marx verächtlich spricht, als einen Angeber und Heuchler abtun, der ihn niemals gelesen hat, oder als jemanden, der seinem hohen geistigen Horizont gar nicht gewachsen ist. Wählen Sie niemals eine solche Person. Aber wählen Sie auch keinen marxistischen Fanatiker, es sei denn, Sie können einen kriegen, der jung oder klug genug ist, um nach etwas praktischer Erfahrung über den Marxismus hinauszuwachsen, wie Lenin das tat. Der Marxismus ist – wie das Mormonentum, der Faschismus, der Imperialismus und eigentlich alle Möchte-Gern-Katholizismen, mit Ausnahme des Sozialismus und Kapitalismus – im wesentlichen ein Aufruf zu einer neuen Theokratie. Der Sozialismus und Kapitalismus tun natürlich ebenfalls ihr Möglichstes, um als glaubwürdige Vertreter einer göttlich gewollten Weltordnung anerkannt zu werden. Aber der Druck der Tatsachen ist zu stark für eine solche Anmaßung: einmal schließlich sind sie doch gezwungen, sich als rein weltliche Notbehelfe zur Sicherung des menschlichen Wohlergehens zu erkennen zu geben, wobei die einen die gleichmäßige Einkommensverteilung, die andern das Privateigentum mit Vertragsfreiheit als Geheimnis des allgemeinen Wohlstandes verteidigen.

Ich könnte noch jahrelang so fortfahren. Aber ich glaube, Ihnen jetzt genug über den Sozialismus und Kapitalismus erzählt zu haben, daß Sie in der Lage sind, dem Kampf zwischen den beiden einsichtig folgen zu können. Erst einmal wird es Sie irritieren, wenn Sie Zeitungen lesen und in Gesprächen die Allgemeinplätze über eben dieses Thema zu hören bekommen, zumal Sie ja die ganze Zeit über wissen, daß die Schreiber und Schwätzer keine Ahnung haben, was sie da schreiben und reden. Die Lust, den Blättern impulsiv einen Leserbrief zu schreiben oder sich in die Gespräche einzumischen, um die Sache klarzustellen, mag fast unwiderstehlich sein. Aber man muß ihr dennoch widerstehen. Denn wenn Sie erst einmal damit anfangen, so finden Sie kein Ende. Sie müssen mit ruhig höflicher Miene dabeisitzen, wenn man neben Ihnen über Politik redet und alle Leute, die man nicht leiden kann, als Sozialisten, Bolschewiken, Syndikalisten, Anarchisten und Kommunisten beschimpft oder aber, im umgekehrten Fall, als Kapitalisten, Imperialisten, Faschisten, Reaktionäre und Bourgeois, wobei keiner eine genügend klare Vorstellung hat, was diese Begriffe eigentlich bedeuten, so daß man ohne Schmeichelei auch nur vom Schatten einer Ahnung sprechen könnte. Vor hundert Jahren hätten sie sich gegenseitig Jakobiner geschimpft, Radikale, Chartisten, Republikaner, Ungläubige und sogar – als Ausdruck der allertiefsten Verachtung – Genossenschaftler; oder aber umgekehrt Konservative, Tyrannen, aufgeblasener Adel und Zinsenraffer. Keiner dieser Namen verletzt uns heute: die Jakobiner und Chartisten sind vergessen; die Republikaner sind die Regel, und nicht die Ausnahme, in Europa genauso wie in Amerika; der aufgeblasene Adel ist die neue Schicht der Armen; und das Proletariat mit seinen auf Sparbriefen und auf den Banken festgelegten Geldern hätte durchaus nichts dagegen, wenn man behauptete, es würde sein Geld »gut verzinst« anlegen.

Aber Namen bedeuten im Mund von Parteien sowieso nichts. Sie sind lediglich Verleumdungen des anderen zugunsten der eigenen Wählerstimmen. In Frankreich rufen vor den Wahlen die Plakate der Opposition ihre Wähler immer auf, gegen die »Mörder« und »Diebe« zu stimmen (womit sie das Kabinett meinen); und auf den Plakaten der Regierung erscheinen genau dieselben Beinamen. Das alles bedeutet nichts. Sie sollten sich lieber gegenseitig als Esel und Schweine bezeichnen (übrigens tun sie das ja auch ab und zu): denn jeder weiß ja, daß ein Mann kein Esel und eine Frau kein Schwein ist, und daß diese Bezeichnung also nur eine grobe Art von Beleidigung des anderen darstellt; dagegen wissen aber die meisten Leute nicht, was die Begriffe Bolschewik, Anarchist, Kommunist und so fort bedeuten: sie lassen sich nur zu leicht Angst machen und glauben dann, sie bezeichneten jedes nur vorstellbare Extrem von Gewalt und Diebstahl, von Raub und Mord. Das russische Wort Bolschewik, das für uns so schrecklich klingt, bezeichnet genaugenommen nichts anderes als das Mitglied einer parlamentarischen Mehrheit; in England dagegen ist es als Attribut lediglich der politische Ausdruck für einen Buhmann oder Lump oder, wie es im Volksmund heißt, einen »Bluthund« und steht also einfach für jemanden oder etwas, mit dem der Sprecher nicht einverstanden ist.
Doch sind die Namen, die wir anderen an den Kopf werfen, viel weniger verwirrend als diejenigen, die wir uns selbst geben. Zum Beispiel nennen sich ziemlich viele Leute – meist sind es sehr liebenswürdige und gutmütige Naturen – »kommunistische Anarchisten«, und für die Konservativen heißt das soviel wie Doppelt- und Dreifach-Schufte. Das ist aber fast so, als würden sie sich »katholische Protestanten« oder »christliche Juden« oder »Zwergriesen« nennen, als wollten sie »brünette Blondinen«, »verheiratete Jungfern« oder sonst zwei genau entgegengesetzte Dinge sein; denn der Anarchismus predigt ein Außer-Kraft-Setzen der Gesetzesstatuten und die Abschaffung aller Regierungen und Staatsformen, der Kommunismus hingegen, daß alle notwendigen Staatsgeschäfte von

öffentlichen Körperschaften durchgeführt und von einem allgemeingültigen Gesetz kontrolliert werden sollen. Kein Mensch kann logischerweise gleichzeitig für beides sein. Doch liegt in der Bezeichnung auch etwas Richtiges. Denn im Grunde meint z. B. eine kommunistische Anarchistin eigentlich, daß sie zwar bereit ist, hinsichtlich der Arbeit und der Befolgung des öffentlichen Gesetzes, soweit diese notwendig sind, um das Gemeinwesen gesund und leistungsfähig zu erhalten, Kommunistin zu sein, daß sie aber danach tun und lassen möchte, was sie selbst will. Sie möchte also zum Ausdruck bringen, daß sie sowohl Muße und Freiheit als auch Arbeit und Verantwortung braucht, kurz, daß sie – wie ich es einmal sagen hörte – nicht gerne nur ein »Arbeitstier« sein möchte. Diese Einstellung haben alle tüchtigen Frauen; ich würde mich aber trotzdem an Ihrer Stelle grundsätzlich nicht als »kommunistische Anarchistin» bezeichnen, weil der Begriff des kommunistischen Anarchismus so verwirrend ist und oft im gegenteiligen Sinn von gerade jenen Begriffsverwischern gebraucht wird, die, weil sie frei sein wollen, gegen Gesetz und staatliches Vorgehen sind, andererseits aber auch gegen die Freiheit, denn ihre Vertragsfreiheit ist ja nur ein kapitalistischer Trick zur Ausbeutung des Proletariats, so daß sie Zeit ihres Lebens beide, den Sozialismus wie den Kapitalismus, bekämpfen und überhaupt niemals etwas erreichen.
In Wahrheit leben wir wie in einem Turm von Babel, und die Sprachverwirrung hindert uns daran, den sozialen Bau fertigzustellen. Die Katholiken, die nicht wissen, was ihre Kirche lehrt; die Angehörigen der anglikanischen Kirche, die manche ihrer neununddreißig Glaubensartikel entschieden zurückwiesen, wenn man sie ihnen vorlegte, ohne auf die Quelle zu verweisen; die Liberalen, die niemals etwas von den Grundsätzen der Manchester School* gehört haben und sie andernfalls auch gar nicht verstehen würden; die Konservativen, die vollkommen unbeleckt von De Quincey und seiner »Logik der Nationalökonomie« sind: mit anderen Worten, die überwiegende Mehrheit aller

* Liberalistische volkswirtschaftliche Richtung.

Katholiken, Protestanten, Liberalen und Konservativen findet ihre Entsprechung bei jenen Sozialisten, Kommunisten, Syndikalisten, Anarchisten und Mitgliedern der Arbeiterpartei, die zwar auf den Kapitalismus und die bürgerliche Moral schimpfen, aber selbst von beidem nur so triefen. Wenn Sie als intelligente Frau eine Zeitung lesen, müssen Sie das, so gut Sie können, miteinkalkulieren. Nicht nur müssen Sie sich vergegenwärtigen, daß nicht alle erklärten Sozialisten notwendigerweise Gewerkschaftler sind, logischerweise aber keine Anarchisten sein können, sondern auch, daß sie manchmal so wenig Sozialisten sind, daß sie sich, sobald man ihnen ein öffentliches Amt vertraut und sie den von ihnen beschimpften konservativen oder liberalen Führern unmittelbar gegenüberstehen, plötzlich ganz geschmeichelt fühlen und bei jeder Abstimmung begeistert mit ihnen zusammengehen, weil diese hervorragenden Persönlichkeiten ja genau dasselbe denken wie sie selbst.
Die Bezeichnung »Kommunist« wird gegenwärtig (1927) besonders auf solche Leute angewandt und von ihnen auch selbst gewählt, die glauben, daß der Kapitalismus niemals durch konstitutionelles parlamentarisches Vorgehen (nach Art der Fabier) abgeschafft werden könne, sondern durch eine bewaffnete Revolution gestürzt und durch die Moskauer marxistische Kirche ersetzt werden müsse. Höflich ausgedrückt, heißt das »Politik der direkten Aktion«. Rechtsextremisten, die ihrerseits gerne eine Machtergreifung durch die Kapitalisten erzwungen sähen, nennen es einen *coup d'état,* einen Staatsstreich. Aber eine Arbeiterfrau kann z. B. für direkte Aktion sein, ohne daß sie auch nur im entferntesten eine Kommunistin wäre. Sie kann der Ansicht sein, daß die Bergwerke den Bergarbeitern gehören sollten, die Eisenbahnen den Eisenbahnern, die Armee den Soldaten, die Kirche den Geistlichen und die Schiffe der Besatzungsmannschaft. Sie kann sogar der Ansicht sein, daß die Häuser den Dienstmädchen gehören sollten, besonders dann, wenn sie selbst ein Dienstmädchen ist. Der Sozialismus wird sich um solche Dinge nicht kümmern. Er besteht darauf, daß die Industrien *allen* Staatsbürgern

gemeinsam gehören und im Interesse des Verbrauchers (oder Kunden) geführt werden müssen, so daß dieser zum Selbstkostenpreis einkaufen kann, ohne irgendjemandes Gewinnspanne mitzubezahlen. Ein Laden etwa darf nicht den Verkäufern gehören, darf auch nicht für deren Profit ausgenutzt werden: Er soll zum Vorteil des Kunden da sein, wobei die Verkäuferin auch davor bewahrt bleibt, sich für ihre Kundschaft aufopfern zu müssen. Wenn die Einkommen gleich sind und jedermann sowohl Produzent wie Verbraucher ist, darf man diesen Produzenten und Verbrauchern schon zutrauen, daß sie sich gegenseitig anständig behandeln, wenn nicht aus edleren Beweggründen, so doch aus Eigenliebe. Vorerst aber wäre die Übergabe einer Industrie in den Besitz der Arbeiter nur ein Rollentausch; statt der gegenwärtig müßigen Aktionäre hätten wir dann Arbeiter-Aktionäre, die noch viel mehr Profit herausschlügen, weil sie ihre Grundstücksmieten auf die Seite legen und keinen jener Beträge an das Finanzamt zahlen würden, wie sie heute unter parlamentarischer Herrschaft geleistet werden und dem ganzen Land zugute kommen. Die Einkommensdifferenz zwischen den, sagen wir mal, Bergleuten in der reichsten Grube und den Bauern auf den kärglichsten Äckern wäre ungeheuer groß. Aber ich brauche Sie nicht mit Argumenten zu quälen: ein solches Arrangement ist sowieso unmöglich. Nur möchte ich Sie lieber warnen, weil man oft annimmt, das alles gehöre zum Sozialismus, und weil gerade jetzt einige proletarische Vorschläge und Tagesslogans (auch vonseiten der Gewerkschaften, der Arbeitgeberverbände, der Betriebsräte, der Bauernverbände) und die gröberen Mißverständnisse über den Syndikalismus und Sozialismus in dieser Richtung gefärbt sind, oder gar so sehr durchtränkt, daß die proletarische Bewegung in Italien nach dem Krieg daran zerbrach und das zur Diktatur Mussolinis führte.

Es gibt viele glänzende pseudo-sozialistische Masken. In Wirklichkeit sind sie aber nur der Kapitalismus des kleinen Mannes, sozusagen die Kuh der Armen.

Auf der negativen Seite sind die proletarischen »Ismen« ganz ähnlich: sie alle bringen dieselben Anklagen gegen

den Kapitalismus vor; und der Kapitalismus differenziert deshalb nicht zwischen ihnen, weil sie übereinstimmend gegen ihn sind. Aber es gibt alle nur möglichen Unterschiede zwischen den von Proletariern empfohlenen Gegenmitteln. Und eine Frau, die, ohne zu differenzieren, für den Syndikalismus, den Anarchismus oder die als Kommunismus verkleidete »Direkte Aktion« ihre Stimme abgäbe, weil sie glaubte, damit den Sozialismus zu wählen, eine solche Frau wäre genauso im Irrtum wie eine andere, die ihrerseits, ohne zu differenzieren, die Konservativen, Liberalen oder Imperialisten etc. wählen würde, einfach, weil sie glaubte, damit *gegen* die Sozialisten zu stimmen.
Sie haben deshalb das kuriose Spektakel vor sich, daß unsere parlamentarische Labor Party von Sozialisten geführt wird, die im Prinzip zwangsläufig Kommunisten sind und eine durchgreifende Ausbreitung des Kommunismus befürworten, aber die sogenannte Kommunistische Partei dennoch aus ihren Reihen ausschließen und sich weigern, öffentlich mit deren Mitgliedern auf ein und derselben Tribüne zu erscheinen; weshalb die Kommunistische Partei sie als großbürgerliche Reaktionäre beschimpft. Das ist äußerst verwirrend, wenn man nicht die Zusammenhänge sieht. Dann aber erkennen Sie, daß es im Moment bei unseren rivalisierenden Parteien in England nicht um Kommunismus gegen Sozialismus geht, sondern um konstitutionelle Aktion (bzw. Fabianismus, wie man es früher nannte) gegen direkte Aktion, wobei auf letztere eine Diktatur folgen würde. Und weil die Rechtsextremisten inzwischen kaum noch der Versuchung widerstehen können, einen britisch-faschistischen *coup d'état* mit anschließender Diktatur zu wagen, im Gegensatz zum liberalen, konstitutionellen Kapitalismus, sind die Verwirrungen und Uneinigkeiten durchaus nicht alle auf der Seite der Arbeiterpartei. Die Extremisten der Rechten sind ebenso wie die der Linken nur Propagandisten, die keine Geduld haben und das Parlament als Institution verabscheuen. Wir haben einen rechten Flügel noch innerhalb der Rechten wie einen linken Flügel bei den Linken, während das konstitutionelle Zentrum zwischen Kapitalismus und Sozialismus geteilt ist.

Sie werden all Ihren Verstand brauchen, um bei den kommenden Veränderungen herauszufinden, wo Sie stehen, und dort zu bleiben.
Im Grunde ist es nämlich so, daß Demokratie (oder Herrschaft des Volkes durch allgemeines Wahlrecht) niemals ganz und gar Realität geworden ist, und in dem sehr begrenzten Ausmaß, in dem sie realisiert wurde, war sie kein Erfolg. – Nur die Idealisten aus der besitzenden und gebildeten Mittelklasse glauben übrigens, die Stimme des Volkes sei die Stimme Gottes. Der typische Proletarierführer ist in dieser Hinsicht ein Zyniker, der insgeheim davon überzeugt ist, daß das Arbeitervolk neu und anders geboren werden müsse, ehe man ihm ohne Gefahr erlauben könne, seinen eigenen dummen Weg in öffentlichen Angelegenheiten einzuschlagen. Ja, nur um diese Neugeburt möglich zu machen, sind diese Führer überhaupt Sozialisten. Sie waren vorher oft heftige Anti-Sozialisten. So sind Zyniker wie Idealisten die eifrigsten Verteidiger der Demokratie.
Die übertrieben hohen Hoffnungen, die mit jeder Erweiterung der Volksherrschaft verbunden waren, sind mittlerweile nämlich enttäuscht worden. Vor hundert Jahren hat man sich für die große Reformbill der Liberalen eingesetzt, als würde ihr Eintrag in das Gesetzbuch ein Tausendjähriges Reich begründen. Und erst vor kurzem erwartete man von der Wahlzulassung der Frauen, für welche diese gekämpft hatten und gestorben waren, ein edleres Niveau in der politischen Praxis und einen klareren Kurs in öffentlichen Angelegenheiten. Aber bei der darauffolgenden Wahl stimmten die Frauen dafür, daß man den Kaiser aufhängen solle, scharten sich hysterisch um die übelsten männlichen Kandidaten, warfen alle weiblichen Kandidaten mit erwiesener Fähigkeit, Integrität und Einsatzbereitschaft hinaus und wählten nur eine einzige Dame, von adliger Herkunft, die sehr reich war, mit ihrer einmalig demagogischen Überredungskraft faszinierte und damals, obwohl sie später die Wahl rechtfertigte, noch eine Anfängerin war. Kurz, die Vorstellung, daß weibliche Wähler politisch intelligenter oder edelmütiger dächten als die männlichen, erwies sich

als eine ebenso große Täuschung wie die früheren, nach denen ein Geschäftsmann politisch weiser als ein Landedelmann oder ein Arbeiter weiser als jemand aus der Mittelklasse hätte sein sollen.
Die Reaktionen von Widerwillen gegen die Demokratie sind dort nur allzu natürlich, wo der Kapitalismus zuerst eine überwiegende Mehrheit von Proletariern hervorbringt, die keinerlei praktische Erfahrung im Management haben, keine Verantwortung und keine Fähigkeit, mit größeren Geldsummen umzugehen, auch nicht die leiseste Ahnung, daß so etwas wie eine politische Wissenschaft überhaupt existiert, und daß der Kapitalismus diese Mehrheit dann wahlberechtigt macht, um (für die eigene Partei) durch die Unterstützung von Seiten dieser breiten Volksschichten Vorteile herauszuholen. Selbst im alten Griechenland, wo der Klasse unserer heutigen Proletarier die Klasse der Sklaven entsprach und nur diejenigen überhaupt wählen durften, die – wie wir es heute nennen – der mittleren und oberen Klasse angehörten, gab es solch einen reaktionären Rückschlag, was uns kaum überrascht, wenn man bedenkt, daß eine der berühmten »Heldentaten« der athenischen Demokratie darin bestand, Sokrates hinzurichten, nur weil er seine überlegenen Geisteskräfte zur Bloßstellung ihrer dummen und falschen Entschlüsse verwandt hatte.
Dennoch rate ich Ihnen, an Ihrem Wahlrecht festzuhalten, so sehr Sie nur können. Seine positiven Auswirkungen können Ihnen zwar mehr Schaden antun, als gut ist, die negativen aber sind vielleicht sehr wertvoll für Sie. Gesetzt den Fall, der eine Kandidat wäre eine sokratische Persönlichkeit und der andere ein Dummkopf, zu dem Sie sich hingezogen fühlten, weil er Ihre eigenen Irrtümer wiederholt und ihnen noch eine Aura von Patriotismus und tugendhafter Entrüstung hinzufügt – dann wählen Sie vielleicht den Dummkopf, weil Sie durch ihn so nahe wie möglich an Ihr Ziel gelangen, nämlich den Sokrates hinrichten zu lassen; und insofern wäre Ihre Stimme nur von Übel. Aber allein die Tatsache, daß Ihre Stimme auch, selbst wenn sie nur eine unter vielen tausenden ist, bei

einer Wahl möglicherweise den Ausschlag geben kann, sichert Ihnen eine Bedeutung im Parlament, auf die zu verzichten völlig verrückt und feige wäre, solange die Ungleichheit der Einkommen noch verhindert, daß die Mitglieder der Regierung wirklich stellvertretend für Sie stehen. Klammern Sie sich deshalb mit Zähnen und Nägeln daran fest, gleichgültig, wie unqualifiziert Sie auch jetzt noch sein mögen, dieses Wahlrecht klug zu nutzen. Und so lange – der Himmel sei mit uns! – müssen wir eben so gut wir können weitermachen.

Der Sowjetismus
[Nachtrag 1937]

Seit der Niederschrift dieses Buches sind inzwischen zehn Jahre vergangen, und ein außergewöhnliches Ereignis hat meine Vorschläge einer harten Prüfung in der Praxis unterworfen. Der größte Einzelstaat der Welt, der ein Sechstel der Erdoberfläche bedeckt und eine ständig wachsende Bevölkerung von mehr als 175 Millionen aufweist, hat den Kapitalismus gestürzt und ihn durch eine kommunistische Politik sowie kommunistische Prinzipien ersetzt. Sein Prophet ist Karl Marx, dessen Werke ihm Richtschnur und Evangelium sind. Unsere englische nach-marxistische Literatur über den Sozialismus war dort entweder unbekannt, oder aber sie wurde nicht beachtet (und das hier vorliegende Buch war damals ja noch nicht geschrieben).

Die ersten Ergebnisse waren erschreckend. Im Jahre 1917 fand die Veränderung statt, und bis 1920 war der Zustand des ehemaligen russischen Zarenreichs, das jetzt U.d.S.S.R. heißt (Union der sozialistischen Sowjet-Republiken), derart verzweifelt, daß er der ganzen Welt wie eine Warnung erschien gegen die angebliche Unmoral und Unmöglichkeit des Sozialismus.

Der Sturz des Zarentums 1917 erfolgte in Rußland durch eine Revolution der Liberalen, die eine parlamentarische Regierung an seine Stelle setzten. Das löste, wie üblich, ganze Schwälle von rhetorischen Ergüssen aus, ohne die Dinge irgend besser zu machen. Rußland ist ein Volk von Bauern, und diese Bauern waren im Krieg 1914-1918 zum Wehrdienst eingezogen worden, um als Hilfstruppen Frankreich und England zu unterstützen. Wir nannten sie die »russische Dampfwalze«. Bis zum Jahre 1917 aber war alle nationale Begeisterung, die so schön anfeuert beim ersten Marsch an die Front, verpufft. In England klappte der Nachschub mit Freiwilligen nicht mehr, und die Männer wurden in die Schützengräben gezwungen durch die Einrichtung der Kriegsdienstpflicht. Immerhin wurden die

britischen Wehrpflichtigen voll ausgerüstet und besser ernährt als viele von ihnen jemals zuvor; auch bekamen ihre Frauen Unterstützungsgelder, mit denen sie besser leben konnten als noch zu Friedenszeiten. Erst elf Jahre nach dem Waffenstillstand bekamen sie die ganze Wucht des Bankrotts zu spüren, in den der Krieg die Welt hineingerissen hatte, obwohl sie schon im Jahre 1920 einen bitteren Vorgeschmack davon erhielten. Aber die russischen Soldaten hatten kein solches Glück. Viele von ihnen waren unbewaffnet und nicht ausgerüstet: alle waren mehr oder weniger ausgehungert. Für sie war der Krieg unbegreiflich, sie wußten nur, daß er begonnen hatte mit dem Attentat auf einen fremden Erzherzog in Bosnien, was sie gleichgültig ließ. Bis 1917 waren sie von der gut organisierten deutschen Armee hingemetzelt und in alle Himmelsrichtungen geschlagen. Verzweifelt desertierten sie in Scharen und faßten schließlich den Mut, sich selbst in Komittees zu organisieren, um ihre Offiziere zu verdrängen oder zu kontrollieren. Da aber die Komittees nichts tun konnten, um der Niederlage und dem Hunger Einhalt zu gebieten, gingen die revoltierenden Soldaten am Ende einfach nach Hause auf ihre Bauernhöfe, sofern sie welche hatten, oder suchten sich eine Beschäftigung in der Landwirtschaft, falls es eine gab. Zum überaus größten Teil jedoch füllten sie die Straßen von Petersburg, Horden von halbdisziplinierten Arbeitslosen, die nach Frieden schrien – um jeden Preis, und nach Land – um jeden Preis.
Unterdessen redete und redete die neue liberale Regierung und führte weiter Krieg, als ob sich gar nichts geändert hätte. Daraufhin ließ die deutsche Regierung, um die russische in allerhöchste Verwirrung zu stürzen, einen gewissen marxistischen Kommunisten auf sie los, der als Lenin bekannt ist und sofort bewies, daß er nicht ein Nur-Aufwiegler, sondern der größte Staatsmann seiner Zeit war. Lenin versprach dem Heer und der Marine den Frieden und machte sich gleich selbst zu ihrem Idol. Den Bauern, die ja zum größten Teil Soldaten geworden waren, versprach er Land. Und mit diesen Streitkräften im Rücken und einem bißchen Glück – das hauptsächlich aus der Unfähigkeit

seiner liberalen Gegenspieler im Parlament bestand, die damals von einem bemerkenswerten Redner namens Kerenskij angeführt wurden, warf er die Regierung Kerenskijs erst aus ihrer Machtposition und dann aus dem Land hinaus. Er hielt sein erstes Versprechen, indem er mit Deutschland den Frieden von Brest-Litowsk schloß, dessen Preis in der Freigabe der von Rußland besetzten polnischen Gebiete und der baltischen Provinzen bestand, die nun zu unabhängigen Republiken erklärt werden sollten, und in der wütenden Beschimpfung seitens der Alliierten – sogar der allerrevolutionärsten Sozialisten –, die ihn einen Verräter nannten, weil er sich dem gesamteuropäischen Feind, so hieß das deutsche Reich damals, verkauft hatte.
Achten Sie an dieser Stelle bitte auf die mißliche Lage, in die Lenin und seine kleine Gruppe von marxistischen Kommunisten durch diese Transaktion geraten waren. Sie kümmerten sich um nichts außer um den Kommunismus, aber sie waren an die Macht gelangt mit Hilfe der Bauern und der Soldaten und der Marine, die ihrerseits vom Kommunismus nicht mehr als von der Mathematik verstanden und deren Forderungen sich nicht nur auf den Frieden beschränkten (der ja mit dem Kommunismus gar nichts zu tun hat), sondern auf den Besitz von landwirtschaftlichem Grund und Boden hinausliefen, was genaugenommen die eigentliche und fanatischste Art von Privateigentum ist.
Aber der Prozeß aus praktischen Versuchen und Irrtümern, der schließlich zu diesem Resultat führte, war (obgleich sehr viel kürzer und freundlicher als derjenige, durch den England zur Annahme der kapitalistischen Entwicklung in der modernen Maschinenindustrie gezwungen wurde, einfach, um überleben zu können) doch recht bitter. Noch jahrelang streunten Horden verlorener und verlassener Kinder, eine Erscheinung der Nachkriegszeit, in Gruppen bettelnd und stehlend durch ganz Rußland: sie folgten den Jahreszeiten wie Zugvögel, schliefen während der Winternächte in den warmen Kesseln, aus denen tagsüber die Straßen asphaltiert worden waren, teilten aber, wie es schien, alles, was sie erbeuteten, getreulich untereinander auf, vom Kleinsten bis hin zum Größten. Die Schulbehörde

blieb unermüdlich in ihren Bemühungen, diese kleinen Gangster einzufangen und zu zähmen, doch rannten sie, auch wenn es gelang, immer wieder weg, noch bevor man sie überreden konnte, daß ein geordnetes Leben in Wirklichkeit freier und glücklicher ist als das eines Wilden. Selbst wenn sie domestiziert werden konnten, blieben sie Nomaden und mußten bei Arbeiten im Außendienst eingesetzt werden. Sie waren findig; und mancher von ihnen stieg bis hinauf in den Staatsdienst. Aber das waren nur die Überlebenden, Tausende von anderen müssen elend zugrundegegangen sein an Krankheit, Obdachlosigkeit und Hunger.

Heute gibt es kein einziges hungerndes Kind in den voll sowjetisierten Gebieten Rußlands, auch kein zerlumptes oder eines, das nicht die Schulbildung bekäme, für die es geeignet ist. – Während ich diese Zeilen schreibe, geben die Lehrer auf unseren englischen Schulkonferenzen schreckliche Schilderungen über den Zustand der Kinder ab, die sie in unseren Elendsvierteln in ungeheizten Schulen zu unterrichten haben. Unsere großen Tageszeitungen aber kümmern sich weder um die Schulmeister, noch um die Proteste im Parlament, sondern propagieren emsig das Gerücht weiter, die Russen würden unter einer schrecklichen Sklaverei erdrückt, während die Engländer frei und in wirtschaftlichem Aufstieg seien, nur weil der Export letzte Woche um zwei Prozent gestiegen ist.

Ich sollte jedoch lieber von den Fehlern reden, die die Bolschewisten gemacht haben. Denn wenn wir das russische System hier übernähmen, würden wir es noch schlechter machen, zumal die Bolschewiken ihren Marx gelesen hatten und wußten, um was es ging (auch wenn sie nicht wußten, *wie* sie es anpacken sollten), während unsere neuen Staatsführer sehr wahrscheinlich opportunistische Politiker wären, die überhaupt noch nie etwas gelesen haben.

Zuerst einmal warfen die Bolschewiken also, nachdem sie den Marxschen Grundsatz begriffen hatten, daß alle auf Profit ausgerichteten Privatunternehmen abgeschafft werden müßten, sämtliche Einzelhändler aus ihren Läden, wie seinerzeit Jesus die Geldwechsler aus dem Tempel warf, beschlagnahmten ihre Waren und lagerten sie doch tatsächlich haufenweise im Kreml. Folglich gab es in Moskau bald keine Läden mehr, wo man einkaufen konnte; und wenig später auch keine Straßen mehr – wenn man unter einer Straße einen gut gepflasterten Gehweg versteht. Natürlich mußten die Leute aber kaufen und verkaufen. Sie standen daher auf den Straßen und Marktplätzen herum, wo auch die Damen von Adel ihren Schmuck neben all den anderen Hausierern in der Gosse verhökerten, und gingen danach wieder heim in ihre Wohnungen, die sie jetzt mit den Proletariern teilen mußten; denen machte es natürlich nichts aus, zu zehnt in einem Raum zu schlafen, wenn dieser Raum nur groß genug war. Und da es keinen verantwortlichen Hauseigentümer mehr gab, der sich um Reparaturen kümmerte, gerieten die Häuser bald in einen jämmerlichen Zustand. Die Aufzüge gingen nicht mehr, das elektrische Licht fiel aus; die sanitären Einrichtungen waren unbeschreiblich. H. G. Wells besuchte die großen Städte Rußlands während dieser Zeit; und seine Schilderung, wie die der Bildhauerin Clare Sheridan und anderen, zeigt uns, wie dürftig das war, was sie zu sehen bekamen (obwohl ihre Hotelunterkünfte und Unterhaltungsprogramme noch das Beste waren, was die Veranstalter für sie tun konnten). Jedenfalls hatten sie keine Illusionen mehr über das Nichtgezeigte. Auch mir wurde damals von William Randolph Hearst das sehr verlockende Angebot gemacht, nach Rußland zu reisen und eine Beschreibung des Gesehenen zu geben; aber ich weigerte mich, weil ich nur zu gut wußte, daß, was ich dort sehen würde, ein Kapitalismus in Ruinen und kein Kommunismus *in excelsis* war. Erst später, im Jahre 1931, besuchte ich die U.d.S.S.R.; und bis dahin hatte sich das Blatt gewendet. Zehn Tage konnte ich dort höchst komfortabel leben und umherreisen (sie behandelten mich, als wäre ich Karl Marx in eigener Person) und entdeckte keine so schrecklichen Zustände, wie man sie in den Slums und Armenvierteln des kapitalistischen Westens sehen würde, obwohl die sowjetische Regierung damals noch ihre Fehler herauszufinden suchte.

Als Lenin nach seinem Versprechen, den Bauern und Soldaten Land und Frieden zu geben, an die Macht kam, konnte er den Frieden erreichen, indem er vor der deutschen Armee auf Gedeih und Verderb kapitulierte und sich vom Krieg zurückzog. Aber die Landfrage war eine härtere Nuß zu knacken. Es ist leicht, einfach zu sagen: »Das Land wird verstaatlicht, nehmt es euch und erhängt die Grundbesitzer, wenn nötig. Wir Sowjets machen keine Schwierigkeiten!« Die Bauern also vertrieben die Grundbesitzer oder brachten sie um und plünderten oder verbrannten ihre Gutshöfe. Sie bildeten Sowjets, d. h. Arbeiter- und Soldatenräte, verteilten das Land und arbeiteten weiter an der für sie lebensnotwendigen Produktion von Nahrungsmitteln. Aber Bauern sind geradezu besessene Individualisten; und als sie merkten, daß die Regierungszentrale von ihnen die Abgabe all ihrer Produkte erwartete, ja noch weitaus mehr, als sie für ihren eigenen Unterhalt produziert hätten, um aus dem nationalen Vorrat dann die städtischen Proletarier mitzufüttern (welche die Bauern verachteten und haßten), weigerten sie sich einfach, mehr als sie selbst brauchten zu produzieren, und schlachteten ihr Vieh lieber, als daß sie es konfiszieren ließen.
So wenig diese Bauern aber den marxistischen Grundsätzen auch folgen wollten, sie hatten doch eine große Angst, die sie niemals verließ, die Angst nämlich, daß die früheren Grundbesitzer zurückkommen und sie unter Druck setzen könnten. Ein Geheimnis, an dem die besonders klugen Köpfe in Moskau noch immer irritiert herumrätseln, ist der offenbar übernatürliche Weg, auf dem man die Nachricht vom Tod irgendeines exilierten Großgrundbesitzers aus der zaristischen Zeit in den Dörfern, die ihm früher unterstanden, viel eher erfährt als bei der Regierung selbst. Als der konterrevolutionäre Bürgerkrieg ausbrach, verstanden die Bauern nur so viel davon, als daß er ein Versuch der Großgrundbesitzer war, wieder zurückzukommen. Und das genügte ihnen. Als Trotzki, ein bereits erprobtes militärisches Talent wie auch ein glühender Redner, die Rekruten aufrief, um die Revolution zu verteidigen, kamen sie daher aus sämtlichen Dörfern wie aus feuerspeienden Vulkanen;

und ihre ungenügende Ausrüstung besserten sie auf mit den Uniformen ihrer Gefangenen. Trotzki war das zentrale Kontrollorgan der Kampagne; sein Kriegsbüro bestand aus einem Eisenbahnwaggon, den er achtzehn Monate lang in Beschlag hielt. Die Ortskommandeure waren jedoch nicht im geringsten geneigt, als kleine Bauern auf dem Schachbrett Trotzkis zu fungieren. Besonders Stalin kämpfte gegen alles, was ihm in den Weg kam, ohne Rücksicht auf die Pläne Trotzkis, und es war unmöglich, ihn zu verdrängen, zumal seine Operationen glänzende und erfolgreich waren. Schließlich aber forderte Trotzki von Lenin, daß entweder er oder Stalin gehen müsse. Lenin konnte die Sache arrangieren. Doch ist der Vorfall beachtenswert, weil er den Beginn des Bruches zwischen Trotzki und Stalin markiert, der zur Verbannung Trotzkis führte und später zu Verschwörungen, bei denen manch einer der alten Bolschewiken hingerichtet wurde. Denn revolutionäre Gewohnheiten lassen sich nur schwer ändern, und es ist immer noch so, daß die ersten Taten einer erfolgreichen Revolution darin bestehen, die Revolutionäre loszuwerden.
Von Grund auf hatte die Sowjetregierung nun alles selbst in die Hand zu nehmen. Aber niemand in Rußland wußte, wie man es anpacken sollte. Die russische Industrie war, im Verhältnis zu dem riesigen Gebiet, das sie zu versorgen hatte, sehr unbedeutend. – Und auch mit Eisenbahnen war Rußland sehr ungenügend ausgestattet. – Doch wollte die Regierung Geschäfte machen und war fest entschlossen, jeden zu erschießen, der durch Wort, Tat oder Schrift diesen entgegenwirkte. Sie importierte hochqualifizierte amerikanische Ingenieure, deren Aufgabe es war, den Unternehmen zu zeigen, wie man Fabriken baut, einrichtet und managt. Unter amerikanischer Direktive wuchsen Stahl- und Glasfabriken nach modernstem Vorbild wie Pilze aus dem Boden des europäischen und asiatischen Rußland, und man erwartete den Beginn eines großartigen Produktionszeitalters auf kolossaler Ebene.
Unglücklicherweise bestand der nächste Schritt, nachdem die Fabriken fertiggestellt und die Unterkünfte für die Arbeiter gebaut waren, darin, daß man zehntausend Land-

arbeiter, ja sogar ganze kleindörfliche Sippschaften in die Fabriken zur Arbeit abberufen mußte. Natürlich ruinierten sie alles. Sie wußten nicht, daß eine hochtourige Maschine mehr Öl braucht als ein Schubkarren. Ihre Art der Maschinenzusammensetzung bestand darin, alle Einzelteile einfach auf den Fußboden zu werfen und die Stücke dann nach Gutdünken herauszusuchen. Auch wenn sie es schafften, drei oder vier Traktoren zu produzieren, wo das tägliche Soll eigentlich auf fünf vorkalkuliert war, funktionierten diese drei oder vier nicht, und die Maschinerie brach schon in den Geburtswehen zusammen. Verluste und Ausfälle waren unbeschreiblich. Die Planer rangen die Hände und reagierten auf die Frage, warum ihre Fabriken denn nichts produzierten, mit einem niederschmetternden Bericht über die Unmöglichkeit der Arbeitsbedingungen.
Aber noch immer wollte die Regierung Geschäfte machen, und auch die Arbeiter selbst wollten das, obwohl sie keine Ahnung hatten, wie sie dabei vorgehen mußten. Alles, was sie brauchten, war jemand, der ihnen den Weg zeigte. Die Regierung importierte also wieder, diesmal Belgier, Deutsche, Engländer und vor allem Amerikaner in genügend hoher Anzahl, um die erforderliche Anleitung zu erhalten; und sofort hörten die Fehlkonstruktionen auf, und die Fabriken begannen produktiv zu arbeiten. Es dauerte nicht lange, da arbeiteten sie mit einem rein russischen Stab genauso reibungslos, wie die Fabriken von Detroit oder Pittsburgh. –
Ich möchte hier nur auf die Fehler zu sprechen kommen, die vermeidbar gewesen wären, wenn sich der Sowjet-Sozialismus auf die aktuelle Problematik vorbereitet hätte, und die sich wahrscheinlich auch in Zukunft bei bevorstehenden Umstrukturierungen kapitalistischer Länder in kommunistische wiederholen werden, wenn ihre Planer nicht mehr von den rein technischen Erfordernissen verstehen als die übliche Mischung von Neunzehntem-Jahrhundert-Liberalismus, Antiklerikalismus und Marxismus.
Auf jeden Fall müssen sie vorbereitet sein auf eine Auseinandersetzung mit dem psychologischen Phänomen der Sabotage. Unter dem Kapitalismus hat jeder Spengler, der

etwas in Ihrem Haus repariert, ein unmittelbar finanzielles Interesse, irgendetwas auszutüfteln, was ihm bald wieder eine Reparatur und also neue Arbeit sichert. In Rußland aber war es so, daß die Saboteure aus wütendem Trotz gegen den Bolschewismus von sich aus die technischen Produktionsmittel, so stark es nur ging, schädigten, daß sie Rechnungen fälschten und sogar die Saat zerstörten, von welcher die nächste Ernte abhing. Man kann das allerdings nur allzu gut verstehen. Leute, denen es recht gut ging, die nichts von Marxismus oder Kapitalismus wußten und keine Beziehung zwischen ihrem eigenen Wohlleben und dem Elend des Proletariats sahen, wurden plötzlich und mit Gewalt in ihren eigenen Häusern von aufrührerischen Proletariern bestürmt, die dort eine Unterkunft suchten, ihre Einkommen wurden konfisziert, der Respekt gegen sie als »bessere Leute« zurückgenommen und durch Verachtung ersetzt, ihren Kindern die Schulausbildung verweigert, solange die Armen noch keine hatten. Man nahm ihnen die parlamentarischen Rechte und erniedrigte so ihre Lebensbedingungen auf eine Stufe, die noch unter derjenigen der niedrigsten Arbeiter lag. Nur schwerlich kann man sich ihre geistige Verfassung anders vorstellen als ein tief rachsüchtiges Ressentiment, das seine Befriedigung in reiner Gehässigkeit suchte, wenn sich keine günstigere Möglichkeit bot. Es hat keinen Sinn, diesen Leuten zu erzählen, sie müßten nur Karl Marx oder Henry George lesen, um zu erkennen, daß ihre Leiden gar nicht der Rede wert sind im Vergleich zu denjenigen, die den Sklaven des Kapitalismus auferlegt waren. Denn ein solches Herunterspielen des ihnen angetanen Unrechts würde ihre Erbitterung nur steigern. Es gibt nur zwei Möglichkeiten, mit ihnen umzugehen. Die eine ist, sie der Tscheka auszuliefern und sie wie Verbrecher zu behandeln oder allesamt erschießen zu lassen. Die andere, ihnen wieder angenehme Lebensbedingungen einzuräumen. Das ist aber nicht ganz leicht, weil zu ihrer Vorstellung vom guten Leben die alten snobistischen Etikette und die alte Unterwürfigkeit von Seiten der Arbeiter und kleinen Geschäftsleute gehört. Zum Glück jedoch scheinen ihre Kinder, die ohne Snobismus aufwachsen, das neue System selbstverständlich und ganz in der natürlichen Ordnung zu finden. Ein paar der cleveren Saboteure haben sogar »Selbstkritik« geübt und manches wieder gutgemacht, nachdem sie die Vorteile des Sowjetismus einsehen konnten; aber es ist anzunehmen, daß auch weiterhin mehr oder weniger sabotiert wird, und zwar so lange, bis die Mittelklasse, die noch unter zaristischer Herrschaft aufwuchs, ganz ausgestorben ist.

Ein weniger schädliches, aber doch problematisches Geistesklima entsteht desweiteren durch die Vorstellung, daß nach einer Revolution alles anders wäre. Anfangs der achtziger Jahre fragte ich einmal einen leidenschaftlichen Jungsozialisten, welchen Beruf er denn später ausüben wolle. Ziemlich überrascht gab er zur Antwort: Henry Mayers Hyndman (ein Vollbut-Sozialist und damals führend in der Bewegung) hätte ihn überzeugt, daß im Jahre 1889, der Hundertjahrfeier der Französischen Revolution, auch bei uns die Revolution stattfinde, und man deshalb gar keinen Beruf zu erlernen brauche. Er hatte irgendwie den traditionellen christlichen Glauben vom Jüngsten Gericht und tausendjährigen Reich auf die Veränderung des Kapitalismus zum Sozialismus übertragen und war für den Augenblick ziemlich sprachlos, als ich ihm erklärte, daß ein sozialistischer Staat sogar viel mehr ausgebildete Kräfte und Fachleute brauche als ein kapitalistischer.

Die Frauen – oder vielleicht sollte ich lieber sagen: die Damen –, die die Revolution begrüßten, neigten zu ganz anderen Hoffnungen hinsichtlich dieser tausendjährigen Wahnvorstellung. Die mehr schwärmerischen unter ihnen glaubten, daß die Diktatur des Proletariats ganz allgemein grünes Licht für sexuelle Freizügigkeit auslösen würde und einen Abscheu gegen sämtliche achtbare, gesellschaftliche Konventionen. Auch die sowjetischen Machthaber schossen in ihrer Reaktion gegen jede Autorität und Bevormundung (obwohl sie selbst so spartanisch einfach lebten wie die meisten religiösen Orden) über das Ziel hinaus: sie tolerierten anfangs die Extravaganzen ihrer weniger klugen Freundinnen, reformierten die Gesetzesmoral bis hin zu einer allzu übertriebenen Erleichterung der Ehescheidung und schafften nahezu jegliche Disziplin an den Schulen ab. Doch zeigten diese Unüberlegtheiten derart verheerende Folgen, daß sie sich bald selbst kurierten; und die derzeitige Tendenz scheint eher auf einen Puritanismus hinauszulaufen als auf die Rabelaissche »Abtei von Thélème« mit ihrem Wahlspruch »tu, was du willst«. Aber ich wiederhole, daß es mir hier nicht um jene Überreaktionen geht, die sich selbst kurieren und die es in allen Gesellschaftsformen gibt, sondern um die Fehler, die, wenn man auf ihnen besteht, manche der kapitalistischen Übel von neuem hervorrufen können.

Die Einkommensgleichheit, die, wie wir gesehen haben, das letztliche und wesentliche Merkmal des Kommunismus darstellt, gehört nicht mit zum Marxschen Evangelium. Marx nämlich kümmerte sich ausschließlich um die Schandtaten der besitzenden Klasse und die Ausbeutung und setzte sich niemals mit dem Problem der optimalen Distribution auseinander. Genau betrachtet, ist es aber so, daß die Kosten für Nahrung, Kleidung und Wohnung bei allen Menschen praktisch dieselben sind, egal wie verschieden diese Einzelnen auch sein mögen hinsichtlich ihrer Veranlagung, ihrer Körpergröße, ihres Gewichts, ihres Äußeren, ihrer Begabung oder ihres Berühmtheitsgrades. Der erste Schritt zu einer Angleichung ihrer Lebensbedingungen liegt notwendigerweise in der Festlegung dessen, was der Staat jedem Einzelnen zu geben in der Lage ist. In allen Ländern findet gegenwärtig eine überaus starke Angleichung der Einkommen an die Höhe der Hilfsarbeiterlöhne statt. Wenn eine sozialistische Regierung den Versuch unternähme, alle Einkommen auf diese Stufe zu drücken (was in Rußland bedeutete, daß man zu zehnt in einem Raum schlafen müßte), würde sie sofort die Erfahrung machen, daß sie unter solchen Bedingungen keine hochqualifizierten Geistesarbeiter oder Direktoren mit Durchsetzungsvermögen bekommen könnte. Folglich muß sie – weil sie ja Mathematiker und Physiker, Architekten und Ingenieure, Planer und Denker, Juristen und Staatsmänner, Strategen und Techniker, Administratoren und Bosse für das große Geschäft sofort und vor allem dringend braucht, ganz zu schweigen von den Dichtern, Malern, Schauspielern und Künstlern aller Art – die Höhe des zu verteilenden Fixums auf eine Summe festlegen, die den gehobenen Ansprüchen und vergleichsweise ruhigen Arbeitsbedingungen, die diese Leute brauchen, gerecht wird und danach die Produktion so weit ankurbeln, daß dieses Niveau für alle Staatsbürger erreicht werden kann. – Die Tatsache, daß viele Produktionsmittel unter dem Kapitalismus erfunden und angewandt wurden, ist eher eine Empfehlung dafür als das Gegenteil, aber die kapitalistischen Arbeitgeber haben eine so große Geschicklichkeit im Beleben der Produktion erlangt, daß sie ihr System damit in den Zusammenbruch führten, weil sie mehr produzierten, als sie verkaufen konnten.

Wenn jedoch der höhere Lebensstandard einmal erreicht ist, muß jede nur erdenkliche Möglichkeit der Einkommensbesteuerung, der Erbschaftserschwernis und so weiter angewandt werden. Denn Gleichheit der Einkommen und folglich der finanziellen Lebensbedingungen ist absolut notwendig für die Stabilität jeglichen menschlichen Zusammenlebens.

Ich kann und brauche hier nicht den Versuch zu unternehmen, eine Darstellung des verblüffenden Erfolgs der sowjetischen Regierung zu geben. Das würde ein Buch von 1143 Seiten erfordern, und dieses Buch wurde bereits geschrieben von meinen fabianischen Freunden Sidney und Beatrice Webb (Der Sowjet-Kommunismus: eine neue Art der Zivilisation?). Es ist nicht nur besser, als ich es selbst könnte, sondern auch viel besser, als irgendein Russe es könnte. Denn die Russen haben, da sie Probleme über Probleme durch neue Versuche und Fehlentscheidungen lösen müssen, ihre Entdeckungen noch nicht in irgendeiner Art von Synthese zusammenfassen können, zumal sie ja immer noch unter dem Wahn leben, daß Karl Marx die letztgültige Instanz für den wissenschaftlichen Sozialismus und also unfehlbar sei.

Der Faschismus
[1937]

Am Faschismus selbst ist nichts neu, nur die Umstände sind es, unter denen er sich heute durchzusetzen versucht. Die faschistischen Führer der Vergangenheit, über die wir am häufigsten reden, Julius Caesar, Cromwell, Napoleon und dessen Neffe Louis Napoleon, sind nur vier aus der gar nicht übersehbaren Zahl jener tatkräftigen Abenteurer, die illegale Revolten, sogenannte *coups d'état* gegen ihre Regierungsapparate geführt haben, weil diese nicht rasch genug arbeiteten, um ihre Aufgabe erfüllen zu können. Vor hundert Jahren, als man von einer Regierung nicht sehr viel mehr erwartete als die Arbeit der Polizei und der Industrie, Erziehung sowie Gesundheitswesen den Privatunternehmern und der Wohlfahrt überlassen blieben, gab es diese Ungeduld über den Trott des parlamentarischen Vorgehens und die Ineffektivität des öffentlichen Dienstes noch nicht, wie man sie heute kennt, wo von den Regierungen verlangt wird, daß sie sich um jedes Teilgebiet des öffentlichen Lebens zu kümmern haben. – Nachdem aber mehrere Versuche zur Reformierung des Parlaments in England gelungen waren, und man 1832 zuerst das Wahlrecht auf die männlichen Bürger ausdehnte, dann im Jahre 1867 auf die männlichen Arbeiter und schließlich, durch weitere Reformen bis zum Jahre 1918, auch auf die Frauen, war mit dieser allgemeinen Stimmberechtigung praktisch das Wahlrecht für alle Erwachsenen in Groß-Britannien etabliert und dadurch die Grenze der demokratischen Kontrollmöglichkeit im Parlament erreicht.

Dieses Ziel nun setzte den Hoffnungen auf ein tausendjähriges Reich, mit welchen man die Revolution das ganze Neunzehnte Jahrhundert vor sich hergeschoben hatte, ein Ende. Vor 1832 glaubte man noch, es werde alles gut, sobald die große Reform-Bill durchkäme. Die Enttäuschungen folgten auf dem Fuß. Jedenfalls sind die paar Stückchen Zucker, mit denen man den Esel von Wähler ein

ganzes Jahrhundert lang hingehalten hatte, jetzt weg und aufgefressen, ohne daß das arme Tier auch nur den geringsten Genuß davon hatte. Und aus diesem Grund sind die Parlamente in Deutschland und Italien von faschistischen Führern verdrängt und in Rußland auf einen Kongreß reduziert worden, der sich in großen Abständen zusammenfindet, um die Reformen zu ratifizieren, aber keine Macht hat, sie auch zu initiieren.
Das scheint nicht leicht, ja sogar unmöglich zu sein. Und die Abenteurer, die es versuchen, werden möglicherweise das Schicksal der anderen wahnwitzigen Massenidole teilen. Aber es hat auch schon ungewöhnliche Erfolge gegeben. Zwar starben sowohl Napoleon als auch sein Neffe Louis Napoleon besiegt und in der Verbannung bzw. im Gefängnis. Aber der Onkel war dreizehn, der Neffe achtzehn Jahre lang Kaiser, und das hat ihnen mehr Spaß gemacht, als nur ein gelangweilter Niemand zu sein. Auch ist es noch nicht sicher, wie unsere berühmten Zeitgenossen enden werden. Benito Mussolini, Adolf Hitler, Kemal Atatürk und der Schah Reza Pahlewi. Aber sie alle sind bereits jetzt schon länger an der Macht als Napoleon Kaiser war.
Denken Sie sich nur einmal in die Situation. Stellen Sie sich vor, Sie seien gar nicht mal ein ehrgeiziger Schuft, sondern ein leidenschaftlicher und tüchtiger Reformer und sähen die Kulturstaaten völlig auseinanderfallen unter einer erschöpften Monarchie oder einem Parlament, das zu nichts anderem fähig wäre als zu Parteigeplänkel und leerem Geschwätz. Wer würde unter diesen Umständen denn nicht ausrufen: Ach, wenn ich nur für zehn Jahre, selbst fünf würden reichen! die unumschränkte Macht hätte!?
Nehmen wir weiter an, dieses ungeduldige Naturtalent habe keine Illusionen bezüglich des Parlaments oder des Volkes, wie ja auch unsere heutigen Diktatoren frei davon sind. Sie beginnen mit der Erforschung sämtlicher Kanäle der proletarischen Agitation, Organisation und Untergrundverschwörungen, wozu gewöhnlich auch ein oder zwei Jahre Gefängnishaft gehört. Dadurch erfahren sie, daß die proletarischen Vereinigungen und ihre Anführer

entweder engstirnige Praktiker sind, wie die Gewerkschaftler, oder aber idealistische Sektierer und Spinner ohne jede Ahnung von den Realitäten der Regierung und ohne Durchsetzungsvermögen, die untereinander alle im Streit liegen wie die ersten christlichen Theologen und sich durchwegs in einer aussichtslosen Minorität befinden, so daß sie nicht die geringste Chance haben, etwas Größeres und Besseres zu werden. Was tut ein Bonaparte, ein Mussolini, ein Hitler, ein Mustafa Kemal oder Reza Pahlewi, wenn ihm all das bewußt wird?

Die Antwort ist nur zu leicht. Er muß sich lediglich von all den kleinen Minoritäten abwenden, von den politischen Partisanen, den Liberalen und Republikanern, den Gewerkschaftlern und Genossenschaftlern, den Sozialisten, Bolschewiken, Anarchisten, Syndikalisten, Freidenkern etc. etc. und die große Mehrheit gegen sie organisieren, die ja niemals davon träumt, sich gegen die bestehende Ordnung zu verschwören, und vielmehr der Ansicht ist, man solle solche kleinen Vereine mit Polizeigewalt unterdrücken.

Sie als intelligente Frau mit genug politischem und sozialen Interesse, um dieses Buch überhaupt lesen zu wollen, kennen diese Leute wohl schmerzlich genau und werden von ihnen wohl auch verdächtigt, schief angesehen oder bestenfalls nicht für ganz voll genommen. – Sie sind patriotisch, diese Leute, und verstehen darunter, daß sie von Gott als den Einwohnern anderer Länder Überlegene erschaffen worden seien. Um diese Einbildung zu nähren, dürsten sie nach Ruhm (einer Erfindung Napoleons), was so viel heißt wie: Kriegsberichte von Schlachten, die ihre tapferen Söhne und Brüder gewonnen haben. Die Geschichte kennen sie, wenn überhaupt, nur als eine Reihe von Schlachten, bei denen *ihre* Seite immer die siegreiche war. Aber ich muß nicht weiter ins Detail gehen, Sie kennen diese Sorte ja.

Nun liegt es auf der Hand, daß diese Masse des gewöhnlichen Volkes, sobald sie politisch organisiert werden kann, auch in der Lage ist, die kleinen, politisch bewußten Gruppen vom Erdboden wegzuwählen und, wenn notwendig, zu

Tode zu hetzen. Ihr Möchtegern-Diktator hat nun nichts weiter zu tun, als diese Dummköpfe ihrer Dummheit entsprechend zu behandeln und ihnen das Gewünschte reichlich zu servieren, damit er unterdessen energisch an Reformen arbeiten kann, die jedem einleuchten und allen guttun. Die offensichtlichen Verstöße gegen die bestehende Ordnung wird er stoppen und zuerst all die kleinen lokalen Ratsversammlungen älterer Geschäftsleute abschaffen, die sich als Kleinstparlamente immer gegenseitig gewählt haben, um ihren Stimmanteil zu erhöhen und Kreisstädtchen wie auch ländliche Bezirke unter ihre Herrschaft zu bekommen. An ihre Stelle wird er tatkräftige und begabte junge Aufsichtsbeamte setzen und diesen absolute Macht geben zur »Säuberung« der Provinzen. Dadurch erreicht er nicht allein eine schnelle Verbesserung der lokalen Regierungsangelegenheiten, sondern arbeitet auch in einer Richtung, die genau dem Volkswunsch entspricht, nämlich den Klüngel der vulgären alten Geschäftsleute abzuschaffen und eine superiore Persönlichkeit einzusetzen, die die Ordnung wiederherstellt.

Der nächste Schritt besteht in der Abschaffung aller politischen und ökonomischen Organisationen, die unabhängig von der diktatorischen Macht gebildet wurden. Das kann durch einfache Gewaltanwendung reibungslos ablaufen. Ganze Gruppen sehr junger und athletischer Männer, die ihrem Diktator restlos ergeben sind und noch die unschuldigste genossenschaftliche Vereinigung oder die ehrwürdigste alte Genossenschaft in einen Topf werfen mit der linkesten anarchistischen oder kommunistischen Geheimliga als »Brutstätten boshafter Volksaufwiegelung« und als »Feinde des Führers«, werden ohne weiteres und ganz naiv in die Räume dieser Institutionen einbrechen, die Anwesenden zusammenschlagen, die Möbel demolieren, die Kasse plündern und die Mitgliederlisten dazu benutzen, um sämtliche Personen aufzuspüren und zusammenzuschlagen, die aller Wahrscheinlichkeit nach zu diesen Vereinigungen gehört haben. Die amtliche Polizei wird, da sie größtenteils die Ansicht der Draufgänger teilt, dabei nicht eingreifen, bzw. nur, um sie vor Vergeltungsschlägen zu schützen.

Wenn das alles gründlichst getan ist, muß der Führer als nächstes die Ordnung wiederherstellen. Plünderungen und Schlägereien amtlicher Gruppen, auch wenn hier und da ein Bürger mitmacht, können noch keine Gesellschaft mit Bankreserven, Investitionen, Darlehen und der täglichen Geschäftsroutine schaffen, nicht einmal im Rahmen des kleinen Sparers und Geschäftemachers. Und weiterfunktionieren muß es irgendwie. Auch da ist die Lösung einfach. Der faschistische Führer konfisziert das Eigentum aller Gesellschaften und macht aus ihnen Departements seines neuen Staates, die ganz der Regierungskontrolle unterstehen. Was die ausschließlich politischen Gesellschaften angeht, die weder Geld haben noch irgendeine andere Funktion außer der Propaganda (meistens einer aufrührerischen), so werden sie in einem Generalangriff weggefegt und alle Versuche, sie wieder zu beleben, als illegal abgestempelt.
Ein solches Vorgehen ruft helle Empörung unter den Liberalen hervor, die lautstark gegen diese Einschränkung aller ihrer Grundsätze von Freiheit, Demokratie und ihrer Rechte auf Meinungsäußerung, Gedankenfreiheit, Privateigentum und Privatunternehmen protestieren, auf denen ihr Kapitalismus basiert. Es ist in diesem Zusammenhang wichtig, sich zu vergegenwärtigen, daß es eigentlich ja nichts Demokratischeres gibt als die Organisation der großen Volksmasse und die Durchführung ihrer Ideen, das heißt: die Vorstellung, ein Staat müsse in der Öffentlichkeitsarbeit gewisse besonders hervorragende Einzelne einsetzen und diesen die Ausübung einer Zwangsherrschaft überlassen, damit alles »gemeine Volk« vollkommen ausgeschlossen werden kann. Wenn der Führer also mit gekonnter Verachtung auf die Liberalen zu sprechen kommt, auf ihren Sammelbegriff von Recht und Freiheit, und dann zur Disziplin aufruft, zu Ordnung, Ruhe, Patriotismus und Treue dem Staat gegenüber, welch letztere er selbst verkörpert, so reagieren die Leute voller Begeisterung und überlassen die Liberalen dem eigenen Verderben in Strafkolonien, Konzentrationslagern und Zuchthäusern, wohin man sie abgeschoben hat, oder gar auf der Sraße, wo man

sie zusammenschlägt. Jetzt sind nicht nur die Vorstellungen der Durchschnittsbürger realisiert, sondern die oberflächlichen Resultate in der Praxis zeigen auch einen sofortigen und verblüffenden Erfolg. – Der Führer kümmert sich unterdessen um recht viel prunkvolle Umzüge, um gefühlvolle Reden, Pressepropaganda, faschistische Lehrpläne an Schulen und Universitäten und sieht zu, daß möglichst wenig Kritik an seiner eigenen Herrschaft laut wird. Auf diese Weise kann der Faschismus mit einem guten Führer eine Zeitlang gedeihen und durchaus populär und demokratisch sein. Immer besteht in der Praxis daher eine Tendenz zum Faschismus, auch wenn man einmal ganz außer acht läßt, daß der Durchschnittsbürger von Natur aus und aufgrund seiner Erziehung sowieso ein Faschist ist, und daß Reformer und Revolutionäre für ihn nur eine Minorität staatsgefährdender Verrückter darstellen.

Die Organisation aus Dummheit und falschen Emotionen eines Volkes kann also durchaus bewirken, daß eine inkompetente Regierung gestürzt, der Führer zum Idol erhoben wird, daß die Leute beim Spektakel an die Front ziehender Soldaten in patriotisch verzückten Wahnsinn fallen, daß sie sich bei Demonstrationszügen und Reden heiser schreien und vor allem die kleinen verstreuten Organisationen der Mittellosen ausrauben, zerschlagen, ins Gefängnis werfen und niedermetzeln als »Besserwisser und gefährliche Staatsfeinde«. Das aber ist nicht der Weg zur Rettung der Kulturstaaten: es ist der kürzeste Weg zu ihrer Zerstörung. Ein faschistischer Führer mag zwar ernstlich danach streben, daß die Geschichtsbücher einmal überliefern, er hätte die Mächtigen aus ihren Positionen gestoßen und mit geringeren Titeln »ausgezeichnet«, übrigens ein ganz wesentlicher Prozeß in der Politik der wirtschaftlichen Gleichheit und eine unerläßliche Voraussetzung für den Wohlstand und die Stabilität aller modernen Staaten. Doch werden die Faschisten nichts dergleichen bekommen. Von ihnen wird man sich später erzählen, daß sie die Übersatten noch mit Leckerbissen gestopft und die Armen haben leer ausgehen lassen. Im Überschwang tugendhafter Entrüstung werden sie eine Molkerei in Irland ebenso verbrennen wie eine Versicherungsgesellschaft in Italien, einen Laden der Genossenschaft, ein Gewerkschaftsbüro oder irgendein Verlagsgebäude der linken Presse. Schlagen Sie ihnen aber vor, doch einen herrschaftlichen Landsitz zu verbrennen oder eine Bank zu plündern oder einen konservativen Kabinettsminister zur Strecke zu bringen, dann glauben sie, daß Sie übergeschnappt sind oder zu den Roten gehören. Der faschistische Führer wird, wie unser alter Bekannter, der Zauberlehrling, erleben, daß er die Geister zwar nur zu leicht heraufbeschwören kann, dann aber den Spruch nicht weiß, mit dem er sie wieder wegjagen sollte, sobald sie ihm ausreichend gedient haben.

Wenn also der Führer sein lächerlich leichtes Spiel mit den Armen getrieben, sie ihrer Ersparnisse beraubt hat und dann vor der Entscheidung steht, nun auch den Reichen alles abzunehmen, um ein wirklich umfassendes Programm sozialer Neuordnung durchzuführen, wird er mit einem Schlag machtlos. Denn die große Mehrheit des Volkes würde bei einem Angriff auf das institutionalisierte Privateigentum und den privaten Profit nicht mitmachen.

Aber es gibt auch ein paar kuriose Ausnahmen dieser Regel. Manchmal wird ein Teil der Reichen so reich, daß die anderen der Versuchung, sie zu plündern, kaum mehr widerstehen können, und man jetzt nur noch die entsprechenden Vorurteile züchten, das heißt religiöse, politische oder rassische Scheinargumente gegen sie erfinden muß. Heinrich VIII., König und Führer, plünderte die Kirche und verfolgte jeden katholischen Priester wie einen Verbrecher. Genauso hat der Führer Adolf Hitler die Juden ausgeplündert und sie in Deutschland zu Verbrechern erklärt. Aber dann blieb ihm nichts anderes übrig, als ihre Arbeitsplätze und ihren Besitz zur weiteren Ausnutzung an deutsche Unternehmer zu übergeben. Und die schinden das deutsche Proletariat nicht weniger raubgierig als der schlimmste Jude. Auch hat er dem deutschen Volk auf den Puls gefühlt, ob der heutige Materialismus, Unglaube und Militarismus bei ihm schon einen genügend tiefen Nährboden hat, um die reibungslose Plünderung der evangelischen und katholischen Kirchen zu gewährleisten – bis jetzt mit negativem Resultat. Weil er sich aber die Juden und ihre Freunde zu Feinden gemacht, weil er das Gefühl der Sicherheit erschüttert hat, das die Kirchen normalerweise unter stark zentralistischen Regierungen genießen dürfen, und weil er einen europäischen Kreuzzug gegen Rußland zu organisieren versucht (wo auch Napoleons Ruhm zu Grabe getragen wurde), hat er Gefahren provoziert, an denen sich wahrscheinlich die Sinnlosigkeit des deutschen Faschismus beweisen wird: sicher viel größere Gefahren als seinerzeit beim Zerreißen des Versailler Vertrags und des Locarno-Paktes. Denn damals wußte er, wie auch alle europäischen Diplomaten mit klarem Kopf, daß die Alliierten es nicht wagen würden, den Krieg von 1914-18 noch einmal von vorn zu beginnen, nur um diese unüberlegten, rachsüchtigen und impraktikablen Urkunden zu verteidigen.

Der Faschismus ist immer anfällig, von idiosynkratischen Auswüchsen restlos verdorben zu werden. Der italienische Führer hat bis jetzt seinen Kopf behalten. Obwohl seine Leute stark antiklerikal sind und er selbst immer in weltlichen Begriffen spricht, hat er mit dem Papst ein Konkordat geschlossen und seine Regierungsgrundsätze frei von allen unorthodoxen Komplikationen gehalten. Der Vatikan, früher ein Gefängnis für den Papst, ist jetzt das Kapitol Roms, der Stadt Gottes, und ein päpstlicher Miniaturstaat. Die Religionen als solche werden nicht verfolgt. Der Thron wird toleriert. Es gibt eine große Ratsversammlung, die wie ein Kabinett aussieht, einen Senat und eine Abgeordnetenkammer, die wie ein Parlament aussehen. Es gibt Bezirksräte und lokale Gemeinden mit Bürgermeistern unter einer gemeinsamen Bezirksverwaltung. Auf diese Weise hat das Volk Modelle von allen Institutionen, an die es gewöhnt ist: einen König, einen Geheimen Staatsrat, einen populären Führer, ein Parlament, Lokalbehörden mit nichtssagenden Würdenträgern und das Wahlrecht für alle männlichen Erwachsenen. Mehr wollen sie gar nicht. Daß der König nur eine Nummer und das Parlament sorgfältig eingewickelt ist in die große Ratsversammlung der Faschisten (die selbst wieder vom Führer eingewickelt wird),

macht ihnen nichts aus, solange es ein Gebäude gibt und darin eine Versammlung und solange man das Abgeordnetenkammer oder Senat nennt, sind sie zufrieden. Wenn die faschistische Revolution in Deutschland eine Neubildung der Regierung nicht nur ermöglichte, sondern sogar danach verlangte, dann nur deswegen, weil die Niederlage von 1918 das Land auf eine so jämmerliche Stufe zurückgeworfen hatte, daß der status quo unerträglich und die allgemeine Forderung nach Konservatismus eine Forderung nach Veränderung um jeden Preis geworden war.
Es ist interessant und sehr wichtig zu sehen, daß Kommunismus und Faschismus in mancher Hinsicht ähnliche Veränderungen auslösen. Beide machen sie kurzen Prozeß mit Freiheit und Demokratie, wie sie die Liberalen verstehen. Für einen Liberalen bedeutet Freiheit: keine Einmischung vonseiten des Staates, und Demokratie: daß alle Menschen mit einer unbegrenzten politischen Begabung auf die Welt kommen, also wissen, was nicht nur für sie selbst, sondern auch für das Land am besten ist, und daß das Volk daher kompetent ist, Regierende und Minister für alle Staatsämter zu wählen, angefangen vom Premierminister bis hin zu Vorsitzenden des Kirchenbeirats. Die letztliche Autorität für alle öffentliche Fragen soll dabei die Volksabstimmung bzw. der Volksentscheid sein, weshalb die zum Idol erhobenen Führer sich auch am liebsten hierauf berufen; Louis Napoleon zweimal und Hitler ganz in seinen Fußstapfen. Der Ruf nach Freiheit ist immer auf den Lippen der besitzenden Klasse, weil ihnen der Löwenanteil an Land und Kapital gehört und sie nichts zu befürchten haben außer einer Nationalisierung dieser Einnahmequellen. Er beinhaltet, daß die Menschen um so freier sind, je weniger aktiv die Regierung ist, und unterstützt die Wahl der Gedankenlosen, die immer den status quo befürworten, da alles Ungewöhnliche ihnen Angst einjagt. Daher funktionieren Freiheit und Demokratie, so verstanden, sehr gut, solange das Kabinett daran interessiert ist, die Regierung, abgesehen von der alltäglichen Polizeiarbeit, möglichst inaktiv und ineffizient zu halten. Sowie dieser Stand der Dinge aber durchbrochen wird, sei es durch

einen energischen faschistischen Führer, der entschlossen ist, den Augiasstall zu säubern, oder durch einen sowjetischen, der, weil er das kapitalistische System ja zerstört und seine Arbeitsweise für kriminell erklärt hat, jede Art von Beschäftigung annehmen muß, damit sein Volk etwas zu essen bekommt, sind diese beiden liberalen Definitionen von Freiheit und Demokratie nicht mehr brauchbar, weil die eine falsch, die andere lächerlich wird. Folglich ist die Diktatur des Proletariats, wie die Kommunisten das nennen, jeder anderen Art von Diktatur sehr ähnlich hinsichtlich der Verachtung aller für sie negativen Traditionen, Rechte und Freiheiten, die allerdings auch noch aus der Zeit stammen, von der man behaupten darf, daß der Arme mit dem Gesetz nur dann Bekanntschaft machte, wenn es um seine Unterdrückung ging.

Diejenigen, die laut von Freiheit reden, wenn es keine Freiheit gibt, sind aber ebenso unerträglich wie die, die dauernd von Frieden reden, wo es keinen gibt. Der wirkliche Bruch zwischen Faschismus und Kommunismus zeigt sich nicht in den Methoden von Produktion und industrieller Disziplin (hier kann der Kommunismus rein technisch noch allerhand vom Kapitalismus lernen), sondern in der grundsätzlichen Frage der Distribution, an welcher der Kapitalismus auf groteske Weise zerbrochen ist. Gegen den Faschismus gibt es kein anderes Heilmittel als den Kommunismus. Und der Kommunismus ist genau das, was der Faschismus durch Organisation und Erziehung der öffentlichen Emotionen als abschreckendes Beispiel hinstellt. Zum Faschismus braucht man nichts weiter zu sagen, als daß er die Staatsbürger trainiert, sich als eine Körperschaft anzusehen, die sich am Staat orientiert – am totalitären Staat, wie die Tautologie heißt –, anstatt sich selbst und mit individuellem Einsatz zu bemühen, ihr Leben erträglich zu gestalten. Auch trainiert er sie schnell, mit sechzehn Jahren schon Maschinengewehre zu handhaben, damit sie notfalls für sich selbst die praetorianischen Wächter spielen können.

Solange der Faschismus aber das Privateigentum aufrechterhält, muß er in einen gesellschaftlichen Morast von allgemeiner Verarmung und einigen wenigen Reichen, von Sklaverei und Schmarotzertum führen und unter der ständigen Berohung der proletarischen Revolution leben, die er sich nur mit widerwillig gewährten Zugeständnissen an das Volk vom Leib halten kann. Diese aber scheinen noch weniger attraktiv zu sein als die »Brot und Spiele«-Zugeständnisse im altrömischen Faschismus, an dem seinerzeit die europäischen Kulturstaaten untergingen und auf ihr niedrigstes Niveau zurückfielen. Eben das wird auch der moderne Faschismus bewirken, wenn er nur die letzte kapitalistische Maske bleibt.

Zusammenfassung

Und nun ein abschließendes Wort zu Ihrer eigenen geistigen Orientierung. Das ganze Buch hindurch haben wir von der Öffentlichkeit, dem Staat, gesprochen und von uns beiden als Mitgliedern dieser Öffentlichkeit. Das ist unsere Pflicht als Staatsbürger; doch würde es uns in den Wahnsinn treiben, wenn wir uns nun die öffentlichen Mißstände millionenfach multipliziert vorstellten. Es gibt nichts Derartiges. Was Sie selbst erleiden, ist bereits das äußerst mögliche Leid der Welt. Wenn Sie selbst hungers sterben, so erleben Sie alle Hungertode, die es je gab oder geben wird. Und wenn zehntausend andere Frauen mit Ihnen verhungern, so wird Ihr Leid nicht im geringsten quälender: daß sie Ihr Schicksal teilen, macht Sie nicht zehntausendmal hungriger, noch verlängert es Ihre Qual um das Zehntausendfache. Lassen Sie sich deshalb nicht von der »schrecklichen Summe der menschlichen Leiden« niederdrücken: es gibt keine Summe. Zwei magere Frauen sind nicht doppelt so mager wie eine einzige, zwei dicke nicht doppelt so dick wie eine. Armut und Elend sind nicht zu steigern.

Die Vorstellung, daß es so wäre, braucht Sie nicht um den Verstand zu bringen. Wenn Sie das Leid eines einzigen Menschen ertragen können, dürfen Sie dem Gedanken, daß die Leiden von Millionen Menschen nicht schlimmer sind, ruhig entgegensehen: niemand hat mehr als einen Magen, der satt sein will, oder einen Körper zum Foltern. Verlieren Sie nicht den Kopf in ausschweifenden Sympathiegefühlen. Der echte Sozialist revoltiert nämlich nicht gegen die Leiden, die man nicht mehr steigern kann, sondern gegen die unnötigen Leiden. Und diese kann man sehr wohl steigern. Zwar sind tausend einigermaßen gesunde, glückliche, ehrenwerte Frauen nicht alle tausendmal gesünder, glücklicher und ehrenwerter als eine von ihnen, aber sie können doch mithelfen, daß alle anderen so gesund, glücklich und ehrenwert wie nur möglich werden. Heute

kann kein Mensch gesund, glücklich und ehrenwert sein: unsere Maßstäbe sind nur so tief gesunken, daß wir uns schon dafür halten, wenn wir nicht gerade öfter krank sind oder weinen oder lügen und stehlen (legal wie illegal), als uns unter der kapitalistischen Verfassung übrigbleibt.
Wir müssen es zugeben: im großen und ganzen ist der kapitalistische Teil der Menschheit abscheulich. Klassenhaß ist nicht nur eine Sache des Neides auf Seiten der Armen und der Verachtung und Angst auf der Seite der Reichen. Beide, die Armen und die Reichen hassen sich auch untereinander. – Ich persönlich wünsche jedenfalls keinem Kind, daß es so erzogen wird, wie ich erzogen wurde oder wie die anderen Kinder, die ich kenne. Sie vielleicht?
Und doch bin ich nicht im entferntesten ein Misanthrop. Ich bin ein Mensch mit normalen Zu- und Abneigungen, wie Sie wahrscheinlich auch. Aber schon aus diesem Grund kann ich es nicht ausstehen, mit Leuten zusammenzuleben, die interessiert sind, möglichst viel aus mir herauszuholen und mir möglichst wenig (oder gar nichts) dafür zu geben. Wäre ich arm, so müßten mich meine Verwandten jetzt, wo ich alt bin, unterstützen, sofern ich nicht im Armenhaus landen sollte, das heißt, sie würden wünschen, daß ich bald sterbe. Weil ich aber reich genug bin, um etwas Vermögen zu hinterlassen, würden sogar meine eigenen Kinder, wenn ich welche hätte, ungeduldig auf meine Beerdigung und das Testament warten. Die ganze besitzende Klasse wartet unaufhörlich auf Sachen, die es zu erben gibt. Wenn ich krank werde und einen Arzt kommen lasse, so weiß ich genau, daß er meine Krankheit bis zum äußersten in die Länge ziehen und mich in teure Krankenhäuser zu noch teureren Operationen schicken muß, weil er sonst seinen Kindern das Brot vom Mund wegnimmt. Meinem Rechtsanwalt bleibt bei allem Wohlwollen gar nichts anderes übrig, als mich zum Prozessieren zu ermutigen und die Sache so langwierig und kostspielig wie nur möglich zu machen. Mein Einzelhändler wird mich so lange mehr als notwendig bezahlen lassen, bis er Gefahr läuft, von seinen Konkurrenten unterboten zu werden, und mein Mietsherr

wird mir noch den letzten entbehrlichen Pfennig abpressen, dafür, daß er mir erlaubt, ein Plätzchen auf dieser Erde zu bewohnen. Wäre ich unverheiratet, so würden mich ganze Horden von Frauen verfolgen, die so dringend auf Einkommen und Position eines Ehemannes angewiesen sind, daß selbst ihre größten Anstrengungen, mich heiraten zu können, noch kein Beweis dafür wären, daß sie mich persönlich auch nur im geringsten leiden könnten. Ich kann mir nicht leisten, mit Leuten, die wesentlich reicher sind als ich, befreundet zu sein, und die viel Ärmeren können sich nicht leisten, mit mir befreundet zu sein. Zwischen den Menschen, die mir tagtäglich im Haushalt helfen, also notwendige Partner meiner schriftstellerischen Arbeit sind, und mir selbst klafft ein Klassenunterschied, der nichts anderes ist als der tiefe Unterschied der ungleichen Einkommensverteilung. Auf hunderterlei unnötige Arten wird mir das Leben einsam gemacht und erschwert: Und nur wenige Leute sind klug und taktvoll und sensibel und beherrscht genug, um ihren Weg durch die Welt zu finden, ohne es andere spüren zu lassen oder selbst zu spüren, daß die oberste Eigenschaft der kapitalistischen Menschheit die Rivalität ist. Die soziale Kluft, wie sie durch ungleiche Einkommen entsteht, ist ungeheuer groß: die Gesellschaft ähnelt einer Maschine, die ganz darauf eingestellt ist, mit dem Öl der Gleichheit reibungslos zu funktionieren, in deren Räderwerk aber irgendein böser Dämon beständig den Sand der Ungleichheit rieseln läßt. Wenn es nicht auf den einzelnen Ebenen wenigstens die großen Sammelbekken der Gleichheit gäbe, dann würde sie überhaupt nicht funktionieren. So aber läuft sie immer mal wieder an, geht kaputt, bleibt stehen oder explodiert. Und um über diese elenden Zustände hinwegzukommen, jammern wir einmal im Jahr etwas über »Frieden auf Erden und den Menschen ein Wohlgefallen«. Können Sie das noch geduldig mit ansehen? Ich nicht!

Nun sind Sie vielleicht, soweit ich das beurteilen kann, eine scharfsinnige, zynische Art von Frau; möglicherweise aber auch nett, gefühlvoll, liebenswert und gutmütig. Falls das letztere zutrifft, werden Sie mir entgegnen, daß die Menschen sich nicht so sehr vom Geld regieren lassen, wie ich es hier darstelle: daß Ihr Arzt es nicht ertragen kann, wenn Sie krank sind, und alles tut, um Sie wieder gesund zu machen; daß Ihr Rechtsanwalt Sie nicht prozessieren läßt, wenn Sie die Nerven verlieren und sofort vor Gericht rennen wollen; daß Ihren Kindern das Herz bricht, wenn ihr Vater stirbt, und daß Sie niemals eine Meinungsverschiedenheit über Ihre Güterverteilung hatten; daß Ihre Hausangestellten seit vierzig Jahren bei Ihnen wohnen und Sie von klein auf mit mehr Hingabe und Zuneigung erzogen haben als Ihre eigenen Eltern, ja daß sie auch dann noch zur Familie gehörten, als Ihre Kinder bereits ausgeflogen waren und sich ein eigenes Nest suchten; daß Ihr Kaufmann Sie niemals angeschmiert und Ihnen in schweren Zeiten sogar geholfen hat durch langfristiges stillschweigendes »Anschreiben«, kurz: daß die kapitalistische Welt, was auch immer ich dagegen sage, voller Freundlichkeit und Liebe und Kameradschaft und echter Religiosität sei. Ja, Milliarden unbekannter Menschen schaffen es eben trotzdem, nicht unerträglich unzufrieden weiterzuleben. Und William Morris, der den Kapitalismus viel tiefer verabscheute als andere Leute von nur durchschnittlichem Verstand und durchschnittlicher Sensibilität, sagte sogar noch, als er hörte, daß er unheilbar krank sei: »Nun, ich kann mich nicht beklagen, ich habe ja gut gelebt.«

Was ich an Tröstlichem diesem Buch also noch hinzufügen kann, wäre, daß der Kapitalismus – obwohl er das Allerschlimmste verdiente, was Karl Marx oder gar John Ruskin über ihn gesagt haben, und noch viel mehr, was ihnen gar nicht eingefallen ist – trotzdem ursprünglich von durchaus guten Absichten ausging. Ja, sogar von viel besseren Absichten, als etwa das Frühchristentum, welches die Welt als einen Ort der Strafe für die Erbsünde ansah, einer Strafe, deren Ende man zum Glück absehen konnte. Turgot und Adam Smith waren ungleich ernstzunehmendere Wegweiser zum irdischen Wohlleben als der Heilige Paulus. Hätten Sie die Geschichte und praktische Anwendung ihrer Lehre im England des Neunzehnten Jahrhunderts voraussehen können, sie wären vor Schreck erstarrt, so wie

Karl Marx erstarrt wäre, wenn er vorausgesehen hätte, was in Rußland von 1917 bis 1921 durch die Taten begabter und ihm ergebener Männer geschah, die seine Schriften zu ihrer Bibel machten. Gute Menschen sind manchmal ausgesprochene Teufel, weil sie, wenn ihr guter Wille auf die falsche Bahn kommt, viel länger darauf weitergehen und viel rücksichtsloser sind als schlechte Leute. Doch mag man sich immer noch damit trösten, daß sie es gut meinen und daß ihre schlechten Taten ihre Irrtümer, nicht aber ihre Erfolge sind, während die Schandtaten böser Leute nicht Irrtümer, sondern Triumphe der Gemeinheit darstellen. Und da alle moralischen Triumphe, ebenso wie die rein technischen, durch Experimente und Irrtümer erreicht werden, können wir an der Demokratie verzweifeln und am Kapitalismus, ohne am Menschen selbst verzweifeln zu müssen, ja wir würden sogar, wenn jene uns *nicht* zur Verzweiflung brächten, damit unseren eigenen Unwert so sehr beweisen, daß der Welt nichts anderes übrig bliebe, als auf die Erschaffung neuer Lebewesen zu warten, die das zu erreichen in der Lage sind, was wir nicht geschafft haben. Trotzdem muß ich meine liebenswert optimistischen und besserungswilligen Leser warnen, denn all die Tugenden, mit denen Sie sich trösten, wirken nicht als ein Teil des Kapitalismus, sondern *trotz* des kapitalistischen Systems und werden von diesem in einer Art und Weise verzerrt, die viele Leute gar nicht durchschauen, wenn sie die Situation nicht mit sehr viel faktischem Wissen und etwas Geschicklichkeit überprüfen können. Nehmen Sie als Beispiele Ihren ehrenwerten und gütigen Doktor und Ihren Erzengel von Rechtsanwalt. Ich will gern zugeben, daß es eine ganze Menge solcher Ärzte und Anwälte gibt, denn die gewinnsüchtigen Schufte unter den Ärzten und die boshaften, herzlosen Gauner unter den Rechtsanwälten sind genauso ungewöhnlich wie jede andere Sorte von Verbrechern: ich jedenfalls habe noch nie einen kennengelernt und Sie höchstwahrscheinlich auch nicht. Aber ich habe ehrenwerte Doktoren kennengelernt, deren Behandlung fatal war, und ehrenwerte Rechtsanwälte, deren Beratung zur Katastrophe führte. Und Sie vielleicht auch.

Sie kennen das sehr wahre Wort: wo ein Wille ist, da ist auch ein Weg. Leider aber findet der gute Wille nicht zwangsläufig den rechten Weg. Immer gibt es Dutzende von Wegen, schlechte, gute und solche, die weder schlecht noch gut sind. Sicher kennen Sie die eine oder andere schlechte Frau, die aus böser Absicht heraus Gutes tut, und umgekehrt manch eine gute Frau, die aus den allerbesten Motiven heraus falsch handelt. Zum Beispiel ist die Zahl der Kinder, insbesondere der Erstlinge, die von ihren unerfahrenen und übertrieben besorgten Müttern durch ständiges Aufpassen und Frisch-Wickeln und Beruhigungsmittel und Herumdoktern zu Tode geliebt werden, sicher größer als die Zahl derer, die an mütterlicher Abneigung und Vernachlässigung sterben. Wenn dumme Leute (manchmal auch Schriftsteller, muß ich leider sagen) Ihnen erzählen, ein liebendes Herz genüge, so erinnern Sie sich daran, daß Narren gefährlicher sind als Bösewichte, und daß Frauen mit einem »Herz von lauter Liebe« oft bemitleidenswert närrisch sind. Das Ausfindigmachen des rechten Weges ist keine Sache der Sentimentalität: es ist Verstandesarbeit und braucht Beobachtungsgabe, Überlegung und ein vom Intellekt untermauertes Gewissen.
An diesem Punkt intellektueller Gewissenhaftigkeit jedoch scheitern die meisten – und zwar wegen der pekuniären Versuchung. Wir können das nicht ändern, weil wir oft so beschaffen sind, daß wir am Ende immer das glauben, was wir glauben wollen. Sobald wir etwas wirklich glauben möchten, finden wir plötzlich überall Argumente dafür und werden blind für die Argumente, die dagegensprechen. Wenn Sie im Buch der Genesis die Darstellung von der Erschaffung der Welt mit den Augen des Glaubens lesen, so werden Sie nicht einen einzigen Widerspruch darin entdecken. Wenn Sie es aber mit den Augen eines Ungläubigen und kritisch auf Tatsachen hin lesen, so werden Sie erkennen, daß es aus zwei verschiedenen Darstellungen besteht, die so stark voneinander abweichen, daß sie nicht beide wahr sein können. Auch bei modernen Sachbüchern werden Sie in gleicher Weise von Ihrer eigenen Überzeugung geleitet. Wenn Sie zum Beispiel Tiere lieben und jede

Ungerechtigkeit und Grausamkeit verabscheuen, werden Sie die Bücher über die wunderbaren Entdeckungen und Heilmethoden der Vivisektoren angeekelt von sich weisen und über die abgebrühte Grausamkeit entsetzt sein. Wenn Sie aber nur Angst haben, daß Sie selbst oder Ihre Familie krank werden könnten, und wenn Sie der Ansicht sind, die Qualen einiger Hunde oder Versuchskaninchen seien im Vergleich zu Ihrer eigenen Angst nicht der Rede wert, so werden Sie in demselben Buch authentische und überzeugende Wunder finden.

Nun aber werden Sie fragen, was denn Sozialismus und Kapitalismus mit diesem Sachverhalt, das heißt der Beeinflussung des Glaubens durch Ihre eigenen Wünsche, zu tun haben. Ganz einfach: Wenn man mit wirtschaftlicher Ungleichheit den Ärzten, Rechtsanwälten, Grundbesitzern oder Regierenden einen unverhältnismäßig hohen finanziellen Vorteil einräumt, sofern sie einer bestimmten Überzeugung und Praxis folgen, sehen sie plötzlich nur noch Gründe, die für diese Überzeugung und Praxis sprechen, und werden blind gegenüber allen anderslautenden Beweisen. Jedes System, das Ärzte, Rechtsanwälte, Grundbesitzer und Regierende bereichert, wird dann von ihnen eifrig und hoffnungsvoll angenommen; und jedes andere, bei dem sie befürchten müssen, arm zu werden, rücksichtslos kritisiert und verworfen. Ihr Arzt mag zwar der anständigste und gütigste Arzt der Welt, Ihr Anwalt wie ein Vater oder eine Mutter zu Ihnen sein usw., sie mögen auch den heroischen Willen haben, Ihre Gesundheit und Ihren Rechtsschutz noch vor die eigenen Interessen zu stellen (und Ihnen dafür ein paar Hunderter extra abnehmen). Aber hilft uns das denn weiter, wenn sowohl Theorie als auch Praxis dieser Berufe, also die Voraussetzung dafür, daß man sie ausüben darf, schon von der Wurzel her durch pekuniäres Interesse korrumpiert sind? Die Ausübenden können nur das tun, was sie in den Krankenhäusern und Schulen lernen, wozu man sie anhält: das ist ihre Orthodoxie. – Und sobald Sie als Individuum die unmittelbare Hilfe dieser Dienstleistungsberufe brauchen, entdecken Sie auch, daß sie alle von nicht durchschaubaren Verbänden,

von maskierten Gewerkschaften, kontrolliert werden und daß die hohe persönliche Ehrenhaftigkeit und Güte ihrer einzelnen Mitglieder der Moral dieses Gewerkschaftsgeistes unterworfen ist. Die Loyalität zu ihrer Berufsgruppe, die im wesentlichen eine defensive Verschwörung gegen die Öffentlichkeit darstellt, kommt zuerst und die Loyalität Ihnen gegenüber als Patient, Klient, Kunde oder Staatsbürger an zweiter Stelle. Der einzige Weg, auf dem man ihre angeborenen Tugenden von diesem omnipräsenten Gewerkschaftsgeist, von der Korruption der regierenden Klasse und der Tyrannei befreien kann, besteht darin, daß man ihnen allen gleich hohe Einkommen gewährt, die keiner zu seinen Gunsten erhöhen kann, ohne die Einkommen aller anderen Staatsbürger um genau dieselbe Summe zu erhöhen. Dann wird auch, je effizienter und sparsamer sie ihre Arbeit ausüben, diese um so leichter und ihre Glaubwürdigkeit um so größer, und der begehrte gesellschaftliche Stand der besseren Damen und Herren wird schließlich eine einfache, noble Bedeutung erhalten, anstatt der verächtlichen, schmarotzenden Verlogenheit, die ihm heute anhaftet, weil diese »besseren« Leute sich niemals dazu erniedrigen, irgendetwas selbst zu tun, was sie auf andere abwälzen können, ja nicht einmal einen angemessenen Gegendienst leisten. Gemein wäre nämlich dann diejenige Frau, die mehr von allen anderen nimmt als sie gibt; durchschnittlich diejenige, die das, was sie nimmt, nur wieder ersetzt; und eine echte Dame diejenige, die großzügig über ihr Einkommenssoll hinausarbeitet, und das Land in ihrer Schuld läßt. Sie wird die Welt schließlich besser machen, als sie sie vorgefunden hat.
Durch solche Frauen und ihre Söhne kann die Menschheit gerettet werden – anders geht es nicht.

Shaw-Brevier

Ein zeitloses Lesebuch für kritische Zeitgenossen

Herausgegeben von Ursula Michels-Wenz
insel taschenbuch 159. 248 Seiten.

Für alle Leser, die Shaw näher kennenlernen und seine provozierend-nachdenklichen Positionen unter den verschiedensten thematischen Gesichtspunkten verfolgen möchten, ist dieses Brevier als preiswerte Taschenbuch-Ausgabe erschienen.
In aphoristischer Auswahl gibt der Band unter zusammenfassenden Titeln wie »Autobiographisches«, »Der Einzelne und der Staat«, »Geld und Ethik«, »Freiheit und Gesetz«, »Über das Glück«, »Kunst und Künstler« u. a. mehr einen unterhaltsamen und anregenden Querschnitt durch das Gesamtwerk dieses Autors, über den Thomas Mann schrieb: »Über das Allzumenschliche hat er [Shaw] sich lustig gemacht, doch nie über den Menschen.«
»Mehr Intelligenz für weniger Geld als in diesem Band ist unmöglich.«
»Wenn Shaws Geist in so pointierter Form, wie es ein Brevier bedingt, den Leser anspringt, dann gibt es keine Drückebergerei, dann muß der Leser denken, reflektieren, verständnisvoll schmunzeln, oder in kämpferische Abwehr gehen. Auf jeden Fall ist die Lektüre dieser Aphorismen kein Mittel zum Einschlafen, sondern zum Aufwachen.« *Deutsche Tagespost, Würzburg*

»Ein Lesebuch für Liebhaber intellektuellen Feuerwerks.«
Helmut Winter/Frankfurter Allgemeine Zeitung

Bernard Shaw
Der Sozialismus und die Natur des Menschen

Reden und Aufsätze aus den Jahren 1884-1918

Herausgegeben von Louis Crompton.
Deutsch von Ursula Michels-Wenz
suhrkamp taschenbuch 121, 279 Seiten.

Die hier erstmals veröffentlichten Texte gehen auf ein Konvolut verschollener Manuskripte zurück, das der Herausgeber im Jahre 1962 in der Sammlung des Britischen Museums entdeckte. Keine der zuständigen Bibliographien erwähnt sie. Sie sind, besonders vom Aufbau her, teilweise fragmentarisch, da in ihrer Funktion als Konzepte genügend Raum bleiben sollte für die spontanen Einfälle des Redners Shaw; aber auch in der vorliegenden Form machen uns ihre scharfsinnigen Herausforderungen, ihre Anklagen und die politisch-ökonomischen Schwerpunkte unmittelbar betroffen. Soweit der dokumentarische Charakter der Sammlung es nahelegte, sind jedem Text kurze Hinweise vorangestellt.
Wo das politische Bewußtsein vom praktischen Apparat der Politik nicht isoliert bleiben darf, zeigt Shaw mit der ihm eigenen Vehemenz die Korrelation. Sie fällt nicht nur amüsant, sondern auch höchst informativ aus, weil sie durch das Mittel der Provokation die Zusammenhänge auf ihre einfachen und deutlichen Bestandteile zurückführt. Diese neuen Texte leisten einen wichtigen Beitrag zum Verständnis des Autors, seines Lebens und seines Werkes.

Weitere Titel von Bernard Shaw im Suhrkamp Verlag

Vorreden zu den Stücken. Band I. Deutsch von Siegfried Trebitsch. Vorwort von Peter Suhrkamp. 1952
Klassische Stücke. Sonderausgabe zum 25. Todestag 1975

Bibliothek Suhrkamp

Helden. Aus dem Englischen von Wolfgang Hildesheimer. 1970. Band 42
Pygmalion. Aus dem Englischen von Harald Müller. 1970. Band 66
Sechzehn selbstbiographische Skizzen. Aus dem Englischen von Siegfried Trebitsch, 1971. Band 86
Haus Herzenstod. Aus dem Englischen von Hans Günter Michelsen. 1971. Band 108
Mensch und Übermensch. Aus dem Englischen von Annemarie und Heinrich Böll. 1972. Band 129
Vorwort für Politiker. 1965. Band 154. Deutsch von Siegfried Trebitsch
Die heilige Johanna. Dramatische Chronik in 6 Szenen und einem Epilog. Deutsch von Wolfgang Hildesheimer. Mit Shaws ausführlicher Vorrede. 1971. Band 295
Handbuch des Revolutionärs. Aus dem Englischen von Annemarie und Heinrich Böll. 1972. Band 309
Ein ›Wagnerbrevier‹. Kommentar zum Ring des Nibelungen. Aus dem Englischen von Bruno Vondenhoff. Vorwort von Joachim Kaiser. 1973. Band 337
Der Kaiser von Amerika. Eine politische Extravaganz. Deutsch von Annemarie und Heinrich Böll. 1973. Band 359

edition suhrkamp

Cäsar und Cleopatra. Deutsch von Annemarie und Heinrich Böll. 1965. Band 102

suhrkamp taschenbücher

Die Aussichten des Christentums. Deutsch von Siegfried Trebitsch. 1974. Band 18
Der Aufstand gegen die Ehe. Deutsch von Siegfried Trebitsch. 1978. Band 328